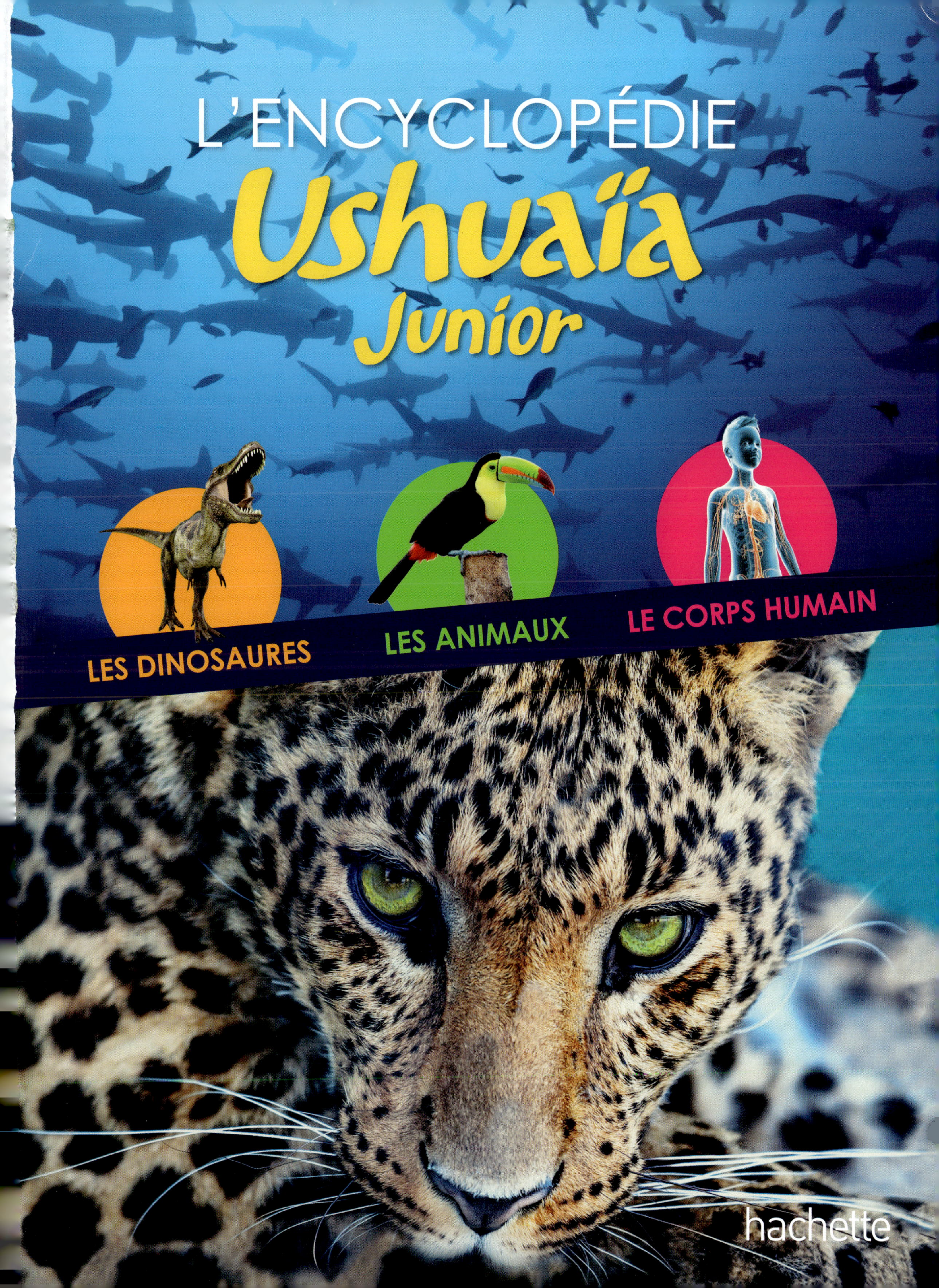
L'ENCYCLOPÉDIE
Ushuaïa
Junior
LES DINOSAURES
LES ANIMAUX
LE CORPS HUMAIN
hachette

Penguin Random House

A Dorling Kindersley Book
www.dk.com

Titre original : *DK First Reference Dinosaur Encyclopedia*
© Dorling Kindersley Limited, 2007

Titre original :
DK First Reference Human Body Encyclopedia
© Dorling Kindersley Limited 2005

Titre original :
DK First Reference Animal Encyclopedia
© Dorling Kindersley Limited, 2004

Dorling Kindersley Limited
80 Strand, Londres WC2R 0RL Royaume-Uni,
A Penguin Random House Company

Auteurs : Penelope Arlon, Caroline Bingham, Ben Morgan, Éric Mathivet (pour les p. 126-129)

Traduction de l'anglais : Hélène Nicolas (p. 10-125) et Sabine Rolland (p. 134-407)

Graphisme de la couverture : Mélissa Chalot (Hachette)

Cet exemplaire est interdit de vente au Canada français.

Pour la présente édition :

© HACHETTE LIVRE 2016
58, rue Jean Bleuzen, 92178 Vanves Cedex

ISBN : 978-2-01-290396-8

Ushuaïa © 2016 TF1

CRÉDITS PHOTOS DE COUVERTURE :
1re de couverture : requins-marteaux (Brandelet/Shutterstock) ; léopard (Galyna Andrushko/Shutterstock) ; tyrannosaurus (DM7/Shutterstock) ; toucan (Eduardo Rivero/Shutterstock) ; système vasculaire (Sebastian Kaulitzki/Shutterstock)

4e de couverture : girafe (Texturis/Shutterstock) ; cerveau (CLIPAREA/Shutterstock) ; fœtus (Sebastian Kaulitzki/Shutterstock) ; tyrannosaurus (DM7/Shutterstock)

Dos : jaguar (Ana Vasileva/Shutterstock)

A WORLD OF IDEAS: SEE ALL THERE IS TO KNOW (www.dk.com)

Le monde des dinosaures

L'âge des dinosaures

Observons les dinosaures

Les dinosaures du trias

Les dinosaures du jurassique

Sommaire

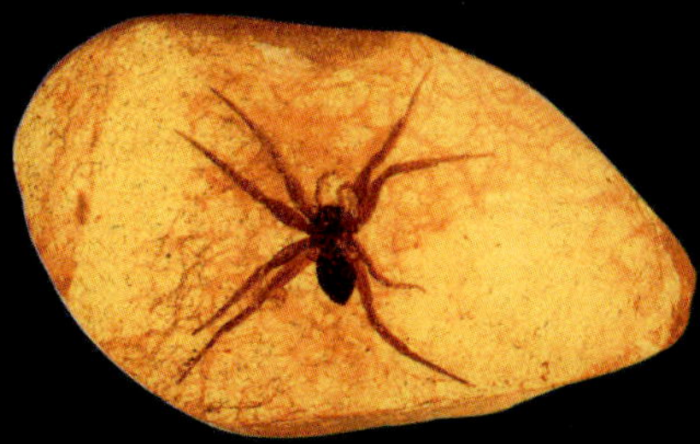

Les dinosaures du crétacé

Les autres formes de vie

Les fossiles

Après les dinosaures

Sommaire

Le corps humain

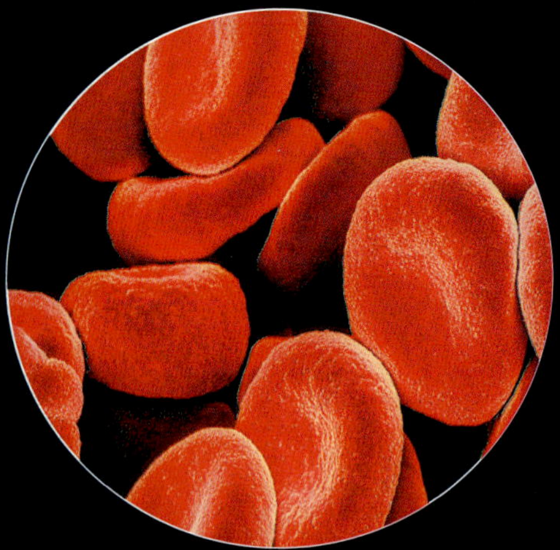

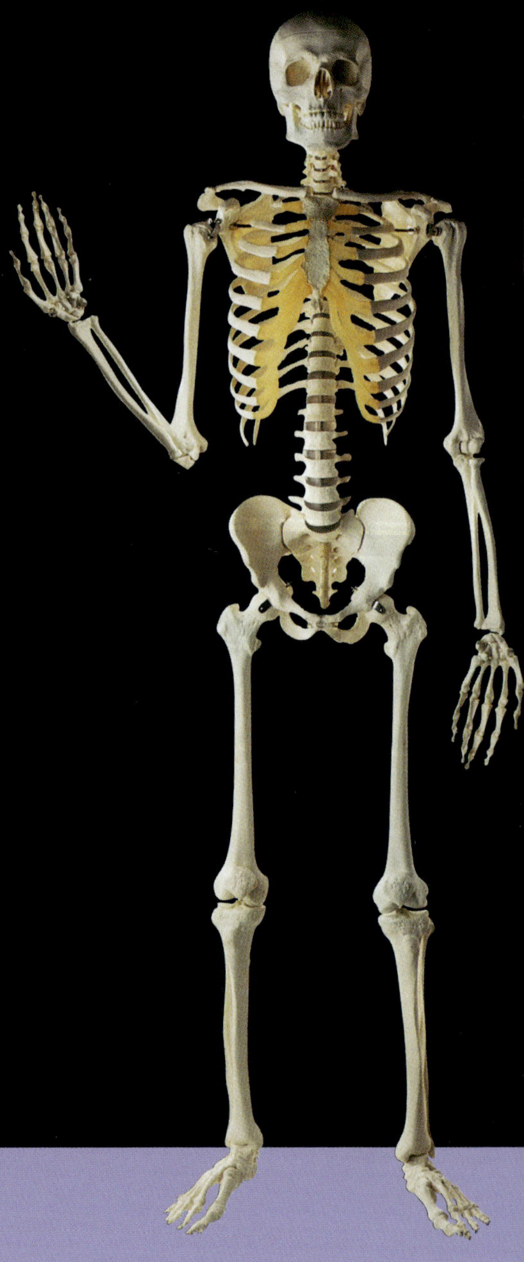

Les animaux

Sommaire

Comment utiliser ce livre ?

Chaque double page traite d'un thème avec des informations claires, des schémas précis et des photographies étonnantes. En fin d'ouvrage, un index te permet de trouver directement l'info que tu recherches ! Des ronds de couleur (ci-dessous) t'indiquent comment tu peux élargir ou approfondir le sujet traité.

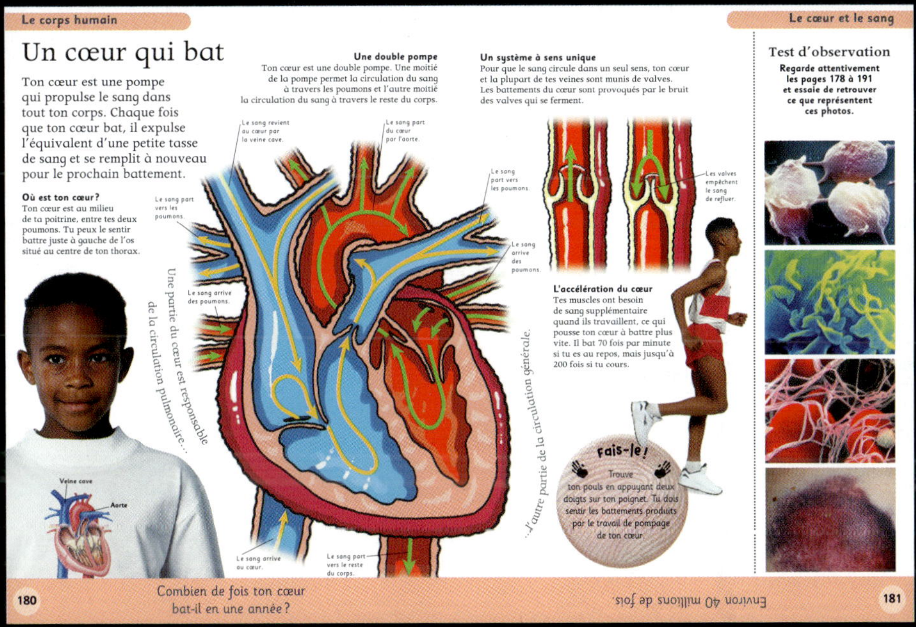

Le corps humain

Un cœur qui bat

Ton cœur est une pompe qui propulse le sang dans tout ton corps. Chaque fois que ton cœur bat, il expulse l'équivalent d'une petite tasse de sang et se remplit à nouveau pour le prochain battement.

Où est ton cœur ?
Ton cœur est au milieu de ta poitrine, entre tes deux poumons. Tu peux le sentir battre juste à gauche de l'os situé au centre de ton thorax.

Une double pompe
Ton cœur est une double pompe. Une moitié de la pompe permet la circulation du sang à travers les poumons et l'autre moitié la circulation du sang à travers le reste du corps.

Un système à sens unique
Pour que le sang circule dans un seul sens, ton cœur et la plupart de tes veines sont munis de valves. Les battements du cœur sont provoqués par le bruit des valves qui se ferment.

L'accélération du cœur
Tes muscles ont besoin de sang supplémentaire quand ils travaillent, ce qui pousse ton cœur à battre plus vite. Il bat 70 fois par minute si tu es au repos, mais jusqu'à 200 fois si tu cours.

Fais-le !
Trouve ton pouls en appuyant deux doigts sur ton poignet. Tu dois sentir les battements produits par le travail de pompage de ton cœur.

Le cœur et le sang

Test d'observation
Regarde attentivement les pages 178 à 191 et essaie de retrouver ce que représentent ces photos.

180 Combien de fois ton cœur bat-il en une année ?

Environ 40 millions de fois. 181

Les animaux

La parade nuptiale

Chez les oiseaux, la femelle cherche à s'accoupler à différentes périodes de sa vie. Les mâles font alors tout pour séduire leur future partenaire, et leurs parades ressemblent à des danses.

Une rude concurrence
Il existe souvent une terrible rivalité entre les mâles pour attirer les femelles. La parade doit donc être rapide et efficace. Retrouve la parade du paon, page 327.

Grue

Un décorateur de talent
Chez les oiseaux jardiniers, le mâle construit une avenue de brindilles qu'il « décore » à chaque extrémité d'objets tels que coquilles, os ou baies colorées. La femelle choisit le nid qui lui plaît le plus.

Le sais-tu ?
Certains rapaces paradent en réalisant d'incroyables acrobaties aériennes. Le mâle et la femelle unissent leurs serres en plein vol et chutent presque jusqu'au sol avant de reprendre de l'altitude.

Deux par deux
Il est important de trouver la ou le meilleur partenaire pour s'accoupler.

Paon : le mâle parade en secouant sa queue aux plumes magnifiques.

Cygne : quand un mâle et une femelle s'accouplent, ils restent ensemble pour la vie.

Faisan : les mâles se battent avec violence pour les femelles.

Tisserin gendarme

Les oiseaux

Un nid d'amour
Le tisserin mâle tresse un nid étonnant suspendu à une branche. Au passage d'une femelle, il s'accroche sous son nid, remue ses ailes dorées et pousse des cris pour appeler sa partenaire.

La danse des pieds
Quand il veut s'accoupler, le fou à pieds bleus danse et soulève ses pieds (bleus) pour attirer les femelles.

Après avoir trouvé leur partenaire, les grues dansent, puis se saluent, bondissent et entament une course effrénée.

C'est moi le plus beau !
Le frégate mâle parade en gonflant l'énorme poche rouge de son cou. Au passage d'une femelle, il se dandine, remue sa poche et glousse pour impressionner la belle.

Chez les grues, sept des quinze espèces existantes sont en voie d'extinction.

304 À quelle saison les oiseaux commencent-ils à parader ?

En général au printemps. 305

Deviens incollable...

Un renvoi à d'autres pages pour approfondir le thème traité ici.

Fais-le !

Un test ou un petit jeu pour expérimenter les explications que tu viens de lire...

Le sais-tu ?

Une info insolite et cocasse qui va t'étonner ou te faire rire...

LE MONDE DES DINOSAURES

L'âge des dinosaures

La Terre a une très longue histoire. Elle s'est formée il y a environ 4 600 millions d'années. Les géologues divisent le temps en grandes périodes appelées ères. Les dinosaures vivaient à l'ère mésozoïque.

Une question de temps
Les dinosaures ont vécu à différentes périodes et beaucoup ne se sont jamais rencontrés. Aucun *Tyrannosaurus rex* n'a jamais attaqué de *Stegosaurus* car environ 80 millions d'années les séparaient.

Comment savons-nous à quoi ressemblaient les dinosaures ?

L'*Albertosaurus* vivait au crétacé.

L'ère mésozoïque

Cette ère se divise en trois grandes périodes.

Crétacé : c'est une période pendant laquelle cohabitaient de nombreuses espèces de dinosaures.

Jurassique : cette période a vu apparaître de très grands dinosaures herbivores.

Trias : c'est la période la plus ancienne, qui a vu naître les premiers dinosaures.

Les ères et périodes géologiques sont présentées de la plus récente à la plus ancienne pour refléter l'ordre dans lequel les géologues les découvrent.

Giganotosaurus, voir page 84

Velociraptor, voir page 86

T. rex, voir page 82

Crétacé : -144 à -65 millions d'années

L'homme (*Homo sapiens*) n'est apparu sur Terre que très récemment.

Homo sapiens

Test d'observation

Regarde attentivement les pages 10 à 17 et essaie de retrouver ce que représentent ces illustrations.

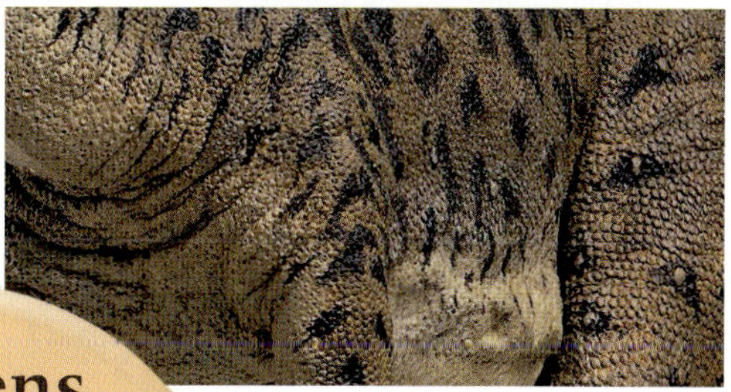

Deviens incollable...

Sur l'endroit où vivait l'*Albertosaurus*, pages **74-75**

Grâce à leurs fossiles, qui en disent long sur leur aspect et leur taille.

De « terribles lézards »

Lézard

Jadis, les scientifiques croyaient que les fossiles des dinosaures étaient des fossiles de lézards. Le mot « dinosaure », utilisé pour la première fois en 1841, signifie d'ailleurs « terrible lézard » en grec.

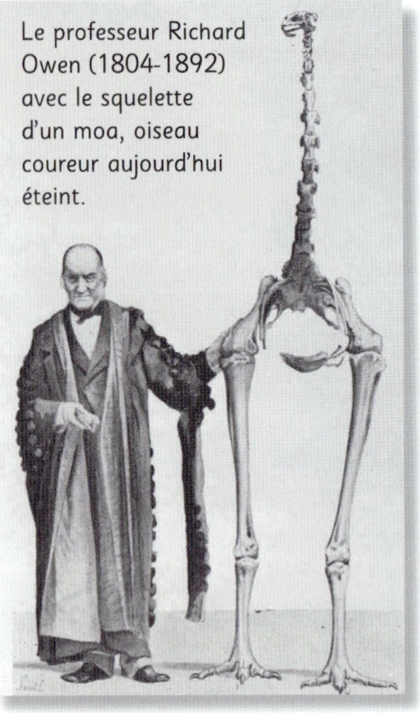

Le professeur Richard Owen (1804-1892) avec le squelette d'un moa, oiseau coureur aujourd'hui éteint.

Les premiers découverts
Quand Richard Owen a pour la première fois utilisé le terme « dinosaure », seuls trois d'entre eux avaient été identifiés : l'*Iguanodon*, le *Megalosaurus* et l'*Hylaeosaurus*.

C'est dans une carrière d'Angeac, en Charente, que Jean-François Tournepiche a mis au jour le fémur d'un sauropode.

C'est le même !
Marchait-il sur deux ou quatre pattes ? De quelle taille était sa queue ? Notre connaissance des dinosaures évolue au fil du temps, comme le montrent ces illustrations d'*Iguanodon*.

Les derniers découverts
En septembre 2010, on a découvert en France plus de 400 ossements de très grands dinosaures, dont le fémur d'un herbivore qui mesure plus de 2,20 m.

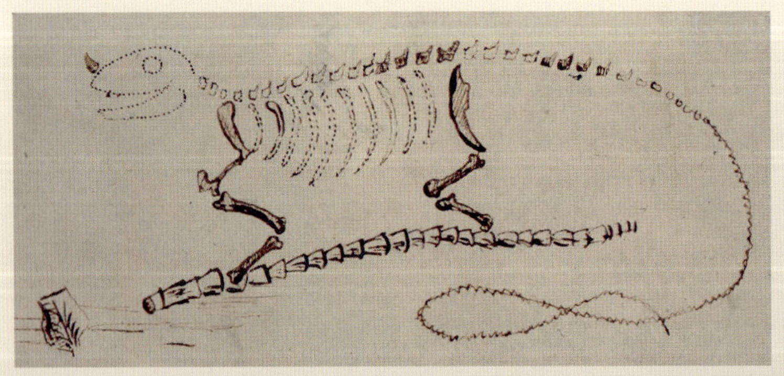

Le premier dessin représentant un *Iguanodon* la montrait avec une corne sur le museau.

L'*Iguanodon* était-il herbivore ou carnivore ?

Où vivaient-ils?
Des dinosaures habitaient sur chaque continent, y compris en Antarctique. Cette carte indique où ont été découverts les restes de quelques-uns d'entre eux.

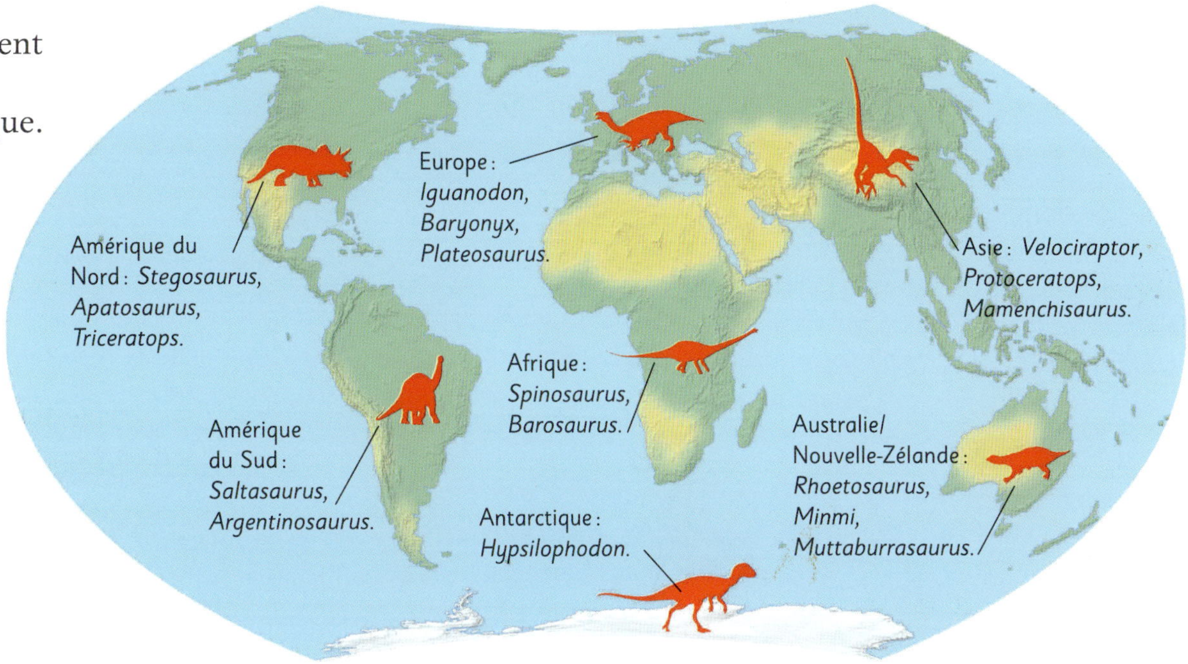

Deviens incollable...
Sur ce qu'est un dinosaure, pages **20-21**

Herbivore.

Une Terre très différente

La Terre ne cesse de changer. De nos jours, elle a cinq continents, mais à l'époque des premiers dinosaures il n'y avait qu'un seul continent géant appelé Pangée.

Un puzzle en mouvement
La croûte terrestre est faite de plusieurs plaques en mouvement – les plaques tectoniques – sur lesquelles reposent les continents. Au fil du temps, ces mouvements modifient la forme des terres émergées.

La grande division
À la fin du trias, la Pangée a commencé à se diviser pour former deux supercontinents. À la fin du crétacé, les terres émergées avaient beaucoup changé. Vue de l'espace, la Terre devait déjà présenter de grands continents séparés par des océans gigantesques.

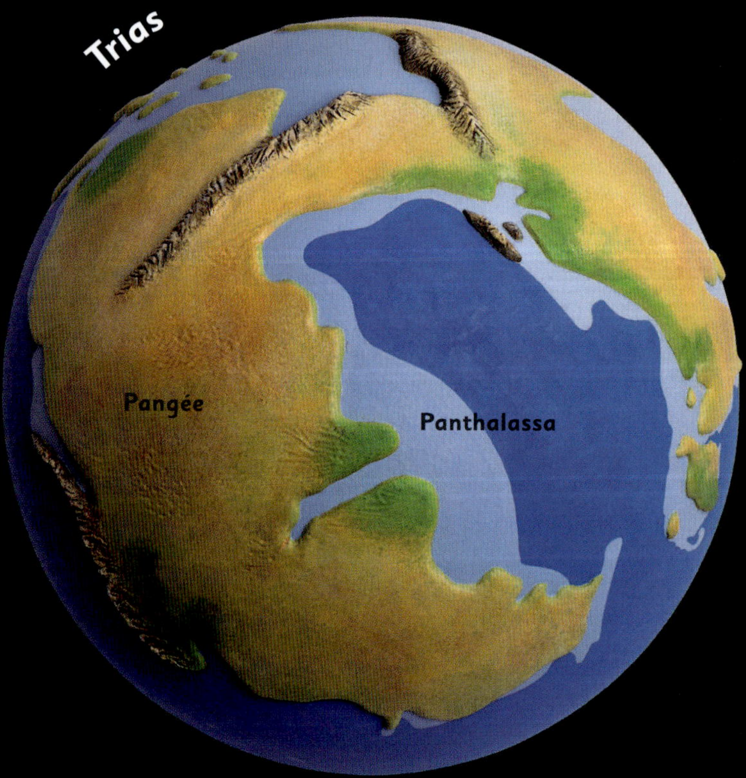

Au cours du trias, les terres émergées formaient un seul supercontinent.

Quels sont les cinq continents de la Terre ?

Un territoire infini

Du début à la moitié du trias, les espèces animales et végétales étaient les mêmes sur toute la surface du globe car il n'existait qu'un seul continent.

Qu'est-ce qui était différent?

La Pangée n'avait pas de calotte glaciaire. Son climat était chaud et sec et son centre occupé par de grands déserts.

Pangée signifie « toute la terre ».

Au cours du jurassique, la terre émergée s'est divisée pour former deux énormes continents.

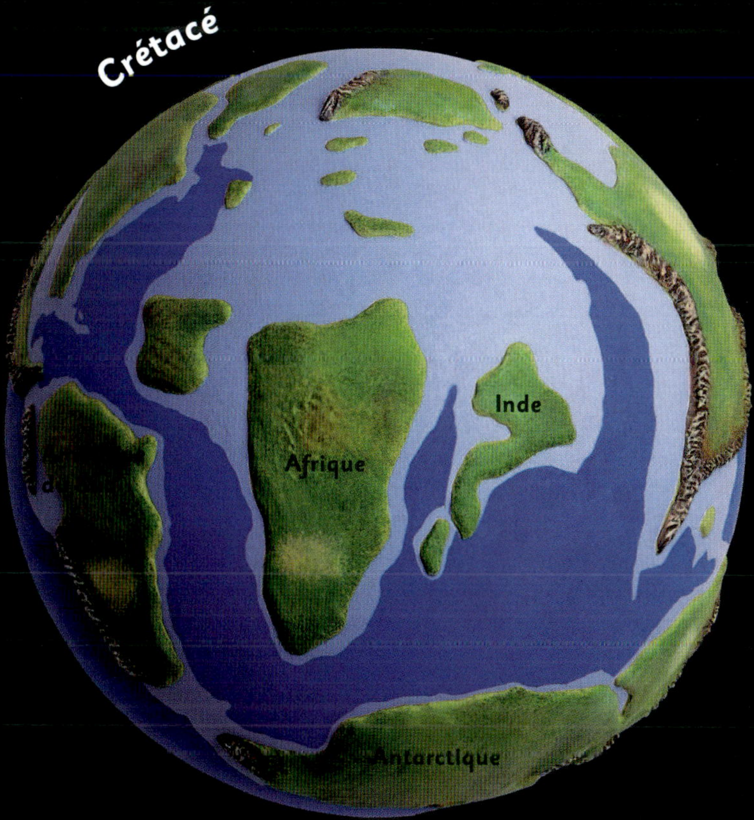

Les masses continentales que nous connaissons aujourd'hui sont apparues au cours du crétacé.

L'Afrique, l'Asie, l'Océanie, l'Amérique et l'Europe.

Que voyaient-ils ?

Les dinosaures évoluaient dans un monde très différent du nôtre, sans routes, sans maisons, sans lignes à haute tension et sans machines. Mais à quoi leur environnement ressemblait-il ?

L'habitat
Comme nous, les dinosaures occupaient des habitats variés. Un habitat est une zone qui abrite des formes de vie ; c'est par exemple une forêt, un désert ou une ville.

L'*Iguanodon* était herbivore. À l'époque où il vivait, les premières plantes à fleurs avaient fait leur apparition.

De nos jours, combien existe-t-il d'espèces d'herbe différentes ?

Décor du trias

Des forêts du trias…

Les premiers dinosaures ne voyaient que des plantes brunes et vertes, sans fleur. Les forêts géantes étaient constituées d'arbres semblables à ceux que nous connaissons mais plus grands.

Cycas

Feuilles de ginkgo

Araucaria

Prêle

Magnolia

… aux fleurs du crétacé

Les premières plantes à fleurs comme les magnolias sont apparues au crétacé. À la fin de cette période, les boutons-d'or avaient fait leur apparition.

Coprolithe (excrément fossilisé de dinosaure)

Des restes d'herbe fossilisée ont été trouvés dans des excréments de dinosaure.

Les habitats des dinosaures

Les dinosaures appréciaient des habitats variés.

Déserts : les grands déserts étaient courants au mésozoïque.

Forêts : les arbres du trias avaient des aiguilles protectrices.

Montagnes : les montagnes se sont multipliées au cours du mésozoïque.

Zones broussailleuses : de vastes zones étaient couvertes de broussailles.

Marécages : les marécages du crétacé ont préservé de nombreux fossiles.

Berges : les dinosaures du trias vivaient près des côtes et des cours d'eau.

Et l'herbe ?

Jusqu'à récemment, les scientifiques croyaient que l'herbe était apparue après les dinosaures mais on sait à présent que certains dinosaures en mangeaient (et que certaines pouvaient mesurer plusieurs mètres de haut !).

Le crétacé a vu se multiplier les plantes à fleurs.

Bouton-d'or

Environ 10 000.

Observons les dinosaures

Grands, petits, carnivores, herbivores… les dinosaures étaient très différents les uns des autres et nous ne saurons sans doute jamais combien il en existait d'espèces.

Les sauropodes, comme le *Barosaurus*, sont les plus gros animaux qui aient foulé la Terre.

Barosaurus

Tyrannosaurus rex

Lesothosaurus

Les premiers dinosaures, comme le *Lesothosaurus*, étaient petits.

Les dinosaures plus gros, comme le *Stegosaurus*, sont apparus plus tard.

Ça, je l'ai !
Les dinosaures présentaient beaucoup de points communs.

Écailles : Certains portaient peut-être aussi des plumes.

Longue queue : elle contribuait à leur équilibre et servait de fouet contre leurs ennemis.

Pattes : leurs pattes étaient placées à l'aplomb sous leur corps.

Griffes : carnivores ou herbivores, tous en avaient.

Combien de temps vivaient les dinosaures ?

Combien existait-il d'espèces de dinosaure?
Les scientifiques pensent qu'il en existait au moins 1 500, et probablement beaucoup plus. Nous en connaissons environ 550. Il en reste donc beaucoup à découvrir.

Triceratops signifie « tête à trois cornes ».

D'où viennent les noms des dinosaures?
Les dinosaures sont généralement nommés en latin, souvent en fonction de la personne qui les a découverts, de leur aspect physique ou de l'endroit où ils ont été trouvés.

Test d'observation

Regarde attentivement les pages 18 à 37 et essaie de retrouver ce que représentent ces illustrations.

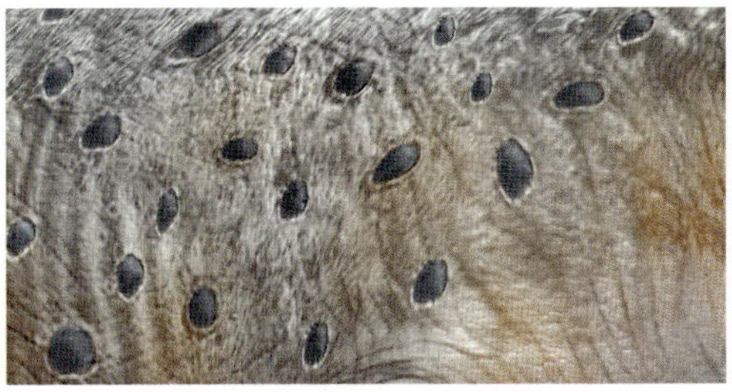

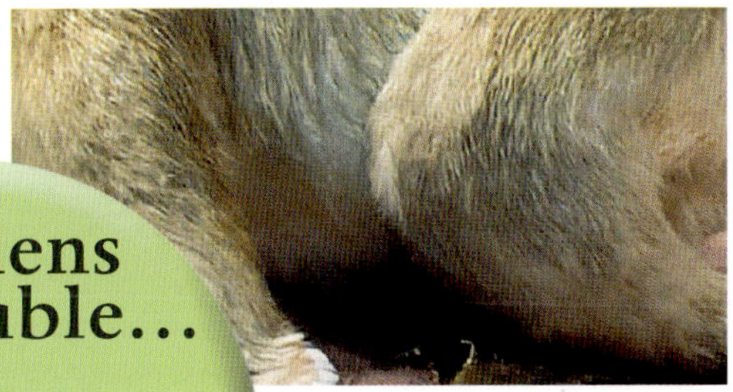

Deviens incollable...
Sur le *T. rex*, pages **82-83**
Sur le *Triceratops*, pages **78-79**

Personne ne le sait. Certains ont peut-être vécu 200 ans.

Qu'est-ce qu'un dinosaure ?

Quelles sont les caractéristiques des dinosaures ? Tous avaient quatre membres, même si certains ne marchaient que sur deux pattes, mais ils avaient aussi d'autres points communs.

Giganotosaurus

Une longue queue

Les scientifiques pensent que les dinosaures tenaient leur queue au-dessus du sol car on n'a retrouvé aucune trace montrant qu'elle traînait sur le sol derrière eux.

Les dinosaures carnivores forment le groupe des théropodes.

Les dinosaures ne pouvaient ni voler ni nager. Tous vivaient sur la terre ferme.

Une peau écailleuse

Les empreintes de peau de dinosaure sont rares mais les paléontologues en ont trouvé assez pour savoir que les dinosaures avaient une peau écailleuse, un peu comme celle des crocodiles.

Les lézards, à sang froid, ne contrôlent pas leur température. Ils doivent rester au soleil pour se réchauffer.

Les dinosaures avaient-ils le sang chaud ?

Il est possible que les carnivores aient eu le sang chaud et les herbivores le sang froid. Les animaux à sang chaud maintiennent leur température grâce à l'énergie qu'ils puisent dans la nourriture. Les herbivores, des sauropodes, très gros, ne pouvaient manger assez de plantes pour fournir à leur sang l'énergie nécessaire à le réchauffer.

Les lézards sont-ils des dinosaures ?

Le crâne du *Giganotosaurus* avait de grandes « fenêtres ».

Un crâne troué
Les crânes des dinosaures étaient percés de grandes « fenêtres », ce qui les allégeait. C'était indispensable car les crânes de certains dinosaures étaient presque aussi longs qu'une voiture.

Les carnivores avaient des griffes pointues.

Les pieds des herbivores étaient pourvus d'ongles émoussés.

Des griffes acérées
Les carnivores sont appelés théropodes (« pieds de bête sauvage ») à cause de leurs griffes recourbées. Les herbivores avaient généralement des sabots ou des ongles émoussés.

Une stature imposante
Les dinosaures marchaient sur leurs pattes arrière, situées sous leurs corps.

Les **dinosaures** avaient des pattes droites, comme des piliers.

Les **crocodiles** ont les genoux et les coudes légèrement arqués.

Les **lézards** rampent. Leurs genoux et leurs coudes sont à angle droit avec leur corps.

Tous ovipares
Tous les dinosaures pondaient des œufs, parfois dans des nids (comme les oiseaux). Les bébés se développaient dans leur coquille. On a découvert à ce jour environ 40 types d'œufs de dinosaure différents.

Non. Leurs espèces sont apparentées mais appartiennent à deux groupes différents.

Une question de bassin

Les dinosaures se divisent en deux groupes en fonction de la structure de leur bassin : les saurischiens (à bassin de lézard) et les ornithischiens (à bassin d'oiseau).

Le *Tyrannosaurus rex* et le *Triceratops* ont-ils pu se rencontrer ?

Le sais-tu ?

Les experts pensent que les oiseaux sont les descendants des dinosaures à bassin de lézard et non de ceux à bassin d'oiseau !

Le bassin de la plupart des saurischiens était composé de trois os orientés vers l'avant ou vers le bas.

Tyrannosaurus rex

Les saurischiens

Cet ordre regroupait tous les dinosaures carnivores et certains herbivores. Le *Tyrannosaurus rex* avait un bassin de lézard, de même que le *Diplodocus*, un grand herbivore décrit page 56.

Voici mon groupe !

Les saurischiens se divisent en deux grands groupes.

Théropodes : tous sont carnivores, comme le *Dilophosaurus*.

Sauropodomorphes : à petite tête et à long cou, comme le *Brachiosaurus*.

Triceratops

Les ornithischiens

Tous étaient herbivores. Leur bassin laissait beaucoup de place à leur système digestif et permettait à leur estomac de se placer à l'arrière de leur corps. Certains pouvaient marcher ou courir sur deux pattes en cas de danger.

Voilà le mien !

Les ornithischiens se divisent en trois grands groupes.

Thyréophoriens : ils marchaient sur leurs quatre pattes et portaient une cuirasse osseuse, comme le *Stegosaurus*.

Marginocéphaliens : ils avaient sur la tête une collerette ou des cornes, comme le *Triceratops*.

Ornithopodes : ils étaient herbivores et marchaient sur deux pattes, comme l'*Iguanodon*.

Oui. Le *Tyrannosaurus rex* chassait le *Triceratops*.

Du plus petit au plus grand

Contrairement à une croyance répandue, tous les dinosaures n'étaient pas gigantesques. Les plus petits, comme l'*Oviraptor*, arrivaient à peine à la cheville des grands herbivores !

Avaient-ils des dents ?

La plupart des dinosaures avaient des dents.

Molaires : elles servent à broyer la nourriture avant de l'avaler.

Ankylosaures : ils avaient de petites dents en forme de feuille qui leur servaient à couper les plantes.

Sauropodes : ils avaient de longues dents en forme de spatule.

Fémur d'un *Brachiosaurus*

Un crâne impressionnant

Il est difficile d'imaginer la taille des grands dinosaures. Cette photo montre le crâne d'un dinosaure qui vivait dans le Sahara il y a 90 millions d'années.

Crâne d'un *Carcharodontosaurus*, qui vivait au milieu du crétacé

Tout petits...

Certains dinosaures étaient minuscules, comme le *Micropachycephalosaurus* (« minuscule lézard à la tête épaisse »), qui avait la taille d'un lapin.

Micropachycephalosaurus

De la taille d'un cheval...

L'*Oviraptor*, un carnivore, mesurait environ 2 m du museau à la queue. Son museau sans dent avait la forme d'un bec.

L'*Oviraptor* vivait dans le désert de Gobi, en Mongolie, il y a environ 80 millions d'années.

Oviraptor

Quels étaient les plus grands dinosaures ?

Les plus gros étaient vraiment énormes !

Antarctosaurus

L'*Antarctosaurus* ne pouvait sans doute pas lever la tête beaucoup plus haut que ses épaules.

Deviens incollable…
Sur l'*Oviraptor*, page **29**
Sur les sauropodes, pages **56-59**

Ou d'un camion !
Les grands herbivores, appelés sauropodes, étaient vraiment énormes. L'*Antarctosaurus* mesurait environ 18 m de long et n'était sans doute pas le plus grand. Les experts pensent que les grands sauropodes ingurgitaient chaque jour l'équivalent en plantes du poids d'une voiture.

La communication

Chez de nombreuses espèces, les mâles entrent en compétition pour séduire les femelles. Les cerfs s'affrontent en entrechoquant leurs bois et les oiseaux arborent de splendides plumes colorées. Les scientifiques pensent que les dinosaures agissaient pareillement.

La séduction
Les crêtes des mâles attiraient peut-être les femelles comme les plumes des queues des paons.

Corythosaurus

La parade nuptiale indique aux femelles quels mâles sont les plus forts et ont le plus de chance de procréer des petits en bonne santé.

Paon

Pachycephalosaurus

Un crâne à toute épreuve
La tête du *Pachycephalosaurus* mesurait 80 cm de long. Le dessus de son crâne était aussi épais qu'une boule de bowling.

Crâne de *Pachycephalosaurus*

Ce dinosaure avait des pointes osseuses sur la tête et le museau.

Une rude compétition
Pendant la saison des accouplements, les pachycéphalosaures mâles se battaient peut-être à coups de tête pour obtenir les faveurs des femelles. Leur colonne vertébrale était capable d'absorber les chocs.

Où vivait le *Pachycephalosaurus* ?

Les dinosaures parlaient-ils ?

Les spécialistes pensent que les dinosaures produisaient des sons. Le *Parasaurolophus*, un hadrosaure, le faisait peut-être en soufflant dans sa crête comme dans une trompette.

Deviens incollable...
Sur les hadrosaures, pages **76-77**

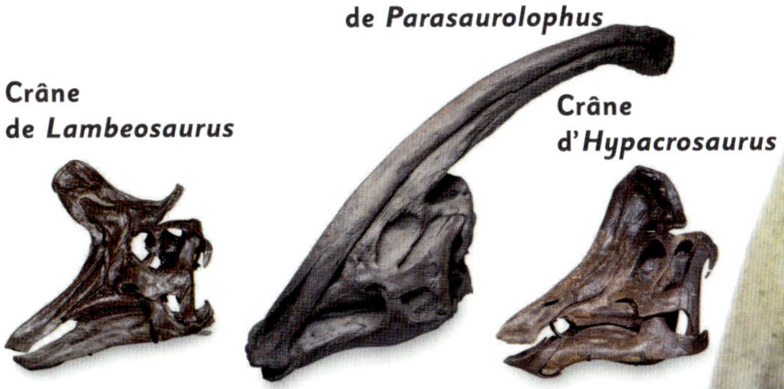

Ces hadrosaures devaient produire des sons différents en fonction de la forme de leur crête.

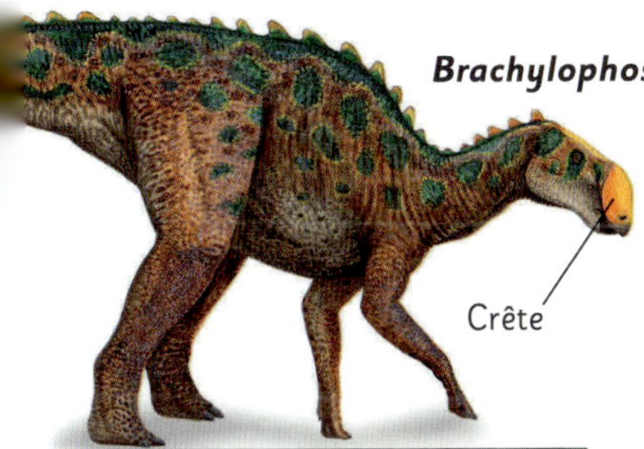

Le langage des grenouilles

La petite crête rigide du *Brachylophosaurus* était peut-être pourvue d'une poche gonflable qui lui servait à produire des sons, comme la poche vocale d'une grenouille.

Dans les forêts d'Amérique du Nord.

Des œufs extraordinaires

Les scientifiques ont trouvé beaucoup de fossiles d'œufs de dinosaure et même des nids. Les œufs étaient de tailles et de formes variées. Certains, petits et ronds, auraient pu tenir dans le creux de ta main. D'autres avaient la taille d'un boulet de canon.

Le plus gros ?
Ce très gros œuf, trouvé en Chine, a sans doute été pondu par le *Therizinosaurus*. Les plus gros œufs étaient ceux du *Macroelongatoolithus*.

Ce fossile d'œuf de dinosaure vient de Mongolie.

Quelle forme avaient-ils ?
Certains étaient ronds et d'autres ovales, comme une miche de pain.

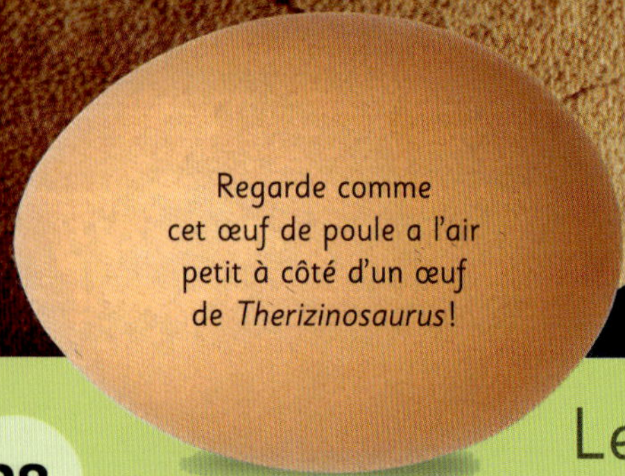

Regarde comme cet œuf de poule a l'air petit à côté d'un œuf de *Therizinosaurus* !

Une boue protectrice
Certains dinosaures pondaient dans la boue, qui conserve à merveille les fossiles. Tu vois ici des œufs de *Maiasaura* trouvés aux États-Unis, dans le Montana.

Ces œufs d'*Oviraptor* ont été pondus en spirale. Chacun mesure environ 16 cm de long.

Les œufs de dinosaures étaient-ils mous et ressemblaient-ils à du cuir comme ceux des serpents ?

Le grand jour !
Ce minuscule dinosaure sort de son œuf. Certains dinosaures étaient sans doute autonomes dès l'éclosion. D'autres avaient besoin de leurs parents pour les nourrir et les protéger.

Cette reproduction montre un *Parasaurolophus* en train de sortir de sa coquille.

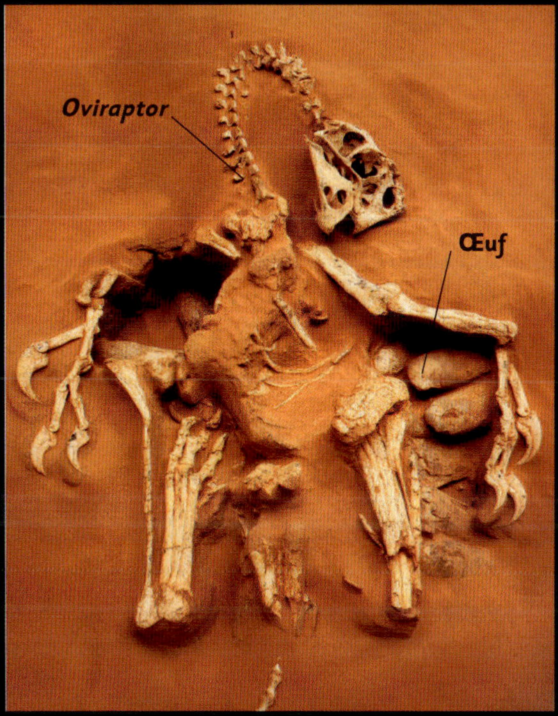

Des parents attentifs
Les dinosaures couvaient-ils leurs œufs comme le font les oiseaux ? Certains le faisaient, comme cet *Oviraptor*, mort il y a 80 millions d'années et fossilisé sur ses œufs.

Deviens incollable...
Sur la manière dont les dinosaures s'occupaient de leurs petits, pages **30-31**

Une scène plus vraie que nature
Cette reconstitution a été faite d'après les fossiles photographiés ci-dessus. Elle montre un *Oviraptor* en train de protéger ses œufs. Les *Oviraptor* attaquaient peut-être d'autres nids pour manger et nourrir leurs petits.

Non. Ils étaient durs et fragiles comme ceux des oiseaux.

Naissance et soins parentaux

Nous savons que certains dinosaures vivaient en colonies grâce aux nids fossilisés de *Maiasaura* (« lézard bonne mère ») trouvés aux États-Unis, dans le Montana.

Quelle découverte ! Jack Horner est l'un des paléontologues qui ont découvert les nids du Montana. Tu le vois ici près d'un nid fossilisé.

Maiasaura

Deviens incollable...
Sur les dinosaures qui vivaient en groupes, pages **36-37**

Des nids douillets
Les nids du Montana étaient larges comme une voiture, mesuraient 1 m de haut et contenaient jusqu'à 25 œufs. Ils étaient fabriqués avec soin, en formant un monticule puis en creusant son sommet.

On pense que les nids étaient tapissés de débris végétaux

Quel type de dinosaure était le *Maiasaura*?

Reproduction d'un nid de *Maiasaura*

Les dents usées de certains squelettes indiquent que les petits étaient nourris dans le nid ou y revenaient régulièrement.

Vive la sécurité !
Les nids contenaient des fragments de coquilles piétinés et, pour certains, des os de jeunes dinosaures. Les experts en déduisent que les petits restaient dans le nid après l'éclosion, comme beaucoup d'oiseaux de nos jours.

Je vais bientôt devenir grand !
À l'éclosion, les dinosaures pesaient à peu près le poids d'un gros dictionnaire pour environ 30 cm de long. Les adultes pesaient le poids d'une petite voiture et étaient longs comme un bus.

À manger !
Les plantes étant sans doute rares autour des nids, les mères devaient probablement aller chercher ailleurs de quoi nourrir leurs petits.

La preuve d'une vie en colonies ?
L'espacement des nids du Montana suggère une vie en colonies. L'espace entre les nids servait à aller d'un nid à l'autre et permettait aux adultes de se coucher près des œufs pour les protéger.

Un hadrosaure. Découvres-en plus sur les hadrosaures en lisant les pages 76-77.

La chasse

Les carnivores devaient chasser ou manger des charognes pour rester en vie. Certains chassaient seuls, d'autres en groupes, comme les lions. Cette façon de chasser les aidait à attraper et à vaincre leurs proies.

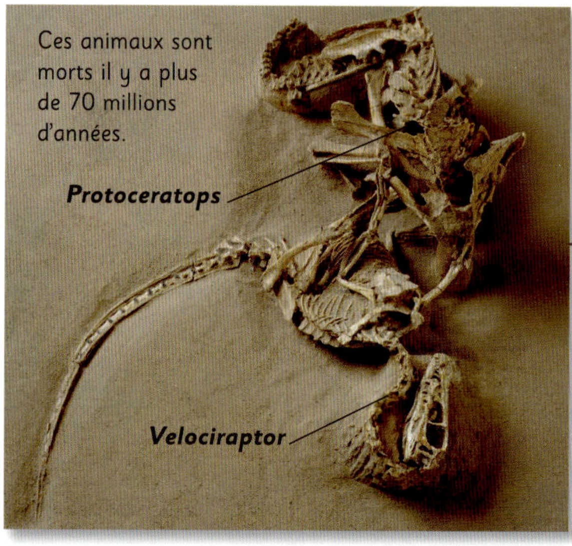

Un combat mortel
Ce fossile étonnant montre la fin tragique d'un *Protoceratops* et d'un *Velociraptor*, morts en se battant. Il prouve que le *Velociraptor* chassait le *Protoceratops*.

Des chasseurs organisés
Le vélociraptor n'était pas plus grand qu'un gros chien mais c'était sans doute un redoutable prédateur. Sa mâchoire étroite contenait des dents tranchantes comme des lames et il avait des griffes acérées aux quatre pattes.

Les dinosaures chassaient-ils les hommes ?

Rejoins la troupe !

Les experts pensent qu'un certain nombre de dinosaures chassaient en groupes.

Utahraptor **:** le plus gros raptor connu. Il vivait en Amérique du Nord.

Deinonychus **:** ce prédateur long de 3 m vivait en Amérique du Nord.

Giganotosaurus **:** c'est l'un des plus gros carnivores.

Attention aux dents !

Certains grands carnivores avaient peut-être une morsure empoisonnée. La salive du varan de Komodo, le plus grand lézard vivant, contient des bactéries qui prolifèrent sur la viande coincée entre ses dents. Sa morsure peut empoisonner sa victime. C'était peut-être aussi le cas de certains dinosaures.

Varan de Komodo

Un jeune *Protoceratops* avait peu de chance de survie face à une bande de *Velociraptor* affamés.

Non. Les hommes sont apparus environ 64 millions d'années après les derniers dinosaures.

Une défense efficace

Les herbivores devaient se protéger contre les dents et les griffes des carnivores. Leur peau était généralement cuirassée et certains étaient pourvus « d'armes » originales.

L'*Edmontonia* vivait dans les mêmes endroits et à la même époque que le *Tyrannosaurus rex*. Il avait donc besoin d'une protection efficace !

Edmontonia

Des boucliers vivants

Les ankylosaures, dinosaures « cuirassés », ressemblaient à des tanks avec leur centre de gravité bas et leur dos couvert de plaques osseuses. Leurs physionomies étaient très variées.

Une armure articulée

Le *Stegosaurus* se reconnaît au premier coup d'œil grâce à ses plaques osseuses. Il avait aussi des pointes sur le cou, le bassin, les cuisses et la queue. Ses plaques étaient articulées de manière à empêcher les carnivores de le mordre tout en lui permettant de bouger.

Stegosaurus

Les *ankylosaures* pouvaient-ils courir en cas de danger ?

Un vrai coup de massue !

L'*Ankylosaurus* avait au bout de la queue une « massue » osseuse qu'il pouvait balancer d'un côté et de l'autre. Les os de sa tête, de son cou et de son corps étaient également particulièrement épais.

Les geysers envoient de l'eau chaude dans l'air. De nos jours, ils sont rares mais ils étaient sans doute fréquents pendant l'ère mésozoïque.

L'*Ankylosaurus* était un véritable « tank vivant ».

Triceratops

Le cou et les épaules du *Triceratops* étaient protégés par un bouclier osseux.

Queue d'*Ankylosaurus*

Des armes originales

Les herbivores se servaient de leur queue pour frapper leurs adversaires.

Euoplocephalus : il avait au bout de la queue une massue faite d'os soudés.

Stegosaurus : il avait au bout de la queue des épines qui pouvaient mesurer 1 m.

Diplodocus : il utilisait sans doute sa queue comme un fouet.

Arrière !

Le *Triceratops* était l'un des plus gros dinosaures à cornes. Les prédateurs devaient hésiter avant de l'attaquer !

Les experts pensent qu'ils ne pouvaient pas courir vite et que leur cuirasse leur servait de défense.

Vive la compagnie !

Beaucoup d'animaux vivent en groupes, pour se protéger des prédateurs, comme les antilopes, ou pour chasser, comme les lions. Il est probable que de nombreux dinosaures vivaient ainsi pour des raisons similaires.

Troupeau d'*Iguanodon*

Quel vacarme !
Imagine le bruit et la poussière des groupes de dinosaures lors de leurs déplacements. Quand ils courent, les troupeaux de bétail font un bruit qui rappelle le tonnerre. Un troupeau de gros dinosaures devait offrir un spectacle extraordinaire.

Les grands herbivores formaient sans doute des troupeaux importants.

En quête de nourriture
Le fait que les dinosaures se regroupaient en grand nombre semble indiquer un comportement migrateur : ils se déplaçaient pour trouver de nouveaux pâturages, comme les gnous en Afrique. Les grands herbivores pouvaient parcourir ainsi de très grandes distances.

Quelle distance parcouraient les dinosaures pour trouver de nouveaux pâturages ?

La route des dinosaures ?

Au crétacé, une mer intérieure s'étendait du nord au sud à travers l'Amérique du Nord. Les experts pensent que les dinosaures parcouraient les plages de sa côte ouest lors des migrations car ils y ont trouvé beaucoup d'empreintes fossilisées.

Des indices probants

Les paléontologues pensent que certains dinosaures vivaient en groupes quand ils trouvent :

Beaucoup d'os d'une même espèce dans une zone limitée.

Des **empreintes d'animaux** se déplaçant en groupes.

Des **colonies de nids fossilisés**, comme aux États-Unis, dans le Montana.

Leur haute taille et le fait de former des troupeaux aidaient les dinosaures herbivores à se protéger des attaques. Les prédateurs ne pouvaient attraper que les faibles et les jeunes.

Personne ne le sait. Les gnous parcourent parfois 1 500 km.

Les dinosaures du trias

Juste avant la période du trias, une extinction massive – de 96 % de toutes les formes de vie sur Terre – a probablement été causée par des changements climatiques. La planète a mis des millions d'années avant de commencer à se repeupler.

Voici l'aspect de la Terre au trias (entre -248 et -206 millions d'années).

Les animaux du trias
Les mammifères de la fin du trias descendent de reptiles mammaliens du début de la même période.

Eozostrodon **:** c'est l'un des premiers véritables mammifères ; il allaitait ses petits.

Lystrosaurus **:** ce reptile mammalien herbivore du début du trias avait la taille d'un chien.

Megazostrodon **:** ce mammifère mesurait environ 12 cm de long et mangeait peut-être des insectes.

Que signifiait l'existence d'un seul grand continent pour les animaux ?

À quoi la Terre ressemblait-elle ?
Au trias, la planète était couverte de grands déserts chauds et secs. La terre était plus fertile près de certaines côtes, mais il n'y avait pas de fleurs. Tu n'aurais pas reconnu ta planète !

Les premiers dinosaures habitaient de grands déserts rouges très chauds.

La forme du corps de l'*Herrerasaurus* indique qu'il devait être rapide.

Vive la vie !
Le trias a vu se multiplier la vie sur Terre et apparaître les plus gros animaux terrestres : les dinosaures.

Test d'observation

Regarde attentivement les pages 38 à 53 et essaie de retrouver ce que représentent ces illustrations.

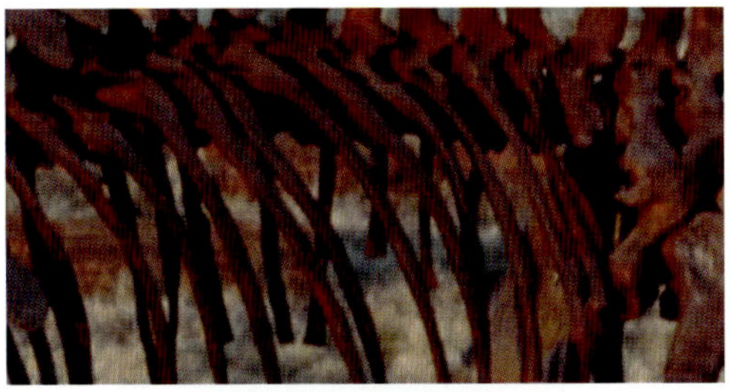

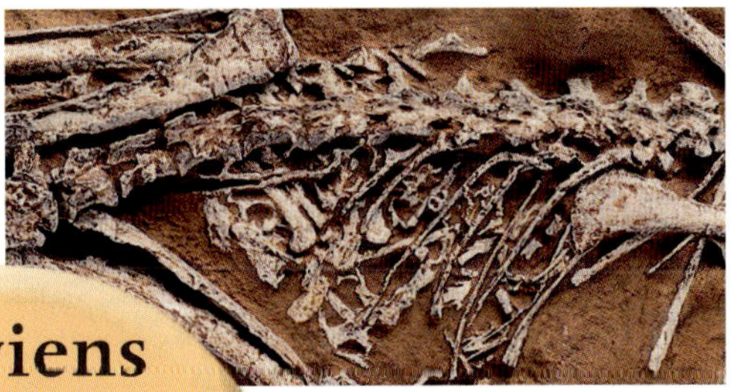

Deviens incollable…
Sur l'*Eoraptor*, pages **44-45**
Sur les premiers mammifères, pages **98-99**

Un vaste territoire où ils étaient libres d'aller où ils voulaient.

L'apparition des dinosaures

Il n'y avait pas de dinosaures sur Terre au début du trias. En fait, très peu de formes de vie étaient apparues. Mais dans ce cas, d'où viennent les dinosaures ?

Archosaure signifie « lézard souverain ».

Le *Postosuchus* pouvait atteindre 4,50 m de long.

Les ancêtres des dinosaures
Les dinosaures descendent d'un groupe de reptiles appelés archosaures. Le plus grand archosaure était un terrible prédateur appelé *Postosuchus*.

Crocodile de mer

De lointains descendants
Les crocodiles et les oiseaux sont les derniers archosaures vivants. Le *Desmatosuchus*, qui vivait au trias, ressemblait déjà à un crocodile.

Le cou du *Desmatosuchus* était protégé par de longues pointes situées sur ses épaules.

Le *Desmatosuchus* était-il un crocodile ?

Peteinosaurus

Les premiers ptérosaures étaient un peu plus grands qu'un corbeau.

Eudimorphodon

Nous aussi étions là !
Les ptérosaures étaient des reptiles volants, et non des dinosaures. Ils sont apparus à la fin du trias. Le *Peteinosaurus* est l'un des plus anciens.

Les autres archosaures

Le *Postosuchus* n'était pas le seul archosaure (mais c'était le plus redoutable).

***Lagosuchus* :** il mesurait seulement 30 cm de long.

***Euparkeria* :** il était légèrement plus grand, avec 61 cm.

***Chasmatosaurus* :** il atteignait 2 m.

Nous sommes des dinosaures !
Certains dinosaures primitifs appartenaient au sous-groupe des cœlurosaures, ou « lézards à queue creuse ».

Le *Coelophysis*, un cœlurosaure, mesurait 2 à 3 m de long.

Desmatosuchus

Le *Desmatosuchus* avait le dos, la queue et une partie du ventre couverts de plaques osseuses.

Le sais-tu ?

Le *Tyrannosaurus rex*, qui est apparu 160 millions d'années après les cœlurosaures, est l'un de leurs descendants.

Non, mais ce sont de proches parents.

La forêt pétrifiée

La forêt pétrifiée d'Arizona, en Amérique du Nord, compte de nombreux fossiles de plantes et d'animaux datant de la fin du trias.

Les arbres, immenses, culminaient à environ 60 m de haut.

Quand il y avait des inondations, l'eau recouvrait la base de leur tronc et en déracinait beaucoup.

Placerias

Je ne suis pas un dinosaure

Les fossiles trouvés en Arizona nous apprennent quels types d'animaux côtoyaient les premiers dinosaures. Le *Placerias* était un grand reptile qui pouvait atteindre 3 m de long.

Est-ce bien un crocodile ?

Les phytosaures ressemblaient à des crocodiles. Certaines espèces mesuraient 12 m de long. (Elles étaient aussi longues qu'un bus !)

Quels fossiles de dinosaures a-t-on trouvés dans la forêt pétrifiée ?

Des arbres fossiles

Le sol de la forêt pétrifiée est jonché d'arbres fossilisés. Ce sont les restes d'une majestueuse forêt de conifères datant du trias. Mais comment ces arbres ont-ils été conservés pendant 220 millions d'années ?

Chindesaurus

Le *Chindesaurus* avait de très longues pattes arrière.

L'un des premiers dinosaures

Le *Chindesaurus* est l'un des premiers dinosaures connus d'Amérique du Nord. C'était sans doute un chasseur rapide.

Pendant des millions d'années, les arbres ont été recouverts d'un sable caillouteux et se sont progressivement changés en pierre.

Des millions d'années plus tard, sous l'effet de l'érosion, la terre a disparu, mettant à jour les troncs fossilisés.

Ceux de certains des premiers dinosaures, comme le *Chindesaurus* et le *Coelophysis*.

Les herbivores du trias

La période triasique a vu émerger les prosauropodes, qui sont les ancêtres des sauropodes (grands herbivores du jurassique).

Un nom très long
Le *Thecodontosaurus* est le premier prosauropode du trias à avoir reçu un nom. C'était un dinosaure herbivore primitif à dents crénelées.

Le premier grand dinosaure
Les experts pensent que le *Plateosaurus* était le premier grand dinosaure, avec environ 8 m de long. C'était sans doute aussi l'un des plus répandus à la fin du trias.

Comme la plupart des prosauropodes, le *Plateosaurus* était herbivore.

Deviens incollable...

Sur les sauropodes, pages **56-61**

 Où les fossiles du *Plateosaurus* ont-ils été découverts ?

Je peux l'atteindre !
Les scientifiques pensent que le *Plateosaurus* se dressait sur ses pattes arrière pour atteindre les feuilles des arbres. Ses fossiles, trouvés regroupés, suggèrent qu'il vivait en troupeau.

Prosauropode signifie « avant les sauropodes ».

Feuilles de ginkgo

Les premiers dinosaures avaient quatre ou cinq doigts aux pattes avant.

Les prosauropodes avaient la queue et le cou longs, mais la tête assez petite.

Plateosaurus

Ses pattes avant avaient cinq doigts.

Comme les dinosaures qui lui ont succédé, le *Plateosaurus* avait le crâne percé de grandes cavités.

Une mâchoire adaptée
Le *Plateosaurus* avait des petites dents en forme de feuille qui l'aidaient à arracher les feuilles et les tiges dures.

Bébé *Mussaurus*

Un tout petit bébé
Le *Mussaurus*, dont le nom signifie « lézard souris », ne mesurait que 2,50 cm de long lors de l'éclosion mais atteignait 3 m une fois adulte.

En France, en Allemagne et en Suisse.

De plus en plus grands

Les premiers herbivores étaient petits, mais à la fin du trias, certains avaient des proportions particulièrement impressionnantes.

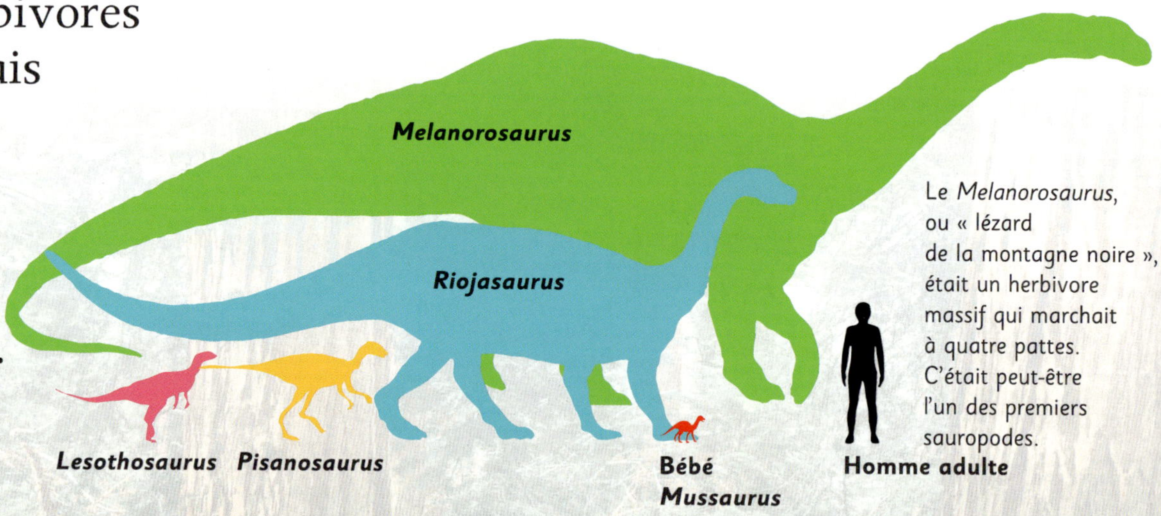

Le *Melanorosaurus*, ou « lézard de la montagne noire », était un herbivore massif qui marchait à quatre pattes. C'était peut-être l'un des premiers sauropodes.

Ôtez-vous de mon chemin
Le *Riojasaurus* était un herbivore massif d'environ 9 à 11 m de long. Il avait un long cou, un long dos et une longue queue !

Un format plus petit
Le *Pisanosaurus* avait la taille d'un chien. C'est l'herbivore le plus ancien que l'on connaisse.

D'après toi, le *Riojasaurus* pouvait-il courir ?

Une fois adulte, le *Mussaurus* pesait environ 120 kg.

Un crâne minuscule !
Cette photo montre le crâne du *Mussaurus* bébé photographié page 45. Les grands dinosaures étaient tout petits à la naissance puis grandissaient très vite. Le fossile de *Mussaurus* est le plus petit squelette de dinosaure connu à ce jour.

Deviens incollable...
Sur l'habitat et l'alimentation des dinosaures du trias, pages **16-17**

Le *Riojasaurus* avait des dents crénelées en forme de cuillère.

Une dentition adaptée
Le *Riojasaurus* devait arracher avec ses dents les aiguilles et les petites branches des conifères, puis ils les avalaient entières et elles étaient broyées dans son estomac.

Un animal massif
Le *Riojasaurus* marchait lentement sur des pattes épaisses comme celles d'un éléphant. Il vivait sans doute en grand troupeau pour se protéger des prédateurs.

Le *Lesothosaurus*
Ce petit dinosaure est apparu au trias. C'est l'un des derniers dinosaures du trias encore présent au jurassique.

Lesothosaurus

Il aurait été incapable de courir très vite.

Vite, de la viande !

Du temps des dinosaures comme de nos jours, il y avait plus d'herbivores que de carnivores. L'un des premiers carnivores s'appelait *Eoraptor*.

Les experts estiment que l'*Eoraptor* vivait il y a 228 millions d'années.

De très vieux os
Le féroce *Eoraptor*, long de tout juste 1 m, n'a été découvert et baptisé qu'en 1991, après la mise au jour d'un squelette presque complet en Argentine (Amérique du Sud). Le squelette fossilisé était dans un parfait état de conservation.

L'*Eoraptor* courait sans doute vite.

Ses pattes avant et arrière étaient pourvues de griffes acérées.

Que signifie le nom *Eoraptor* ?

Le *Staurikosaurus*
Ce petit carnivore, un théropode, fait aussi partie des premiers dinosaures. Élancé comme l'*Eoraptor*, il était un peu plus grand et devait peser environ le poids d'un enfant de neuf ans.

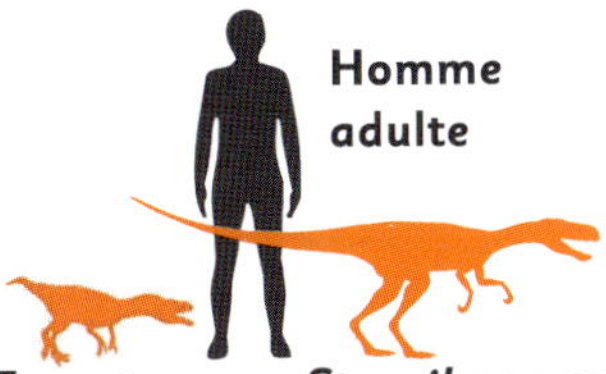

Staurikosaurus

Eoraptor

Toujours prêt à mordre
L'*Eoraptor* mangeait sans doute des lézards et des petits reptiles mammaliens, qu'il réduisait en charpie à l'aide de ses dents de devant incurvées.

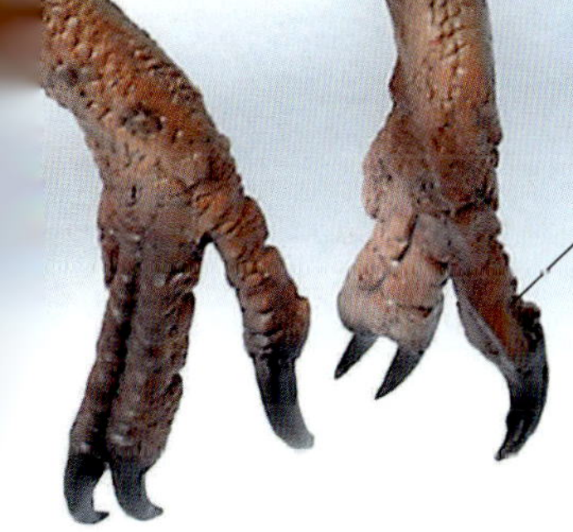

Les griffes des dinosaures
Au cours de leur évolution, les dinosaures semblent avoir eu de moins en moins de doigts aux pattes avant.

Quatre ou cinq doigts : c'est ce qu'avaient les premiers dinosaures, comme le *Thecodontosaurus*.

Trois doigts : c'est ce qu'avaient leurs successeurs, comme l'*Allosaurus*.

Deux doigts : c'est ce qu'avaient beaucoup de dinosaures du crétacé, comme le *Tyrannosaurus rex*.

Deviens incollable…
Sur la chasse en groupe, pages **32-33**

« Voleur de l'aube ».

Le dinosaure d'Herrera

Si tu découvres un dinosaure inconnu, il portera peut-être ton nom ! C'est ce qui est arrivé à Victorino Herrera, qui a trouvé en 1958 les fragments d'un dinosaure fossilisé.

Le dinosaure trouvé par Victorino Herrera a été baptisé *Herrerasaurus*. C'était l'un des premiers dinosaures.

L'*Herrerasaurus* avait des pattes fines et musclées.

Ses trois doigts les plus longs avaient des griffes incurvées.

Le sais-tu ?

Au trias, les jours étaient plus courts qu'aujourd'hui. La Terre tournait un peu plus vite et une journée durait 22 heures et 45 minutes et non 24 heures !

Où Victorino Herrera a-t-il trouvé les fragments d'*Herrerasaurus* ?

Que mangeait-il ?

L'*Herrerasaurus* mangeait sans doute des reptiles mammaliens appelés cynodontes.

Thrinaxodon : un petit carnivore peut-être couvert de poils.

Cynognathus : un prédateur féroce pourvu de longues dents semblables à celles

Diademodon : un herbivore de la taille d'une petite vache.

Un régime diversifié

Comme les cynodontes, l'*Herrerasaurus* mangeait peut-être des dinosaures plus petits que lui, comme le *Pisanosaurus*. Son squelette fin et léger devait en faire un chasseur agile.

Une tête adaptée à la chasse

L'*Herrerasaurus* avait une longue tête pointue et des dents crénelées aiguisées. La double articulation de sa mâchoire l'aidait à retenir ses proies.

Une découverte rare

Un squelette presque entier d'*Herrerasaurus* a été découvert en 1988 près de la cordillère des Andes, en Amérique du Sud. Il a révélé que l'*Herrerasaurus*, l'un des plus grands prédateurs de son époque, avait un squelette un peu plus long qu'une voiture.

En Argentine, où il vivait.

Les fossiles de Ghost Ranch

Un amateur a découvert à Ghost Ranch, dans le sud des États-Unis, une carrière de fossiles incroyablement riche regroupant des centaines de dinosaures fossilisés.

Edwin H. Colbert (à gauche) avec son équipe.

Qu'a-t-on trouvé ?
En 1947, Edwin H. Colbert a étudié des centaines de squelettes de *Coelophysis* en parfait état de conservation. Ce dinosaure carnivore était l'un des premiers dinosaures.

Qui était le *Coelophysis* ?
Le cœlophysis mesurait environ 2,50 m de long pour 25 kg. Sa mâchoire effilée était bordée de dents acérées qui prouvent qu'il mangeait de la viande.

Troupeau de *Coelophysis*

En quelle année a été découvert le *Coelophysis* ?

Les *Coelophysis* de Ghost Ranch ont été découverts sous à peine 60 cm de sédiment.

Ghost Ranch de nos jours

La région de Ghost Ranch, le Nouveau-Mexique, est aujourd'hui désertique, mais il y a 220 millions d'années, elle était irriguée par de nombreuses rivières qui débordaient régulièrement.

Le sais-tu ?

Coelophysis signifie « forme creuse ». On a donné ce nom à ce dinosaure car ses os étaient creux, ce qui l'allégeait et le rendait donc très rapide.

Squelettes de *Coelophysis* fossilisés

Les squelettes ont été trouvés groupés.

Liés dans la mort

Les squelettes fossilisés gisaient les uns sur les autres. Les paléontologues pensent qu'ils sont tous morts en même temps, lors de crues subites.

Ses grandes orbites font penser que le *Coelophysis* avait une bonne vue.

Le *Coelophysis* était-il cannibale ?

On a longtemps pensé que le *Coelophysis* de Ghost Ranch avait mangé un jeune dinosaure de son espèce. Mais selon de récentes études, le petit squelette qui se trouve entre ses côtes est en réalité celui d'un bébé crocodile.

Les experts pensent que le *Coelophysis* marchait sur les pattes arrière et attrapait ses proies avec les pattes avant.

Le squelette d'un jeune crocodile est visible dans l'estomac de l'animal.

En 1881, par David Baldwin.

Les dinosaures du jurassique

Au cours du jurassique, le supercontinent Pangée a commencé à se diviser. Les océans ont recouvert de vastes territoires, donnant naissance à de grandes mers intérieures et entraînant un climat plus doux.

Voici l'aspect de la Terre au jurassique (entre -206 et -144 millions d'années).

À quoi la Terre ressemblait-elle ?
Petit à petit, les habitats terrestres sont devenus moins extrêmes. Les espèces végétales se sont diversifiées et des forêts équatoriales ont commencé à pousser. Les déserts ont diminué et les dinosaures se sont déplacés vers de nouveaux territoires, parcourant pour certains d'énormes distances.

Le *Tyrannosaurus rex* vivait-il au jurassique ?

La vie animale

Le jurassique a vu apparaître des herbivores géants appelés sauropodes, comme le *Brachiosaurus*, le *Seismosaurus* et le *Diplodocus* et de grands carnivores, comme l'*Allosaurus* et le *Dilophosaurus*, qui mangeaient tout ce qu'ils parvenaient à attraper. À cette époque, les dinosaures étaient les rois de la planète…

Test d'observation

Regarde attentivement les pages 50 à 67 et essaie de retrouver ce que représentent ces illustrations.

Deviens incollable…

Sur les sauropodes, pages **56-61**

Sur l'*Allosaurus*, pages **64-65**

Non, il est apparu plus tard, au cours du crétacé.

Les sauropodes

Les sauropodes sont les animaux les plus lourds, les plus longs et les plus hauts que la Terre ait portés. Ils étaient herbivores et devaient passer leur temps à brouter pour nourrir leur corps massif.

Petit tour du monde
On a trouvé des sauropodes partout dans le monde.

Mamenchisaurus **:** il pouvait atteindre 22 m de long et vivait en Chine.

Camarasaurus **:** ce dinosaure d'Amérique du Nord mesurait 23 m de long.

Barapasaurus **:** découvert en Inde, il faisait 18 m de long.

Vulcanodon **:** long de seulement 6,50 m, il vivait au Zimbabwe.

De tout petits cerveaux
Les têtes de sauropodes étaient minuscules comparées à leur corps. Leurs dents en forme de cale en bois leur servaient à arracher les plantes.

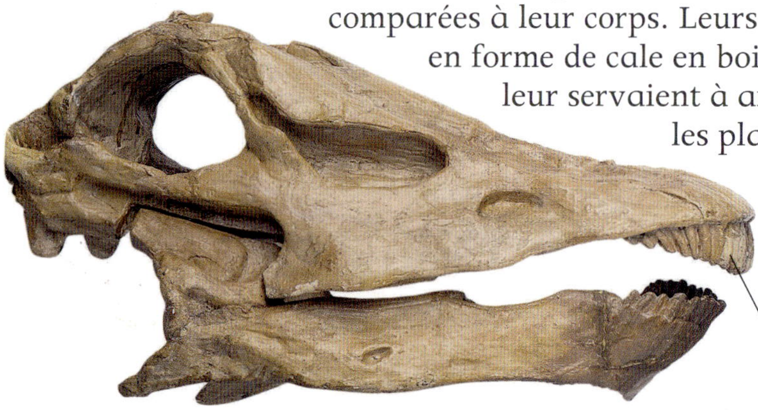

Crâne de *Diplodocus*

Le *Diplodocus* devait sa longueur principalement à son cou et à sa queue.

Une taille impressionnante !
Imagine un dinosaure aussi long qu'un court de tennis. C'était le cas du *Diplodocus* !

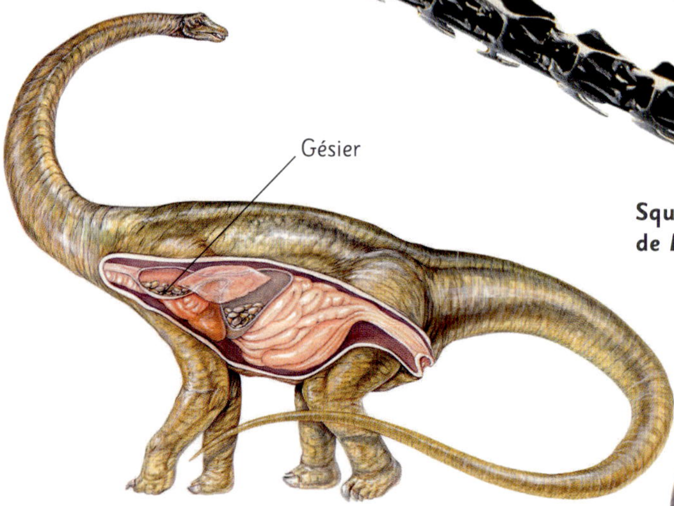

Des pierres dans le ventre
Comme tous les sauropodes, le diplodocus avalait des pierres qui l'aidaient à broyer les plantes dures lors de la digestion.

Pierres de gésier

Combien de vertèbres formaient le cou du *Diplodocus* ?

Un vrai cou de girafe !

Le brachiosaure avait les pattes avant plus longues que les pattes arrière et le dos légèrement en pente vers l'arrière-train, un peu comme une girafe (mais il pouvait atteindre des feuilles situées deux ou trois fois plus haut).

Un dîner au sommet

Le *Brachiosaurus* broutait les feuilles du haut des arbres. Son cou s'est peut-être allongé pour lui permettre d'attraper des feuilles que d'autres herbivores ne pouvaient pas atteindre.

Mets-toi en ligne avec huit amis, tendez les bras et tenez-vous par les mains. Tu auras une idée de la longueur du cou de *Brachiosaurus* !

Quinze.

Une défense efficace

La principale défense des sauropodes résidait dans leur taille imposante. Un adulte en bonne santé était trop gros pour qu'un autre dinosaure l'attaque. Toutefois, les jeunes et les animaux faibles constituaient des proies plus faciles.

Cette réplique d'os du cou du *Barosaurus* est en route pour être exposée à New York.

Une taille impressionnante
Ce dessin montre un *Barosaurus* qui se cabre pour protéger son petit. Dressé sur les pattes arrière, un adulte mesurait environ 15 m (soit la hauteur d'un immeuble de cinq étages).

Barosaurus

Combien de temps les sauropodes vivaient-ils ?

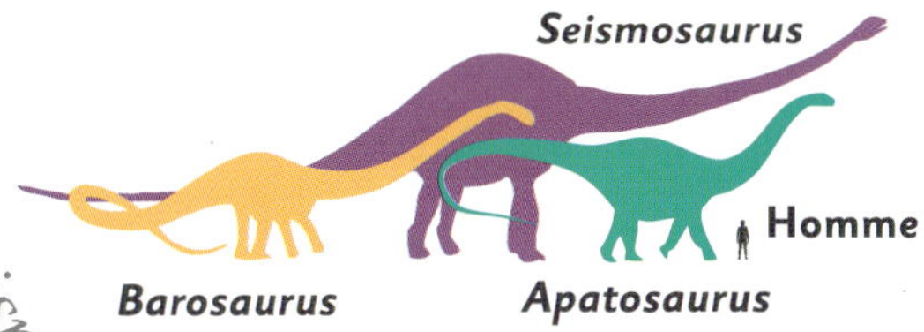

Le *Seismosaurus* pesait autant que six éléphants.

Seismosaurus signifie « lézard qui fait trembler la Terre ». Il est certain que la Terre devait trembler sous ses pas.

Un fouet en guise de queue

Une queue peut faire un bon fouet et les scientifiques pensent que l'*Apatosaurus* (d'abord appelé *Brontosaurus*) frappait sans doute ses ennemis avec la sienne. Un tel coup devait infliger de terribles blessures.

À l'attaque

Le jurassique regorgeait de dinosaures carnivores.

Ceratosaurus : il vivait dans des plaines arborées et mangeait des dinosaures et des reptiles.

Saurophaganax : les experts pensent qu'il s'agit d'une espèce d'allosaure.

Torosaurus : avec son corps massif, c'était le plus gros carnivore de son époque.

Le plus long

Le *Seismosaurus* est le plus long dinosaure trouvé à ce jour. Il mesurait 35 m de long.

Le sais-tu ?

On a trouvé des œufs de *Seismosaurus* disposés en ligne et non dans des nids. Les scientifiques croient que ce dinosaure pondait en marchant !

L'*Allosaurus* mordait sa proie puis levait la tête pour lui arracher un lambeau de chair.

Probablement une centaine d'années.

Le *Cetiosaurus*

Le *Cetiosaurus* était un véritable géant qui se nourrissait de fougères et d'arbres. L'os de sa cuisse mesurait plus de 1,80 m de long (la taille d'un homme adulte).

Une famille nombreuse
Comme tous les dinosaures, le *Cetiosaurus* appartient à une famille. Il fait partie de la famille des cétiosauridés, dont on trouve des membres partout dans le monde. L'un de ses cousins chinois s'appelle *Shunosaurus*.

Shunosaurus

Vertèbre de *Cetiosaurus*

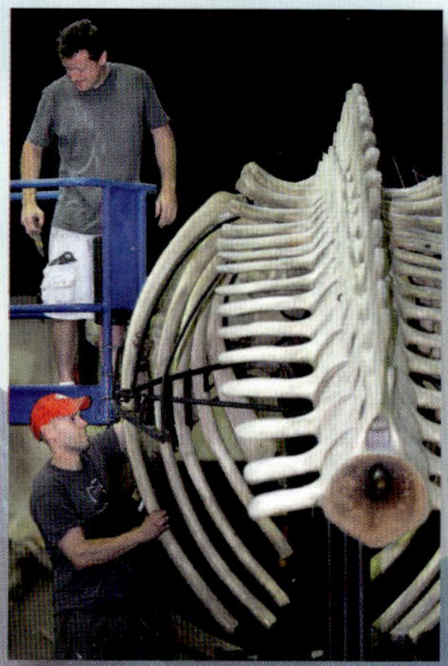

Vertèbres de baleine

Ce n'est pas une baleine !
Le *Cetiosaurus* est le premier sauropode à avoir été découvert et l'un des premiers dinosaures à avoir reçu un nom. Les experts croyaient à l'origine qu'il était proche de la baleine, car leurs colonnes vertébrales se ressemblent.

Combien mesurait-il ?
Malgré une taille moyenne pour un sauropode, le *Cetiosaurus* était déjà très imposant avec ses 16 m de long. Il vivait au sein de grands troupeaux près d'une mer aujourd'hui disparue située à la place de l'Angleterre actuelle.

Que signifie *Cetiosaurus* ?

Voyage en Australie

Les scientifiques pensent que l'énorme *Rhoetosaurus,* l'un des premiers sauropodes, était apparenté au *Cetiosaurus*. C'était l'un des dinosaures du jurassique les plus gros d'Australie. Son poids l'empêchait de courir et l'obligeait sans doute à marcher lentement.

Les grosses pattes du *Rhoetosaurus* répartissaient son poids sur une grande surface.

Des prédateurs affamés

Le *Cetiosaurus* était peut-être la proie d'un certain nombre de prédateurs.

Megalosaurus **:** long de 8 m, il avait des dents incurvées et de longues griffes acérées.

Eustreptospondylus **:** c'était un chasseur élancé de 5 à 6,50 m de haut.

Allosaurus **:** il mesurait 12 m de long et avait des dents tranchantes comme des lames de couteau.

Deviens incollable...
Sur les dinosaures qui vivaient en groupes, pages **32-33**

« Lézard baleine ».

Les autres herbivores

Les gros sauropodes n'étaient pas les seuls dinosaures herbivores du jurassique. Ils étaient en compétition pour la nourriture avec divers petits dinosaures.

Quelques exemples

Voici quelques herbivores du jurassique que tu ne connais peut-être pas.

Heterodontosaurus : ce « lézard à différentes dents » avait trois types de dents.

Lufengosaurus : ce prosauropode robuste avait la taille d'un cheval.

Lesothosaurus : ce dinosaure élancé n'était pas plus grand qu'une petite chèvre.

Des tiges dures ? Aucun problème !

Contrairement aux sauropodes, beaucoup de petits herbivores avaient un bec corné dépourvu de dents, qui leur servait à arracher les feuilles dures des plantes ligneuses.

L'avantage de la bipédie

Le fait de marcher sur deux pattes rendait ces petits herbivores bien plus agiles que les gros sauropodes.

Squelette de *Camptosaurus*

Camptosaurus

Un véritable survivant

Ce dinosaure a vécu de la fin du trias au début du crétacé, soit plus de 60 millions d'années, en Amérique du Nord et en Angleterre.

Scutellosaurus

Ses protubérances osseuses rendaient sans doute le *Scutellosaurus* beaucoup plus lourd que les autres dinosaures de la même taille.

Attention danger !

En plus de leur agilité, certains herbivores bénéficiaient d'une protection supplémentaire. Le *Scutellosaurus* avait plus de 300 petites pointes osseuses réparties sur le dos, les flancs et la queue.

Les **cycas** ressemblaient aux palmiers modernes mais n'avaient pas de fleur.

Les **conifères** étaient déjà très nombreux longtemps avant l'arrivée des dinosaures.

Les **prêles** étaient plus hautes que de nombreux arbres du mésozoïque.

Les **fougères** existaient longtemps avant l'apparition des dinosaures.

Dryosaurus

La morphologie du *Dryosaurus* lui permettait de courir très vite en cas de danger.

Un bec de perroquet

Le *Dryosaurus* utilisait son bec pour arracher les plantes, qu'il broyait ensuite avec ses dents en forme de feuille. Il vivait sans doute en troupeau, en Afrique de l'Est et en Amérique du Nord.

Deviens incollable...

Sur l'habitat des dinosaures, pages **16-17**

Sur le *Lesothosaurus*, page **47**

Nous avons découvert beaucoup de plantes fossilisées.

De redoutables prédateurs

Le jurassique a vu se développer d'énormes et puissants carnivores. Les scientifiques ne savent pas avec certitude s'ils chassaient seuls ou en groupes mais, même dans le premier cas, ce devaient être des tueurs féroces.

Deviens incollable...

Sur les carnivores du trias, pages **48-51**

Sur les carnivores du crétacé, pages **82-83**

L'*Allosaurus*
Ce carnivore repérait ses proies grâce à son ouïe et à son odorat développés. Il se cachait peut-être dans les buissons pour les attaquer par surprise.

Où a-t-on trouvé le premier *Allosaurus* presque complet ?

Quelle tête bizarre !

Le dilophosaure, un grand prédateur bipède, avait une crête osseuse semi-circulaire de chaque côté du crâne. Peut-être ses crêtes l'aidaient-elles à se protéger du soleil ou faisaient-elles partie de ses atours lors de la parade nuptiale.

Dilophosaurus

Quelle grosse tête !

La tête de l'*Allosaurus* mesurait 1 m de long. Une articulation spéciale lui permettait d'ouvrir la mâchoire sur plus de 1 m de long, révélant environ 70 dents dont certaines mesuraient 10 cm de long.

Des armes redoutables

L'*Allosaurus* avait des « mains » préhensiles à trois doigts. Chaque doigt était pourvu d'une griffe acérée.

« Main » fossilisée d'*Allosaurus*

Dans le Colorado, aux États-Unis.

Les géants chinois

Cette illustration montre un *Yangchuanosaurus* en train de chasser. Ce grand carnivore a repéré un *Mamenchisaurus* affaibli et guette le moment où il pourra attaquer l'herbivore géant.

Des prédateurs sans pitié

Au cours du jurassique, le nombre des dinosaures n'a cessé d'augmenter. Voici quelques exemples de carnivores découverts en Chine.

Dilophosaurus **:** ce dinosaure du début du jurassique a été découvert en Chine (et aux États-Unis).

Monolophosaurus **:** C'est l'un des premiers carnivores géants. Il est apparu au milieu du jurassique.

Szechuanosaurus **:** ce dinosaure de la fin du jurassique ressemblait à un petit *Allosaurus*.

Qui est ce dinosaure?

Le *Yangchuanosaurus* était le plus gros prédateur de Chine au cours du jurassique. Avec sa tête de la taille d'un fauteuil, il devait offrir un spectacle terrifiant.

Que mangeait le *Mamenchisaurus*?

Et enfin, la tête

Le long cou du *Mamenchisaurus* était soutenu par 19 vertèbres. De tous les dinosaures que nous connaissons, c'est celui qui a le plus de vertèbres dans le cou. Ses os étaient creux. Dans le cas contraire, son cou aurait été trop lourd pour qu'il puisse le lever.

Un célèbre cou

Le *Mamenchisaurus* avait un coup exagérément long, qui mesurait plus de la moitié de la longueur totale du dinosaure. C'est l'animal au cou le plus long connu à ce jour. En comparaison, sa tête était minuscule.

Le sais-tu ?

Au trias et au jurassique, la Lune était plus proche de la Terre qu'aujourd'hui. Elle semblait plus grande dans le ciel, reflétait davantage la lumière du Soleil et était plus brillante qu'aujourd'hui.

Des plantes dont des conifères, des fougères à graines, des lycopodes et des prêles.

Des gabarits variés

Bien qu'ils ne se soient jamais rencontrés, le *Compsognathus* et le *Ceratosaurus* vivaient tous deux au jurassique, l'un sur des îles chaudes et l'autre dans des plaines inondables.

Fossile de *Compsognathus*

Un fossile mystérieux
Le *Compsognathus* a été découvert en 1861 mais n'a pas tout de suite été identifié comme un dinosaure en raison de sa petite taille. Seuls deux fossiles de *Compsognathus* ont été découverts, dont un qui avait un lézard dans le ventre.

Le *Compsognathus*
Le *Compsognathus* vivait sur les îles qui occupaient l'emplacement de l'Europe actuelle. Malgré sa petite taille, c'était un redoutable prédateur.

Que mangeait le *Compsognathus*?

Le *Ceratosaurus*

Le *Ceratosaurus* mesurait 4,50 à 6 m de long. C'était un puissant carnivore avec une petite corne sur la tête.

Les cératosaures

Le *Ceratosaurus* appartient à la famille des cératosaures, qui comprend bien d'autres dinosaures.

Dilophosaurus : il avait sur la tête deux crêtes presque semi-circulaires.

Coelophysis : il mesurait environ 2 m de long et ressemblait à un oiseau avec des longues pattes.

Segisaurus : ce petit cératosaure mesurait seulement 1 m de long.

Deviens incollable...

Sur les fossiles, pages **106-107**

Le Dinosaur National Monument

De 1909 à 1924, les scientifiques ont extrait d'une carrière de l'Utah, aux États-Unis, 300 tonnes d'os de dinosaures datant de la fin du jurassique. L'importance de la découverte a été officialisée par la création sur le site du Dinosaur National Monument (Monument national du dinosaure), en 1915.

Une paroi osseuse
Le musée présente aux visiteurs une grande paroi inclinée qui contient plus de 1 500 fossiles de dinosaure.

Un paysage différent
Du temps des dinosaures, la zone dans laquelle les fossiles ont été découverts était un point d'eau. C'est pourquoi tant d'animaux s'y rendaient.

D'après toi, combien de temps Earl Douglass a-t-il mis pour dégager le squelette d'*Apatosaurus* qu'il avait trouvé ?

Earl l'explorateur
La carrière de l'Utah a été découverte par Earl Douglass, qui cherchait des os de dinosaures dans la région en 1909. Le paléontologue a d'abord trouvé un *Apatosaurus*. Puis beaucoup d'autres os !

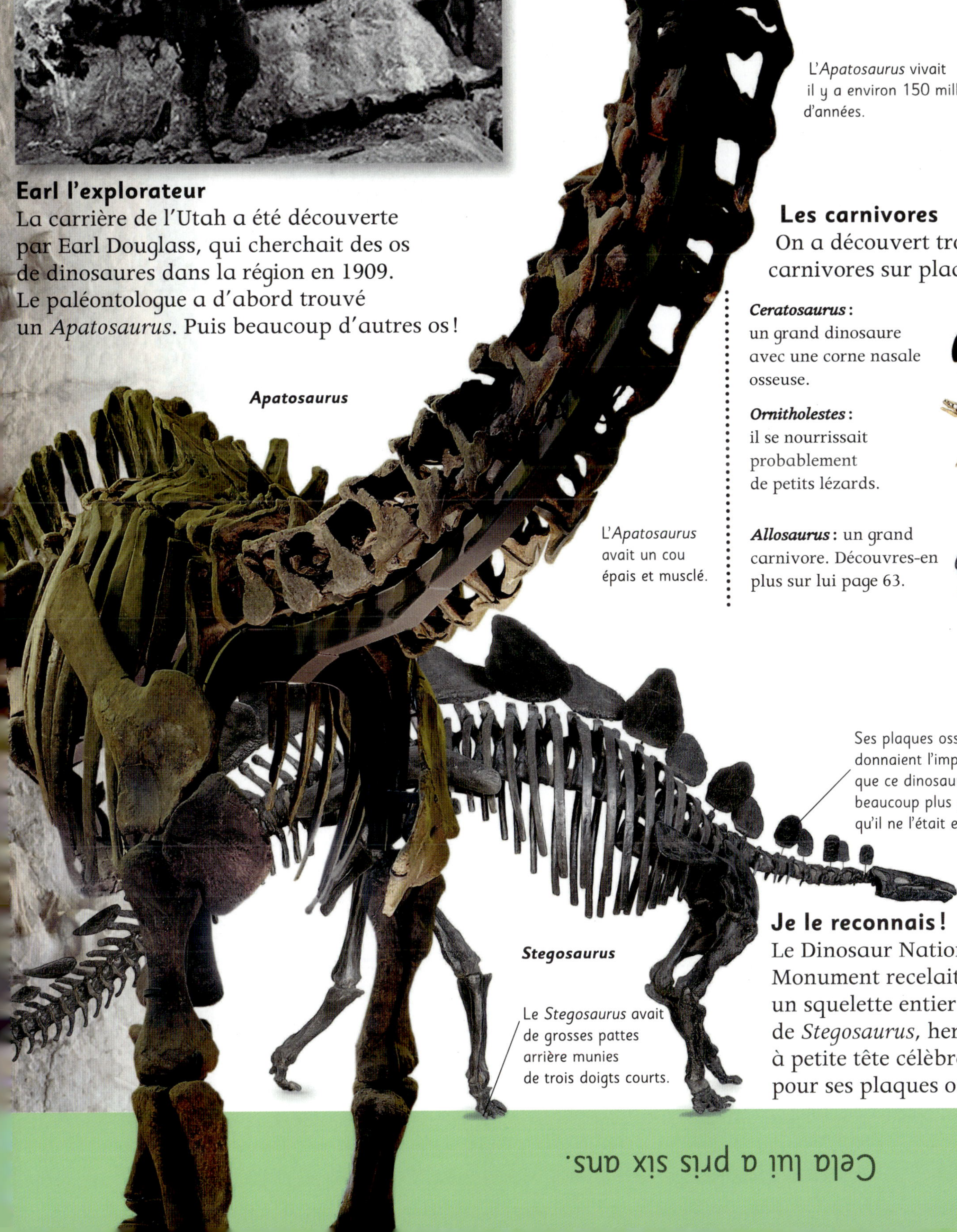

Les herbivores
Les trois quarts des ossements découverts sur le site appartenaient à des sauropodes comme l'*Apatosaurus*, le *Camarasaurus* et le *Diplodocus*.

L'*Apatosaurus* vivait il y a environ 150 millions d'années.

L'*Apatosaurus* avait un cou épais et musclé.

Les carnivores
On a découvert trois carnivores sur place.

Ceratosaurus : un grand dinosaure avec une corne nasale osseuse.

Ornitholestes : il se nourrissait probablement de petits lézards.

Allosaurus : un grand carnivore. Découvres-en plus sur lui page 63.

Ses plaques osseuses donnaient l'impression que ce dinosaure était beaucoup plus grand qu'il ne l'était en réalité.

Le *Stegosaurus* avait de grosses pattes arrière munies de trois doigts courts.

Je le reconnais !
Le Dinosaur National Monument recelait un squelette entier de *Stegosaurus*, herbivore à petite tête célèbre pour ses plaques osseuses.

Cela lui a pris six ans.

Les dinosaures du crétacé

Voici l'aspect de la Terre au crétacé (entre -144 et -65 millions d'années).

Au crétacé, les continents ont commencé à s'éloigner les uns des autres et les dinosaures se sont développés différemment sur chacun d'eux. Leurs espèces se sont alors considérablement diversifiées.

À quoi la Terre ressemblait-elle ?
Au début du crétacé, les températures étaient les mêmes qu'au jurassique, mais au cours du million d'années suivant elles ont commencé à se rafraîchir. Peu à peu, la Terre est devenue telle que nous la connaissons.

La vie animale

Le crétacé a abrité des dinosaures très variés, herbivores comme l'*Iguanodon* et le *Triceratops*, ou carnivores comme le *Troodon* et le *Tyrannosaurus*. Les dinosaures ont disparu à la fin de cette période, mais tant qu'elle a duré, ils se sont multipliés.

Deviens incollable...

Sur le *Troodon*, pages **88-89**

Sur les dinosaures à corne(s), pages **78-79**

Test d'observation

Regarde attentivement les pages 72 à 95 et essaie de retrouver ce que représentent ces illustrations.

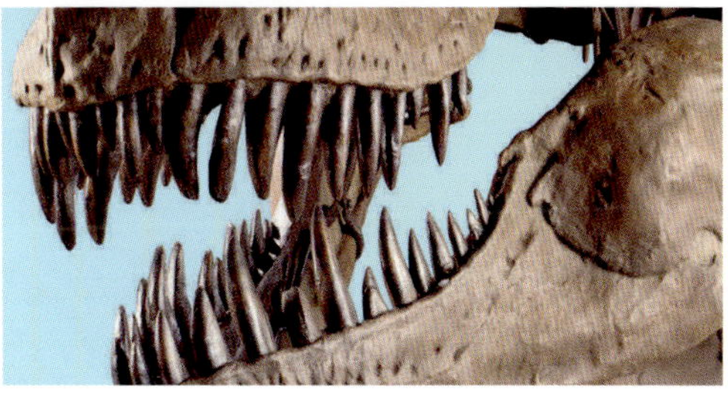

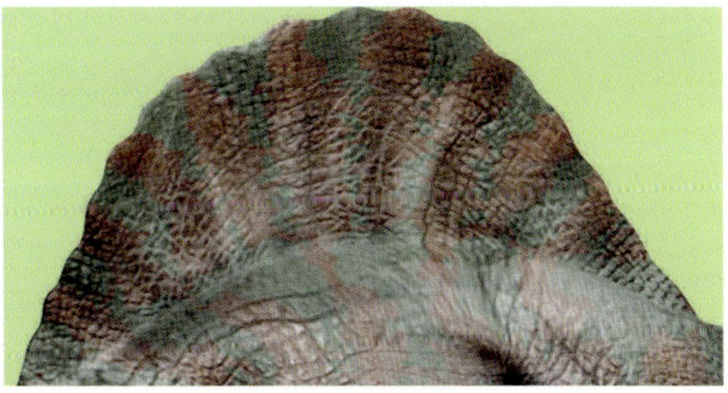

Les plantes à fleurs (apprends-en plus page 17).

Le Dinosaur Provincial Park

Aujourd'hui, le « parc provincial du dinosaure », situé en Alberta, au Canada, offre un paysage rocheux presque désertique. Il y a 75 millions d'années, c'était un paradis subtropical implanté autour de l'embouchure marécageuse d'une rivière. C'était aussi l'habitat de nombreux dinosaures.

Le site s'est révélé très riche en restes de dinosaures depuis la découverte du premier fossile, en 1910.

Squelette fossilisé d'un *Corythosaurus*

De fabuleux fossiles
De nombreux squelettes de dinosaures ont été merveilleusement conservés par le sol marécageux de l'époque, comme ce squelette de *Corythosaurus* (un hadrosaure).

Qu'y a-t-on trouvé ?
Les paléontologues ont trouvé dans le parc 35 espèces de dinosaures de la fin du crétacé et en ont extrait 300 squelettes. Les plus répandus étaient des hadrosaures.

Corythosaurus

Un véritable tank !
L'*Euoplocephalus*, un herbivore, était parfaitement protégé contre les attaques.

Quelle était la principale caractéristique des ankylosaures ?

Qu'y a-t-on trouvé d'autre ?

En plus des dinosaures, les chercheurs ont déterré les squelettes fossilisés de beaucoup d'autres créatures du crétacé dont de nombreux poissons, crocodiles, ptérosaures, oiseaux, mammifères et tortues.

Aurait-il pu te manger ?

L'*Albertosaurus* était le plus grand prédateur du parc. Il y croisait beaucoup d'hadrosaures susceptibles de combler son appétit.

Une armure vivante

Trois genres d'ankylosaures ont été découverts au Provincial Park.

***Panoplosaurus* :** il avait de longues épines sur les épaules et des plaques osseuses sur le dos.

***Edmontonia* :** il était couvert de rangées de plaques et de pointes osseuses.

***Euoplocephalus* :** il se défendait à l'aide d'une massue caudale.

L'*Albertosaurus* ressemblait un peu au *Tyrannosaurus rex*, qui faisait partie de la même famille mais qui a vécu après lui.

Certains avaient la tête dure !

Le *Pachycephalosaurus* avait un crâne incroyablement épais. Peux-tu imaginer pourquoi ? Découvres-en plus sur ce dinosaure page 24.

Au crétacé, le parc contenait plus de 170 espèces de plantes différentes.

Deviens incollable...

Sur les ankylosaures, pages **80-81**
Sur les hadrosaures, pages **76-77**

Ils avaient des plaques osseuses en guise d'armure.

Les vaches du crétacé

Les hadrosaures du crétacé étaient l'équivalent des vaches actuelles. Ils étaient très répandus dans les forêts et les marécages d'Amérique du Nord.

Chacun sa crête
Les crêtes des hadrosaures avaient des formes variées.

Corythosaurus : sa crête avait la forme d'une plaque.

Tsintaosaurus : sa crête était peut-être couverte d'une peau de couleur vive.

Lambeosaurus : sa crête ressemblait à un casque.

Les hadrosaures avaient une queue raide qu'ils ne pouvaient sans doute pas balancer sur les côtés.

Les crêtes des hadrosaures mâles étaient sans doute plus grandes que celles des femelles.

Parasaurolophus

Quel profil !
Les hadrosaures sont les dinosaures aux têtes les plus étranges. Beaucoup avaient une crête.

Deviens incollable...
Sur un autre hadrosaure, le *Maiasaura*, pages **30-31**

Peux-tu nommer un animal à crête contemporain ?

Les hadrosaures avaient plus de 1 000 dents (en comptant celles qui poussaient pour remplacer celles qui s'usaient).

Avaient-ils des becs ?

Leur mâchoire en forme de bec de canard contenait des rangées de dents rapprochées qui leur servaient à broyer les plantes.

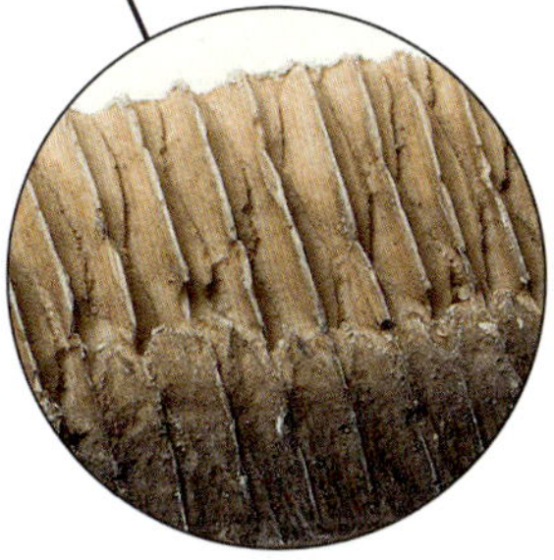

Dents fossilisées d'hadrosaure

Que mangeaient-ils ?

L'un des fossiles d'hadrosaure contenait encore les restes de son dernier repas : écorces, pommes de pain, aiguilles de conifères et branches, des matériaux rigides difficiles à digérer.

Corythosaurus

Une vie nomade

Les hadrosaures formaient d'énormes troupeaux, qui se déplaçaient en broutant les feuilles, les aiguilles des sapins et les fougères.

Le coq et le dindon, par exemple.

Cornes et collerettes

Avec son allure de rhinocéros, le *Triceratops* est l'un des dinosaures les plus connus. Il appartient au groupe des cératopsiens, ou dinosaures à « tête à corne ».

Une tête à trois cornes
Le tricératops était l'un des plus grands cératopsiens. Adulte, il mesurait environ 10 m de long.

Que signifie le nom *Triceratops* ?

Les autres cératopsiens

On connaît plusieurs dinosaures à cornes et/ou à collerettes.

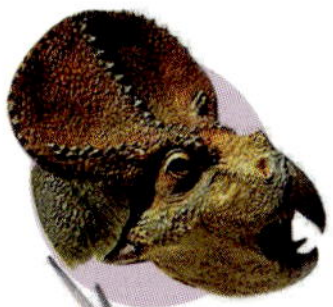

Protoceratops **:** il avait une collerette sur la tête mais n'avait pas de corne.

Styracosaurus **:** (ou « lézard à piques ») il avait une curieuse collerette à cornes.

Pentaceratops **:** il avait une énorme collerette sur le cou et trois longues cornes.

Les moutons du Gobi

Les protocératops arpentaient le désert de Gobi, en Asie, un peu comme les moutons dans nos campagnes. (Ils avaient d'ailleurs la même taille.)

Le *protoceratops* était pourvu d'un « bec de perroquet ».

Crânes de *Protoceratops*, de la sortie de l'œuf à l'âge adulte.

Crâne d'un bébé

Crâne d'un adulte

Une proie sans défense

Le *Protoceratops* n'avait pas de protection particulière. Sa petite taille en faisait une proie idéale pour un certain nombre de carnivores.

Un grand cimetière de dinosaures

Le désert de Gobi est jonché de restes de *Protoceratops* de tous âges.

« Tête à trois cornes ».

Crâne d'*Ankylosaurus*

Des armures sur pattes

Les ankylosaures ressemblaient à des blindés ! Ils marchaient à quatre pattes et étaient couverts d'une armure faite d'épines et d'épaisses plaques osseuses.

Une tête dure
Les ankylosaures étaient protégés de la tête au bout de la queue. Regarde comme ces crânes ont l'air solides !

Crâne d'*Euoplocephalus*

Des géants cuirassés
À une époque, *l'Euoplocephalus* (« tête protégée ») était l'ankylosaure le plus répandu des plaines d'Amérique du Nord. Il était à l'abri des prédateurs grâce aux plaques osseuses soudées qui couvraient son cou et son dos.

Les ankylosaures étaient-ils carnivores ou herbivores ?

Les ankylosaures

Les ankylosaures sont classés en fonction de leur apparence. Ils se répartissent entre trois principaux groupes.

Ankylosauridés : comme l'*Ankylosaurus*, leur queue se terminait par une massue osseuse.

Nodosauridés : comme l'*Edmontonia*, ils portaient des rangées d'épines sur le corps.

Polacanthidés : comme le *Gastonia*, ils portaient des épines sur le corps et la queue.

Des empreintes fossilisées montrent que le *Saltasaurus* avait des protubérances osseuses sur la peau.

Saltasaurus

Les sauropodes aussi !

Les ankylosaures n'étaient pas les seuls dinosaures du crétacé à avoir une armure. Certains sauropodes étaient également cuirassés, comme le *Saltasaurus*.

Massue caudale d'un *Ankylosaurus*

Les massues caudales

Certains ankylosaures avaient au bout de la queue une protubérance osseuse en forme de massue qui leur servait à frapper leurs assaillants. Cette arme lourde devait infliger de terribles blessures.

Le *Tyrannosaurus rex*

Ce puissant tyrannosaure a vécu en Amérique du Nord pendant les deux derniers millions d'années du règne des dinosaures.

Les globes oculaires des *Tyrannosaurus rex* avaient la taille d'un poing.

Quand une dent cassait, une autre poussait pour la remplacer.

Des dents gigantesques
Le *Tyrannosaurus rex* avait de terrifiantes dents recourbées, aussi longues que la main d'un homme. Sa mâchoire contenait 58 de ces armes pointues.

Chasseur ou charognard?

Le *Tyrannosaurus rex* mangeait des herbivores comme le *Triceratops*.

Le *Tyrannosaurus rex* marchait sur ses puissantes pattes arrière.

Était-ce un chasseur?
Nous ignorons si le *Tyrannosaurus rex* était un chasseur qui attaquait ses proies pour les tuer et les manger, ou un charognard qui dévorait les dinosaures qu'il trouvait morts ou mourants. Peut-être était-il les deux.

Que signifie *Tyrannosaurus rex*?

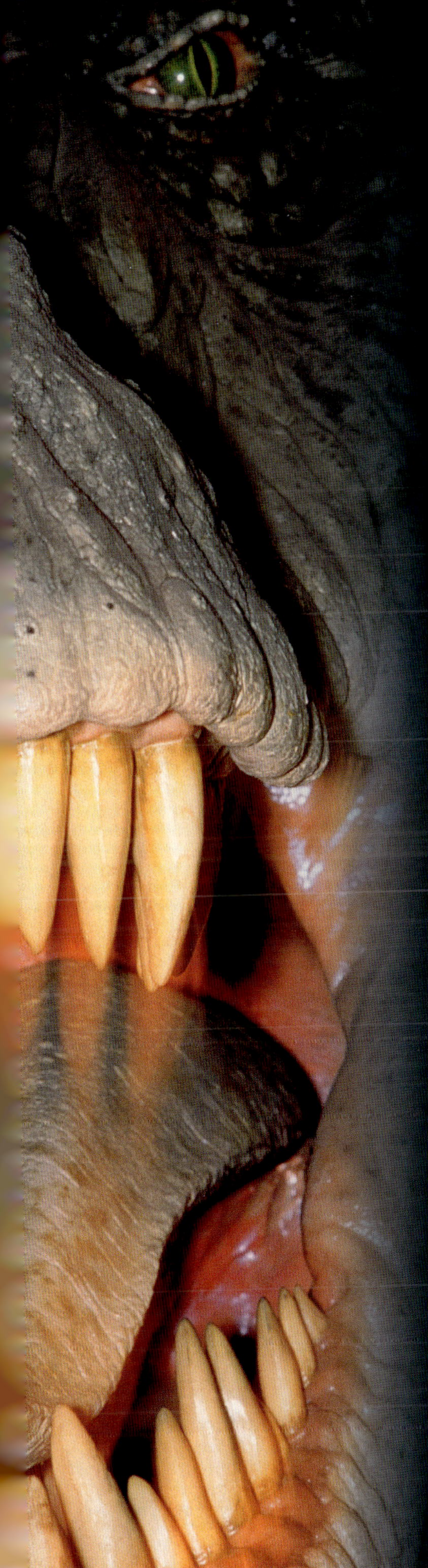

Un crâne adapté

Avec son crâne massif de 1,50 m de long, cet animal féroce pouvait avaler des petits dinosaures entiers ! Les os de son crâne étaient percés de cavités qui le rendaient plus léger.

Les dents du *Tyrannosaurus rex* présentaient de minuscules dentelures qui l'aidaient à arracher la chair de ses victimes.

Le *Guanlong* mesurait seulement 1 m de haut et sa longueur (3 m) était due principalement à son cou et à sa queue !

Un lointain ancêtre

L'un des membres les plus anciens de la famille du tyrannosaure a été découvert en 2006 en Chine. Le *Guanlong* vivait environ 100 millions d'années avant le *Tyrannosaurus rex*.

Quel succès !

Voici Sue, le squelette de dinosaure le plus grand et le plus complet au monde. Elle a été vendue à un musée américain en 1991 pour la coquette somme de 6 millions d'euros.

Du nez au bout de la queue, Sue mesure 13 m.

« Roi des lézards tyrans ».

Un énorme prédateur

Le *Giganotosaurus*, ou « lézard géant du Sud », était particulièrement grand, peut-être même plus que le *Tyrannosaurus rex*. Les deux espèces ne se sont jamais rencontrées, car le *Giganotosaurus* vivait environ dix millions d'années avant le *Tyrannosaurus rex*.

Une découverte récente
Des os de *Giganotosaurus* ont été découverts en Argentine (Amérique du sud) au début des années 1990 mais on n'en a pas trouvé de squelette entier.

Le sais-tu?

Il est difficile d'imaginer la taille et le poids d'un *Giganotosaurus* adulte. Les experts pensent que l'animal devait être aussi lourd que 125 hommes réunis. Cela fait beaucoup de monde!

Où vivait le *Giganotosaurus*?

À l'attaque !

L'*Argentinosaurus*, un énorme sauropode argentin, côtoyait le *Giganotosaurus*. Ce monstre atteignait peut-être 43 m de long ! Avec ses 15 m de long, un *Giganotosaurus* seul n'en serait pas venu à bout, mais il chassait peut-être en groupe.

Deviens incollable...

Sur les sauropodes, pages **52-55**
Sur les *Tyrannosaurus rex*, pages **78-79**

Argentinosaurus

Une étreinte fatale

Les pattes avant des *Giganotosaurus* étaient plus grandes et plus puissantes que celle des *Tyrannosaurus rex*. Leurs trois doigts devaient servir à attraper des proies et de la nourriture.

De grandes dents

Le giganotosaure avait de grandes dents crénelées qui lui servaient à frapper, à retenir ses proies et à leur arracher des morceaux de chair. Les plus grandes dents mesuraient environ 20 cm.

Dans les marécages chauds du crétacé, en Argentine (Amérique du sud).

Le *Spinosaurus*

S'il existait un concours pour savoir quel dinosaure ressemblait le plus à un dragon, le *Spinosaurus* le gagnerait haut la main. Avec sa haute « voile » dorsale et sa longue mâchoire étroite, il devait être effrayant.

Qu'avait-il sur le dos?
Le spinosaure avait sur le dos une impressionnante voile en peau soutenue par des os de 2 m de long.

À quoi servait sa voile?
La voile était parcourue par un réseau de petites veines, comme les oreilles d'un éléphant. Peut-être s'en servait-il pour réguler sa température (comme les éléphants avec leurs oreilles).

Le *Spinosaurus* était-il plus grand que le *Tyrannosaurus rex*?

Quelle couleur avait-il ?
Personne ne sait de quelles couleurs étaient les dinosaures. Celui-ci pouvait aussi bien être de couleur terne qu'arborer de splendides motifs.

Le *Spinosaurus* avait peut-être de somptueux motifs colorés comme certains serpents.

Le *Spinosaurus* était un proche parent du *Baryonyx*, que tu rencontreras page 94.

Les fossiles du *Spinosaurus* ont été trouvés dans le nord de l'Afrique (en Égypte et au Niger).

Un membre de la famille
Les dinosaures d'un même groupe pouvaient être de tailles très différentes. L'un des proches parents les plus petits du *Spinosaurus*, l'*Irritator*, vivait en Amérique du Sud.

Le sais-tu ?

L'*Irritator* doit son nom à un incident irritant survenu lorsque son découvreur a abîmé ses restes en essayant de les recoller pour leur donner plus de valeur.

Les restes fossilisés d'un *Irritator* ont été découverts au Brésil.

Oui, mais il vivait bien avant lui.

Le plus intelligent ?

Étant donné la taille de son cerveau par rapport à son corps, les scientifiques pensent que le *Troodon* était le dinosaure le plus intelligent.

Un chasseur nocturne ?
Le troodon avait sans doute une bonne vue. Il avait peut-être même des pupilles verticales (comme les chats) qui lui permettaient de voir dans l'obscurité, et donc de chasser la nuit.

Reproduction d'un *Troodon* mâle

La grosse griffe en forme de faucille située sur son second orteil lui servait à taillader ses proies.

Les longues pattes du *Troodon* devaient le rendre très agile.

***Troodon* femelle**

Deviens incollable...
Sur les œufs et les nids de dinosaures, pages **28-29**

Que pouvait chasser le *Troodon* ?

Dent
de *Troodon*

Observe cette dent

Troodon signifie « dent qui blesse ». Le *Troodon* avait de petites dents crénelées recourbées vers l'arrière, qui l'aidaient à retenir ses proies.

Les *Troodon* avaient environ 120 dents (un enfant en a 20).

Le *Troodon* avait sûrement des plumes.

Une bonne prise

Le *Troodon* avait des « mains » à trois doigts pourvus de griffes aiguisées parfaites pour attraper et retenir ses proies.

C'est mon nid !

Le *Troodon* formait de grandes colonies et s'occupait de ses petits. Des nids lui appartenant probablement ont été découverts dans le Montana, aux États-Unis. Ils mesuraient 2 m de diamètre et contenaient jusqu'à 24 œufs.

Probablement des bébés dinosaures, des petits mammifères, des serpents, des lézards et des oiseaux.

Des tueurs féroces

Bambiraptor

À la fois agressif et rapide, le *Velociraptor* était un terrible prédateur qui vivait en Asie à la fin du crétacé. Il était petit mais ses dents tranchantes comme des lames et ses griffes aiguisées comme des poignards le rendaient très dangereux.

Sa mâchoire étroite contenait environ 80 dents pointues.

Velociraptor

Ses plumes lui tenaient chaud mais ne lui servaient pas à voler.

Un dinosaure à plumes?

Certains fossiles de dinosaures montrent qu'ils portaient des plumes. Le vélociraptor en avait sans doute, bien qu'aucun fossile ne vienne le confirmer.

Deinonychus

Les experts soupçonnent le *Deinonychus* d'avoir eu des plumes, mais cette théorie est si récente que la plupart de ses représentations n'en ont pas.

Le *Deinonychus* était sans doute l'un des dinosaures les plus intelligents.

La griffe du tueur

Le *Deinonychus* avait sur chaque patte arrière une griffe redoutable dressée presque à la verticale, qu'il utilisait pour attaquer ses victimes.

Pied fossilisé de *Deinonychus*

Que signifie *Velociraptor*?

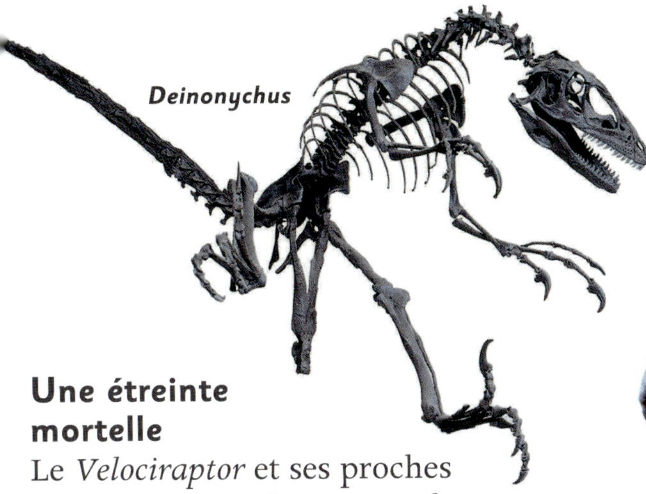

Ce squelette a été monté de manière à montrer un *Deinonychus* en train de sauter sur une victime, toutes griffes dehors.

Le sais-tu ?

Les *Velociraptor* et les *Deinonychus* appartiennent à la famille des dromæosauridés. Les scientifiques pensent que ces prédateurs sont les ancêtres des oiseaux.

Une étreinte mortelle
Le *Velociraptor* et ses proches parents, comme le *Deinonychus,* plus gros que lui, chassaient sans doute en groupes et devaient sauter sur le dos de leurs proies en écartant les pattes.

Le *Deinonychus* avait un corps léger et de longues pattes arrière.

Deinonychus signifie « terrible griffe ».

« Voleur rapide ». Le *Velociraptor* pouvait sans doute courir à 65 km/h.

Un dinosaure bedonnant !

Le *Therizinosaurus* n'était peut-être pas le dinosaure le plus bizarre mais c'était celui qui avait les plus longs bras et les griffes de ses pattes avant pouvaient atteindre 60 cm.

Un aspect incertain
Les paléontologues ont dû faire appel à leur imagination pour reconstituer ce dinosaure car ils ne disposaient que de ses pattes avant ! L'apparence qu'on lui prête est basée sur la découverte d'autres thérizinosaures.

Tortue luth

Avait-il des nageoires ?
Le *Therizinosaurus* avait des bras tellement étranges que ses griffes ont d'abord été attribuées à une tortue géante.

D'après toi, le *Therizinosaurus* était-il carnivore ou herbivore ?

Un étrange cousin
Le *Therizinosaurus* n'était pas le seul thérizinosaure à l'allure étrange. Le *Beipiaosaurus* avait les pattes couvertes de plumes.

On ignore si le *Therizinosaurus* portait des petites plumes ou non.

Il était effrayant mais son bec sans dents indique qu'il ne mangeait que des plantes.

Du poisson au menu

Il y a 90 millions d'années, un dinosaure silencieux scrutait l'eau, au bord d'un grand lac. Soudain, ses griffes ont fendu la lumière et harponné un poisson de la longueur de ta jambe appelé *Lepidotes*. Ce dinosaure pêcheur s'appelait *Baryonyx*.

Le Lepi-quoi ?
Le *Lepidotes* vivait dans les lacs et les mers peu profondes du mésozoïque. Ses dents fossilisées sont fréquentes dans le sud de l'Angleterre, où elles sont connues sous le nom de *toadstones* (« pierres de crapaud »).

Les mâchoires de crocodile du *Baryonyx* étaient parfaites pour attraper les poissons. Des preuves supplémentaires qu'il en mangeait sont les écailles et les arêtes de poisson retrouvées dans un fossile de *Baryonyx*.

Pourquoi les dents de *Baryonyx* s'appellent-elles *toadstones* (« pierres de crapaud »)?

Admire un peu cette griffe !
Baryonyx signifie « griffe lourde ». Ce dinosaure doit son nom à l'énorme griffe du doigt interne de ses mains. Ses longues griffes recourbées étaient parfaites pour harponner les poissons.

La courbe externe de cette griffe de *Baryonyx* mesure 30 cm.

Une belle découverte
La première griffe de *Baryonyx* a été découverte en Angleterre au début des années 1980, par un amateur de fossiles appelé William Walker.

Sa mâchoire contenait 96 dents pointues.

Crâne fossilisé de *Baryonyx*

Un trésor bien caché
Une fois la griffe découverte, environ 60 % du dinosaure ont été progressivement mis à jour, y compris son crâne, très bien conservé.

Il y a des centaines d'années, les gens croyaient qu'elles provenaient de crapauds !

Les autres formes de vie

Les dinosaures n'étaient pas les seuls animaux sur Terre, et aucun dinosaure ne volait ou ne vivait dans la mer. Sais-tu quels autres animaux vivaient à la même époque ?

Des animaux aujourd'hui disparus
Au cours du crétacé, les dinosaures ont dû faire face au développement de groupes « concurrents », comme les mammifères et d'autres reptiles. Ces groupes nous sont familiers mais certaines de leurs créatures ne ressemblaient à aucune de celles qui existent aujourd'hui.

Les dinosaures pouvaient-ils manger les ptérosaures ?

Test d'observation

Regarde attentivement les pages 96 à 105 et essaie de retrouver ce que représentent ces illustrations.

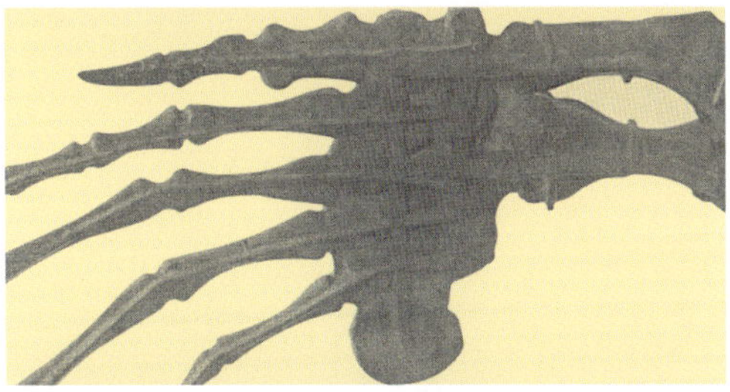

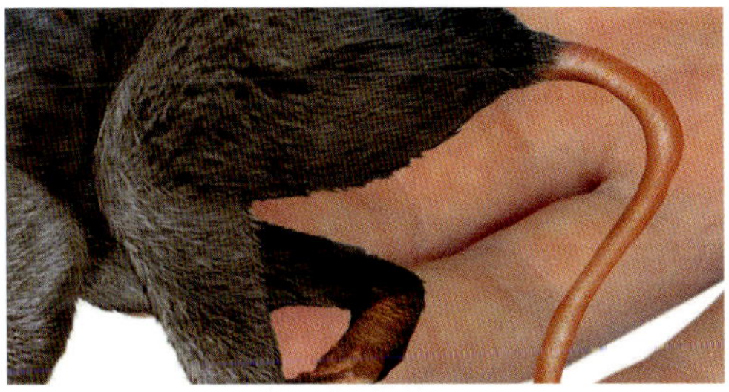

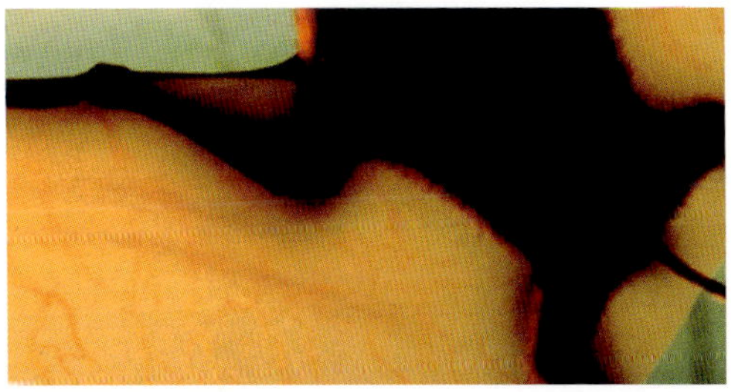

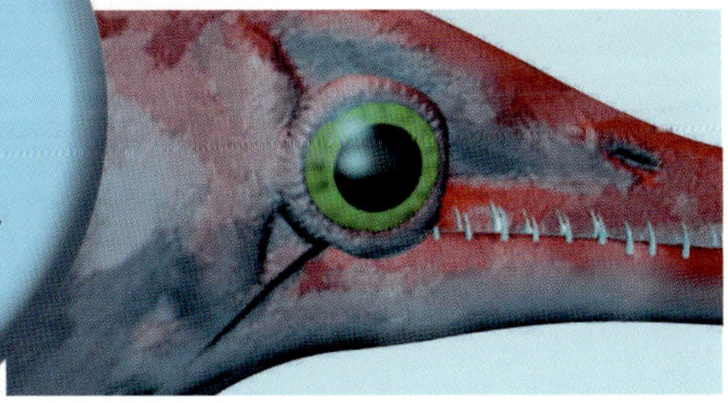

Deviens incollable...

Sur les ptérosaures, pages **100-101**
Sur les plésiosaures, pages **98-99**

Oui, s'ils arrivaient à les attraper !

Les monstres marins

À l'époque où les dinosaures régnaient sur la terre ferme, une étonnante variété de reptiles géants aux dents acérées, les plésiosaures, dominait les mers et chassait les ichtyosaures.

Ichtyosaure

Les ichtyosaures avaient de grands yeux.

Elasmosaurus

L'*Elasmosaurus* respirait de l'air, comme les baleines.

Son cou était aussi long que son corps.

Nager loin...
Un ichtyosaure s'éloigne rapidement pour ne pas être mangé. Les ichtyosaures étaient parfaitement adaptés pour chasser des proies rapides comme les calmars mais servaient eux-mêmes de repas à des reptiles marins plus grands qu'eux, notamment les plésiosaures.

Du danger !
Attention ! Un *Liopleurodon* attaque un ichtyosaure. Le *Liopleurodon* était un plésiosaure à cou court. C'était peut-être le prédateur marin le plus gros de tous les temps.

Que mangeait le *Liopleurodon* ?

Qui est-ce ?
L'élasmosaure était un plésiosaure à long cou. Ses pattes en forme de pagaie l'aidaient à se propulser dans l'eau. Il pouvait mesurer 14 m de long.

Ils étaient déjà là !
Beaucoup d'animaux marins existaient déjà à l'ère mésozoïque.

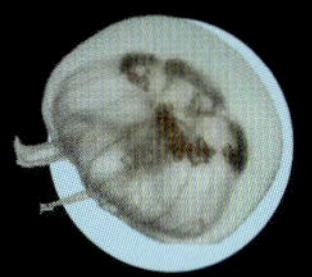

Méduse : elle a vu le jour il y a environ 400 millions d'années.

Corail : il est constitué d'animaux fragiles mais a réussi à survivre depuis l'époque des dinosaures.

Grand requin blanc : il ressemble à ses ancêtres du crétacé.

Calmar : il était au menu des ichthyosaures.

Escargot de mer : il est lui aussi parvenu à défier le temps.

Le sais-tu ?
Certaines personnes pensent que le monstre du Loch Ness, célèbre lac d'Écosse, est un plésiosaure retenu dans le lac quand la mer s'est retirée il y a des millions d'années !

Le *Liopleurodon* atteignait peut être 25 m de long.

Liopleurodon

Ce reptile avait des dents en forme de poignard deux fois plus longues que celles du *Tyrannosaurus rex*.

Tout ce qu'il pouvait attraper, y compris des ptérosaures qui volaient trop près de l'eau.

Les monstres volants

Aucun dinosaure ne volait, contrairement à certains de leurs proches parents : les ptérosaures, ou reptiles volants. Certains ptérosaures étaient minuscules, d'autres avaient la taille d'un petit avion.

Des drôles de créatures...
Les premiers ptérosaures étaient assez petits et avaient une longue queue et des ailes étroites. Le *Dimorphodon* et le *Rhamphorhynchus* mesuraient environ 1 m de long.

Dimorphodon

Le *Dimorphodon* avait une grosse tête qui ressemblait à celle d'un macareux et un bec pourvu de dents.

Leur queue leur servait de gouvernail.

Rhamphorhynchus

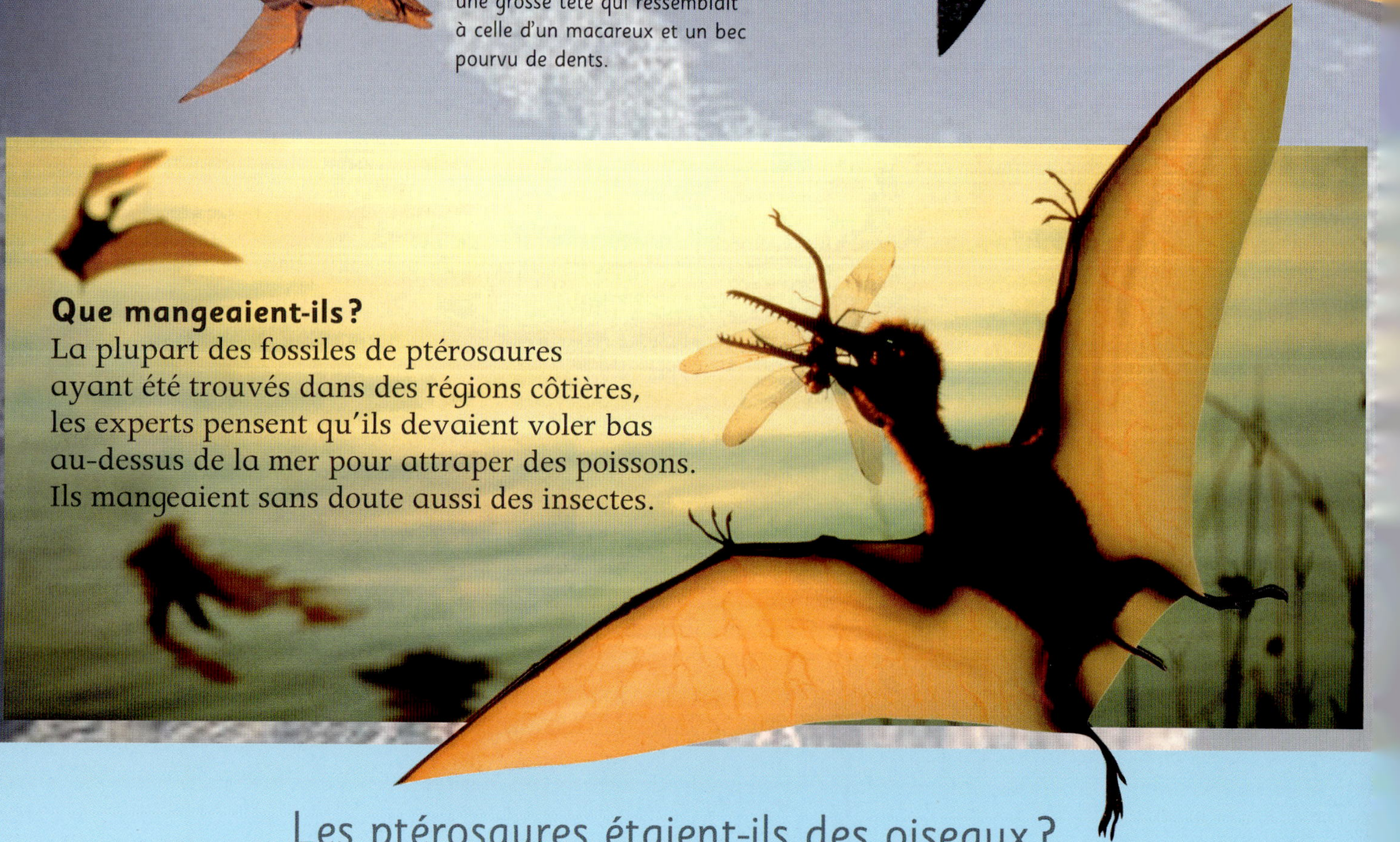

Que mangeaient-ils ?
La plupart des fossiles de ptérosaures ayant été trouvés dans des régions côtières, les experts pensent qu'ils devaient voler bas au-dessus de la mer pour attraper des poissons. Ils mangeaient sans doute aussi des insectes.

Les ptérosaures étaient-ils des oiseaux ?

Pterodactylus

Concours de crêtes !

Beaucoup de ptérosaures du crétacé avaient une ou deux crêtes, qui leur servaient peut-être à séduire leurs congénères.

Tropeognathus **:** une grande crête se profilait sur sa mâchoire supérieure.

Anhanguera **:** il avait une crête sur la mâchoire supérieure et inférieure.

Pteranodon **:** sa longue crête était tournée vers l'arrière.

Dsungaripterus **:** il portait deux crêtes sur le haut de la tête.

Avaient-ils de la fourrure ?

Certains ptérosaures avaient peut-être de la fourrure, comme les chauves-souris. Ils avaient aussi de grands yeux et une excellente vision.

Tropeognathus

Grand comme un avion !

Les *Tropeognathus* mâles pesaient moins qu'un enfant de sept ans mais pouvaient avoir 6 m d'envergure.

Leurs ailes étaient faites de peau tendue entre les os d'un long quatrième doigt et les pattes arrière.

Quetzalcoatlus

Lequel était le plus gros ?

Les ptérosaures du crétacé étaient plus gros que leurs ancêtres. Le plus gros connu à ce jour, le *Quetzalcoatlus*, a été découvert au Texas en 1930. Il avait entre 12 et 14 m d'envergure.

Non. C'étaient des reptiles volants. Ils n'étaient pas apparentés aux oiseaux.

Et les mammifères ?

Les mammifères sont apparus à la fin du crétacé. À l'époque, ils étaient petits et subissaient la suprématie des dinosaures. Ils se sont développés d'une manière incroyable mais cela leur a pris des millions d'années.

Des débuts modestes
Les mammifères primitifs ont fait leur apparition vers la fin du trias, il y a environ 220 millions d'années. À l'époque, ils étaient minuscules. Compare leur taille avec celle de la main d'un adulte sur le fil du temps présenté ci-dessous ! Ces mammifères étaient probablement nocturnes et devaient se cacher dans les feuilles mortes et manger des insectes, ou peut-être même des œufs de dinosaures.

-220 m. d'années	-208 m. d'années	-150 m. d'années	-83,5 à -71 m. d'années	-70 m. d'années
Eozostrodon	*Sinoconodon*	*Docodon*	*Zalambdalestes*	*Alphadon*

Trias : -248 à -206 millions d'années	Jurassique : -206 à -144 millions	Crétacé : -144 à -65 millions d'années
ÈRE MÉSOZOÏQUE : -248 à -65 millions d'années		

Les premiers mammifères mangeaient sans doute des œufs de dinosaures quand ils en avaient l'occasion.

Quel avantage auraient eu les premiers mammifères à être nocturnes ?

Quand ont-ils commencé à grandir ?
Les créodontes, premiers grands mammifères prédateurs, ne sont apparus qu'au paléocène, période située après l'extinction des dinosaures.

Mangeaient-ils des dinosaures ?
Les paléontologues ont récemment trouvé un fossile de *Repenomamus*, un carnivore de la taille d'un blaireau. Ce gabarit est énorme pour un mammifère du mésozoïque ! L'animal avait les restes d'un bébé dinosaure dans l'estomac.

Une allure familière
Un autre mammifère primitif, le *Steropodon*, ressemblait à un ornithorynque. Comme lui, il pondait sans doute des œufs.

Les premiers mammifères marchaient à quatre pattes et étaient pourvus d'une longue queue, d'un long corps et d'un long museau.

Le sais-tu ?
Les dinosaures ont régné sur la Terre pendant 180 millions d'années. Les humains ne sont apparus qu'il y a 200 000 ans, ce qui est très peu à l'échelle des temps géologiques.

Cela leur aurait permis d'éviter d'être mangés par les reptiles et les dinosaures.

Des proportions étonnantes

Les créatures du mésozoïque étaient de tailles extrêmement variées. Certaines étaient minuscules et d'autres énormes.

Pas si grand que cela...
Certains ichtyosaures étaient aussi courts qu'un de tes bras mais la plupart avaient la taille d'un dauphin.

Crâne du *Mononykus*

Un tout petit crâne
Certains dinosaures étaient vraiment petits. Ce crâne est photographié grandeur nature.

Mais, c'est un géant !
Au cours du trias, les ichtyosaures sont devenus énormes.

Les plus grands ichtyosaures mesuraient 23 m de long.

Les ichtyosaures avaient peut-être la peau brun-rouge.

Cet animal ressemble à un poisson, mais en réalité c'était un reptile marin.

Le plus gros ichtyosaure était-il plus long qu'une baleine bleue ?

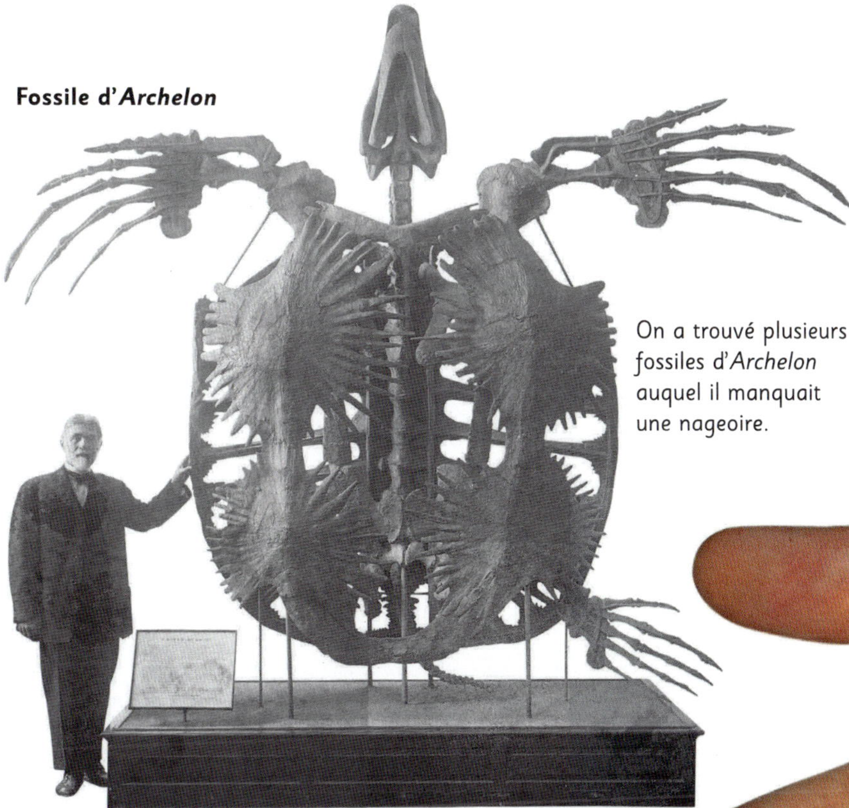

Fossile d'*Archelon*

On a trouvé plusieurs fossiles d'*Archelon* auquel il manquait une nageoire.

Est-ce une tortue ?
L'*Archelon* était une tortue trois fois plus grande que les plus grosses tortues modernes. La carapace d'un adulte mesurait 4 m de long.

Un minuscule opossum
L'*Alphadon* était l'un des premiers marsupiaux. Les marsupiaux portent leurs petits dans une poche. Les kangourous sont des marsupiaux mais l'*Alphadon* était beaucoup plus petit.

Alphadon

Les ichtyosaures font partie des créatures les mieux connues du mésozoïque.

Il vivait il y a 210 millions d'années.

Ichtyosaure

Deviens incollable...
Sur les ichtyosaures, page **98**

Non. Les ichtyosaures étaient grands mais les baleines bleues peuvent atteindre 30 m de long.

Les fossiles

On a trouvé des fossiles partout dans le monde mais ils ne sont pas faciles à reconnaître et ont souvent été découverts par hasard, par exemple lors de chantiers de construction.

Un heureux hasard
De nombreux fossiles ont été mis au jour mais pour chaque dinosaure fossilisé, des milliers d'autres sont morts et ont disparu sans laisser de trace.

Le mot « fossile » vient du latin *fossilis*, qui signifie « tiré de la terre ».

Les fossiles sont prisonniers de roches qu'il faut dégager avec précaution.

Trouve une différence entre la fossilisation et la momification.

Les différents types de fossiles

Tous les fossiles ne se ressemblent pas.
Leur classification dépend de leur mode de préservation.

Préservation complète : L'animal est entièrement conservé comme cet insecte pris dans de l'ambre.

Semi-préservation : Seule la partie dure du sujet reste intacte.

Pétrification : Les parties dures sont préservées mais subissent des modifications chimiques. Le bois peut être pétrifié.

Moule naturel : En pourrissant, un animal ou une plante laissent une empreinte en creux dans la roche. Les paléontologues en font un moulage en caoutchouc.

Moulage naturel : Un moule est rempli par des substances naturelles qui durcissent (pour donner par exemple du silex).

Traces fossilisées : Les empreintes de patte, les nids fossilisés ou les coprolithes (déjections fossilisées) indiquent la présence d'animaux.

Test d'observation

Regarde attentivement les pages 106 à 117 et essaie de retrouver ce que représentent ces illustrations.

Deviens incollable...

Sur la manière dont un dinosaure peut s'être fossilisé, pages **108-111**

Les fossiles sont préservés naturellement dans la roche.
Les momies sont généralement préparées par des gens.

La formation d'un fossile

Un fossile peut se former quand un animal, ou une plante, est recouvert de boue ou de sable peu de temps après sa mort. La fossilisation prend des millions d'années.

Il y a 70 millions d'années
Un cadavre de tyrannosaure est emporté par le courant lors d'une crue. Son corps s'enfonce rapidement dans la boue.

Cinq ans plus tard
La chair de l'animal a disparu. Avec le temps, son squelette commence à se disloquer.

Il y a 50 millions d'années
La mer a recouvert la région. La pression exercée sur le sable le transforme lentement en grès.

Peux-tu nommer certaines des choses qui peuvent être fossilisées ?

Il y a 2 millions d'années
Au cours des millions d'années précédents, des montagnes ont surgi au-dessus du fossile mais l'érosion les use progressivement.

L'année dernière
La zone qui entoure le fossile est désormais désertique. Deux promeneurs repèrent un os qui sort du sol et commencent à fouiller.

Aujourd'hui
Les paléontologues dégagent les restes du tyrannosaure. Ils extraient les os un par un. Le squelette pourrait bien finir dans un musée.

On a découvert entre autres des os, des dents, des empreintes de patte et de peau et des plantes fossilisés.

Les « pièges à dinosaures »

Certains sites recèlent de nombreux fossiles de dinosaures. Les experts pensent que certains animaux se sont noyés lors d'inondations ou ont été « piégés » par les conditions naturelles et sont morts en grand nombre. Ces sites ont beaucoup à nous apprendre.

Ce paléontologue dégage un dinosaure pris dans un mur de fossiles formé par la noyade d'un grand groupe d'animaux.

Qu'a-t-on trouvé ?

Les paléontologues ont découvert plus de 10 000 os sur un site en Utah, aux États-Unis. Ils pensent que les herbivores venus s'abreuver au bord d'un lac se sont enfoncés dans une boue profonde. Les prédateurs se seraient enlisés à leur tour quand ils se sont approchés pour les attaquer.

Ce que nous apprenons

Les fossiles nous apprennent la taille et la forme des animaux, mais donnent aussi des indications sur ce qu'ils mangeaient et parfois sur la façon dont ils sont morts.

Un Allosaurus attaque un Stegosaurus.

Excrément (coprolithe) d'ichtyosaure

Un amateur de poisson !

Les déjections fossilisées nous apprennent ce que mangeaient les animaux. Les ichtyosaures vivaient dans les océans à l'époque où les dinosaures régnaient sur Terre. Ce coprolithe d'ichtyosaure contient des écailles de poisson.

Empreinte de peau de dinosaure

Ce que nous ignorons

On a retrouvé des empreintes de peau de dinosaure mais nous ignorons de quelle couleur ils étaient.

Les *Tyrannosaurus rex* étaient-ils multicolores ?

La classification des ossements

Quand les paléontologues découvrent un nouveau site, ils classent les os qu'ils trouvent dans l'une des catégories suivantes.

Squelette articulé : les os sont encore reliés comme quand l'animal était en vie. Dans de rares cas, il est presque complet.

Squelette dissocié : le squelette s'est disloqué et les os se sont séparés mais ils viennent tous du même animal.

Os isolé : l'os a été séparé du squelette. Il peut s'agir aussi bien d'un crâne que d'un fémur.

Fragment : Les minuscules morceaux d'os brisés sont trop petits pour être utilisables.

Tous deux finiront enlisés dans la boue.

Après 145 millions d'années, le site est découvert et les fossiles mis au jour.

Un prédateur est un animal qui chasse et tue d'autres animaux.

Sur le terrain

L'extraction et l'examen d'un fossile prennent énormément de temps. Les os peuvent être recouverts de sable mais le plus souvent ils doivent être extraits de roches qu'il faut casser en petits morceaux. Quelle que soit la matière qui enveloppe les fossiles, elle doit disparaître.

Un travail minutieux
Les squelettes sont souvent entourés de roche et de terre qu'il faut éliminer avec soin pour ne pas abîmer les fossiles.

Ces paléontologues fouillent le site d'une nouvelle découverte.

Un outil précieux
Il est important de noter avec exactitude l'emplacement et la position des os. Les paléontologues posent une grille sur le site pour en dessiner une carte précise.

Comment un grand fossile, une fois plâtré, peut-il être transporté ?

Attention fragile !

Les grands fossiles sont recouverts de bandages enduits de plâtre pour les protéger lors du transport. Une fois dans un musée, le plâtre est enlevé et les fossiles sont étudiés comme il se doit.

Le fossile est enveloppé de bandes plâtrées.

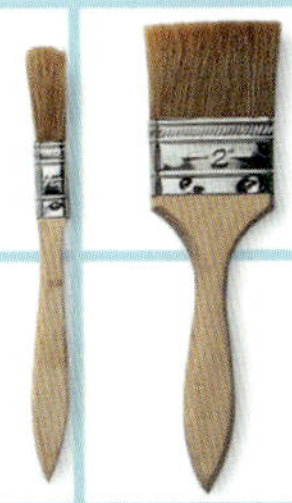

Les pinceaux servent à éliminer la poussière.

Les paléontologues emploient toutes sortes d'outils.

Boîte à outils

La boîte à outils d'un paléontologue contient des outils ordinaires comme des marteaux, des truelles et des pinceaux.

Les paléontologues enquêtent sur les dinosaures.

Le travail ne s'arrête pas là

Au musée, le plâtre est retiré et le fossile étudié par des spécialistes. L'opération requiert de la patience. Les techniciens ont mis plus de 3 500 heures (environ cinq mois) pour nettoyer et restaurer ce crâne de tyrannosaure. Ils l'ont ensuite moulé pour en exposer une reproduction.

Par hélicoptère.

Les reproductions

Les fossiles exposés dans les musées sont parfois des copies de vrais fossiles, plus légères que les originaux qui sont conservés en sécurité. Mais comment ces reproductions sont-elles fabriquées ?

Tout commence avec du caoutchouc
La première étape consiste à fabriquer un moule en deux parties en enduisant de caoutchouc liquide la surface du fossile.

En séchant, le caoutchouc durcit tout en formant un moule souple.

L'étape suivante
Une fois solidifié, le caoutchouc est recouvert d'un plastique liquide renforcé avec de la fibre de verre, pour lui donner de la rigidité.

Ici, l'os d'une patte a été moulé en deux parties.

Connais-tu d'autres emplois de la fibre de verre ?

Cet *Allosaurus* plus vrai que nature est exposé dans un musée.

Prêt pour le show !
Une fois les os prêts, le squelette est assemblé par sections puis les sections montées entre elles. L'ensemble de l'opération doit être planifié avec soin.

Deviens incollable…

Sur la manière d'assembler un *Barosaurus*, pages **116-117**

Le remplissage du moule
Chaque partie du moule est ensuite remplie de plastique liquide. En durcissant, le plastique forme une mousse rigide et légère. (Les os de la copie ne doivent pas être trop lourds.)

Chaque partie du moule est remplie de plastique liquide.

Admire le résultat !
Une fois le plastique solidifié, les deux parties du moule sont ôtées. Les lignes visibles aux jointures sont lissées pour obtenir une surface homogène et l'os est peint de la même couleur que le fossile d'origine.

La copie se démoule facilement.

La fibre de verre, solide et légère, est parfaite pour fabriquer des bateaux et des voitures.

Un véritable puzzle

Une fois les os étudiés et moulés, le musée peut décider de les présenter au grand public. Ce type d'exposition se révèle souvent très long à organiser.

Une préparation minutieuse
Les grands dinosaures ont beaucoup d'os et les experts doivent veiller à placer chacun au bon endroit.

Un assemblage en plusieurs temps
Certaines parties du squelette sont parfois assemblées avant d'être apportées au musée.

Une fois complète, cette reproduction mesurera plus de 15 m de haut.

Un équipement spécial
Certains musées ont la chance d'avoir des plafonds assez hauts pour exposer un sauropode dressé sur ses pattes arrière. Le *Barosaurus* photographié ci-contre est si grand qu'il a fallu employer deux élévateurs pour l'assembler.

Combien d'os constituent ce squelette de *Barosaurus*?

Les touches finales

Les grandes reproductions comme celle présentée ci-contre doivent parfois être soutenues par des tiges de métal qu'il faut souder sur place. Pas question qu'un os tombe sur la tête d'un visiteur !

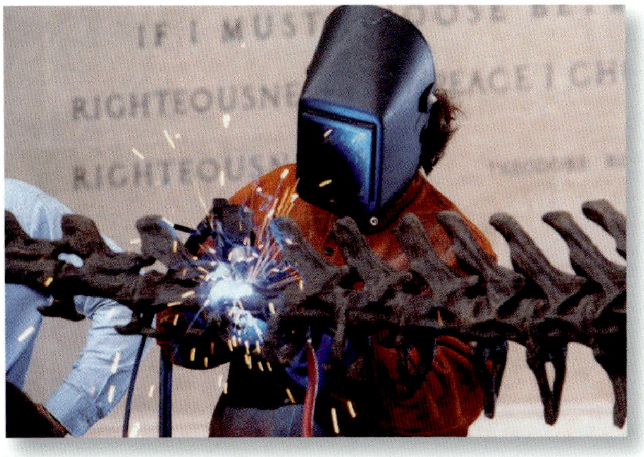

Les soudeurs portent des casques et des gants spéciaux pour se protéger des étincelles et de la lumière.

Cette scène montre une mère *Barosaurus* qui se cabre pour protéger son petit d'un *Allosaurus*.

Plus de 200.

La fin des dinosaures

Les dix derniers millions d'années du crétacé ont constitué l'âge d'or des dinosaures. Leurs espèces étaient très variées et ils régnaient sur Terre. Pourtant, ils devaient bientôt disparaître.

Quelle est l'explication la plus vraisemblable de la disparition des dinosaures ?

Pourquoi sont-ils morts ?

De nombreuses théories ont été avancées pour expliquer la disparition des dinosaures. Certaines sont vraisemblables et d'autres plutôt extravagantes.

La **rage** a décimé des millions de personnes en Europe dans les années 1 300. Les dinosaures sont-ils tombés malades ?

Des **irruptions volcaniques** ont pu rendre la vie sur Terre difficile.

Des **météorites** ont peut-être dévasté la planète.

Les **animaux qui mangeaient des œufs** ont augmenté. Peut-être les bébés dinosaures ont-ils été de moins en moins nombreux.

Des **tsunamis** engendrés par des tremblements de terre et la chute de météorites ont pu détruire leurs habitats.

Les **périodes glaciaires** ont entraîné d'importants changements (mais il n'y a pas eu de période glaciaire à cette époque !).

Le **manque de sommeil** est l'une des théories les plus farfelues envisagées pour expliquer la fin des dinosaures.

Test d'observation

Regarde attentivement les pages 118 à 125 et essaie de retrouver ce que représentent ces illustrations.

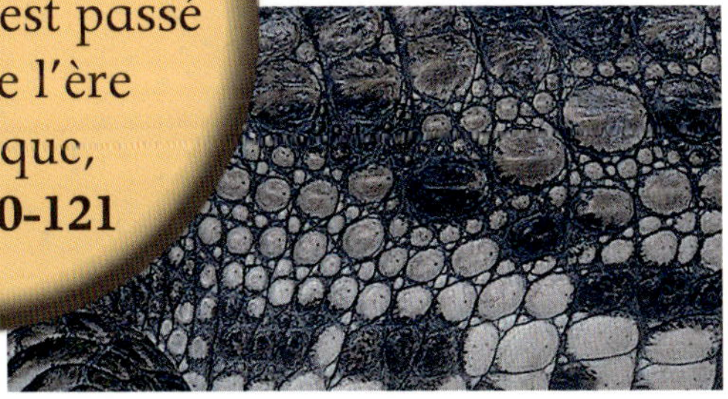

Deviens incollable...

Sur ce qui s'est passé à la fin de l'ère mésozoïque, pages **120-121**

La théorie la plus plausible est qu'ils ont disparu après qu'une immense météorite a frappé la Terre.

Que s'est-il passé ?

Les dinosaures, les ptérosaures et les plésiosaures ont disparu il y a 65 millions d'années. Leurs espèces ont connu une extinction massive d'origine inconnue, que beaucoup de spécialistes attribuent à la chute d'une météorite.

Qui a disparu ?
Un très grand nombre d'animaux ont disparu.

Ptérosaures : ils animaient jadis le ciel de leurs acrobaties aériennes.

Dinosaures : ils comprenaient de très nombreuses espèces.

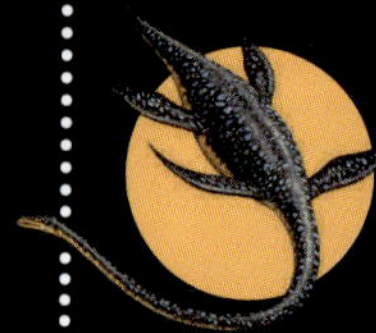

D'énormes reptiles : ils vivaient dans les océans.

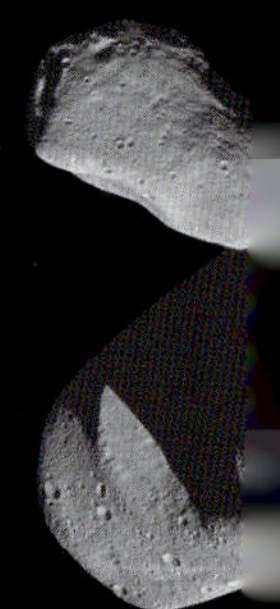

Qu'est-ce qui a changé ?
Les scientifiques pensent aujourd'hui qu'une gigantesque météorite a frappé la Terre, soulevant un nuage de poussières et de fumées toxiques qui a occulté la lumière du Soleil et modifié le climat.

La météorite aurait frappé la croûte terrestre avec une telle force qu'elle aurait envoyé des ondes de choc partout dans le monde.

Un gigantesque cratère !
Au début des années 1990, des géologues ont découvert au Mexique un cratère de 180 km de diamètre. Ils pensent qu'il a été creusé par l'impact d'une météorite qui s'est écrasée sur Terre il y a 65 millions d'années.

Quelle était la taille des animaux qui ont survécu ?

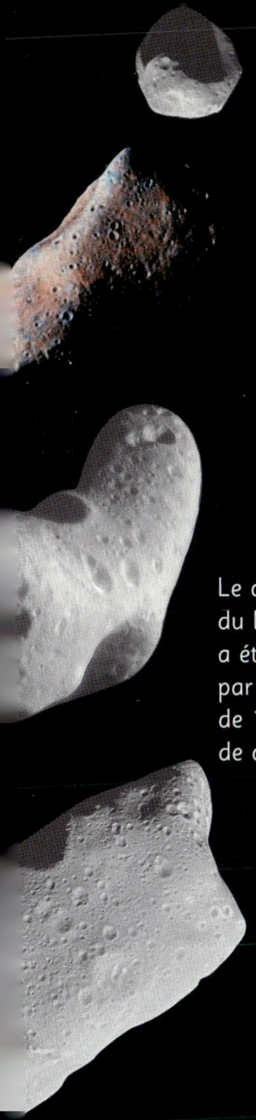

Des circonstances aggravantes

La météorite a frappé la Terre à une époque d'intense activité volcanique dans ce qui est aujourd'hui l'ouest de l'Inde. Les volcans auraient envoyé dans les airs des nuages de cendres et de poussières qui auraient masqué la lumière du Soleil (comme l'aurait fait la météorite). Ces deux événements majeurs se sont produits à peu près à la même époque.

Le cratère du Mexique a été creusé par une météorite de 10 km de diamètre.

Chute d'une météorite ou irruptions volcaniques, la disparition des dinosaures est peut-être due à l'addition de plusieurs facteurs.

Lors des irruptions volcaniques, les volcans envoient dans l'air des nuages de poussières mortellement toxiques.

Aucun animal terrestre plus gros qu'un chien n'a survécu.

Qui a survécu ?

Les dinosaures ont connu une fin tragique mais, aussi incroyable que cela paraisse, certaines créatures ont réussi à survivre.

De minuscules mammifères ont réchappé aux événements qui ont tué les dinosaures.

Les derniers des dinosaures
Les fossiles nous apprennent que le *Triceratops* a été l'un des derniers à disparaître, avec le *Tyrannosaurus rex*.

Les grands vainqueurs !
Parmi les animaux qui ont survécu, on compte : les requins, les méduses, les poissons, les scorpions, les oiseaux et les insectes.

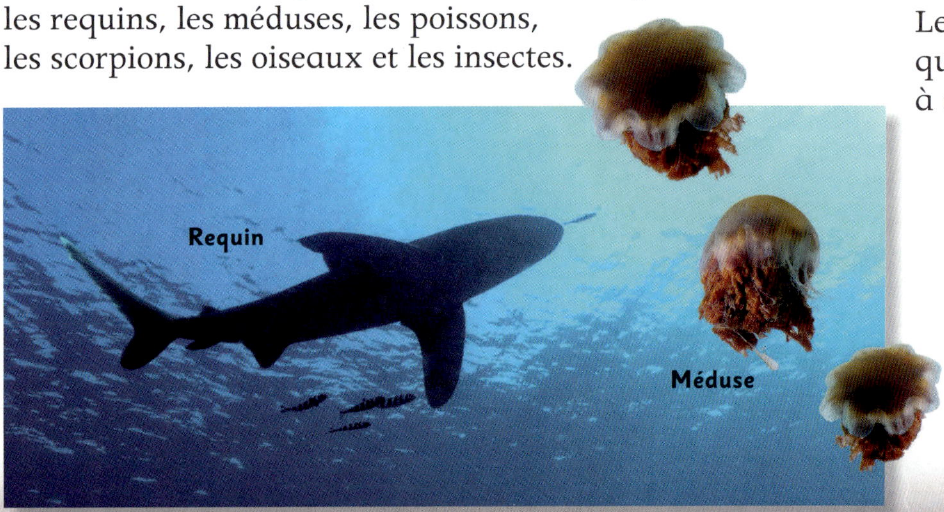

Une histoire ancienne
Les tuataras, curieux reptiles couverts d'épines qui vivent sur des îles au large de la Nouvelle-Zélande, sont apparentés aux reptiles qui vivaient à l'époque des dinosaures.

Les tuataras ont survécu !

Quelle période a succédé à l'ère mésozoïque ?

Des survivants à écailles
Contrairement aux gros animaux terrestres, un certain nombre de petits reptiles ont survécu aux dinosaures.

Serpents : il existe aujourd'hui environ 2 900 espèces de serpents.

Tortues : elles sont apparues sur Terre avant les dinosaures, il y a environ 200 millions d'années !

Lézards : ils sont très prolifiques, avec environ 4 500 espèces.

Crocodiles : ils vivent principalement dans les rivières et les lacs d'eau douce.

Deviens incollable...
Sur le lien de parenté qui unit les oiseaux et les dinosaures, pages **124-125**

Les descendants des dinosaures

On pourrait croire que les reptiles sont les descendants des dinosaures, mais ces derniers ont davantage de liens de parenté avec les oiseaux !

Le chaînon manquant?
Le lien entre les dinosaures et les oiseaux est encore mal connu. Le *Caudipteryx* semble avoir été un peu des deux.

Caudipteryx

Le *Caudipteryx* ne pouvait pas voler car ses ailes étaient trop petites.

Le premier oiseau?
L'oiseau le plus ancien connu à ce jour est l'*Archaeopteryx*, apparu au jurassique. Il avait les dents, les griffes et la longue queue osseuse d'un dinosaure mais arborait des plumes.

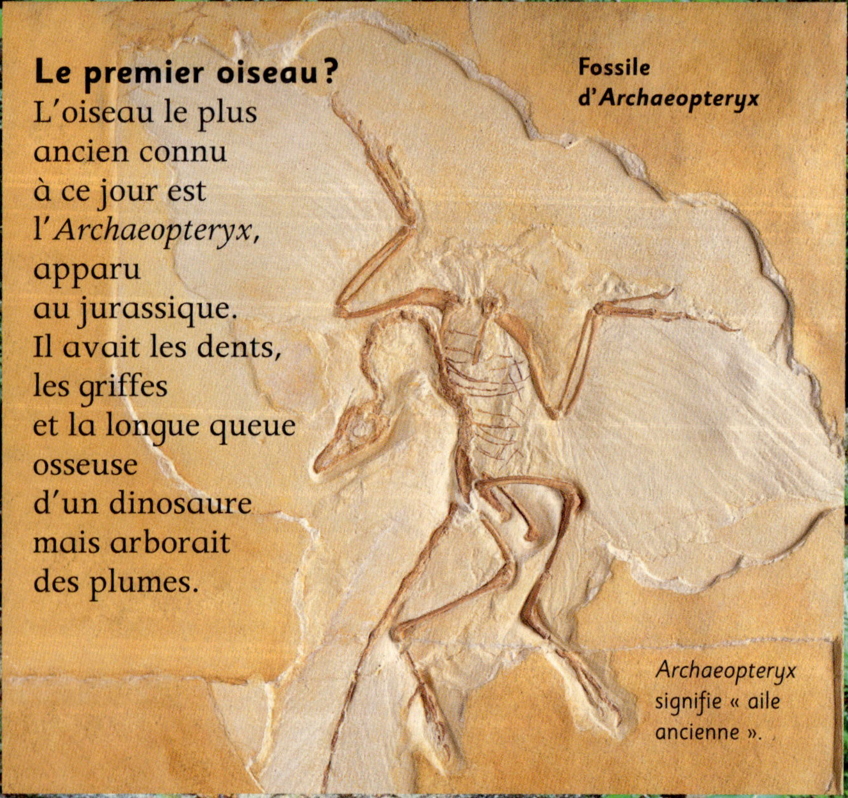

Fossile d'*Archaeopteryx*

Archaeopteryx signifie « aile ancienne ».

Selon toi, quelle taille avait l'*Archaeopteryx*?

À quoi servaient leurs plumes?

Les plumes protègent les oiseaux de l'eau et des changements de température. Peut-être certains dinosaures en avaient-ils pour les mêmes raisons.

Les plumes isolent parfaitement du froid.

Les hoatzins vivent dans certaines régions d'Amérique du Sud.

Un lointain héritage

Certains oiseaux modernes ont des griffes au bout des ailes. Les hoatzins ont deux minuscules griffes à l'extrémité de chaque aile. Ils ne les utilisent plus une fois adultes mais les jeunes s'en servent pour grimper aux arbres.

Les *Caudipteryx* vivaient au crétacé.

Le *Caudipteryx* avait des dents, et des griffes aux pattes avant.

Le *Caudipteryx* avait environ la taille d'une dinde.

Sinosauropteryx

Le sais-tu?

Bien qu'on ait trouvé des dinosaures à plumes, certains experts ne croient pas que les oiseaux leur soient apparentés. Il est peu probable que les dinosaures aient pu voler.

Un puzzle difficile à reconstituer

On découvre de plus en plus d'« oiseaux-dinosaures » et chacun nous aide à approfondir nos connaissances. Cette reproduction est fondée sur des fossiles de plumes trouvés en Chine.

Il était petit : environ la taille d'un pigeon.

Après les dinosaures

Il y a 65 millions d'années, les dinosaures ont laissé le monde aux mammifères, qui restaient jusque-là plutôt petits et discrets. Les mammifères se sont alors multipliés et diversifiés. Les oiseaux, les insectes et d'autres animaux ont eux aussi profité d'un monde sans dinosaures, mais plein de ressources.

Certains reptiles ont survécu

En Europe et en Amérique du Nord, 15 millions d'années après la disparition des dinosaures, le climat était tropical, c'est-à-dire chaud et humide toute l'année. Idéal pour des reptiles comme les crocodiles, qui ressemblaient déjà à ceux d'aujourd'hui !

Asiatosuchus

Des défenses et une trompe

Le *gomphoterium* est un très vieux parent de nos éléphants. Ce mastodonte, doté de quatre défenses et de petites oreilles, vivait il y a 10 millions d'années.

Gomphothérium

Presque un chien

Avec leurs petites pattes et leur corps allongé, les tout premiers canidés ressemblaient plutôt à des mangoustes.

Hesperocyon

Dinofélis, le terrible chat

Comme les chiens et les chevaux, les félins ont de nombreux ancêtres, disparus depuis longtemps. Un peu plus gros qu'une panthère, le *dinofelis* chassait il y a 4 millions d'années.

Dinofelis

 Quel était le climat sur Terre il y a 60 millions d'années ?

Une terreur à plumes

Cela peut sembler incroyable, mais les grands dinosaures carnivores ont d'abord été remplacés par des oiseaux. Bec énorme, cuisses musclées et 2 à 3 m de hauteur : le *gastornis* courait vite, mais ne volait pas.

Gastornis

Dryopithèque

Un vieux primate

Les singes et les hommes sont parents. Ils font partie du groupe des primates, dont les origines remontent à près de 60 millions d'années. Ce dryopithèque, avec ses allures d'orang-outan, n'a « que » 10 millions d'années.

La préhistoire a débuté il y a plus de 5 millions d'années !

Un air de famille

Cet australopithèque de 5 millions d'années est l'un des membres de notre famille. Comme lui, tous nos proches parents ont disparu. Il ne reste aujourd'hui que nos cousins chimpanzés et gorilles.

Australopithecus afarensis

Le climat sur Terre était plutôt chaud.

Les habitants du froid

Il y a un peu plus de 5 millions d'années, le climat commence à se refroidir sur Terre. Trois millions d'années plus tard, débute l'« Âge de Glace » : en Europe et en Amérique du Nord, quatre longues périodes froides, les glaciations, se succèdent. Les animaux ressemblent à ceux d'aujourd'hui, mais avec plus de fourrure.

Rennes

Gibier de choix
Animal du Grand Nord aujourd'hui, le renne était très répandu durant les glaciations.

Mammouths face à un smilodon, ou tigre à dents de sabre

Survivre dans la toundra enneigée
La scène se passe il y a 40 000 ans en Amérique du Nord. Un mammouth adulte menace d'écraser le smilodon qui convoite un petit. Les mammouths n'étaient pas aussi grands que les éléphants d'Afrique actuels, mais ils avaient de très longues défenses.

Quand débutèrent les périodes glaciaires ?

Bisons d'Europe

Avec ses peaux de fourrure et son feu, l'homme de Neandertal était équipé contre le froid.

Notre frère préhistorique

L'homme de Neandertal était présent en Europe bien avant que notre ancêtre direct, l'homme de Cro -Magnon, ne s'y installe. Seuls quelques détails de son squelette le distinguent de nous. Il a disparu il y a 30 000 ans.

Survivant de l'ère glaciaire

Victime de la chasse et de la destruction des forêts, le bison d'Europe a failli disparaître. Plus grand que celui d'Amérique, ce bison était abondant dans les forêts européennes durant la dernière période glaciaire.

Un beau portrait

L'homme de Cro-Magnon est arrivé en Europe il y a 35 000 ans. Dans la grotte de Lascaux (sud-ouest de la France), un artiste de Cro-Magnon a peint les animaux qui vivaient dans sa région il y a 17 000 ans, comme ce bison.

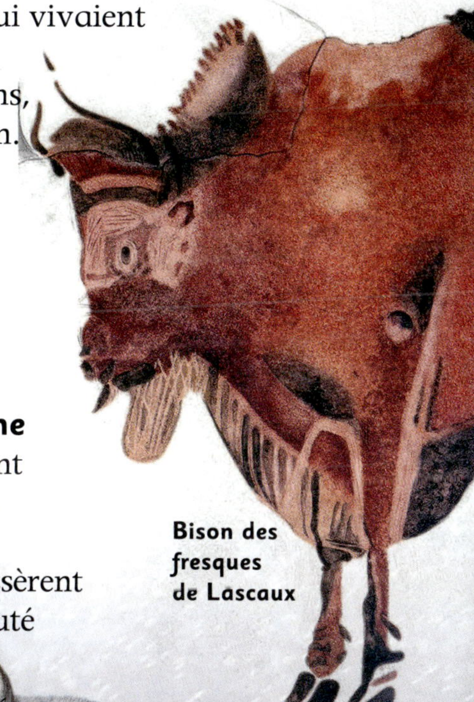

Bison des fresques de Lascaux

La préhistoire a débuté il y a plus de 5 millions d'années !

Grands félins en Europe

Des panthères semblables à la panthère des neiges asiatique vivaient jadis en Europe. Mais il existait des félins encore plus impressionnants : les tigres à dents de sabre (moins grands toutefois que ceux d'Amérique).

Le meilleur ennemi de l'homme

Lorsque les loups se rapprochaient des abris où vivaient les hommes préhistoriques, ils représentaient une menace, mais certains se laissèrent apprivoiser. C'est ainsi qu'a débuté la domestication, il y a 20 000 ans ou plus. Le loup allait devenir chien.

Panthère des neiges

Loup gris

Mussaurus

Ce jeune *Mussaurus* de la taille d'un crayon vivait dans le désert au trias, en Amérique du Sud. Son nom signifie « lézard souris ».

Les records des dinosaures

Le plus gros… Le plus petit… Le plus long… Le plus haut… les dinosaures qui suivent battent tous un record !

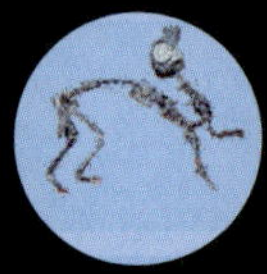

Le plus petit : on a trouvé un squelette de *Mussaurus* de 20 cm de long (mais il s'agissait d'un bébé).

Le cou le plus long : le cou du *Mamenchisaurus* mesurait 14 à 15 m de long (environ la longueur de trois éléphants debout l'un devant l'autre).

Le plus grand : le *Sauroposeidon* atteignait 18 m de haut (environ la hauteur de trois girafes l'une au-dessus de l'autre).

La queue la plus longue : la queue du *Diplodocus* mesurait environ 13 à 14 m de long.

Le plus long : le museau du *Seismosaurus* se trouvait à 40 ou 50 m de l'extrémité de sa queue.

Les griffes des plus longues : les griffes du *Therizinosaurus* atteignaient 90 cm de long (à peu près la longueur du bras d'un homme adulte).

Le plus gros carnivore : avec ses 15 m de long, le *Giganotosaurus* devait être un prédateur terrifiant !

Les œufs les plus gros : les œufs de *Macroelongatoolithus xixianensis*, découverts en Chine, mesuraient 46 cm de long.

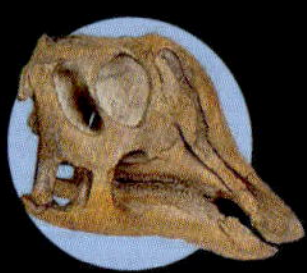

Celui qui avait le plus de dents : les hadrosaures comme le *Lambeosaurus* avaient plus de 1 000 dents, toutes adaptées pour mâcher des plantes !

Pentaceratops

La plus grosse tête : le *Pentaceratops* et le *Torosaurus* avaient chacun une tête de plus de 3 m de long.

Le plus petit adulte : une fois adulte, le *Microraptor* mesurait environ 40 cm de long.

Oviraptor

Ce dinosaure est-il le seul à avoir passé 80 millions d'années assis sur ses œufs ?

On a trouvé un *Oviraptor* mort dans son nid.

Les records indiqués sur ces pages pourraient-ils changer un jour ?

Le *Tyrannosaurus rex* était l'un des plus gros carnivores mais il était plus petit que le *Giganotosaurus*.

Reproduction grandeur réelle d'un *Tyrannosaurus rex*

Les premiers squelettes d'*Iguanodon* ont été découverts en Belgique dans des mines de charbon.

Le plus petit cerveau : le *Stegosaurus* avait un cerveau de la taille de trois balles de ping-pong.

Le plus rapide : les experts pensent que le *Dromiceiomimus* pouvait courir à 70 km/h.

Le plus ancien : l'*Eoraptor* vivait il y a environ 228 millions d'années, au trias.

Le premier troupeau découvert : le premier grand groupe de squelettes de dinosaures a été découvert en 1878. Il regroupait 32 squelettes d'*Iguanodon*.

Bien sûr ! On découvre régulièrement de nouveaux fossiles de dinosaures.

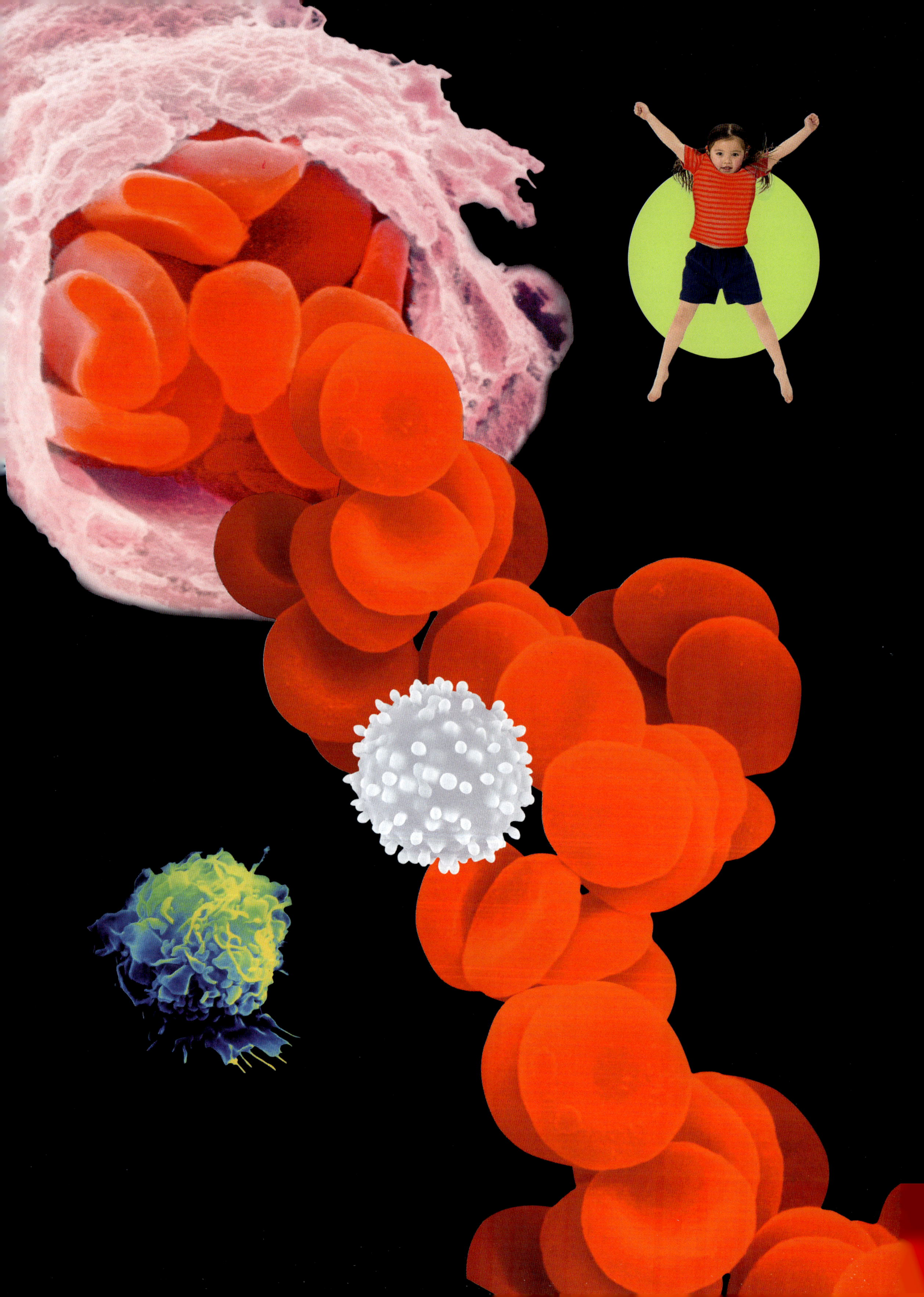

LE CORPS HUMAIN

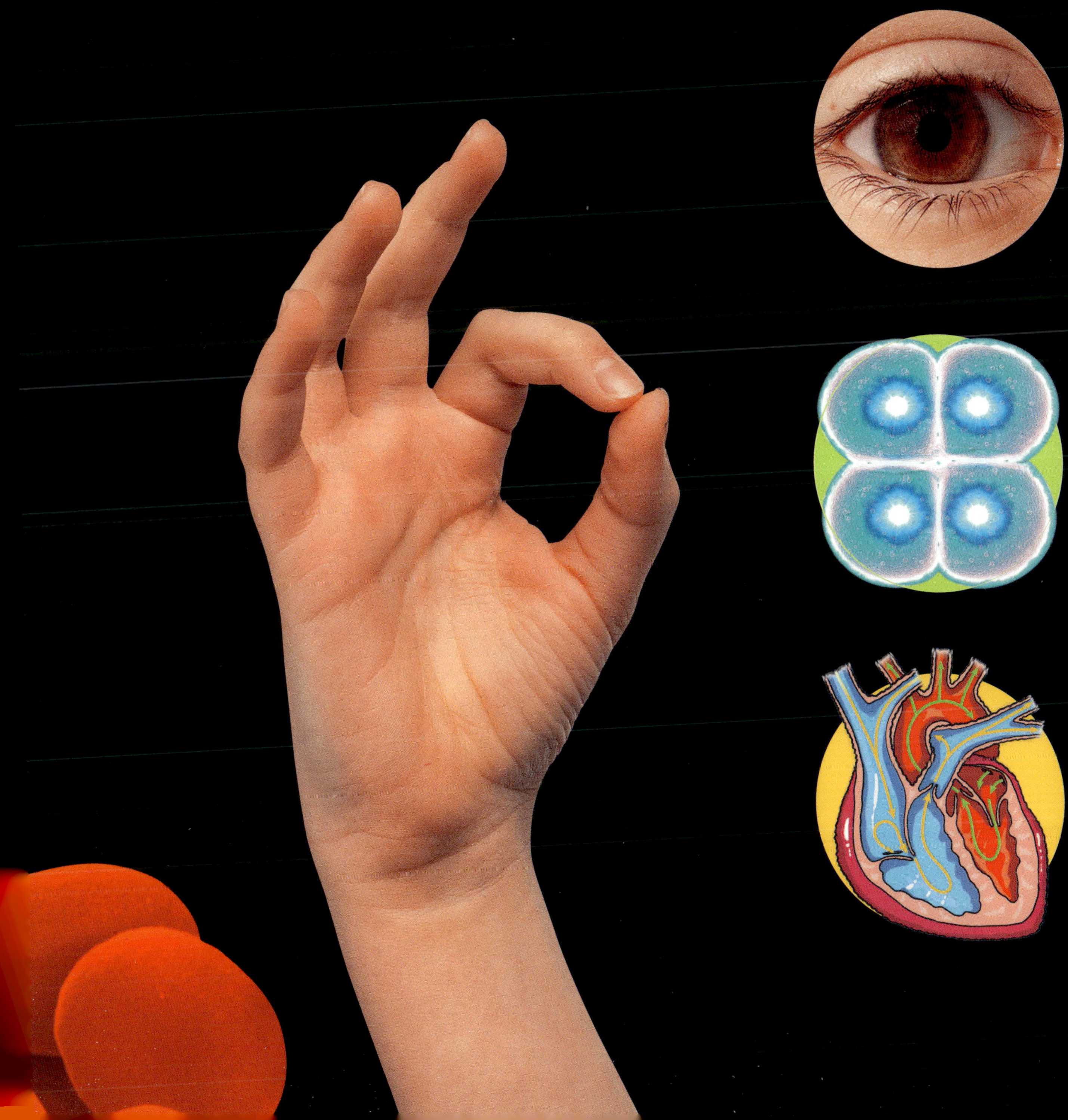

Une machine extraordinaire

Ton corps est la machine la plus formidable qui existe. Il est beaucoup plus perfectionné qu'un ordinateur et il dure toute la vie.

Deviens incollable...
Sur le squelette, pages **142-143**
Sur la digestion, pages **212-213**

Les parties du corps
Ton corps est constitué de centaines de parties différentes. Tu connais certainement le nom de celles que tu peux voir, mais il y en a beaucoup d'autres qui sont cachées à l'intérieur de toi.

Deux par deux
Les parties du corps vont souvent par paires : tu possèdes deux pieds, deux yeux, deux oreilles, deux poumons, etc. Si l'une ne fonctionne plus, l'autre peut parfois la remplacer.

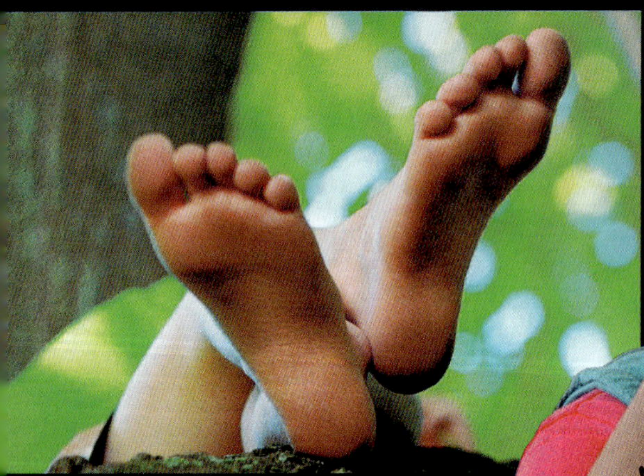

À l'intérieur
Les médecins peuvent voir l'intérieur de ton corps grâce à des appareils spéciaux. Certains appareils radiologiques utilisent les rayons X pour prendre des clichés de parties dures, telles que les os. D'autres, comme le scanner, permettent d'observer des parties molles.

Sur une radiographie de ta cage thoracique, tu peux voir tes côtes. La forme blanche, au centre, est ton cœur.

Comment s'appelle l'étude du corps humain ?

Beaucoup d'eau
L'eau est le principal constituant de ton corps. Elle représente environ les deux tiers de ton poids.

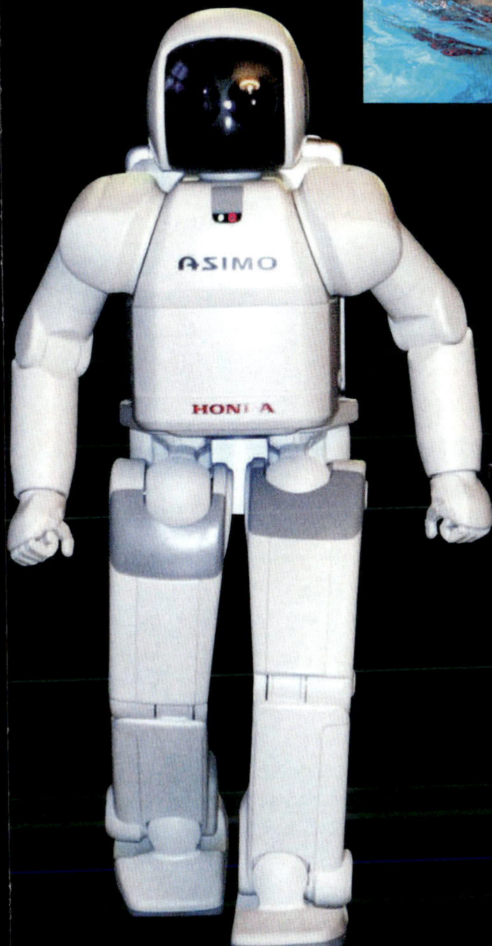

Une machine formidable
Le corps humain est trop compliqué pour être copié par un robot. Le robot peut marcher comme toi, mais il est incapable de penser ou d'avoir des sentiments.

La composition de ton corps
Ton corps est composé d'eau et d'éléments chimiques simples.

Le **carbone**, présent dans les diamants et le charbon, compose 20 % de ton corps.

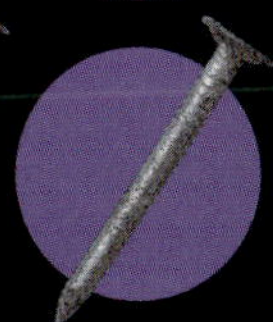

Le **fer** colore ton sang en rouge. Tu en possèdes assez pour fabriquer un petit clou.

Le **phosphore** est présent dans certaines ampoules, ainsi que dans tes os et tes dents.

Le **sel** est un mélange de sodium et de chlore. Ton sang est trois fois moins salé que l'eau de mer.

Le **potassium** est utilisé dans certains savons. Les liquides de ton corps en contiennent aussi.

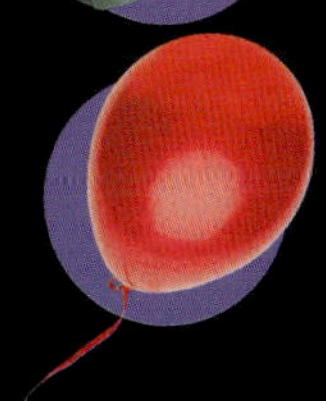

L'**azote** est présent en grande quantité dans tes muscles. Et aussi dans l'air que tu respires.

Test d'observation

Regarde attentivement les pages 134 à 141 et essaie de retrouver ce que représentent ces photos.

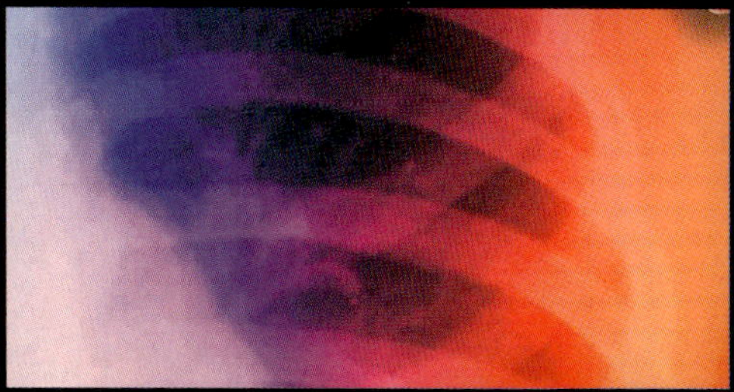

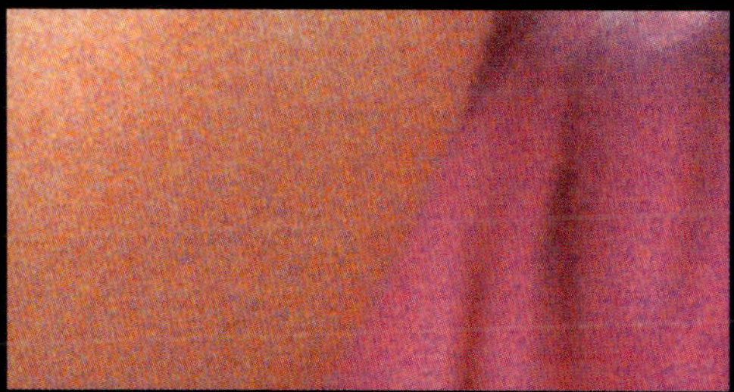

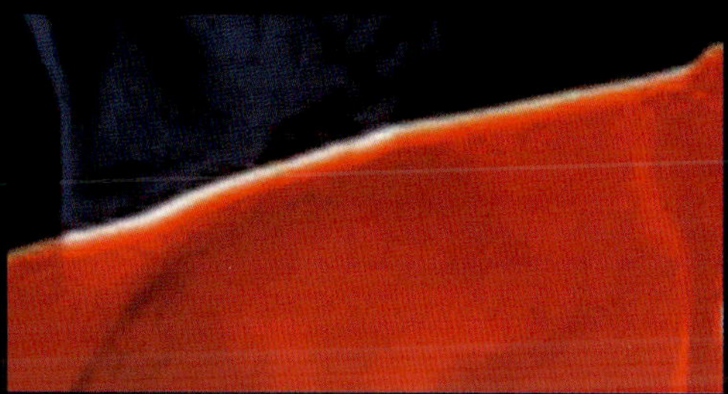

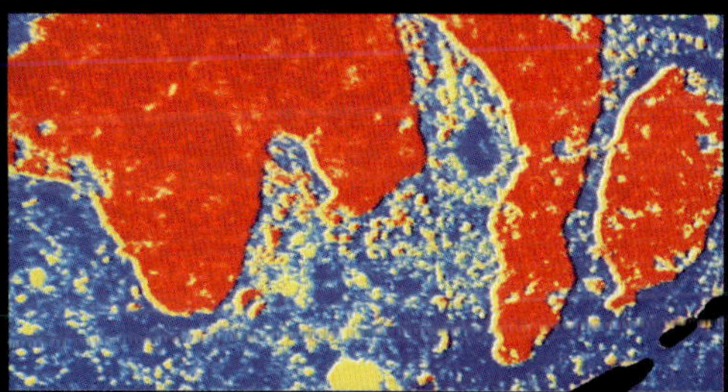

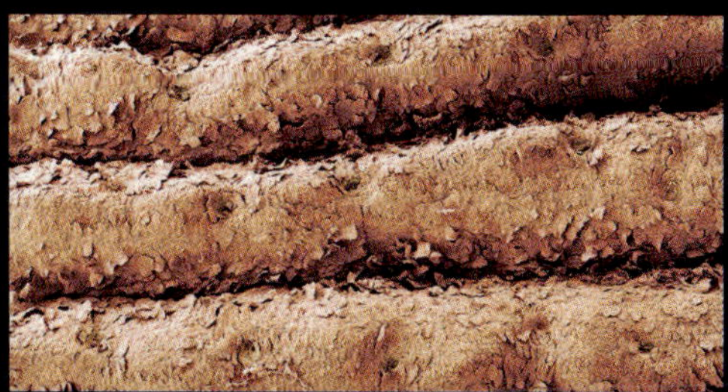

Les mains des chimpanzés ressemblent aux tiennes.

Chimpanzé

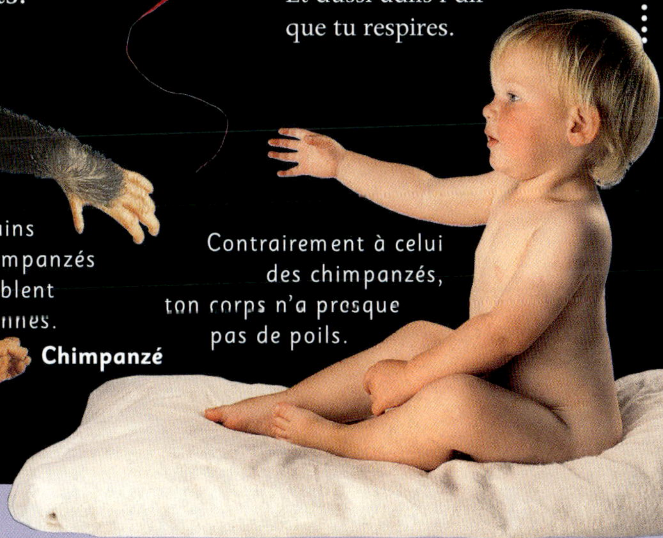

Contrairement à celui des chimpanzés, ton corps n'a presque pas de poils.

L'anatomie.

Toi, un être unique

Tous les corps humains fonctionnent de la même façon, mais nous sommes tous différents. Personne n'a exactement la même apparence physique ni la même manière de penser que toi. Tu es un être unique parce que tes gènes et tes expériences sont uniques.

Tu es... toi !
La forme de ton visage, la couleur de tes cheveux et bien d'autres choses encore te rendent unique, différent de tous les autres.

Combien de gènes possèdes-tu ?

Dans les gènes

Les gènes sont des instructions qui construisent ton corps et lui disent comment fonctionner. Tes gènes sont largement responsables des caractères qui te rendent unique, par exemple la couleur de tes yeux ou la taille que tu auras à l'âge adulte.

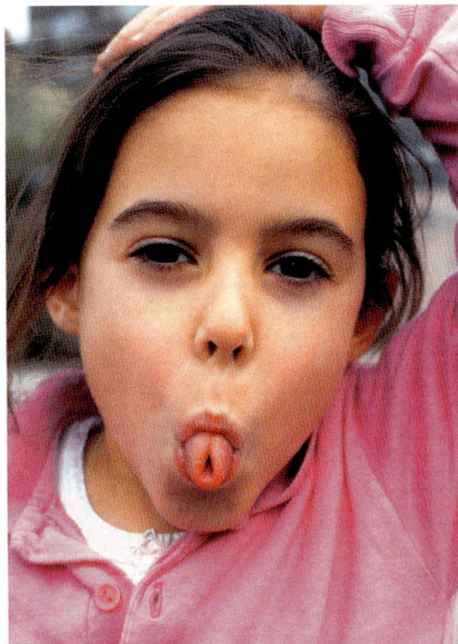

Cette petite fille possède un gène qui lui permet d'enrouler sa langue, alors que le petit garçon en est incapable parce qu'il n'a pas ce gène.

fais-le !

Regarde-toi dans la glace pour voir si tu es capable d'enrouler ta langue sans tricher en t'aidant de tes lèvres. Qui, dans ta famille, est capable de faire ça ?

Tu possèdes suffisamment d'ADN pour effectuer 400 fois un aller-retour entre la Terre et le Soleil.

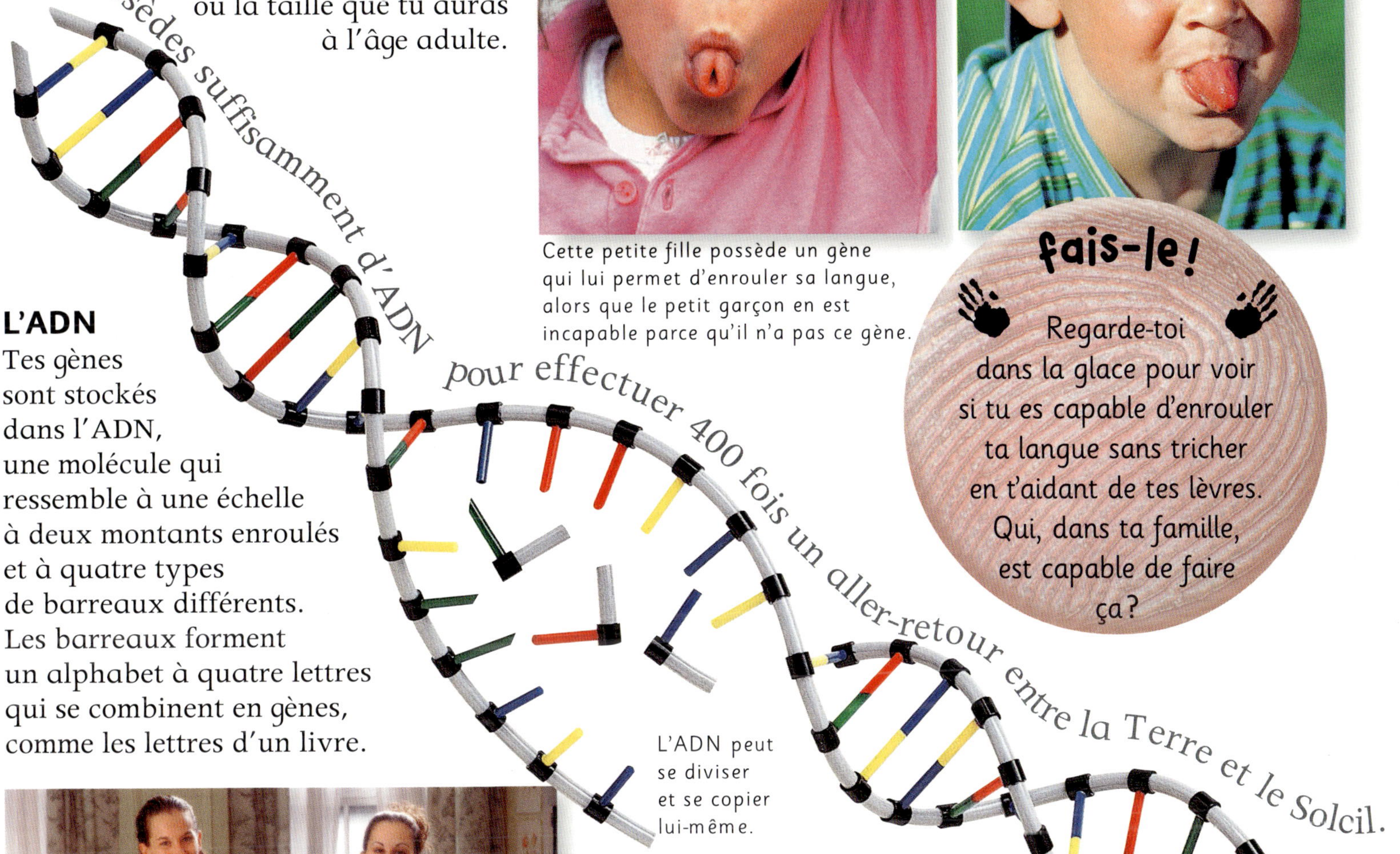

L'ADN peut se diviser et se copier lui-même.

L'ADN

Tes gènes sont stockés dans l'ADN, une molécule qui ressemble à une échelle à deux montants enroulés et à quatre types de barreaux différents. Les barreaux forment un alphabet à quatre lettres qui se combinent en gènes, comme les lettres d'un livre.

Un air de famille

Tes gènes proviennent de tes parents : la moitié de ta mère et l'autre moitié de ton père. Si tu ressembles à tes parents, c'est parce que tu as hérité de leurs gènes.

Apprendre à faire du vélo transforme ton cerveau et ton corps.

Les gènes ne font pas tout !

Tes gènes ne te déterminent pas totalement, tes expériences peuvent aussi te changer. Si tu fais beaucoup de sport, tu deviens plus fort.

Environ 30 000.

De quoi ton corps est-il fait ?

Chaque partie de ton corps est constituée de matériaux de base, les cellules, qui s'agencent comme les briques d'un mur. Les cellules sont si petites que des centaines pourraient tenir sur une tête d'épingle.

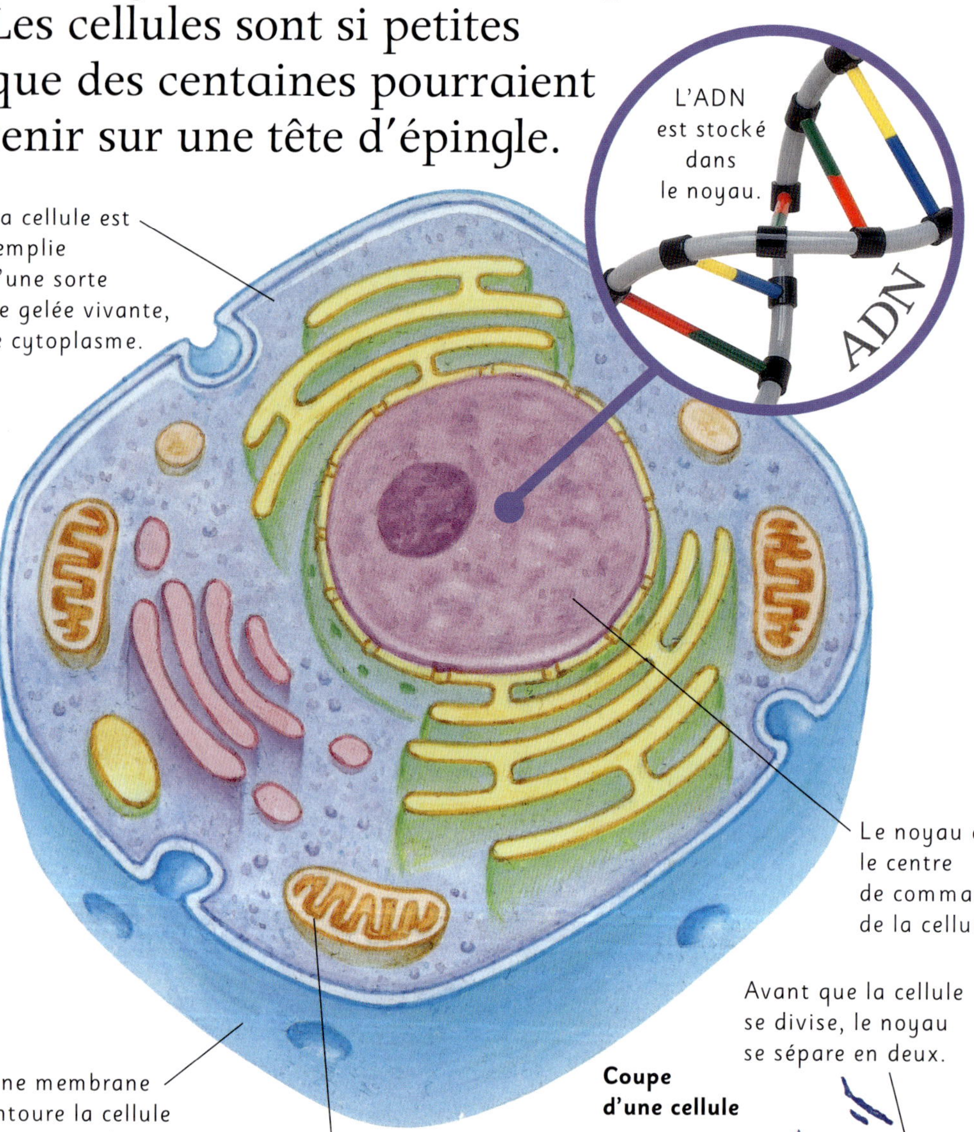

Coupe d'une cellule

Dans la cellule

Au milieu de la cellule se trouve le centre de commande : le noyau. Le noyau envoie des instructions au reste de la cellule pour lui dire de fabriquer certaines substances chimiques.

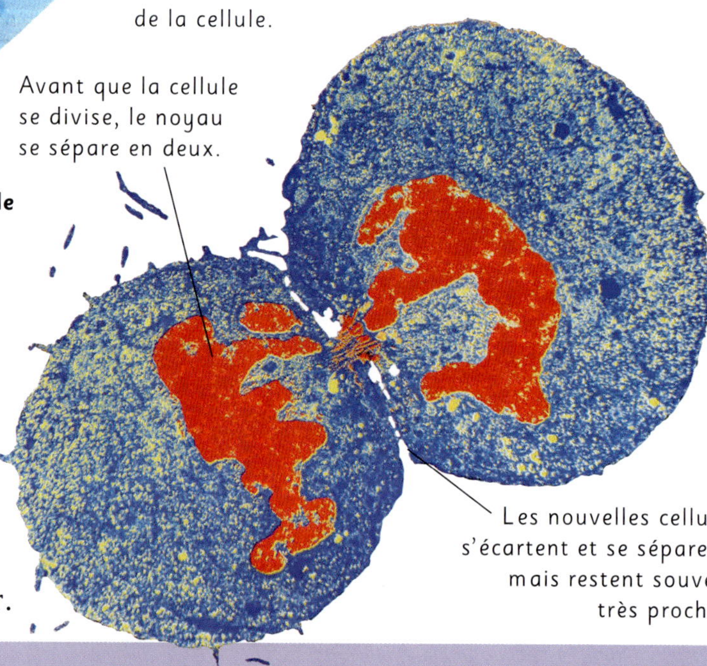

Vie et mort des cellules

Une cellule fabrique de nouvelles cellules en se divisant. Les deux nouvelles cellules sont deux fois plus petites que la première, mais ne tardent pas à grossir. Des millions de cellules meurent chaque seconde, mais des millions d'autres se divisent pour les remplacer.

Combien de cellules ton corps possède-t-il ?

Quelle est la taille d'une cellule ?
Les cellules sont trop petites pour être visibles à l'œil nu, mais les scientifiques utilisent des microscopes puissants pour les observer. Les cellules de ta peau mesurent environ 1/100 de mm.

Plus de 2000 cellules mortes tombent de ta peau au moment où tu lis cette phrase.

Les cellules à la surface de ta peau sont dures et aplaties. Elles se chevauchent pour former une couche qui protège les cellules plus molles, en dessous.

Le microscope permet d'examiner les minuscules cellules écailleuses sur les sillons de ton empreinte digitale.

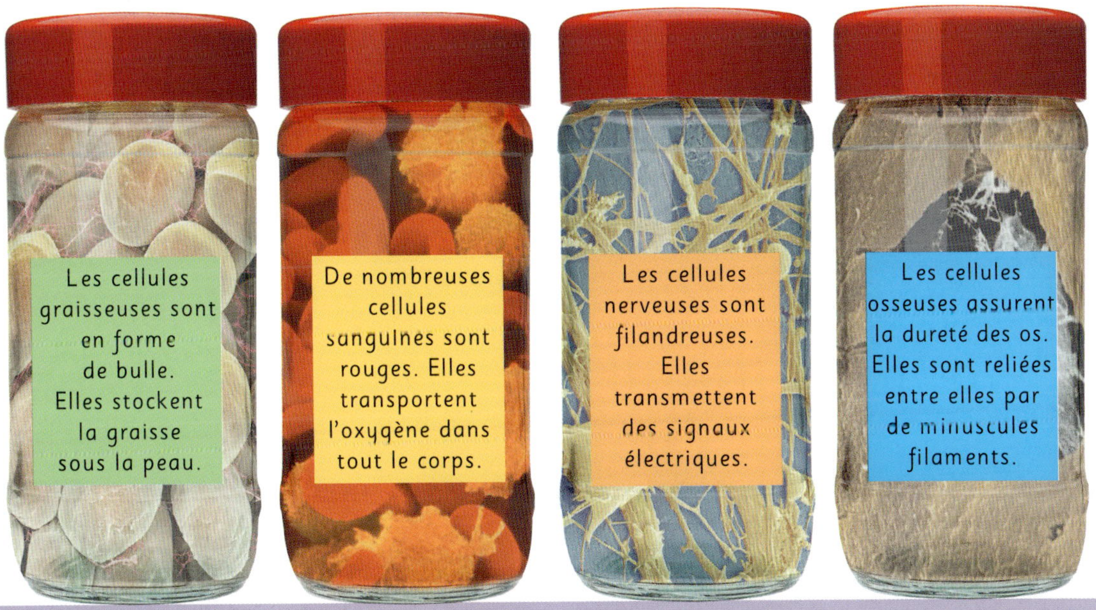

La fabrication des tissus
Ton corps contient des centaines de variétés de cellules qui effectuent différentes tâches. Des cellules du même type se réunissent pour former un tissu. La graisse, les muscles, les os et les nerfs sont des tissus différents. Le sang est un tissu liquide.

Des milliers de milliards.

Comment ton corps est-il organisé ?

Les cellules et les tissus forment les organes, et les organes composent les différents systèmes ou appareils du corps.

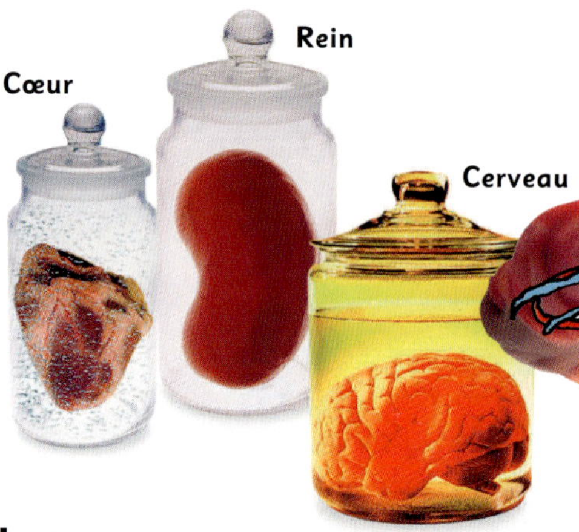

Les organes
Un organe est une partie du corps qui remplit une fonction particulière. Le cœur sert à pomper le sang, les reins à le nettoyer.

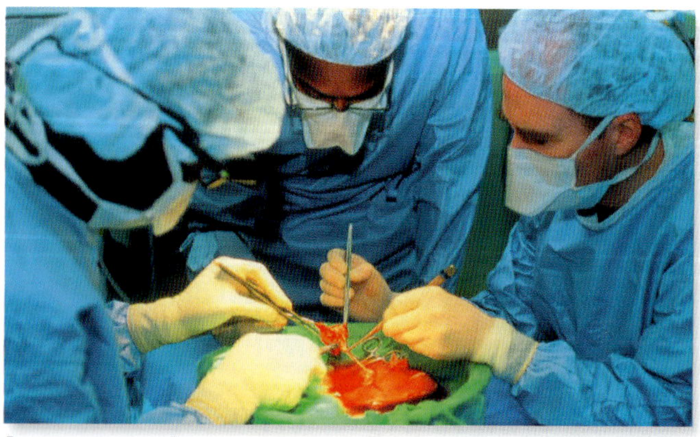

La transplantation
Si un organe vital ne fonctionne plus, les médecins peuvent parfois le remplacer par celui d'une autre personne : c'est la transplantation.

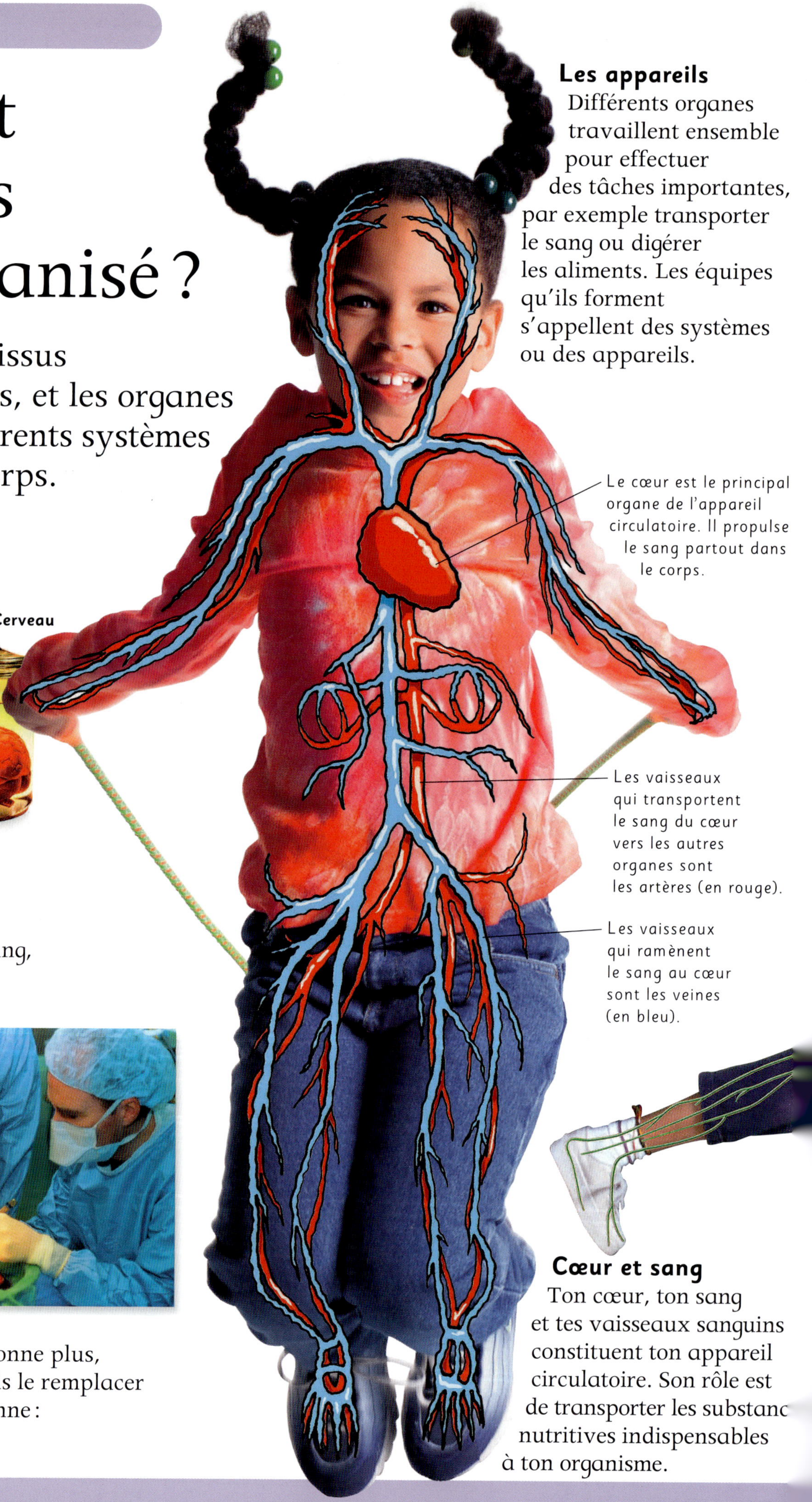

Les appareils
Différents organes travaillent ensemble pour effectuer des tâches importantes, par exemple transporter le sang ou digérer les aliments. Les équipes qu'ils forment s'appellent des systèmes ou des appareils.

Cœur et sang
Ton cœur, ton sang et tes vaisseaux sanguins constituent ton appareil circulatoire. Son rôle est de transporter les substanc nutritives indispensables à ton organisme.

Quel appareil fait gargouiller ton estomac ?

Les muscles

Ton appareil musculaire est constitué de tissus qui actionnent certaines parties de ton corps en exerçant une force dessus. Tes plus gros muscles exercent une traction sur les os.

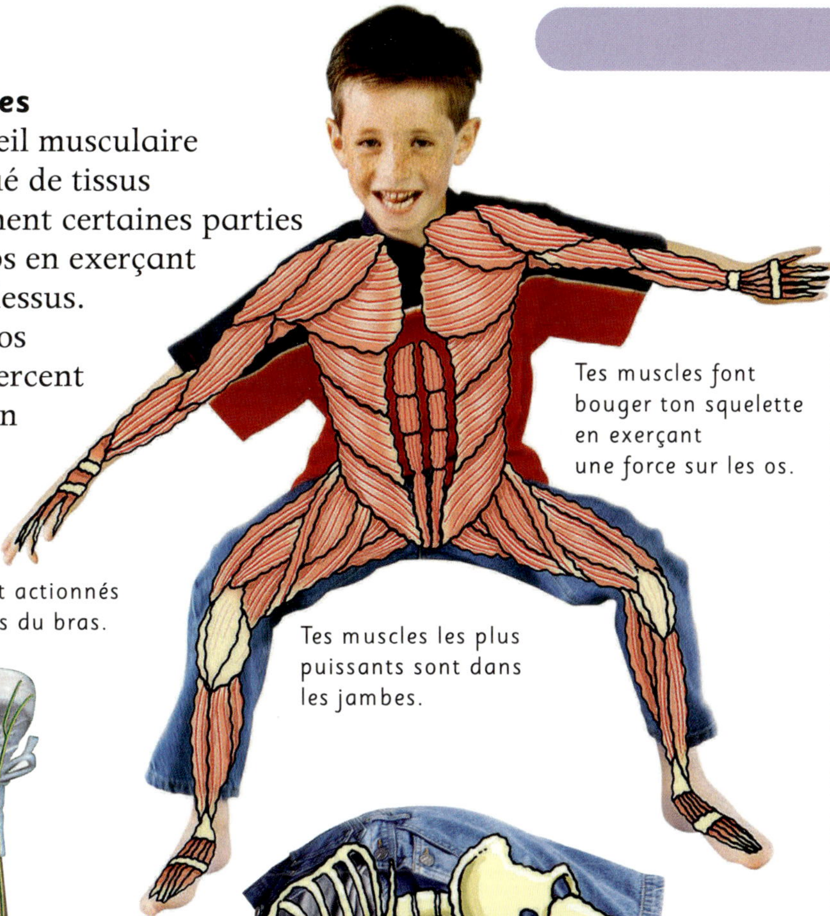

Tes muscles font bouger ton squelette en exerçant une force sur les os.

Tes doigts sont actionnés par les muscles du bras.

Tes muscles les plus puissants sont dans les jambes.

Autres systèmes

D'autres systèmes ou appareils sont également très importants.

L'appareil respiratoire : ses principaux organes sont les poumons, indispensables à la respiration.

Le système hormonal : il utilise des substances chimiques puissantes pour agir sur ton corps et ton humeur.

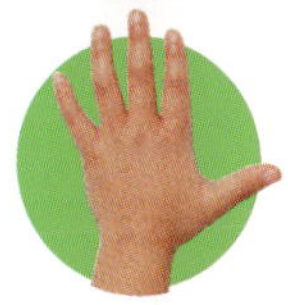

Peau, poils et ongles : ils servent à protéger ton corps.

Le système immunitaire : il recherche et détruit les germes qui s'introduisent dans ton organisme.

L'appareil urinaire : il nettoie ton sang et élimine les déchets.

L'appareil reproducteur : il renferme les organes qui fabriquent les bébés.

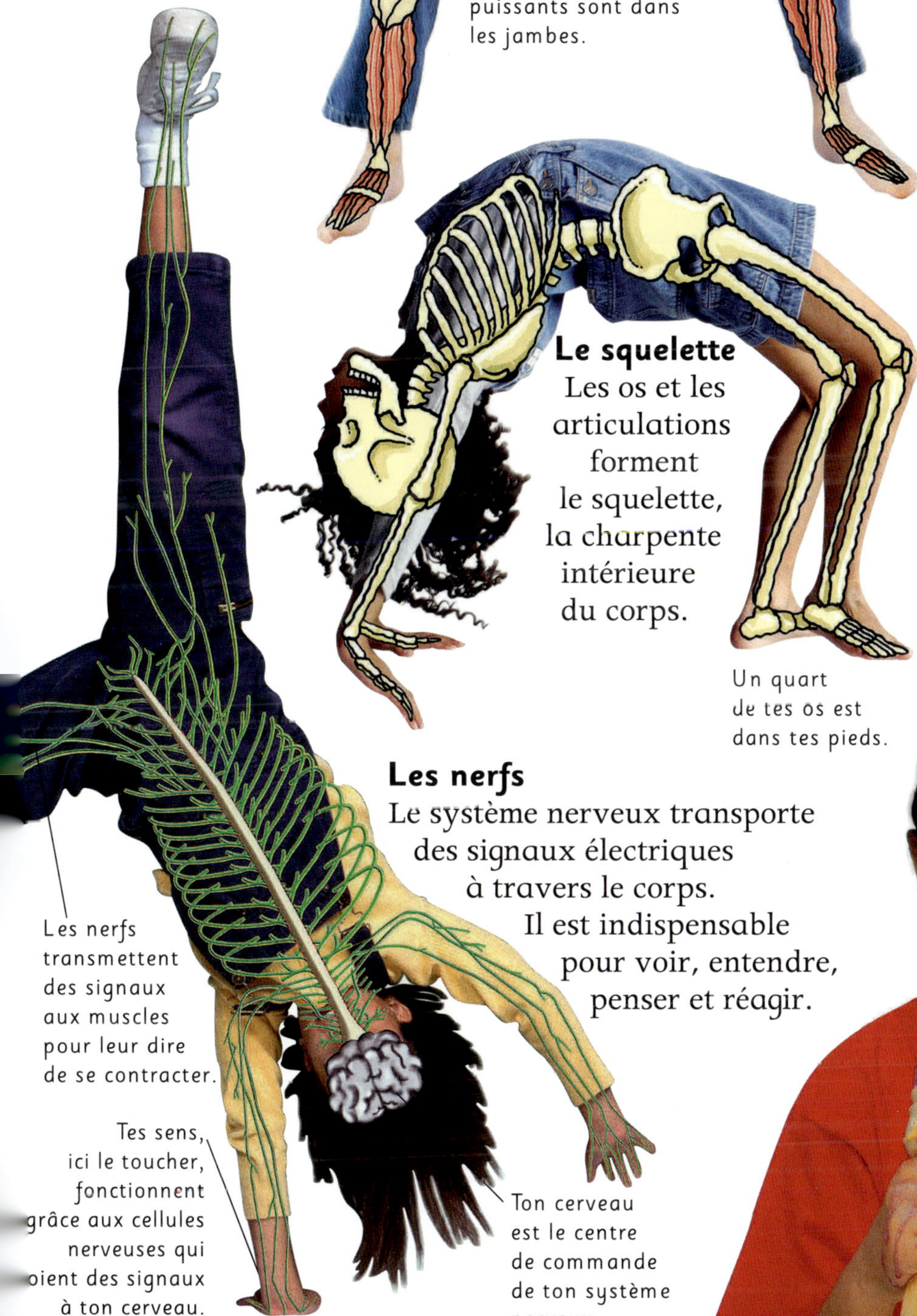

Le squelette

Les os et les articulations forment le squelette, la charpente intérieure du corps.

Un quart de tes os est dans tes pieds.

Les nerfs

Le système nerveux transporte des signaux électriques à travers le corps. Il est indispensable pour voir, entendre, penser et réagir.

Les nerfs transmettent des signaux aux muscles pour leur dire de se contracter.

Tes sens, ici le toucher, fonctionnent grâce aux cellules nerveuses qui envoient des signaux à ton cerveau.

Ton cerveau est le centre de commande de ton système nerveux.

L'appareil digestif

Tes organes digestifs décomposent les aliments pour fournir de l'énergie et des matières premières à ton corps.

Ta bouche ? C'est là que commence ton appareil digestif.

Tes intestins sont de longs tubes sinueux qui absorbent la nourriture digérée.

Le squelette

Tes os sont reliés les uns aux autres pour former ton squelette, la charpente de ton corps. Ton squelette protège tes organes internes et assure tes mouvements.

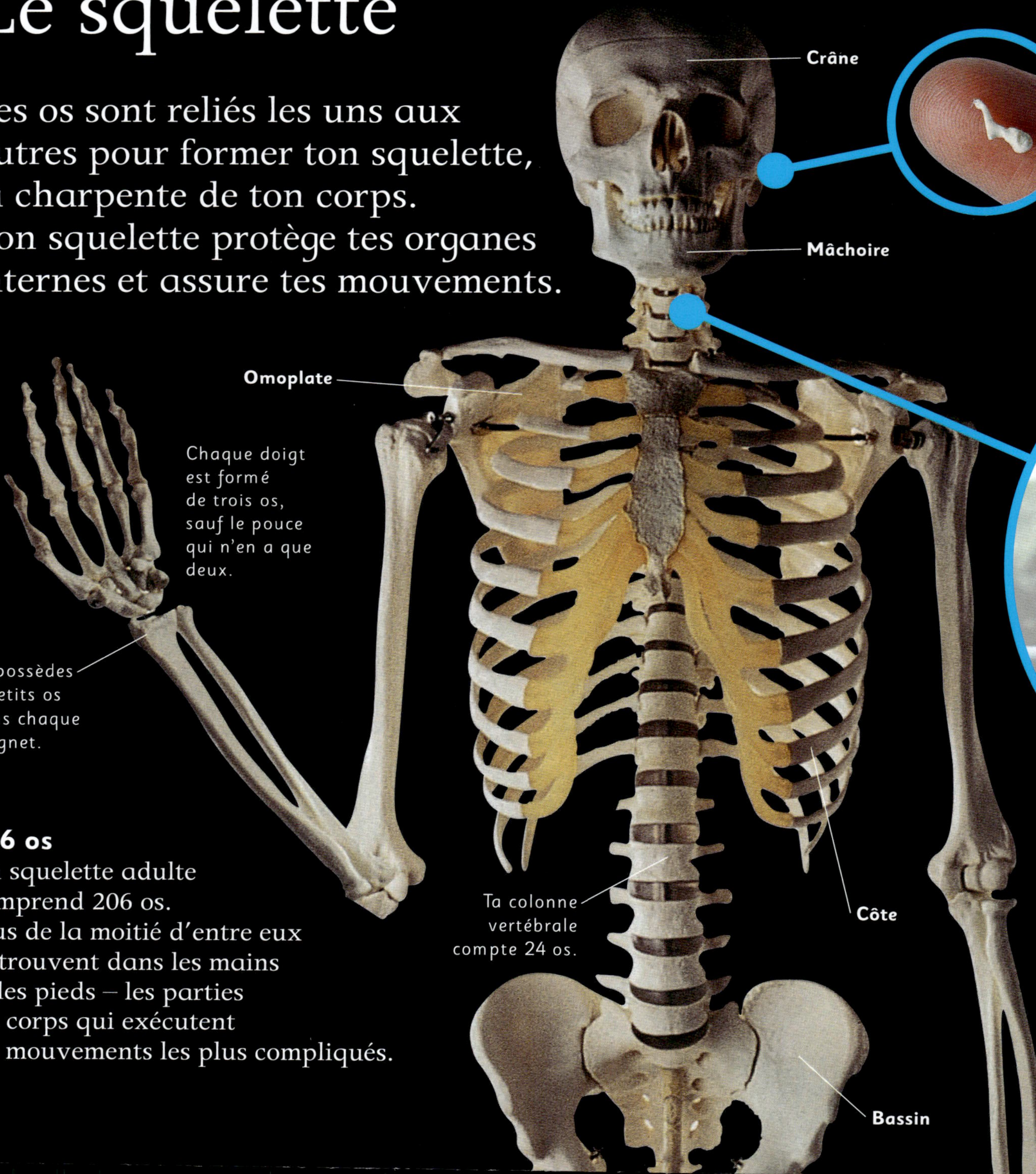

L'os le plus petit
De la taille d'un grain de riz, cet os est l'un des plus petits de ton corps. Il est situé au fond de ton oreille.

La girafe a un long cou pour manger les feuilles des très grands arbres.

206 os
Un squelette adulte comprend 206 os. Plus de la moitié d'entre eux se trouvent dans les mains et les pieds – les parties du corps qui exécutent les mouvements les plus compliqués.

Les os du cou
Sais-tu que tu possèdes 7 os dans ton cou, comme la girafe ? Le premier te permet de lever et de baisser la tête, le deuxième de la tourner à droite et à gauche.

Combien possèdes-tu de côtes ?

Un matériau durable

L'os est un matériau très dur et l'un des derniers à se décomposer après la mort. Cette femme vivait à l'âge de pierre, il y a 5000 ans, mais ses os sont restés intacts.

Deviens incollable...
Sur les os et les cartilages, pages 150-151
Sur les dents, pages 214-215

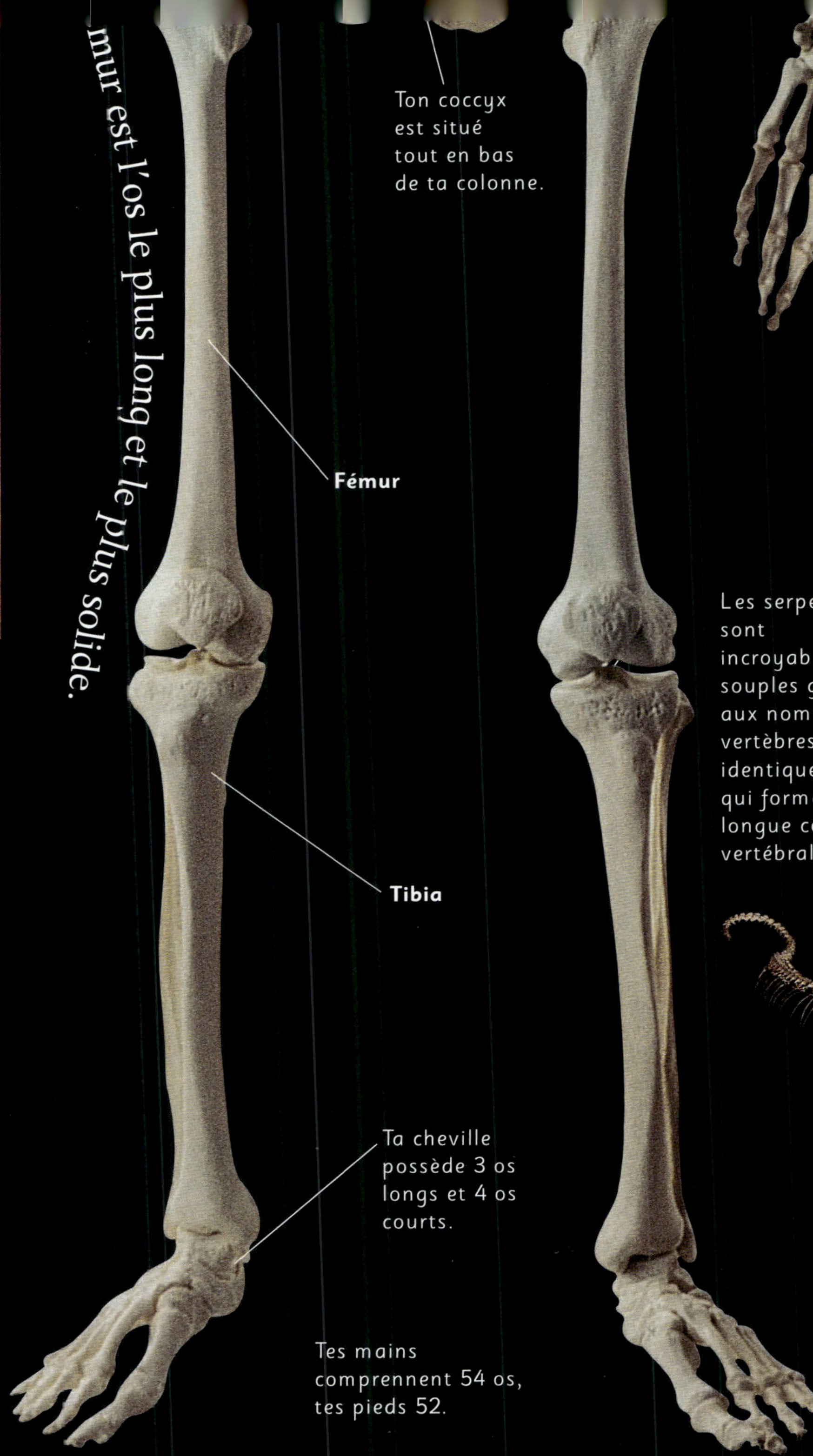

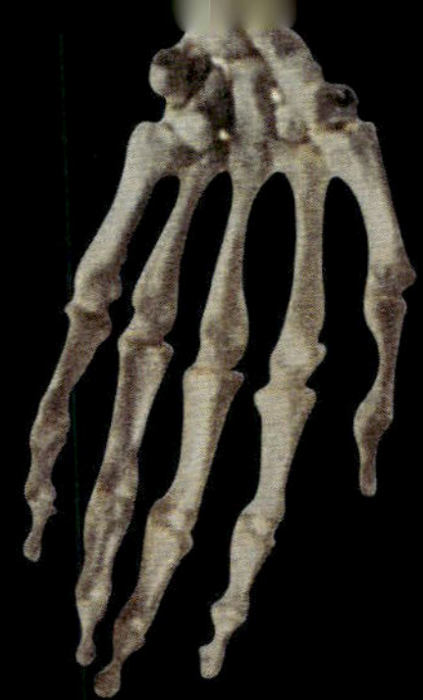

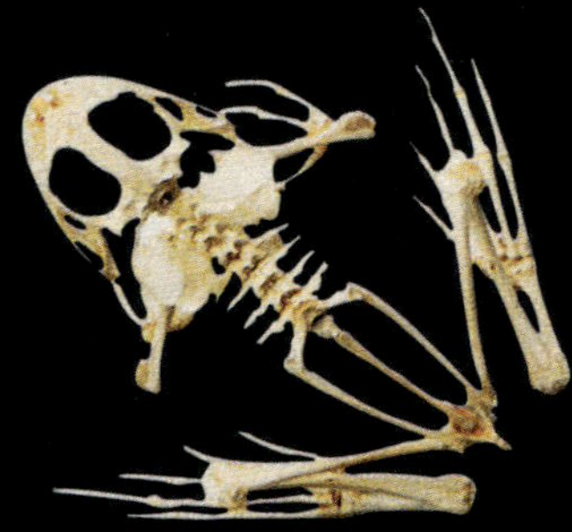

Les grenouilles ont une colonne vertébrale très courte pour supporter la tension produite par leurs formidables sauts.

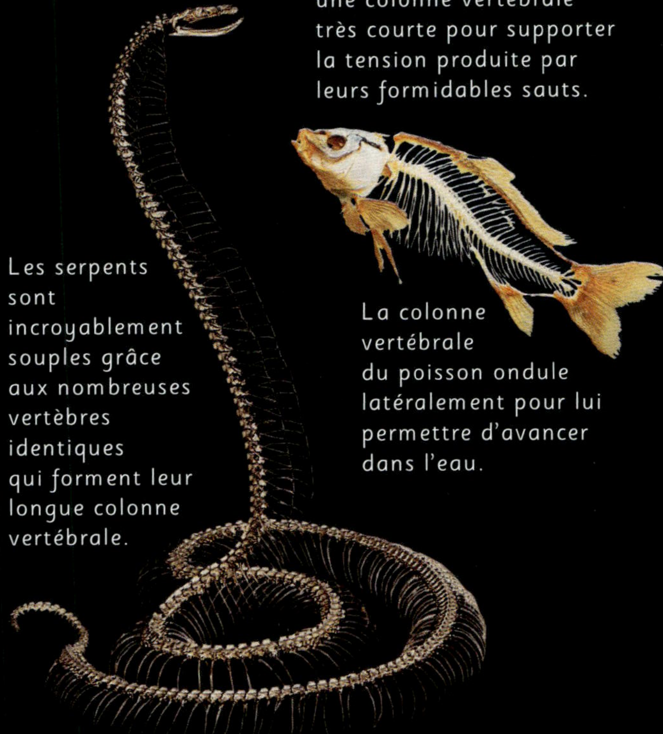

Les serpents sont incroyablement souples grâce aux nombreuses vertèbres identiques qui forment leur longue colonne vertébrale.

La colonne vertébrale du poisson ondule latéralement pour lui permettre d'avancer dans l'eau.

Les autres squelettes

La plupart des animaux possèdent un squelette et sont appelés vertébrés. Ceux qui n'en ont pas, par exemple les araignées et les coléoptères, sont des invertébrés.

Le crâne

La partie la plus complexe du squelette est le crâne. Il est constitué de nombreux os soudés les uns aux autres qui protègent le cerveau et soutiennent le visage.

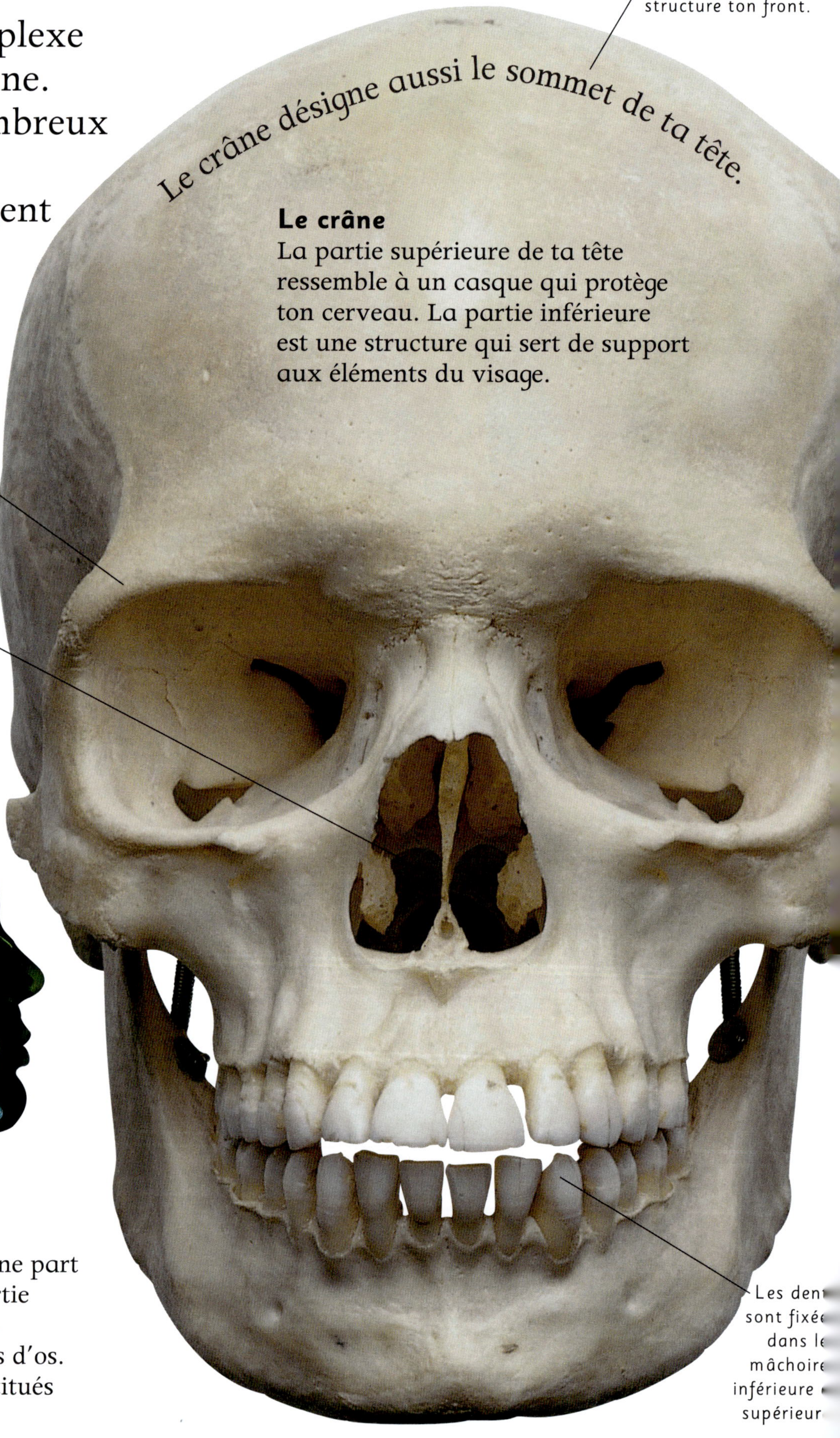

Le crâne
La partie supérieure de ta tête ressemble à un casque qui protège ton cerveau. La partie inférieure est une structure qui sert de support aux éléments du visage.

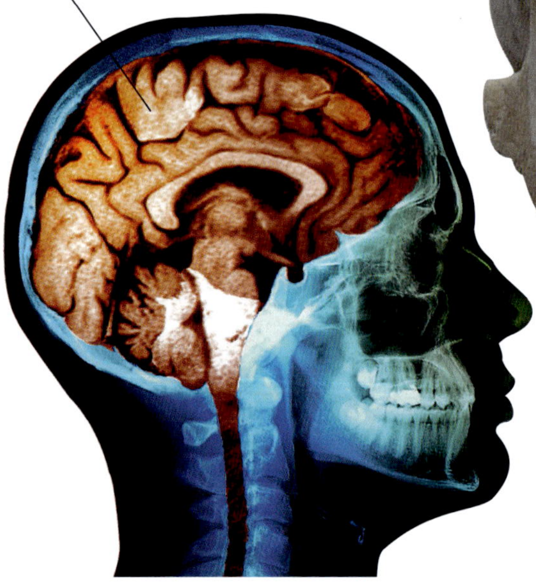

Les traits du visage
Cette image montre le crâne d'une part et le visage d'autre part. La partie antérieure de ton nez, tes lèvres et tes oreilles ne contiennent pas d'os. Ton nez et tes oreilles sont constitués de cartilage.

Pourquoi le bébé a-t-il les os du crâne non soudés ?

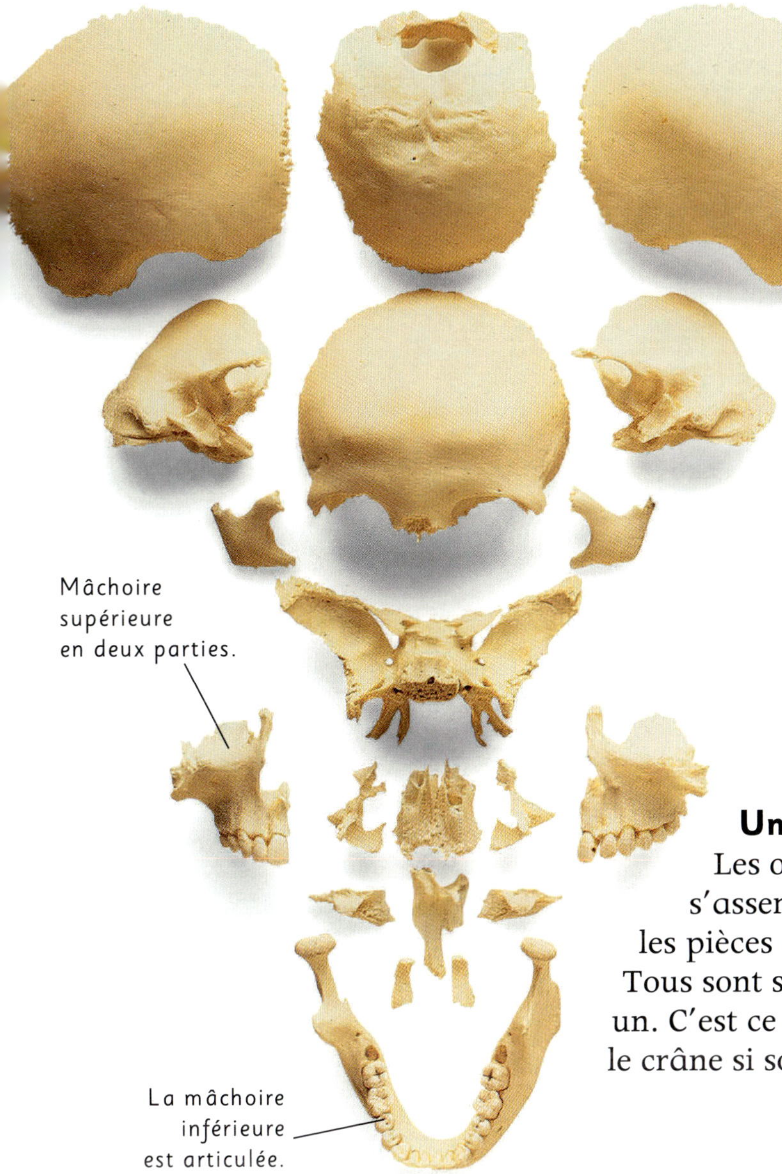

Un puzzle

Les os du crâne s'assemblent comme les pièces d'un puzzle. Tous sont soudés, sauf un. C'est ce qui rend le crâne si solide.

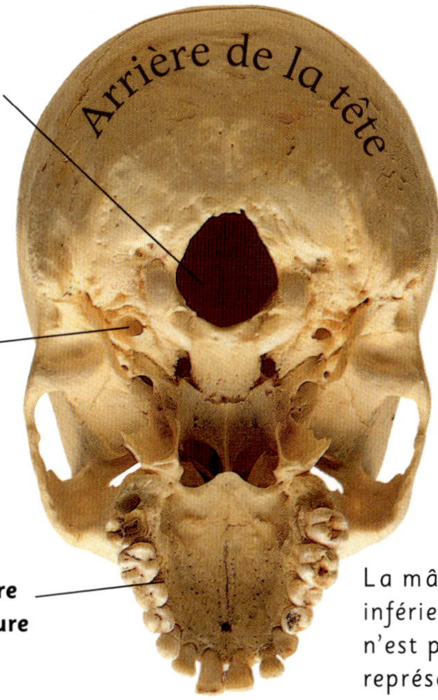

Un trou dans la tête

Sur cette photo prise du dessous, tu vois clairement un gros trou en bas du crâne. C'est là que la moelle épinière, qui descend le long de ton dos, est reliée au cerveau.

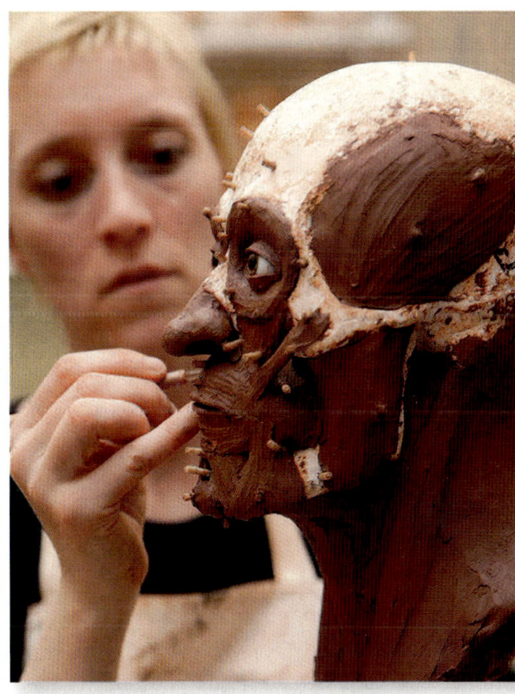

Reconstituer un visage

Les scientifiques peuvent savoir à quoi ressemblait une personne morte depuis longtemps par le seul examen de son crâne. Ils étudient les os de son visage et les recouvrent de cartilage, de muscles et de peau artificiels.

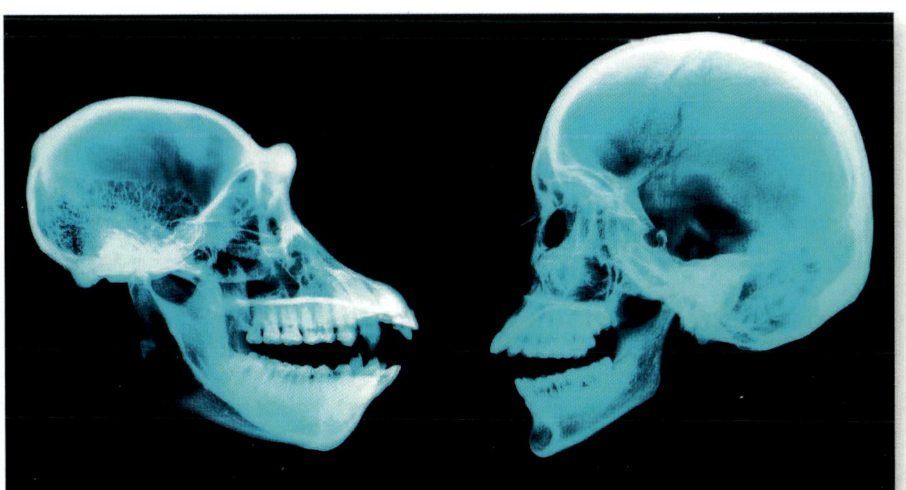

Homme et chimpanzé

L'homme (à droite) et le chimpanzé ont des ancêtres communs. Mais les chimpanzés ont un cerveau et un crâne plus petits que les hommes. Ils possèdent aussi une arcade sourcilière plus proéminente et une mâchoire plus saillante.

Pour permettre à sa tête d'être comprimée et de passer par le bassin au moment de la naissance.

La colonne vertébrale

Ta colonne vertébrale est une chaîne d'os située le long de ton dos. Sans elle tu ne pourrais pas tenir debout ni te mouvoir.

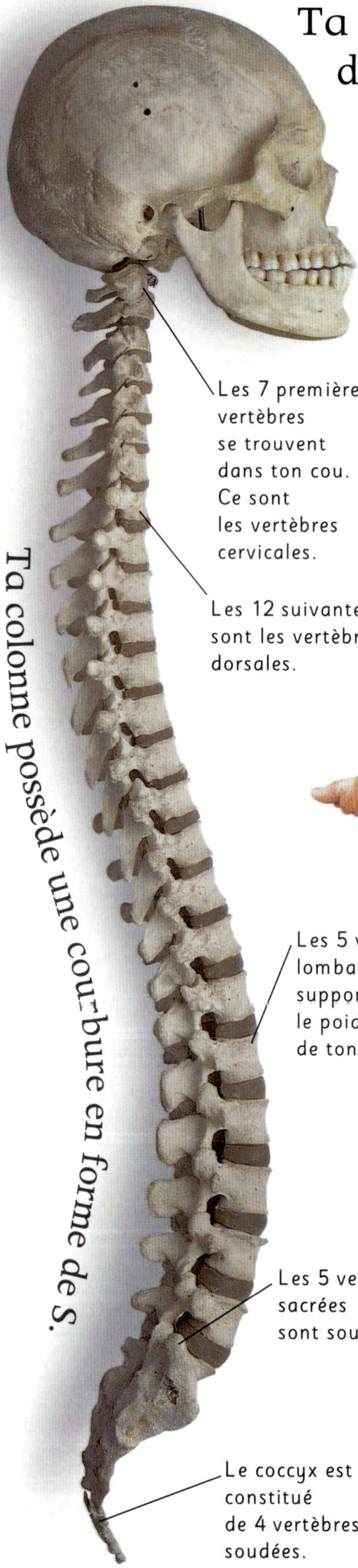

Un empilement d'os
Ta colonne est constituée de 24 vertèbres séparées et de 9 vertèbres soudées, plus petites.

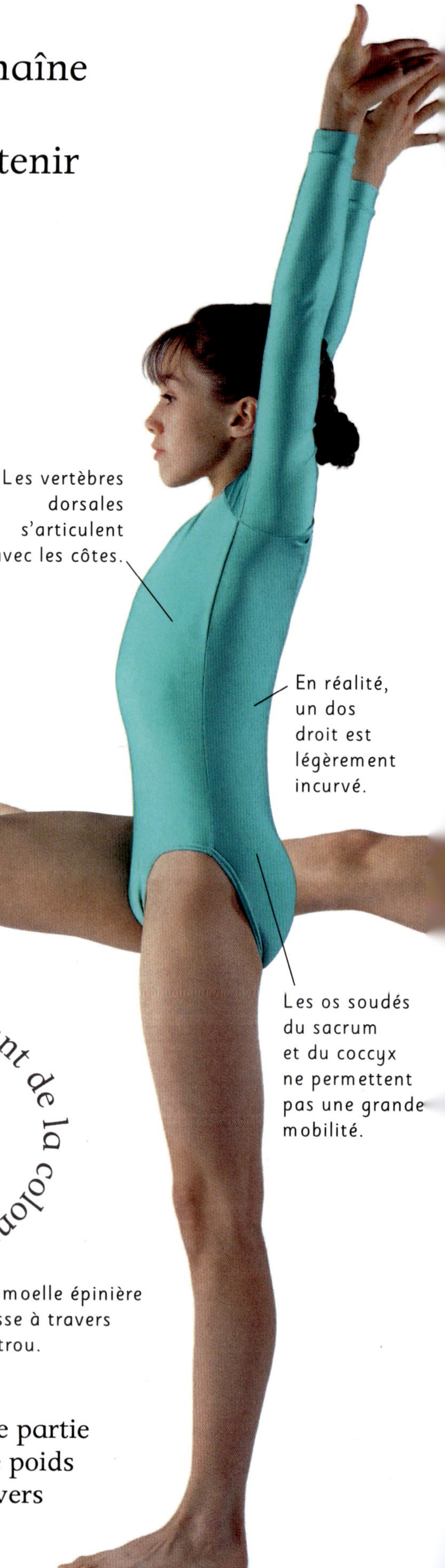

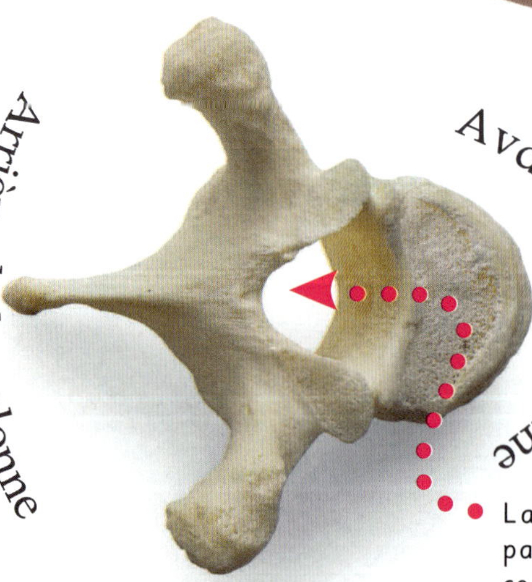

Les vertèbres
Chaque vertèbre est dotée d'une partie massive et solide qui soutient le poids de ton corps, et d'un trou à travers lequel passe la moelle épinière.

Qu'est-ce qu'une hernie discale ?

Des absorbeurs de chocs

Tu tords et plies ta colonne chaque fois que tu bouges. Des disques de cartilage entre les vertèbres les empêchent de se cogner, de frotter les unes contre les autres et de s'user.

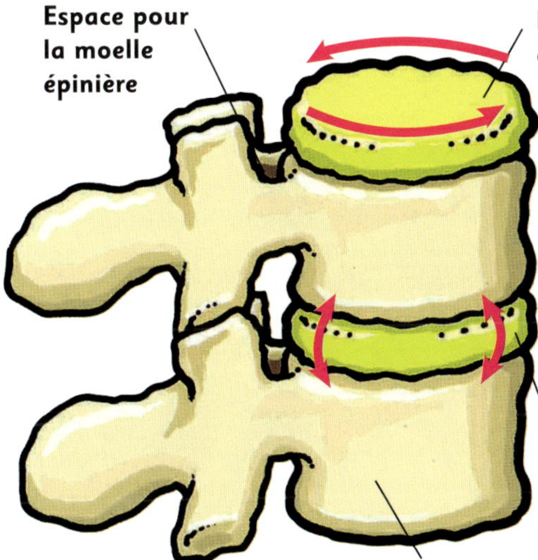

Les disques te donnent un peu de mobilité dans toutes les directions.

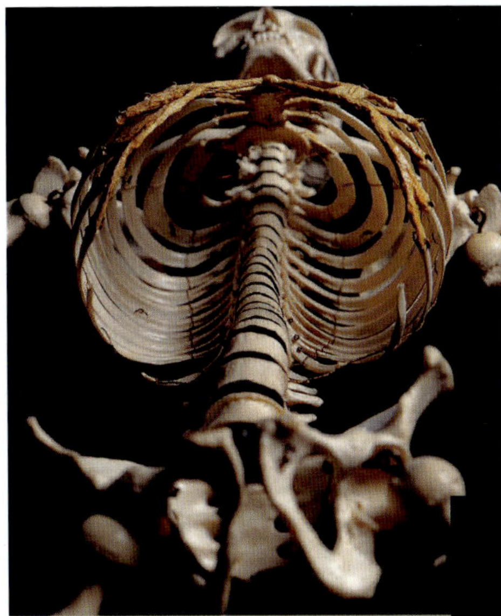

La cage thoracique

Tes vertèbres dorsales sont reliées à tes côtes. Ensemble elles forment une cage autour de ton cœur et de tes poumons. Les côtes sont des os incurvés plus fins et moins solides que ceux de ta colonne vertébrale.

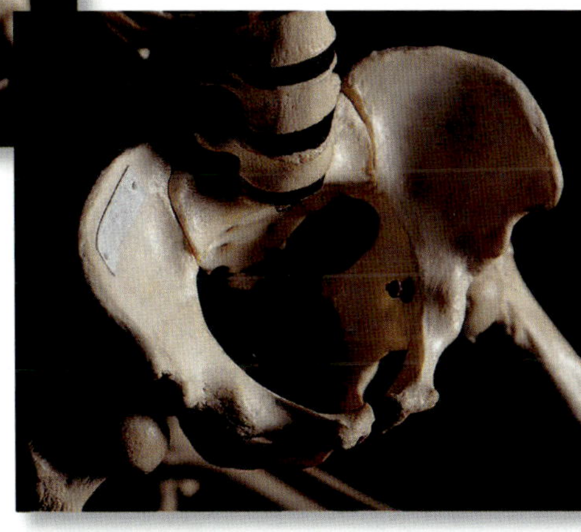

Le bassin n'a pas la même forme chez l'homme et chez la femme. Quand la mère accouche, son bébé passe à travers son bassin.

Le bassin

Les organes reproducteurs et certains organes digestifs sont situés dans la cavité en forme de cuvette du bassin. Les vertèbres sacrées et le coccyx constituent le fond de cette cuvette.

Tu peux être aussi souple…

… avec beaucoup d'entraînement !

Les courbures de ta colonne t'empêchent de te pencher aussi loin en arrière qu'en avant.

La souplesse de la colonne

Les vertèbres sont très peu mobiles les unes par rapport aux autres, mais l'ensemble de la colonne offre une grande flexibilité.

Fais-le

Demande à un de tes amis de se pencher en avant et tâte ses vertèbres avec le bout de tes doigts. Es-tu capable de les sentir toutes ?

L'os, matière vivante

Ce n'est pas parce que l'os a une surface dure et sèche qu'il n'est pas vivant. Il se développe et se répare continuellement.

Qu'est-ce qu'il y a dans tes os?
Tes os représentent un sixième du poids de ton corps. Leur structure bien conçue les rend souvent plus légers qu'on pourrait le penser.

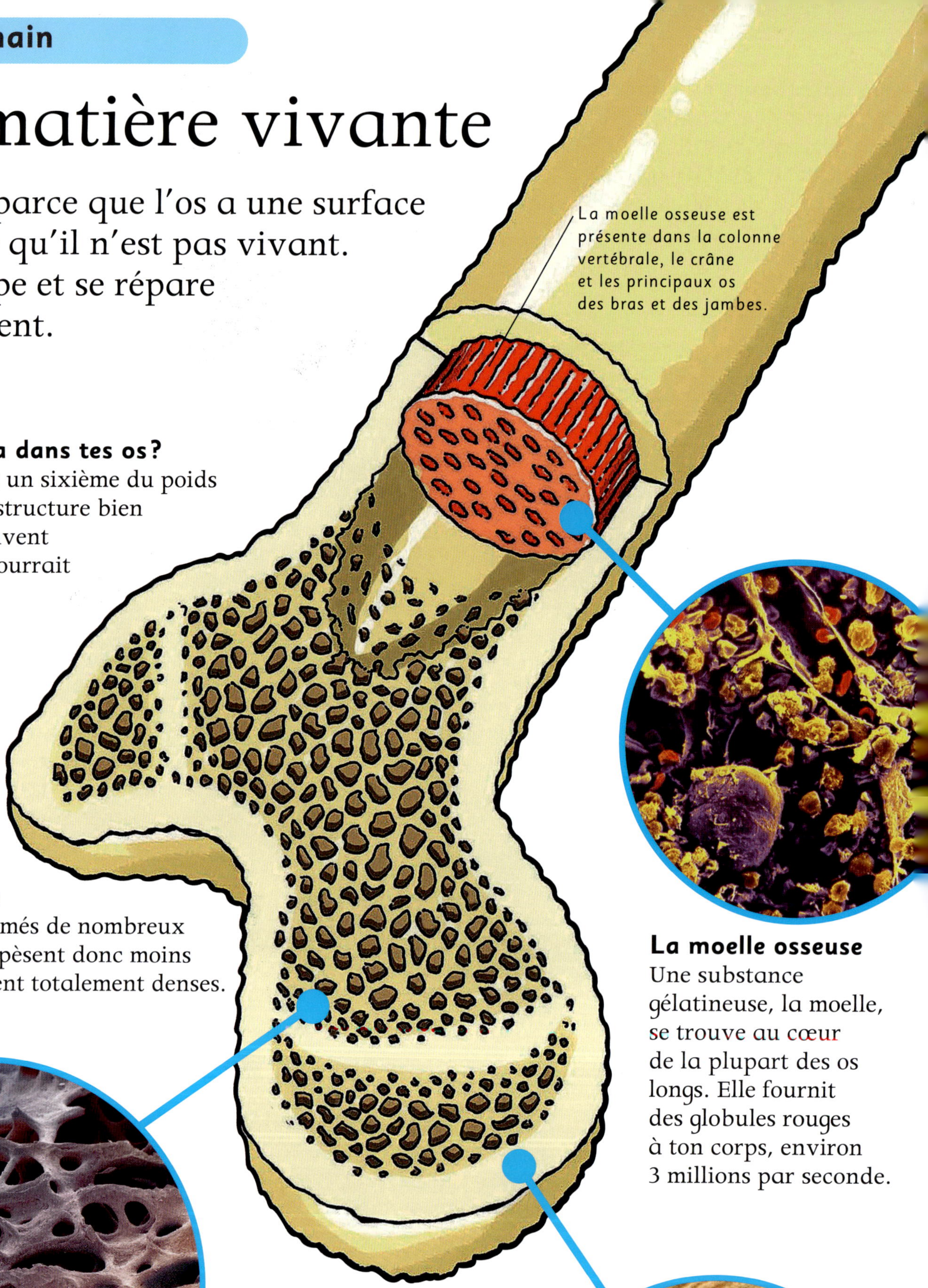

Des os spongieux
Certains os sont formés de nombreux petits trous. Ces os pèsent donc moins lourd que s'ils étaient totalement denses.

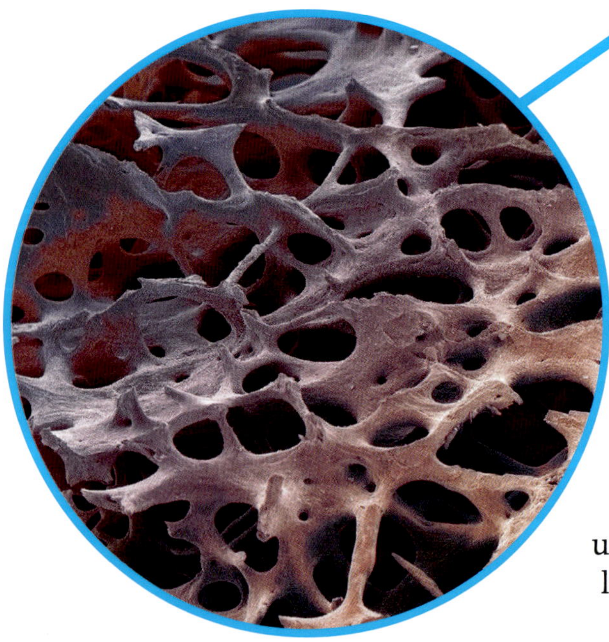

La moelle osseuse
Une substance gélatineuse, la moelle, se trouve au cœur de la plupart des os longs. Elle fournit des globules rouges à ton corps, environ 3 millions par seconde.

Des os compacts
La partie la plus dure et la plus dense de l'os est sa surface externe. Elle est constituée de calcium, une substance présente dans les aliments. Tes dents aussi sont composées de calcium.

Quels os se fracturent le plus facilement ?

Les fractures

Les os sont assez solides et mobiles pour résister à de fortes pressions, mais ils se fracturent parfois, comme le montre cette radiographie. Heureusement, ils savent se réparer.

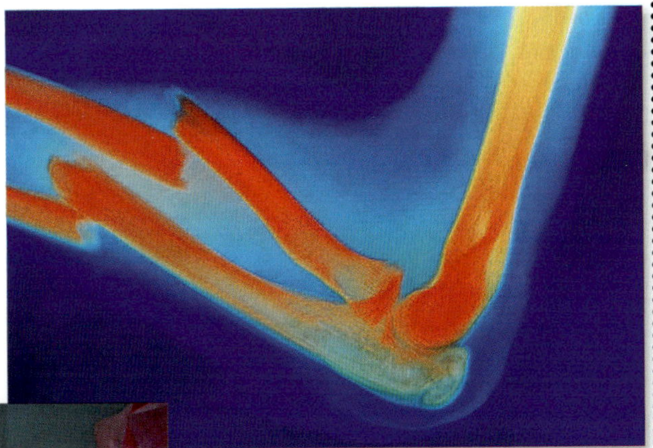

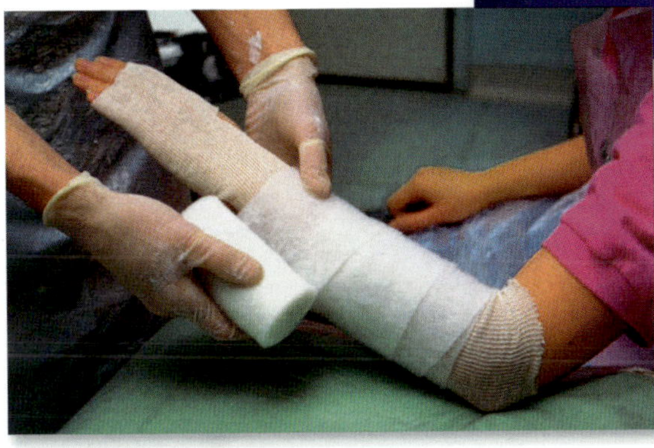

Si les os se sont déboîtés en se cassant, ils doivent être remis en place par un médecin avant de se ressouder naturellement.

La réparation

De nouvelles cellules se forment aux extrémités de l'os fracturé pour ressouder les deux parties. Au bout de six semaines environ, l'os est comme neuf.

Deviens incollable...

Sur le squelette, pages **142-143**
Sur la peau, les ongles et les poils, pages **198-205**

Des vêtements rembourrés protègent les os en cas de choc.

La croissance des os se termine vers la fin de l'adolescence.

Prends soin de tes os

Le calcium présent dans le lait et le fromage est nécessaire à la solidité des os. En général, faire du sport renforce les os.

Test d'observation

Regarde attentivement les pages 142 à 151 et essaie de retrouver ce que représentent ces photos.

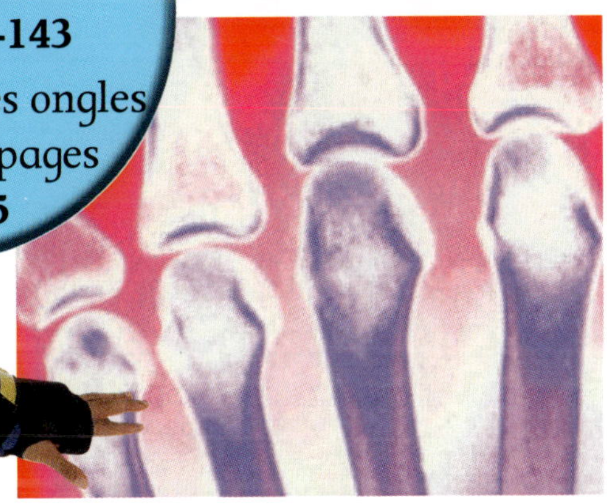

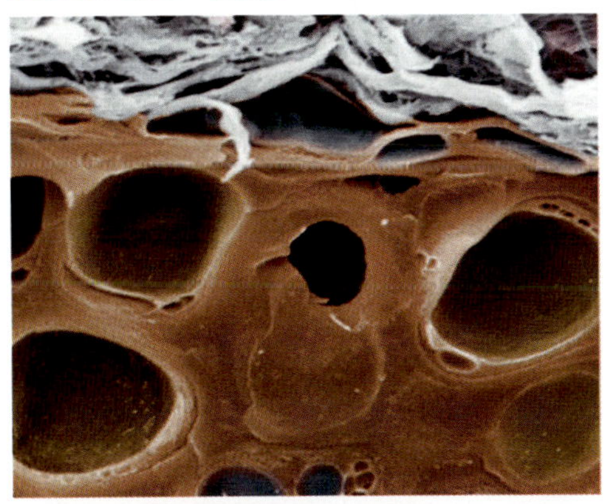

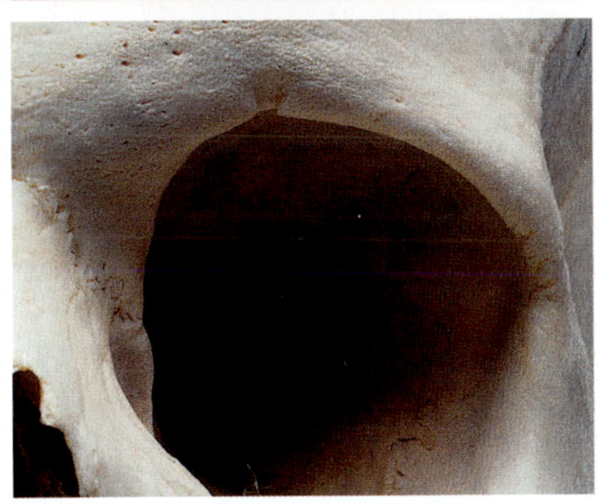

Ceux des doigts, des poignets et des bras.

Os et cartilages

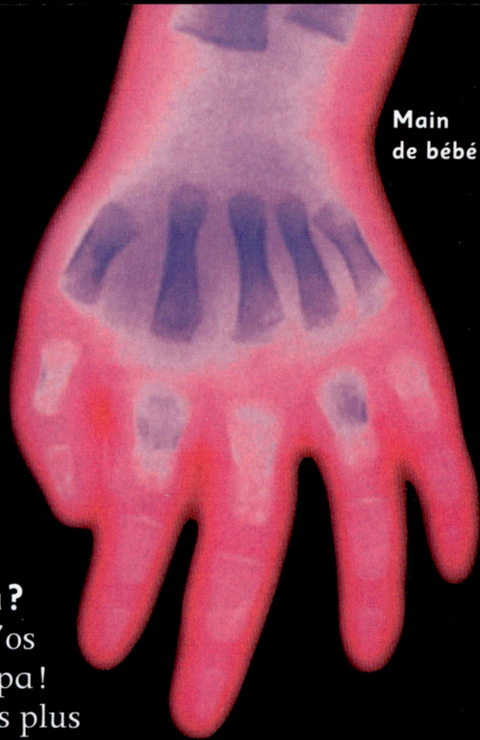
Main de bébé

Lorsque tu étais bébé, tu avais une toute petite taille. Si tu grandis, c'est parce que tes os se développent et se transforment progressivement.

Du cartilage à l'os

Le squelette des bébés est constitué d'une matière très souple, le cartilage. Ce cartilage durcit et se transforme en os.

Les os des **bébés** sont presque entièrement constitués de cartilage.

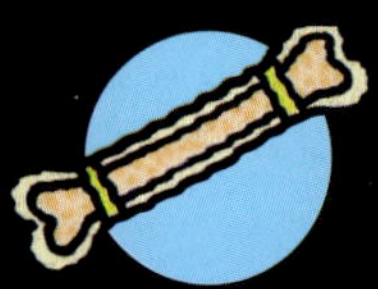
Les os des **adolescents** sont constitués principalement d'os et d'une petite quantité de cartilage.

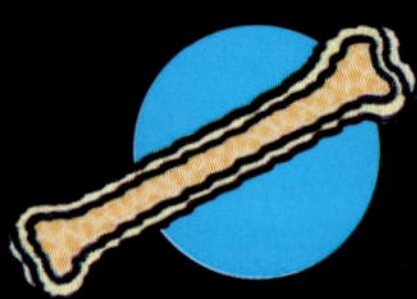
Les os des **adultes** ont terminé leur croissance. La plupart ne contiennent plus de cartilage.

Combien d'os as-tu ?

Tu possèdes davantage d'os que ta maman ou ton papa ! À ta naissance tu en avais plus de 300, tous très souples, mais beaucoup se soudent pendant ta croissance. À 25 ans, tu auras 206 os complètement développés.

Coupe transversale d'une oreille : le cartilage est logé entre deux couches de peau.

Décolle tes oreilles !

Tes oreilles ne sont pas de l'os, mais du cartilage. Elles sont solides, mais beaucoup plus flexibles que si elles étaient constituées d'os.

Quels aliments sont riches en calcium, le minéral indispensable à la croissance de tes os ?

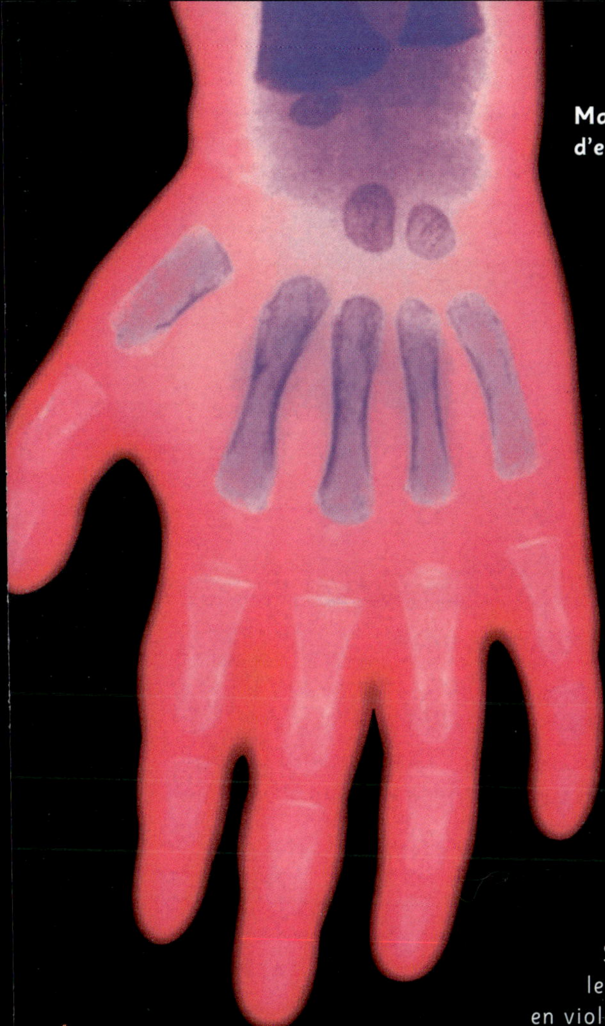

Main d'enfant

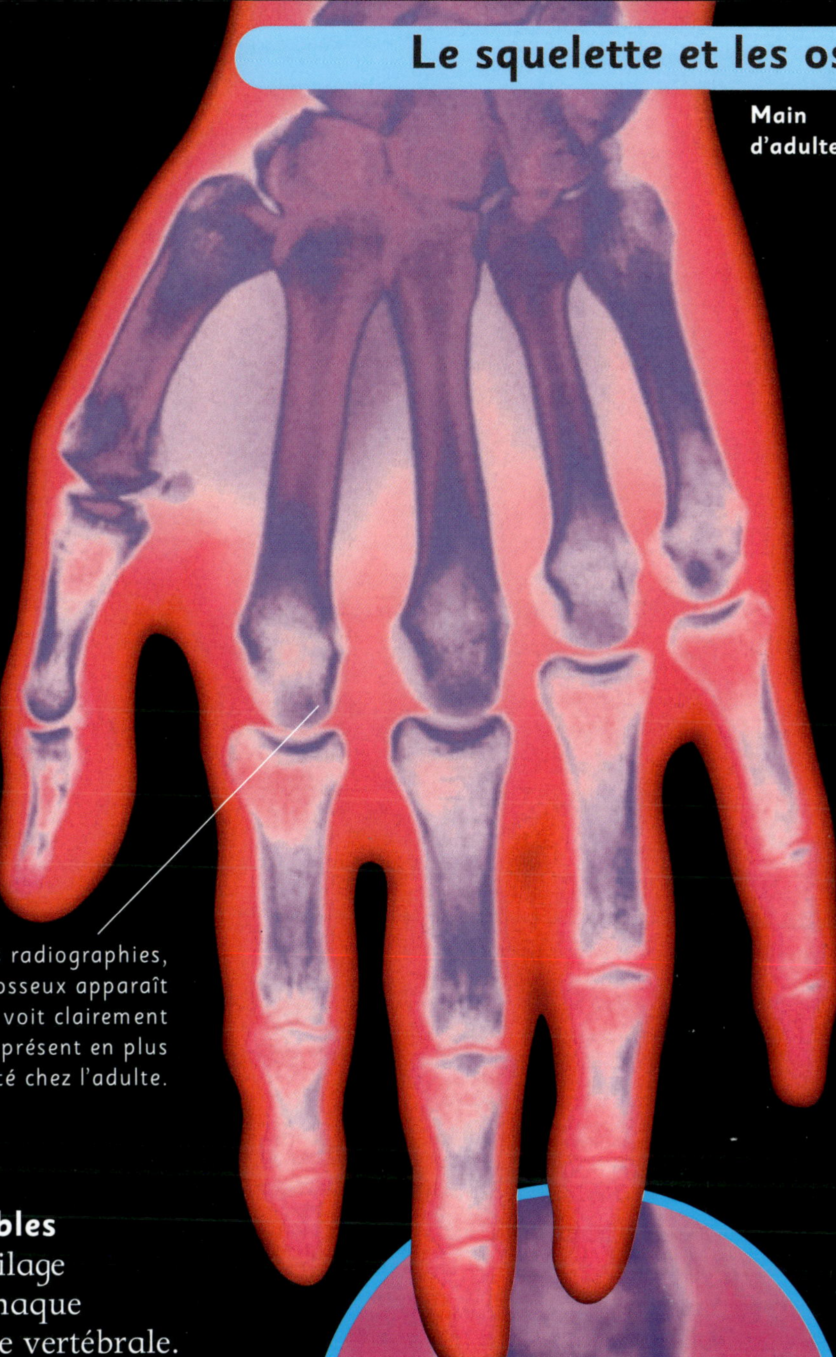

Main d'adulte

Sur ces radiographies, le tissu osseux apparaît en violet. On voit clairement qu'il est présent en plus grande quantité chez l'adulte.

Des tailles variables

Des disques de cartilage s'intercalent entre chaque vertèbre de ta colonne vertébrale. Dans la journée ils s'écrasent et la nuit ils se regonflent. Tu es donc un peu plus grand le matin que le soir !

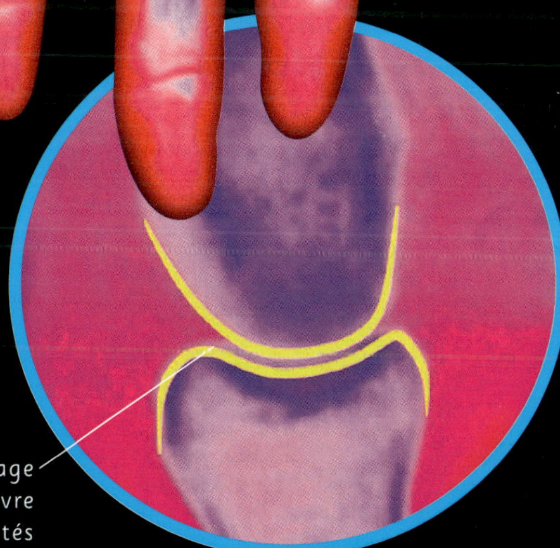

Le cartilage recouvre les extrémités des os.

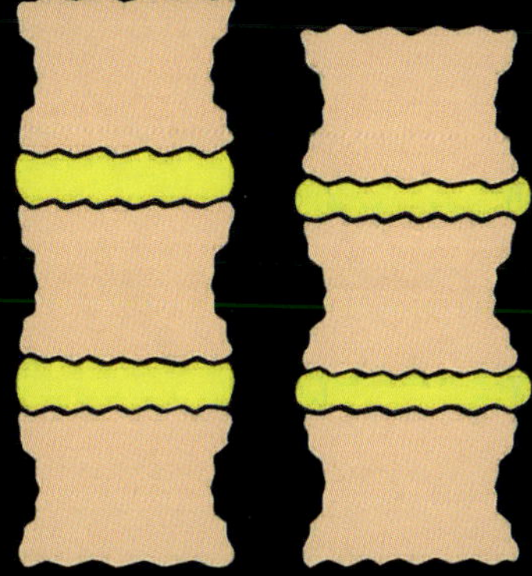

La station verticale comprime les disques de cartilage, alors que la station horizontale leur redonne leur forme initiale.

Le cartilage des articulations

Les extrémités de deux os voisins sont recouvertes de cartilage. Quand tu es en mouvement, cela empêche leur frottement.

Les articulations

L'articulation relie deux os entre eux. Tu possèdes différents types d'articulations pour effectuer toutes sortes de mouvements.

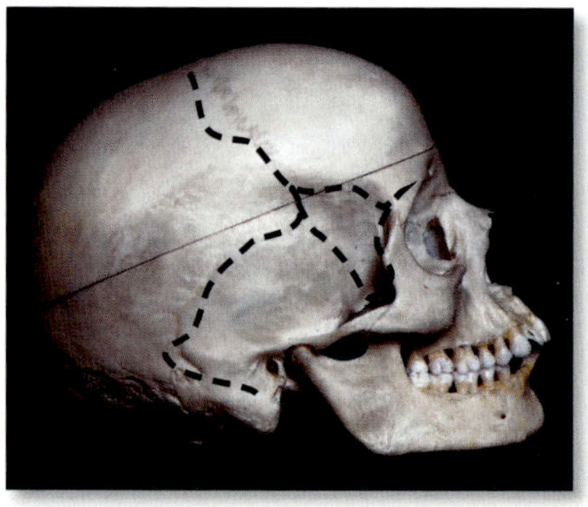

Une tête bien soudée

Les os de ton crâne commencent à se souder après ta naissance. Une fois soudés, ils ne peuvent plus bouger. Seule l'articulation de ta mâchoire inférieure est très mobile.

Une articulation très mobile

Tu peux plier tes genoux, mais tu ne peux pas les faire bouger sur le côté. L'articulation du genou ressemble à la charnière qui permet d'ouvrir et de fermer une porte.

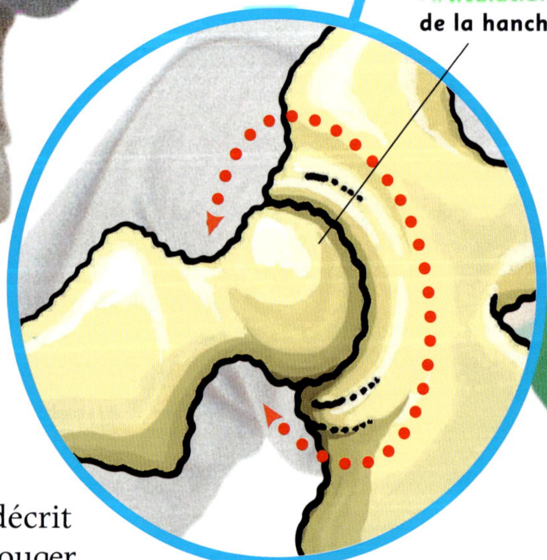

T'es-tu déjà servi d'un joystick ? C'est comme une articulation qui décrit un cercle.

Les articulations sphériques

L'articulation de ta hanche décrit un cercle. Elle te permet de bouger les jambes dans toutes les directions et même de les faire tourner.

Qu'est-ce qu'un tendon ?

Les parties mobiles du corps

Ton corps possède différents types d'articulations permettant des mouvements variés.

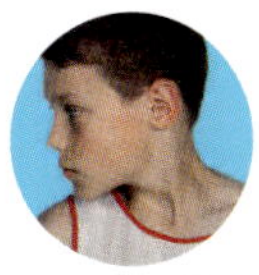

Les vertèbres de ton **cou** sont reliées par des articulations à pivot grâce auxquelles tu peux tourner la tête.

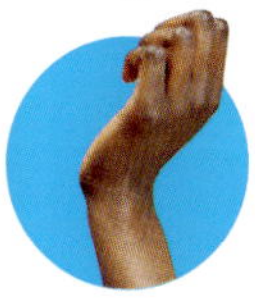

L'articulation de ton **poignet** te permet de le faire tourner, mais pas tout autour de son axe.

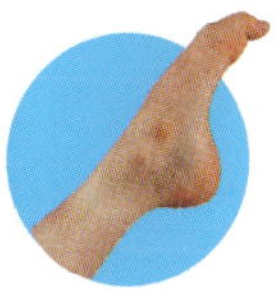

Les articulations de tes **chevilles** te permettent de bouger tes pieds vers le haut, vers le bas et sur les côtés.

Ta main est une petite merveille anatomique !

Fais-le !

Attache ton pouce à ton index avec du ruban adhésif. Tu verras comme tu auras du mal à ouvrir un cahier, à saisir un stylo et à écrire ton nom.

Dis merci à tes pouces !

Le pouce est le doigt le plus flexible. Tu l'utilises chaque fois que tu manipules des objets dans tes mains.

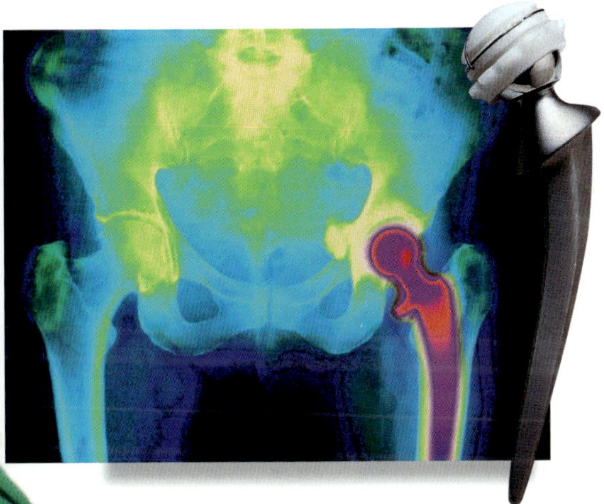

Des articulations toutes neuves !

Les articulations, en particulier celles du genou et de la hanche, s'usent parfois en vieillissant. Les médecins peuvent remplacer l'articulation abîmée par une autre toute neuve, mais artificielle.

Cette jeune fille possède des muscles et des ligaments très extensibles qui lui permettent d'avoir une colonne particulièrement souple.

Les ligaments

Les ligaments sont des bandes de tissu élastique. Ils maintiennent les os en place mais n'empêchent pas le mouvement.

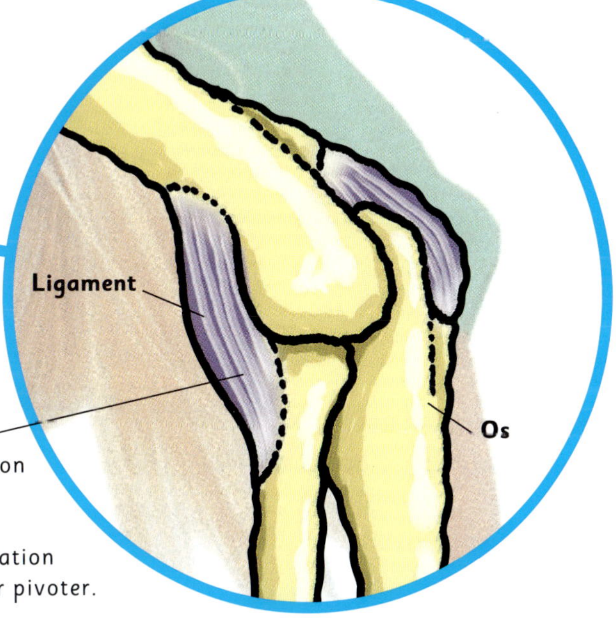

Ton coude a une articulation en charnière pour fléchir et une articulation rotatoire pour pivoter.

Un pantin désarticulé !

On dit de certaines personnes extrêmement souples qu'elles sont désarticulées. Elles sont souvent nées ainsi, et elles doivent entretenir la souplesse de leurs ligaments par l'exercice physique.

Les muscles

Chaque fois que tu fais un mouvement, tu utilises tes muscles. Tes muscles te permettent de marcher, de cligner des yeux et de sourire. Certains travaillent tout seuls, de façon automatique, alors que d'autres sont soumis à ta volonté. Tous agissent en se contractant pour exercer une traction ou une pression.

Les cellules des muscles lisses sont courtes et pointues.

Les muscles lisses
Ces muscles agissent sur tes organes internes. Ils servent à brasser les aliments dans ton estomac et à faire passer ces mêmes aliments à travers tes intestins.

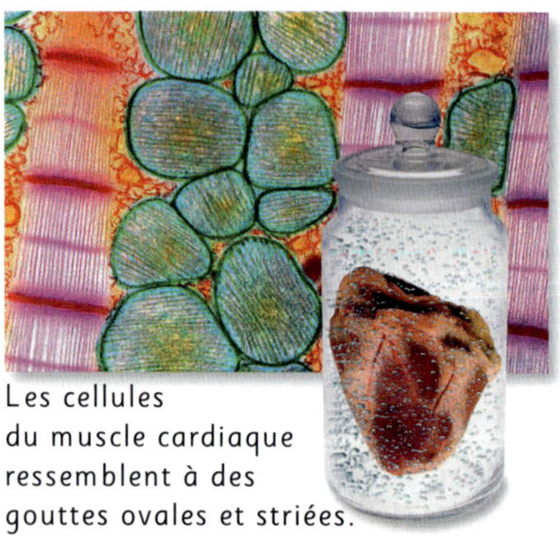

Les cellules du muscle cardiaque ressemblent à des gouttes ovales et striées.

Le muscle cardiaque
Si tu poses ta main sur ta poitrine, tu sens battre ton cœur. Ton cœur est un muscle puissant qui propulse le sang à travers ton corps.

Les cellules des muscles du squelette sont longues et filiformes.

Les muscles striés
Les muscles striés appliquent une force sur tes os pour articuler ton squelette et mouvoir ton corps. Ils sont dits volontaires, c'est-à-dire soumis à ta volonté pour se contracter.

Les muscles et les os
Les os de ton squelette sont entourés de 650 muscles. Ils permettent à ton corps de bouger en tirant sur tes os. Ensemble, ils forment le système musculaire.

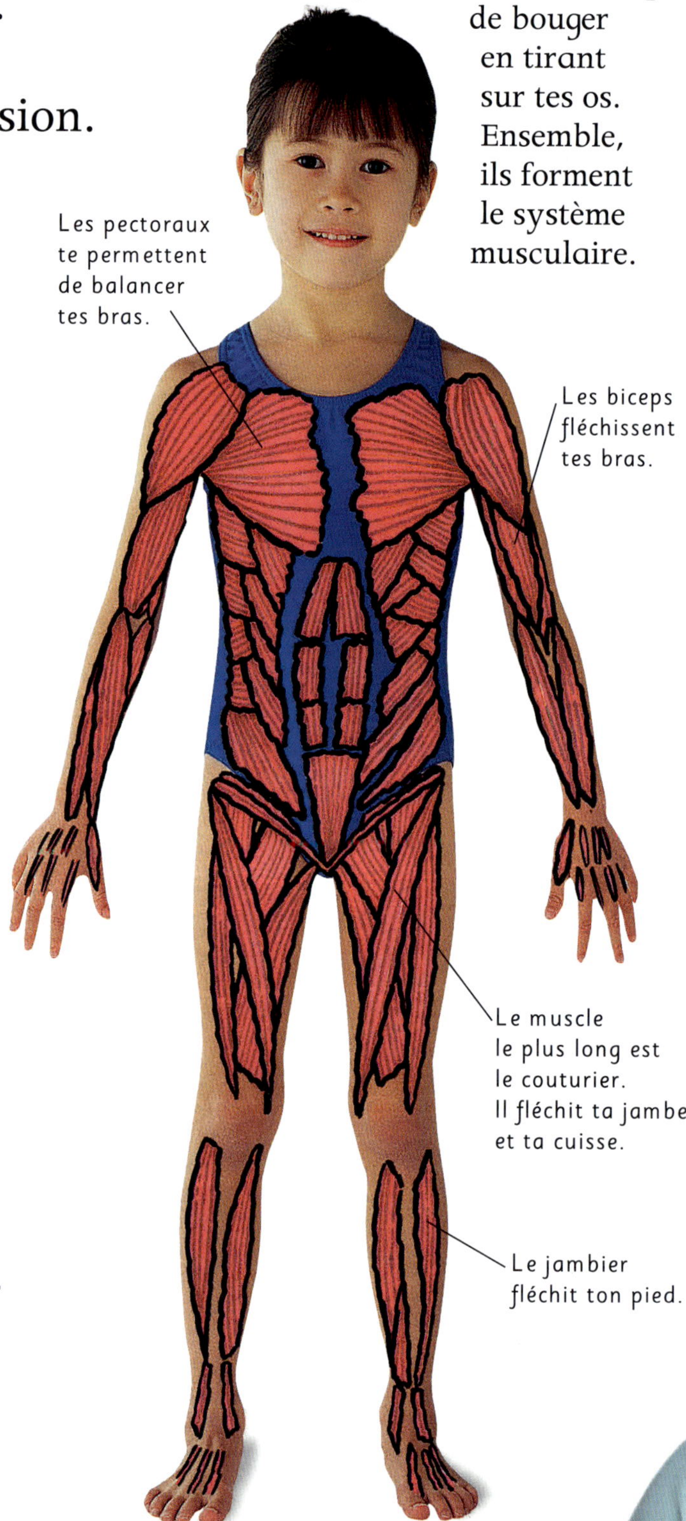

Qu'est-ce qui pèse le plus lourd : l'ensemble des os ou l'ensemble des muscles ?

Des muscles incroyables !

Les muscles ont des centaines d'utilisations différentes. Ils représentent environ un tiers du poids de ton corps.

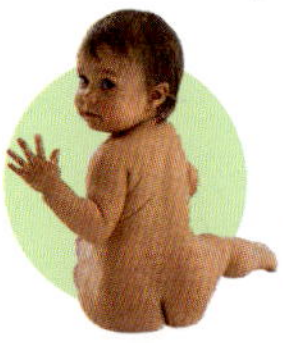

Muscles les plus gros : tu utilises les gros muscles de tes fessiers pour t'asseoir et marcher.

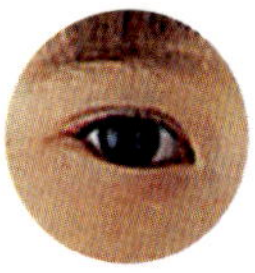

Muscle le plus rapide : c'est celui qui te fait cligner des yeux. Il se contracte jusqu'à 5 fois par seconde.

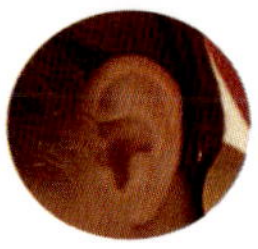

Des oreilles qui bougent : certaines personnes sont capables de contrôler les muscles autour de leurs oreilles.

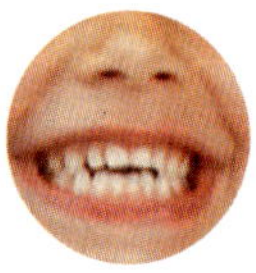

Muscles du sourire : tu n'utilises pas les mêmes muscles pour faire un sourire forcé que pour sourire naturellement.

Qui dirige ?

Tu fais travailler des centaines de muscles en courant et en sautant. Ton cerveau les contrôle tous, un peu comme un chef d'orchestre. Il envoie des signaux à chaque muscle par l'intermédiaire des nerfs pour lui dire de travailler ou de se reposer.

Deviens incollable...

Sur les sons, pages **194-195**

Sur les intestins, pages **218-219**

Des centaines de muscles travaillent en chaîne quand tu sautes en l'air.

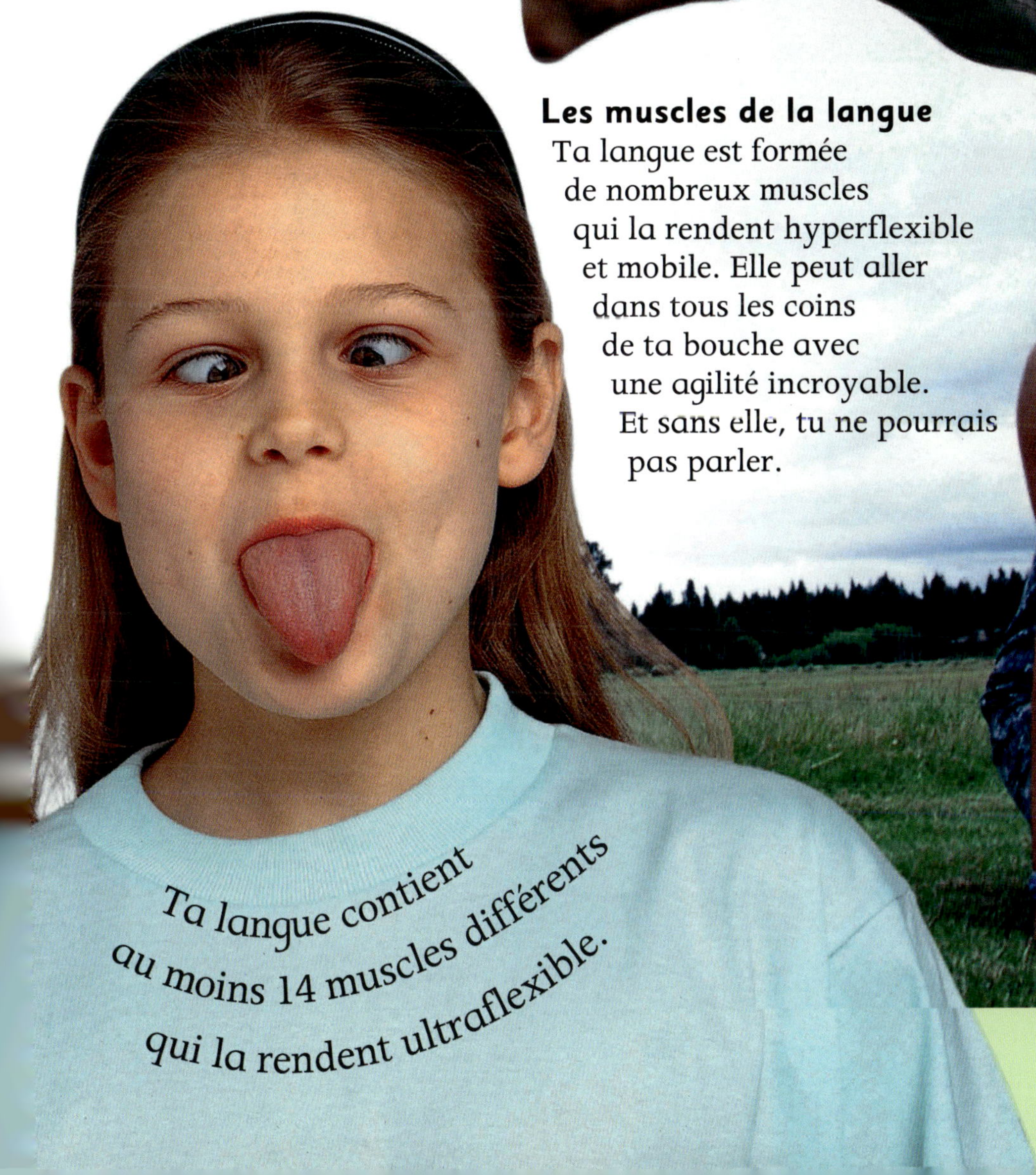

Les muscles de la langue

Ta langue est formée de nombreux muscles qui la rendent hyperflexible et mobile. Elle peut aller dans tous les coins de ta bouche avec une agilité incroyable. Et sans elle, tu ne pourrais pas parler.

Ta langue contient au moins 14 muscles différents qui la rendent ultraflexible.

L'ensemble des muscles.

Comment fonctionnent tes muscles ?

Tes muscles fonctionnent en se contractant, ce qui les raccourcit. Lors de la contraction, ils exercent une traction. Plus le muscle est gros, plus la traction est puissante.

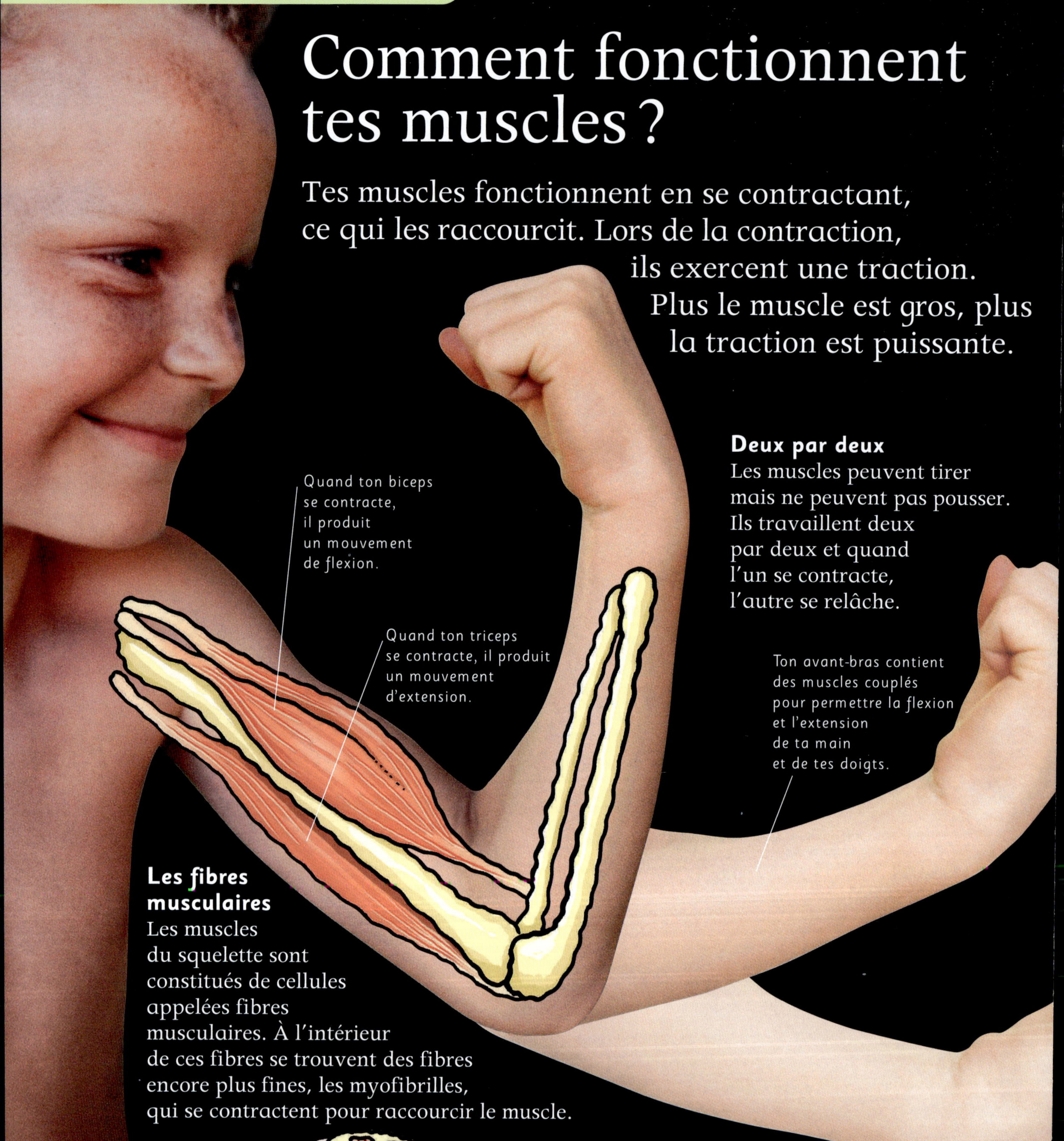

Deux par deux

Les muscles peuvent tirer mais ne peuvent pas pousser. Ils travaillent deux par deux et quand l'un se contracte, l'autre se relâche.

Les fibres musculaires

Les muscles du squelette sont constitués de cellules appelées fibres musculaires. À l'intérieur de ces fibres se trouvent des fibres encore plus fines, les myofibrilles, qui se contractent pour raccourcir le muscle.

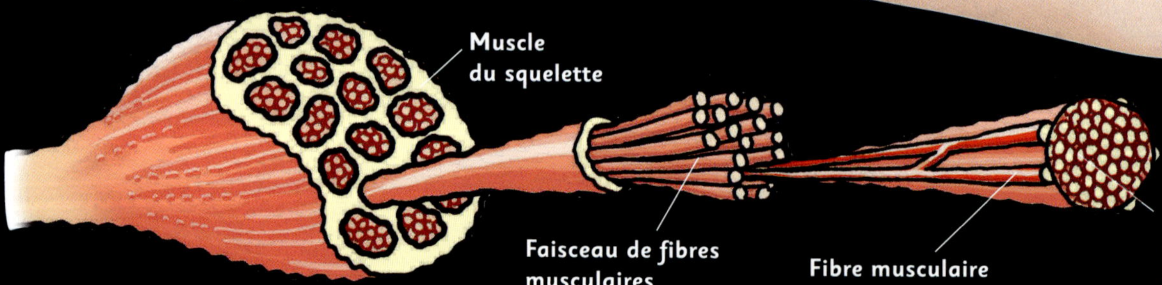

Où est situé le plus petit muscle de ton corps ?

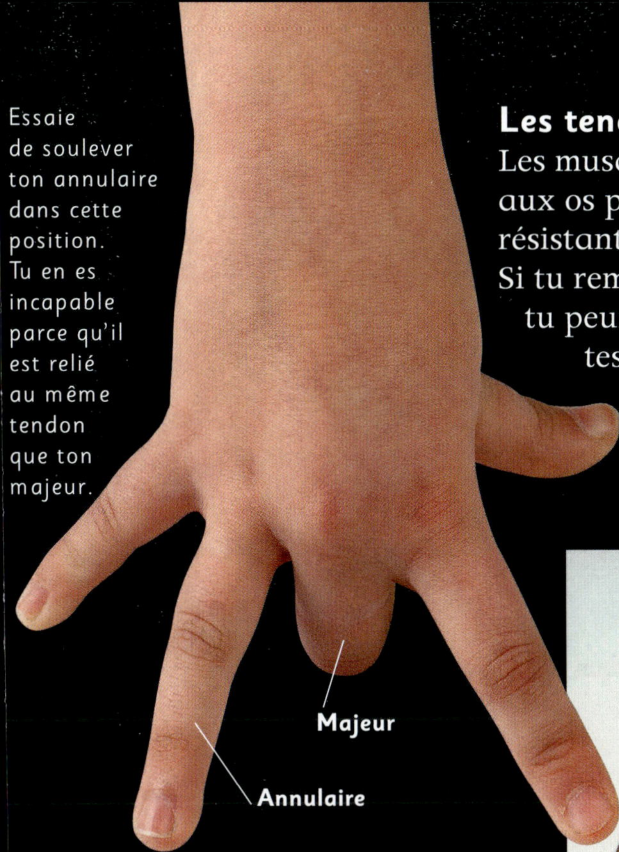

Essaie de soulever ton annulaire dans cette position. Tu en es incapable parce qu'il est relié au même tendon que ton majeur.

Les tendons
Les muscles sont attachés aux os par des bandes résistantes appelées tendons. Si tu remues tes doigts, tu peux voir bouger tes tendons sur le dos de ta main.

Faire des grimaces
Les muscles de ton visage sont attachés à la peau et aux os. Ils tirent ta peau quand tu fais des grimaces. En souriant, tu utilises environ 17 muscles.

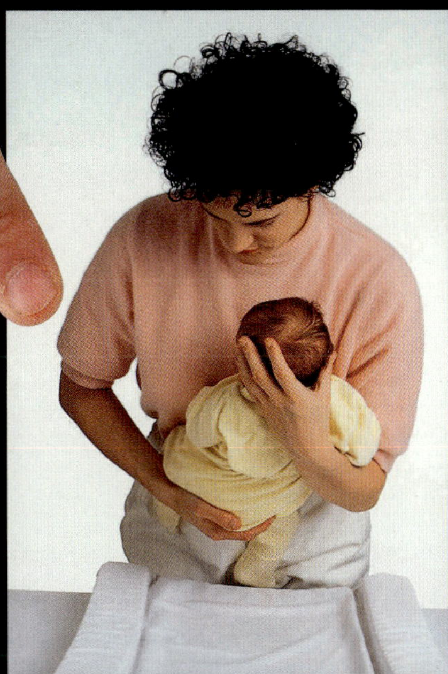

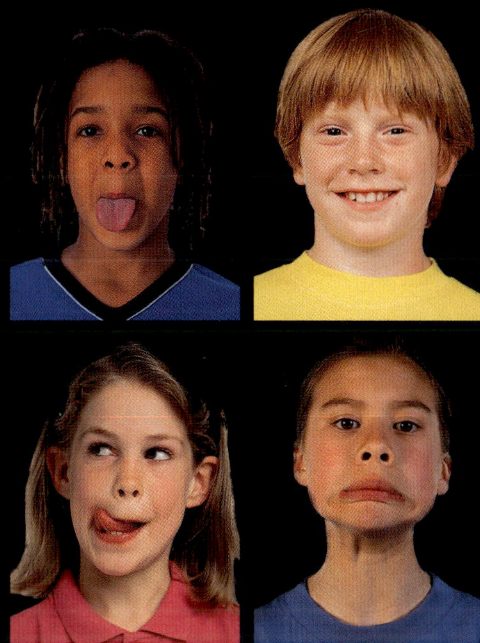

Quel effort !
Un nouveau-né n'a pas assez de force pour tenir sa tête. Au bout d'un mois, ses muscles lui permettent de tenir sa tête tout seul et au bout de 6 mois de contrôler ses mouvements.

Pas de repos !
Les muscles travaillent tout le temps. Ils te permettent de rester debout : sans eux, tu tomberais par terre. Ils travaillent aussi quand tu dors pour que ton corps reste tonique.

Avoir un point de côté
Si tu cours beaucoup, tu peux ressentir une douleur sur le côté : c'est un point de côté. Les scientifiques en ignorent la cause exacte, mais il semblerait dû à un effort trop grand des muscles et des ligaments de l'abdomen.

La force musculaire

Plus tes muscles travaillent, mieux ils se portent. L'exercice physique les développe, les renforce et les assouplit. Et il te donne une meilleure santé générale.

Des efforts continus
Si tu as de l'endurance, tu peux faire travailler ton corps longtemps sans te fatiguer. Les activités qui essoufflent, comme la course, améliorent l'endurance.

Cette contorsionniste a assoupli son corps par des exercices qui étirent son dos.

La souplesse
Si tu es souple, tes articulations et tes muscles peuvent se mouvoir librement et ton corps peut se plier et s'étirer facilement. Des activités comme la gymnastique et la danse améliorent la souplesse.

La force
Les exercices où il faut pousser, tirer ou soulever rendent tes muscles plus gros et plus forts. Les haltérophiles s'entraînent à soulever des poids très lourds jusqu'à ce que leurs muscles deviennent énormes.

Il te faut des muscles forts pour gagner dans un tir à la corde.

Deviens incollable...
Sur le fonctionnement de ton cœur, pages **180-181**
Sur l'alimentation, pages **236-237**

Comment deviennent tes muscles si tu ne fais pas d'exercice ?

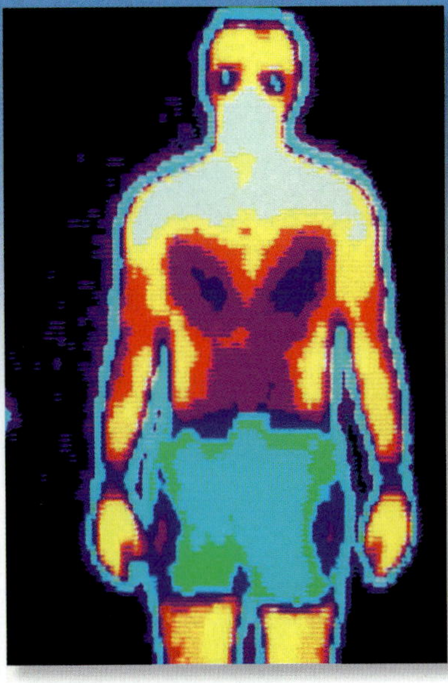

La chaleur du corps

Cette image montre la chaleur présente dans le corps d'un homme. Les muscles produisent de la chaleur quand ils travaillent dur, ce qui explique pourquoi l'exercice physique donne chaud. Par temps froid, tes muscles essaient de te réchauffer en te faisant frissonner.

Nourrir les muscles

Si tu veux avoir des muscles forts, tu dois manger des protéines. La viande, le poisson, les légumes secs, le lait et les œufs sont riches en protéines.

Comment rester en forme?

L'exercice est excellent pour la santé. Non seulement il développe tes muscles, mais il renforce ton cœur et tes poumons.

Marcher pour aller à l'école ou faire une promenade augmente ta force et ton endurance.

Le **football** est excellent pour améliorer ta force et ta souplesse.

La **natation** renforce ton cœur et développe ton endurance.

La pratique du **vélo** renforce les muscles de tes jambes et favorise l'endurance.

La **danse** entretient la souplesse de ton corps et la tonicité de tes muscles.

Ils rapetissent et s'affaiblissent.

Le cerveau, centre de commande

Le cerveau est le centre de commande du corps. C'est un organe complexe qui travaille très vite, un peu comme un superordinateur vivant.

Les signaux sensoriels
Le cerveau est la partie principale de l'encéphale. Il reçoit et stocke des informations sensorielles et contrôle tes mouvements.

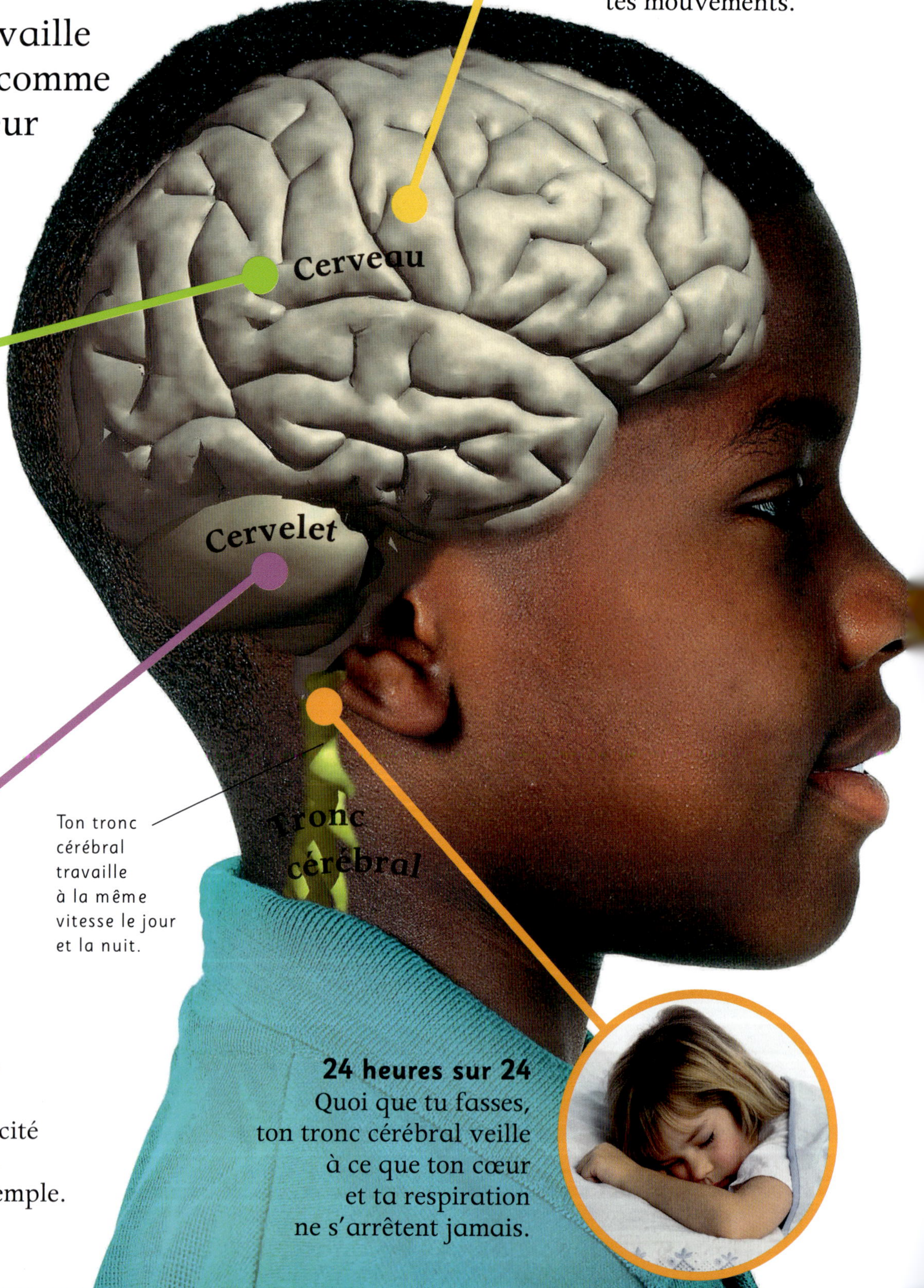

Une calculatrice intelligente
C'est grâce à ton cerveau que tu peux penser, parler et effectuer des calculs mathématiques.

Le contrôle musculaire
Ton cervelet participe à l'équilibre et à la motricité de ton corps. Tu l'utilises quand tu danses, par exemple.

24 heures sur 24
Quoi que tu fasses, ton tronc cérébral veille à ce que ton cœur et ta respiration ne s'arrêtent jamais.

Est-ce que ton cerveau souffre quand tu as mal à la tête ?

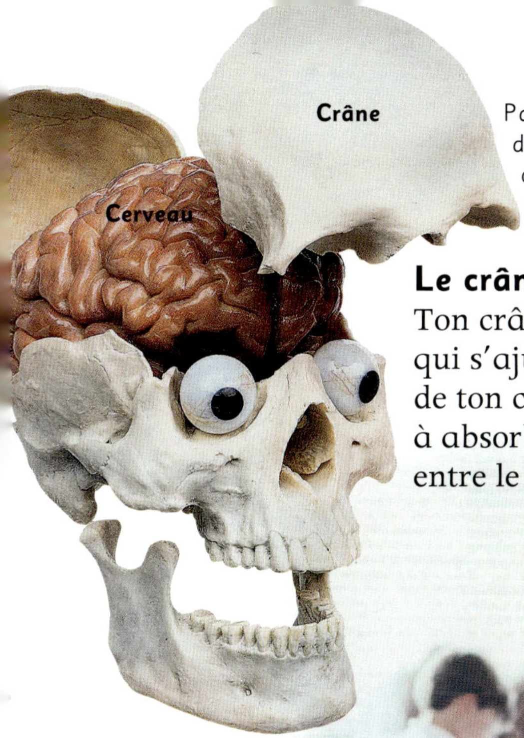

Par rapport à la taille de leur corps, les êtres humains ont le plus gros cerveau de tous les animaux.

Le crâne
Ton crâne est une coquille osseuse qui s'ajuste parfaitement autour de ton cerveau. Un liquide destiné à absorber les chocs remplit l'espace entre le cerveau et le crâne.

Apprendre
Quand tu apprends à faire quelque chose, tu crées des connexions entre les cellules de ton cerveau. Et une fois les connexions établies, l'apprentissage est plus facile.

La mémoire à court terme
Ta mémoire à court terme ne stocke les informations que pendant 1 minute environ. Tu l'utilises pour comparer les prix quand tu fais les courses ou pour dialoguer avec quelqu'un.

La mémoire à long terme
Ton nom, les numéros de téléphone que tu connais par cœur et certaines compétences comme savoir faire du vélo peuvent rester très longtemps dans ta mémoire à long terme.

Test d'observation

Regarde attentivement les pages 160 à 177 et essaie de retrouver ce que représentent ces photos.

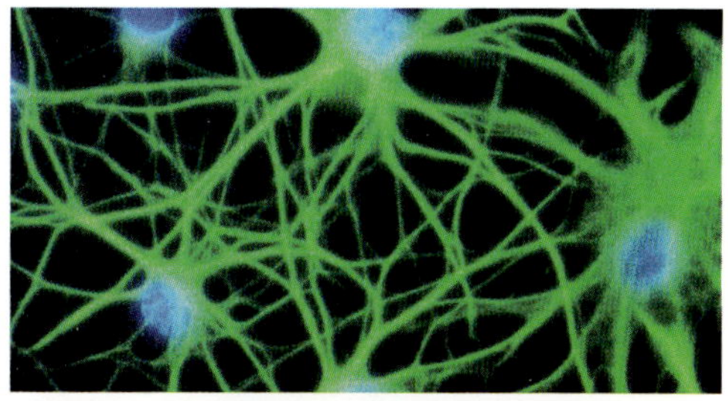

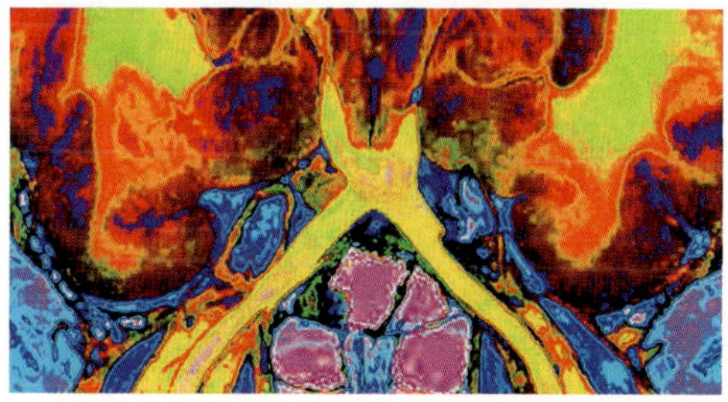

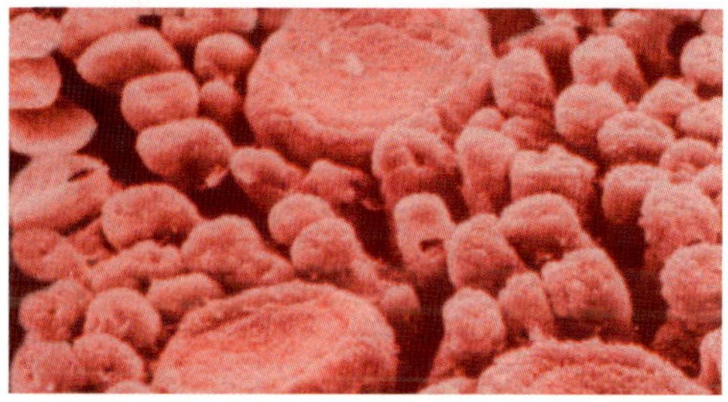

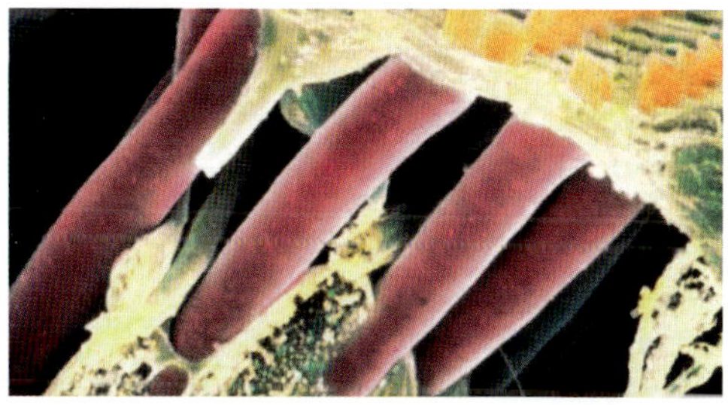

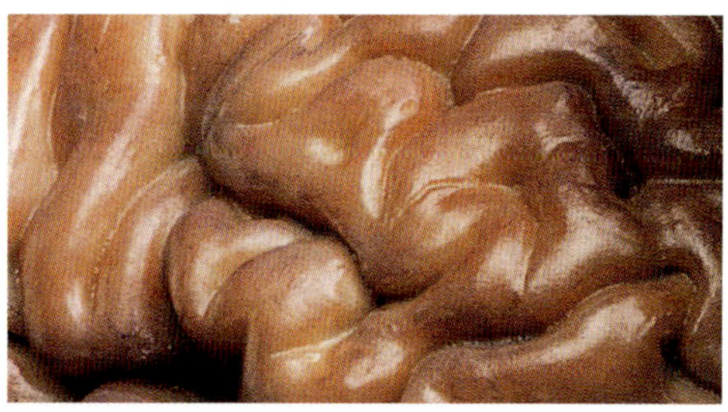

Non, le cerveau est insensible à la douleur, mais pas les muscles de la tête.

Le réseau des nerfs

Partout dans ton corps, il y a des cellules nerveuses reliées les unes aux autres pour former un réseau appelé système nerveux.
Ce système permet de transporter des messages entre le cerveau et le reste du corps.

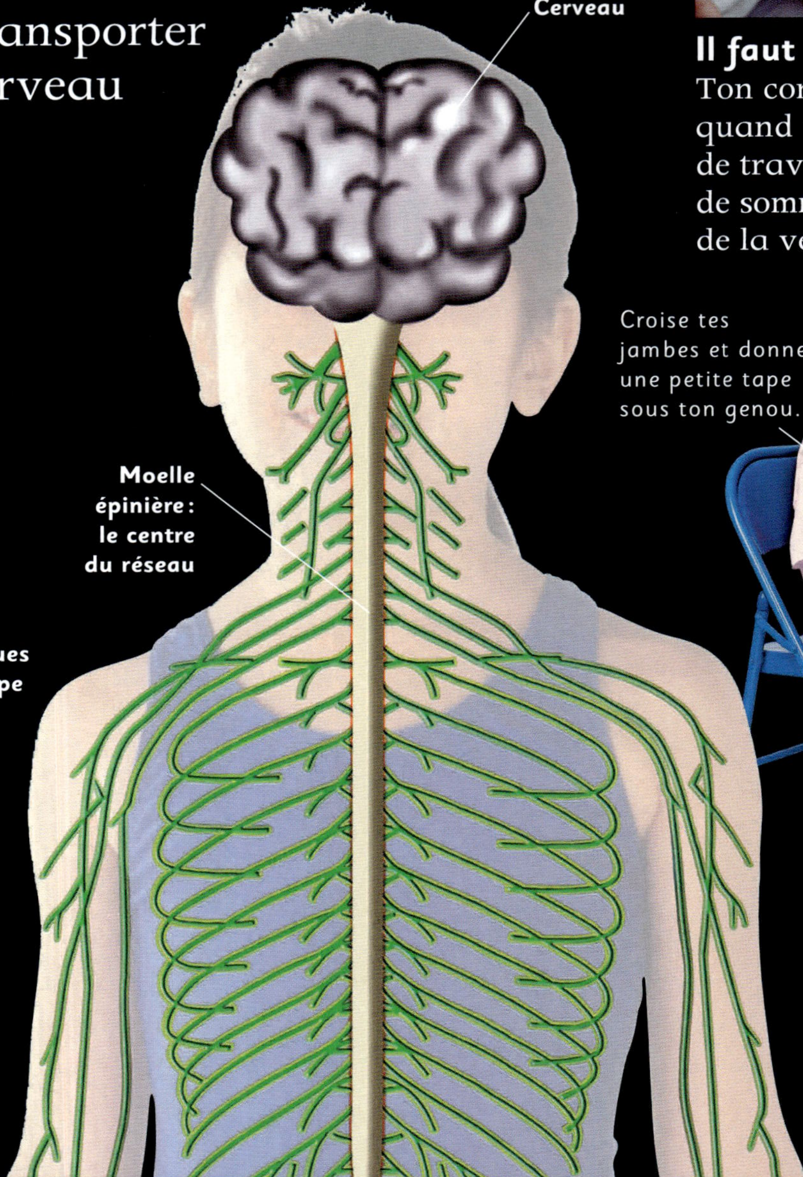

Rapides comme l'éclair

Les cellules nerveuses forment de longues chaînes. Voisines les unes des autres, elles se passent des messages qu'elles envoient vers les organes ou vers le cerveau, comme dans une course de relais.

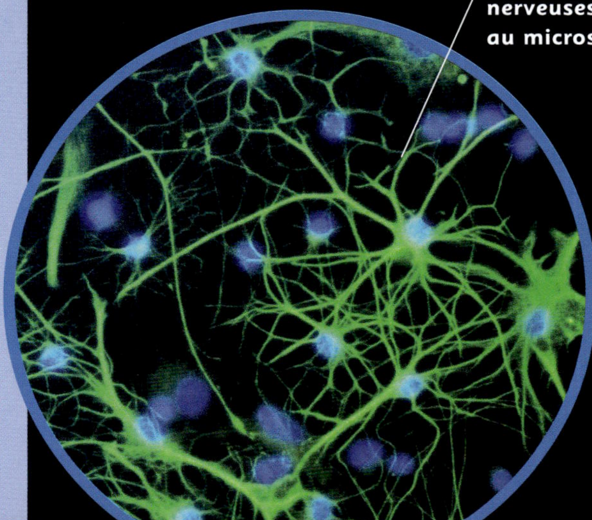
Cellules nerveuses vues au microscope

Il faut dormir

Ton corps et ton cerveau ralentissent quand tu dors, mais ils ne s'arrêtent pas de travailler. Ton cerveau a besoin de sommeil pour trier les événements de la veille.

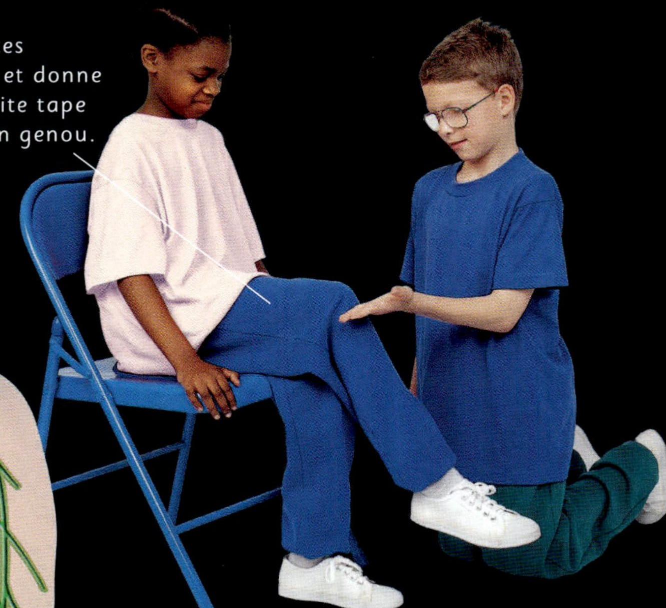
Croise tes jambes et donne une petite tape sous ton genou.

Ton genou sursaute même si ton cerveau ne lui a pas dit de bouger. C'est le réflexe rotulien.

Les réflexes

Tu fais des choses sans avoir besoin d'y penser. Ce sont des actes réflexes, par exemple le clignement d'yeux, la toux et le réflexe rotulien.

Quel est le nerf le plus long de ton corps ?

Celui qui va du gros orteil à la base de la colonne vertébrale.

Les messages

Ton cerveau contrôle ton corps. Il reçoit des messages de toutes les parties de ton corps et décide alors ce qu'il va faire.

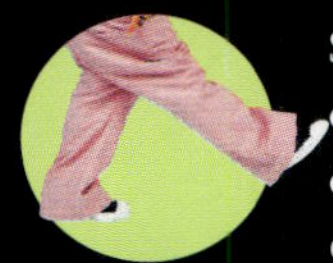

Si tu **marches**, c'est parce que ton cerveau dit aux muscles de tes jambes de se mouvoir.

Si tu as **faim**, c'est parce que ton estomac dit à ton cerveau qu'il est vide et que tu as besoin de manger.

Si tu as envie de faire **pipi**, c'est parce que ta vessie dit qu'elle est pleine.

Si ça te **démange**, c'est parce que tu as une irritation. Ton corps réagit en te disant de te gratter.

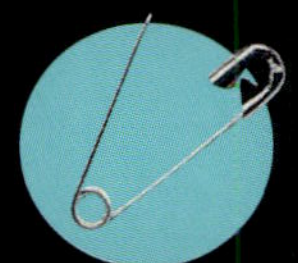

Dès que tu ressens une **douleur**, tu réagis aussitôt en t'éloignant de ce qui t'a fait mal.

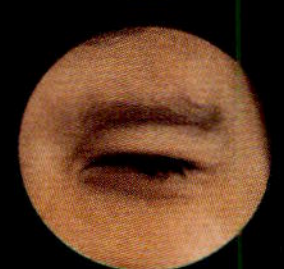

Tu **clignes des yeux** sans avoir besoin d'y penser.

La **respiration** est automatique. Tu continues de respirer en dormant.

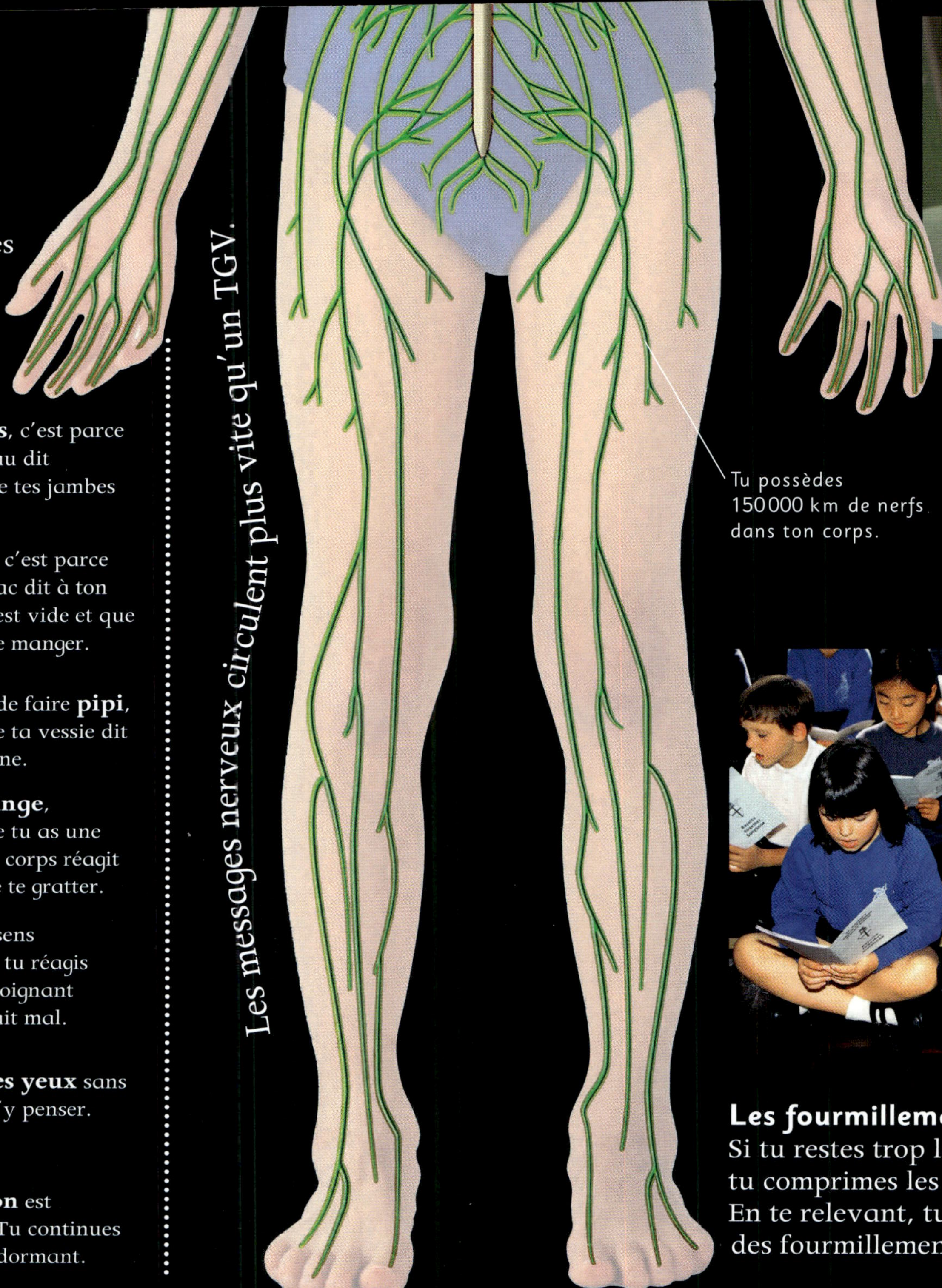

Les messages nerveux circulent plus vite qu'un TGV.

Tu possèdes 150 000 km de nerfs dans ton corps.

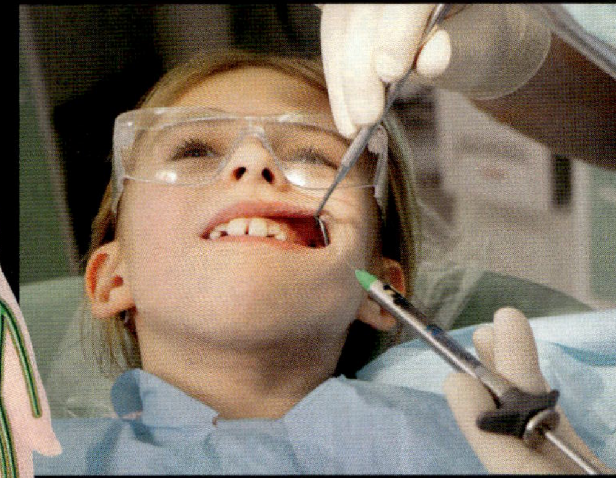

Un antidouleur

Avant de soigner ta carie, le dentiste t'injecte un anesthésiant : un produit qui empêche provisoirement les nerfs de transmettre des messages de douleur.

Les fourmillements

Si tu restes trop longtemps assis en tailleur, tu comprimes les nerfs de tes jambes. En te relevant, tu les réveilles et ressens des fourmillements.

Le toucher

Ta peau est en contact immédiat avec ce qui t'entoure. Grâce au toucher, tu peux savoir si quelque chose est chaud ou froid, rugueux ou lisse, dur ou mou, humide ou sec.

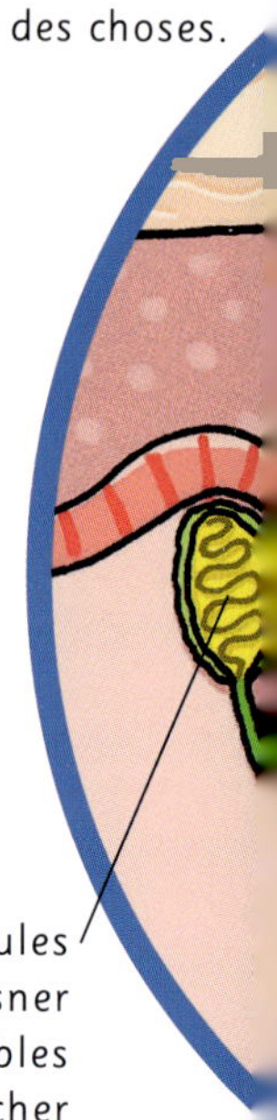

Les sensations tactiles

Ta peau est bourrée de récepteurs sensoriels. Tous ne réagissent pas aux mêmes sensations.

La **chaleur** est perçue par les terminaisons nerveuses proches de la surface de la peau.

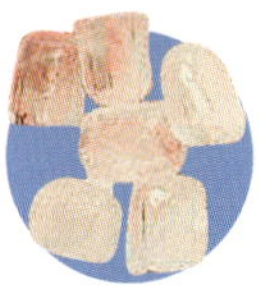

Le **froid** est perçu par d'autres récepteurs. Un froid extrême est ressenti comme une douleur.

Des **récepteurs tactiles** profonds te permettent de saisir fermement les objets.

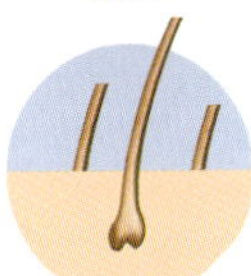

Des **récepteurs sensoriels** superficiels sont situés à la racine des poils de tes bras et de tes jambes.

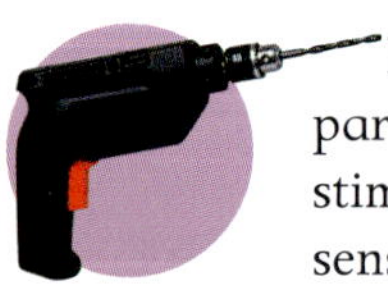

Les **vibrations** émises par une perceuse électrique stimulent certains récepteurs sensoriels.

Les **chatouillements** résultent d'un toucher léger et inattendu.

Le **bout des doigts** est rempli de récepteurs capables de distinguer les différentes pièces de monnaie.

La sélection des messages

Bien que ton cerveau reçoive tout le temps des messages, il ne retient que les plus importants. C'est pourquoi tu n'es pas sans cesse conscient de la sensation de tes vêtements contre ta peau.

Aïe !

Le corps possède ses propres sonnettes d'alarme. Les récepteurs de la douleur t'avertissent quand une partie de ton corps a mal ou est en danger.

Cette petite fille retire vite son doigt de l'épine pour stopper la douleur.

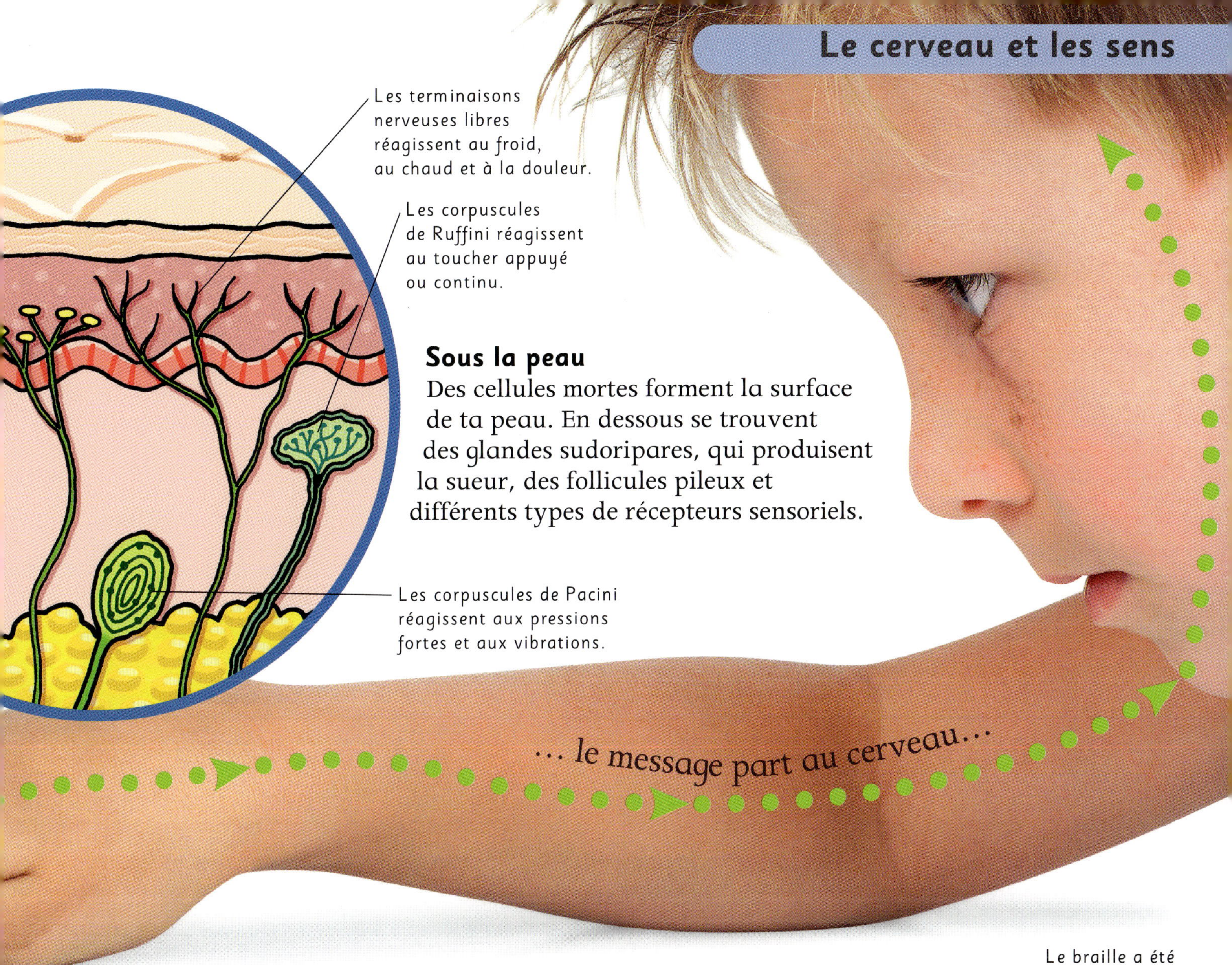

Les terminaisons nerveuses libres réagissent au froid, au chaud et à la douleur.

Les corpuscules de Ruffini réagissent au toucher appuyé ou continu.

Les corpuscules de Pacini réagissent aux pressions fortes et aux vibrations.

Sous la peau
Des cellules mortes forment la surface de ta peau. En dessous se trouvent des glandes sudoripares, qui produisent la sueur, des follicules pileux et différents types de récepteurs sensoriels.

Des zones ultrasensibles
La peau contient plus de récepteurs sensoriels que n'importe quelle autre partie du corps. Mais certaines zones sont plus sensibles que d'autres.

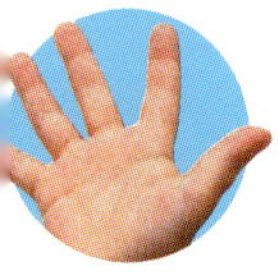

Le **bout des doigts** regorge de récepteurs, en particulier aux pressions légères.

Les **lèvres** ont une peau très fine capable de percevoir le chaud et le froid.

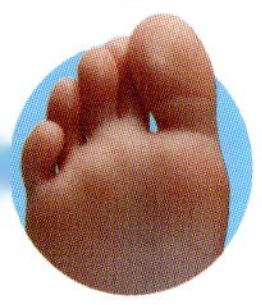

Les **orteils** sont très sensibles, alors que le talon a une peau épaisse qui le rend moins sensible.

Lire par le toucher
Le braille est un système qui utilise des points en relief pour représenter les lettres et les chiffres. Il a été inventé pour que les aveugles puissent lire en touchant les caractères du bout des doigts.

Le braille a été inventé il y a plus de 150 ans.

C H A T

Fais-le !
Plonge un doigt dans de l'eau froide, un autre dans de l'eau très chaude, puis les deux dans de l'eau chaude. Cette eau paraît froide au doigt qui était dans de l'eau très chaude et inversement.

Environ 2 500 par cm^2 !

Le goût et l'odorat

Nous avons besoin de manger et de boire pour survivre, mais ce sont le goût et l'odorat qui rendent ces activités quotidiennes si agréables.

Les récepteurs du goût

Ta langue est un gros muscle recouvert de différents groupes de bourgeons gustatifs. Chaque groupe perçoit une saveur particulière.

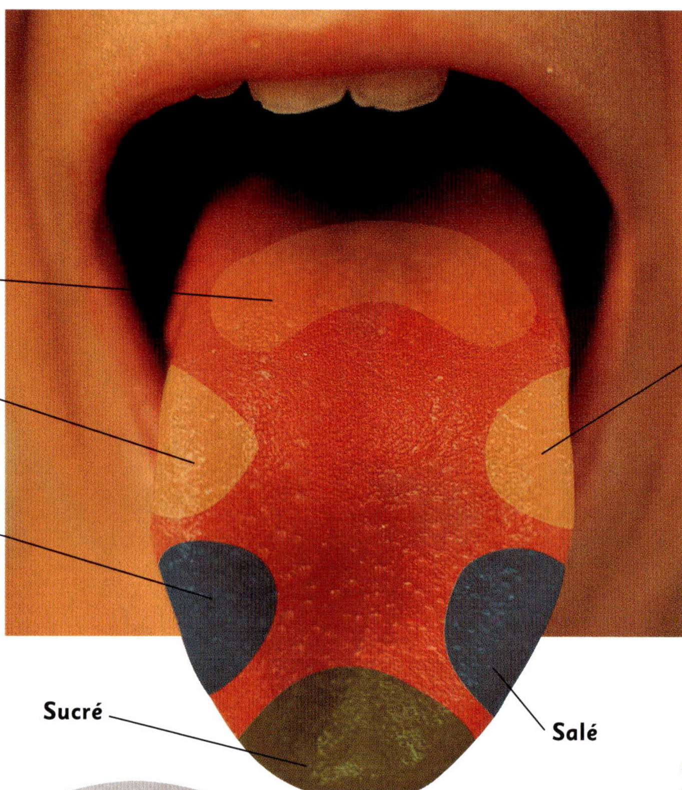

Cinq saveurs

Il existe cinq saveurs : l'amer, l'acide, le salé, le sucré et le piquant.

Les **aliments amers** comme le café peuvent être mauvais pour toi. La plupart des poisons sont amers.

Le **citron** et le **vinaigre** sont des aliments acides. Les aliments avariés sont aigres ou surs.

Des **récepteurs du salé** sont situés sur tes lèvres et ta langue.

Les **aliments sucrés** t'attirent naturellement. Ton premier aliment, le lait maternel, est sucré.

Les **piments** sont des aliments piquants.

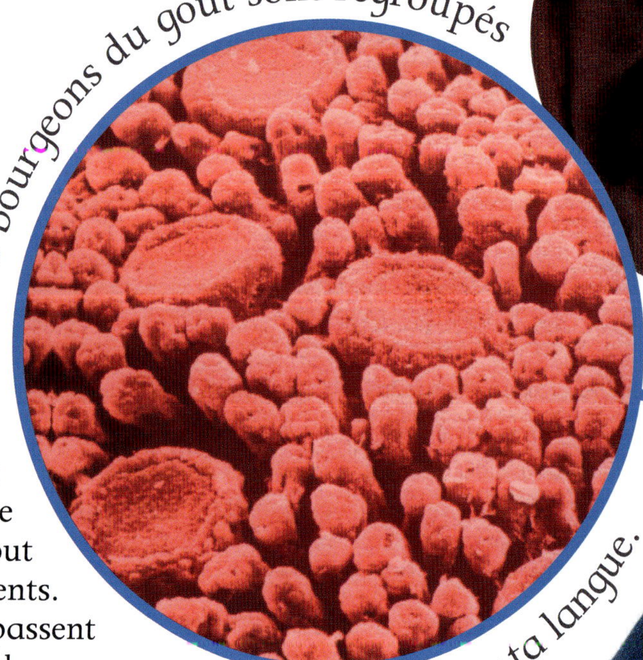

10 000 bourgeons du goût sont regroupés sur ta langue.

Fais-le !

Essaie de mettre du sucre à différents endroits de ta langue. Certaines zones sont plus sensibles au sucré que d'autres. Fais la même chose avec du sel, du jus de citron et du café.

Les bourgeons du goût

La salive de ta bouche dissout les aliments. Les aliments passent sur de minuscules bourgeons gustatifs entourant les papilles et capables de reconnaître différentes saveurs.

Quelle quantité de salive produis-tu en une journée ?

Un nez qui coule
Quand tu as un rhume, les petits poils dans ton nez sont recouverts de mucus, ce qui les empêche de faire pénétrer les particules odorantes au fond du nez. Ce que tu manges a donc moins d'odeur et de goût.

L'organe olfactif
Le goût et l'odeur sont étroitement liés. Le fond de ton nez est relié à ta bouche, ce qui te permet de sentir les aliments en les goûtant.

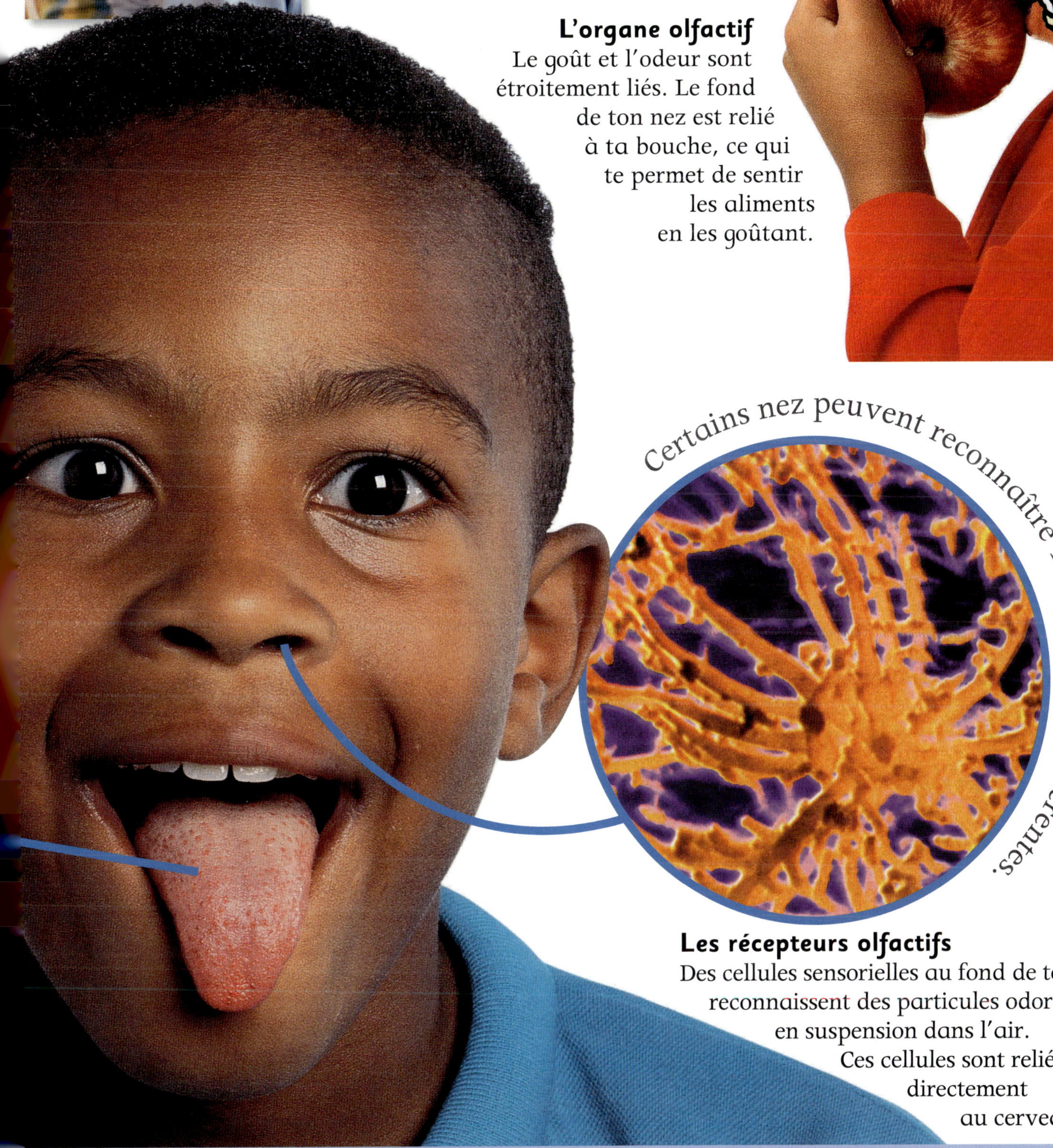

Certains nez peuvent reconnaître 10000 odeurs différentes.

Les récepteurs olfactifs
Des cellules sensorielles au fond de ton nez reconnaissent des particules odorantes en suspension dans l'air. Ces cellules sont reliées directement au cerveau.

La vue

La vue est un sens capital et le principal moyen de connaissance de ce qui t'entoure. Les deux tiers des informations que tu reçois proviennent de tes yeux.

Les mouvements des yeux
Six muscles contrôlent chaque œil. Tu utilises tes deux yeux pour regarder quelque chose, donc ils fonctionnent ensemble.

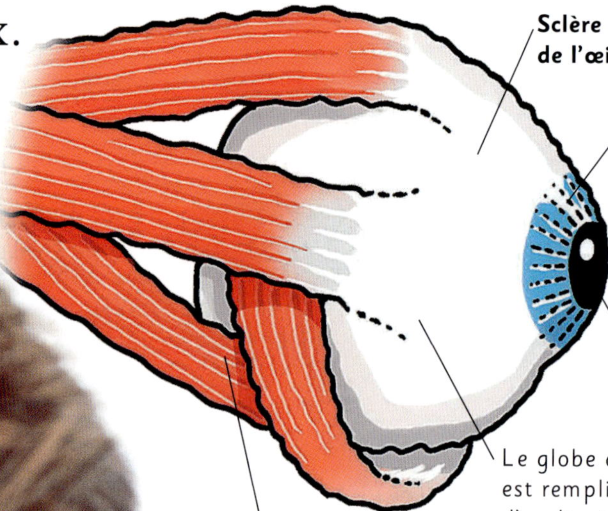

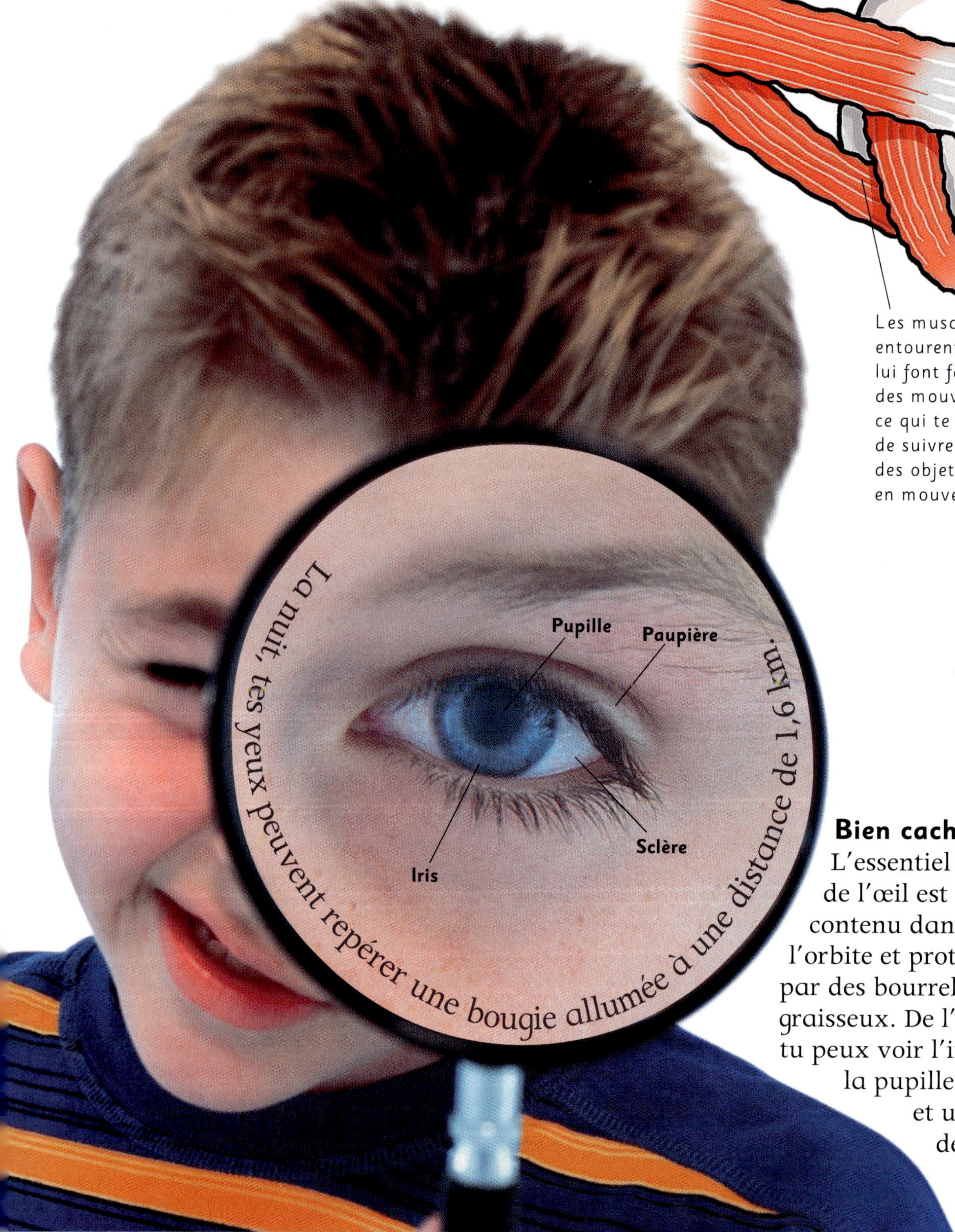

Ton iris est unique, comme ton empreinte digitale.

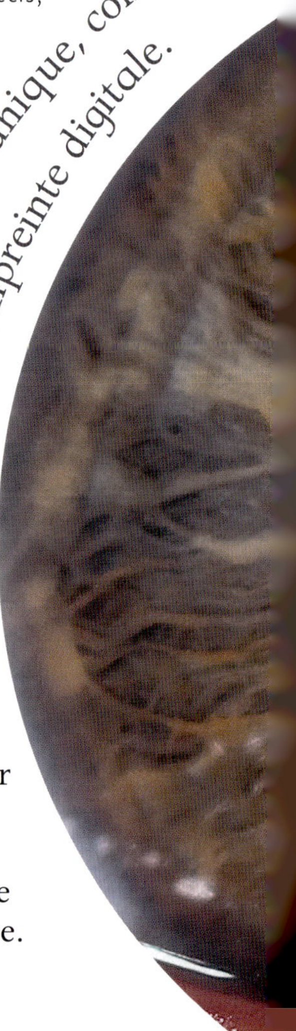

Bien caché
L'essentiel de l'œil est contenu dans l'orbite et protégé par des bourrelets graisseux. De l'extérieur tu peux voir l'iris, la pupille et une partie de la sclère.

De quoi est faite la chassie (saleté) qui s'accumule au bord des paupières ?

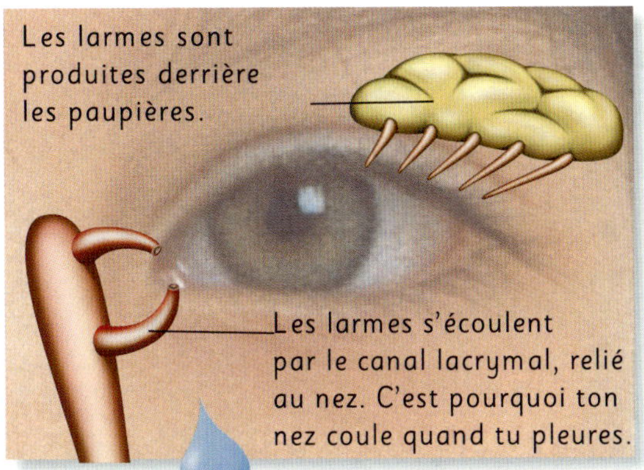

Les larmes

Derrière les yeux, des glandes lacrymales produisent des gouttes de liquide salé. Quand tu clignes des yeux, tes paupières répandent ce liquide sur tes yeux pour les nettoyer. Si quelque chose pénètre dans ton œil ou si tu as du chagrin, ces gouttes se transforment en torrents de larmes.

En sécurité

Tes yeux sont fragiles. Ces boules remplies de liquides visqueux doivent être bien protégées.

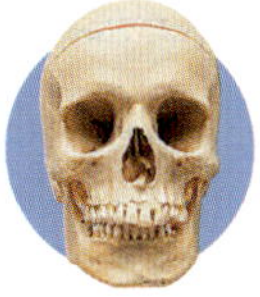

Les **os** de ton crâne entourent ton cerveau et la partie postérieure de tes yeux.

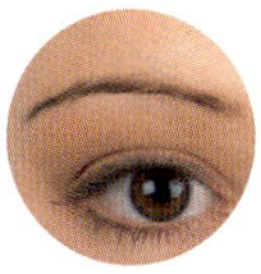

Les **sourcils** sont situés au-dessus des yeux pour empêcher la sueur de couler dedans.

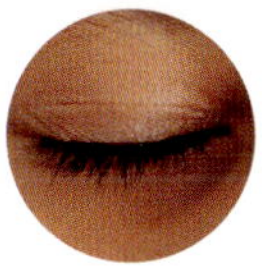

Les **paupières** et les **cils** empêchent les poussières de pénétrer dans l'œil et, si besoin, les évacuent.

Tes pupilles changent de taille automatiquement.

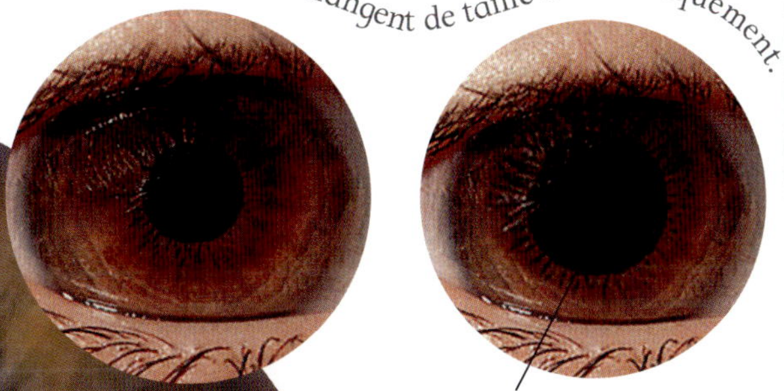

Soit il fait sombre, soit cette personne est sous le coup d'une émotion.

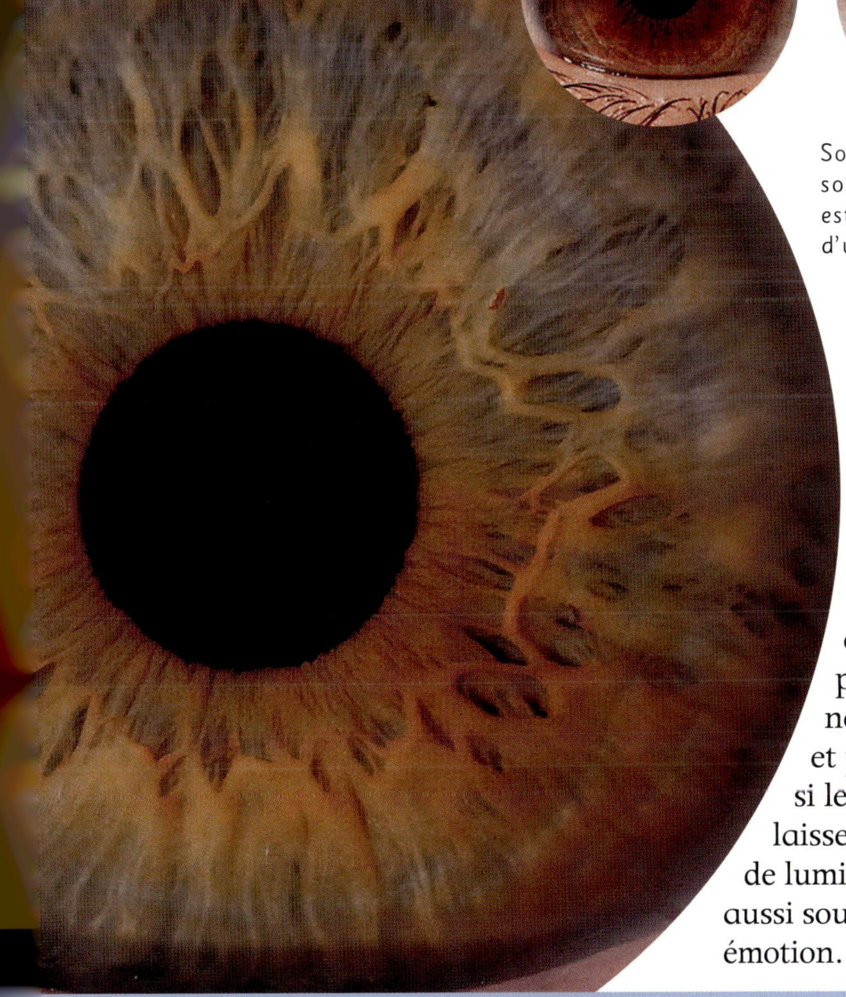

La pupille

La pupille est l'orifice qui contrôle la quantité de lumière dans l'œil. Elle est plus petite si la lumière est forte pour protéger les cellules nerveuses de l'œil et plus grande si le jour est faible pour laisser entrer davantage de lumière. Elle s'agrandit aussi sous l'effet d'une émotion.

La couleur des yeux

L'iris est la partie colorée de l'œil. Toutes les couleurs d'œil sont produites par une seule substance, la mélanine. Les yeux foncés ont beaucoup de mélanine, les yeux clairs très peu.

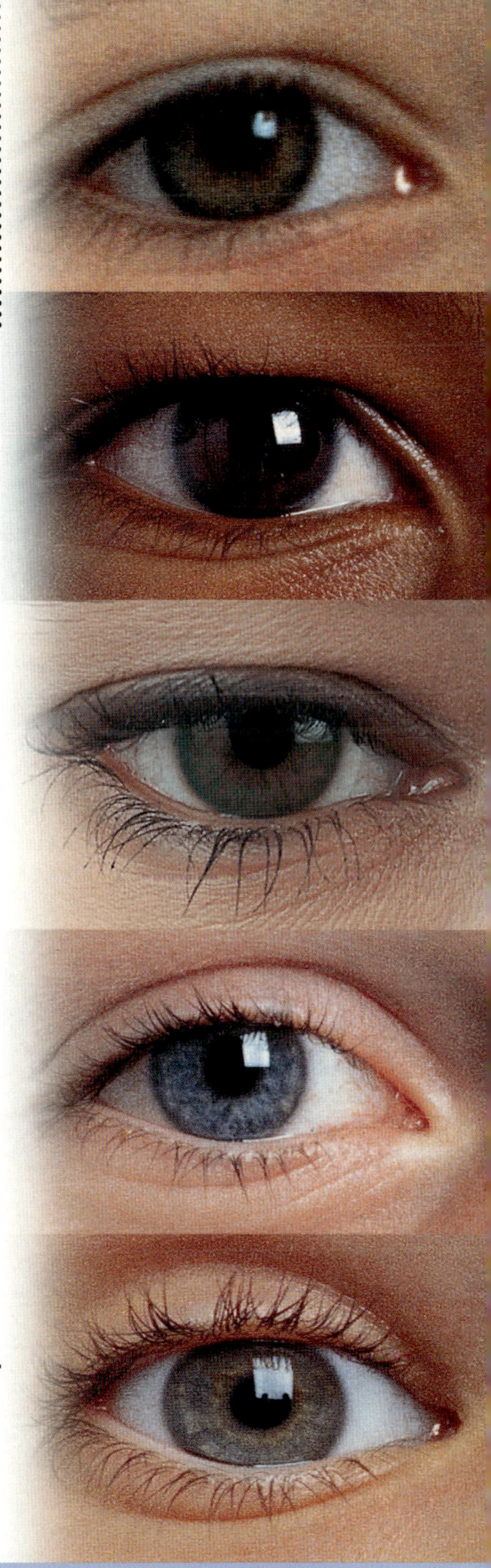

De poussières et de mucus évacués par l'œil pendant le sommeil.

Comment fonctionnent tes yeux ?

L'intérieur de ton œil contient le cristallin, semblable à la lentille d'un appareil photo. Le cristallin capte la lumière et la dirige vers le fond de ton œil pour te permettre de voir.

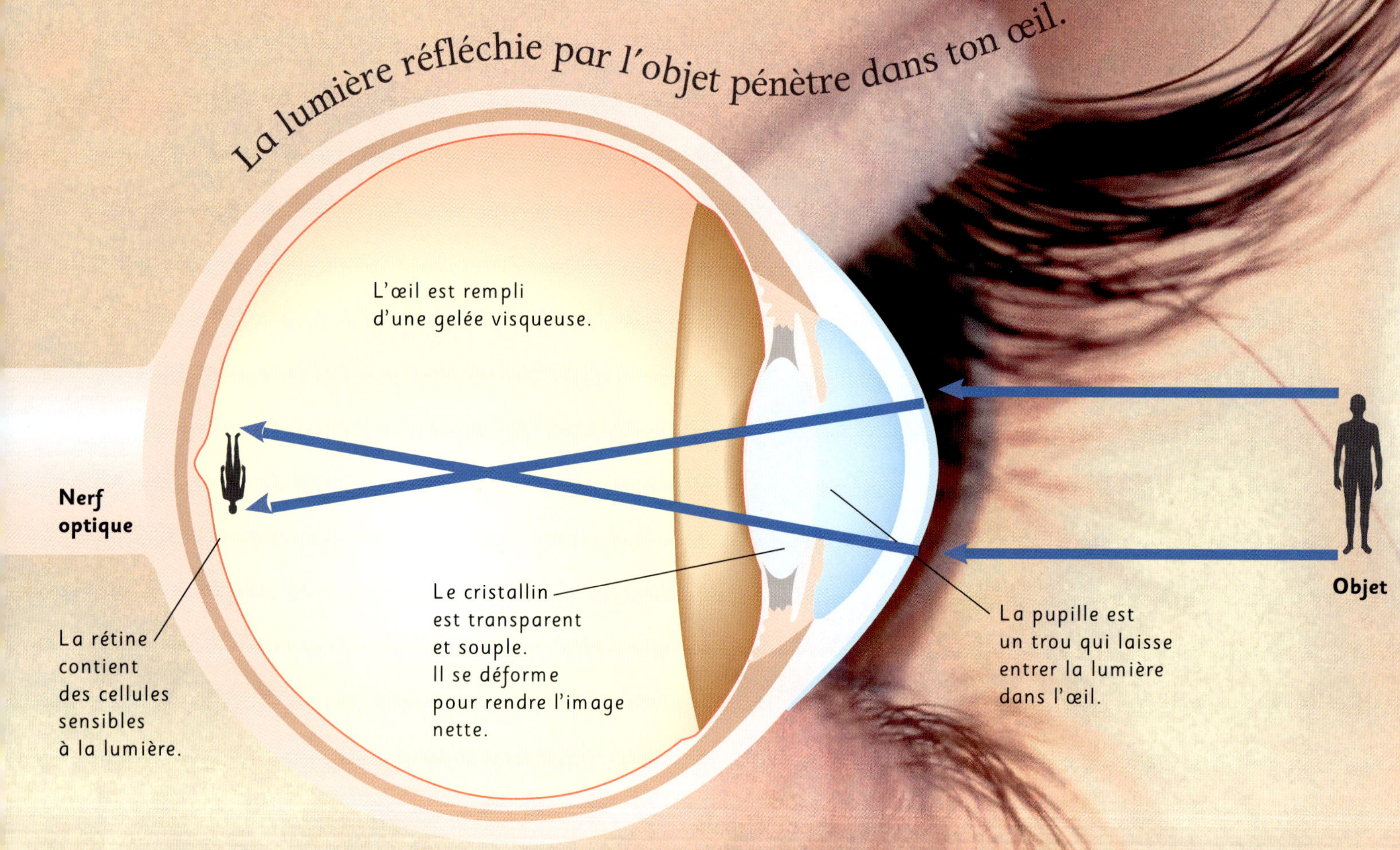

Comment fonctionne l'œil ?
La lumière réfléchie par un objet pénètre dans ton œil par la pupille. Elle traverse le cristallin qui produit une image inversée de l'objet sur la rétine, au fond de l'œil. Les cellules visuelles transmettent des informations au cerveau à travers le nerf optique. Ton cerveau remet l'image dans le bon sens.

Voir en couleur
Tes yeux contiennent des millions de cellules. Les cônes identifient les couleurs mais fonctionnent mal dans l'obscurité. Les bâtonnets sont efficaces quand il fait sombre mais voient tout en nuances de gris.

Comment s'appelle le médecin spécialiste des yeux ?

Une vision floue

Il arrive que la forme de ton globe oculaire ne soit pas correcte. Le cristallin ne peut pas bien régler l'image sur la rétine et tu vois flou. Les lunettes corrigent la vue et donnent une vision nette.

Un œil trop court

Si tu as un œil trop court, tu as du mal à voir des objets rapprochés. C'est l'hypermétropie.

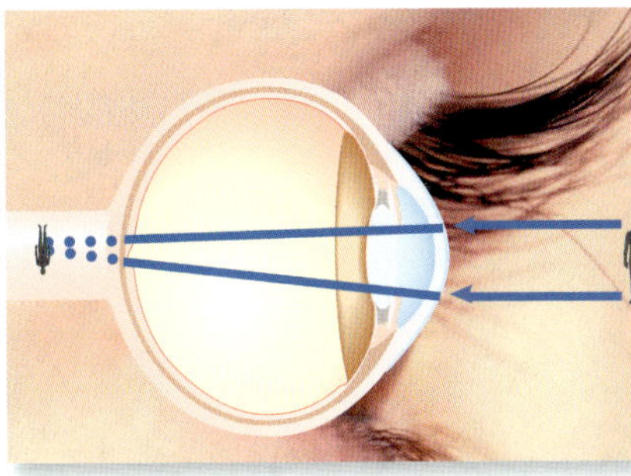

Un œil trop long

Si tu as un œil trop long, tu as du mal à voir des objets éloignés. C'est la myopie.

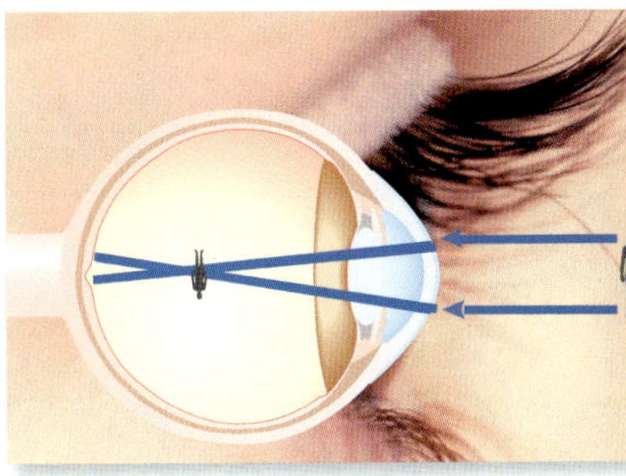

Le daltonisme

Certaines personnes ne peuvent pas distinguer les couleurs, en particulier le rouge et le vert. C'est le daltonisme. Il touche plus souvent les hommes que les femmes.

Fais-le !

Ferme un œil et mets un doigt devant ton nez. Ouvre cet œil et ferme l'autre. Ton doigt a changé de place ! Chaque œil voit les choses à sa manière.

Les lentilles de contact

Ce sont de minilunettes à appliquer directement sur l'œil. Elles ne sont pas très faciles à poser, mais une fois sur l'œil tu ne les sens pas.

Les lunettes corrigent la vue en permettant à l'image de se former sur la rétine.

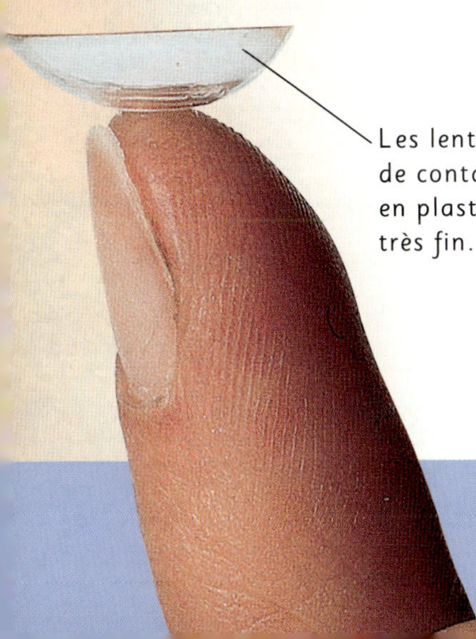

Les lentilles de contact sont en plastique très fin.

Un ophtalmologiste.

De l'œil au cerveau

Ton cerveau analyse les images qu'il reçoit en les comparant à des images déjà vues. Et parfois il se trompe !

Que peux-tu voir ?

Sur ces images, le bleu foncé correspond à ce que les animaux voient bien et le bleu clair à ce qu'ils voient moins bien.

Les **humains** doivent tourner la tête pour bien voir sur le côté ou derrière eux.

Les **tigres** voient bien devant eux pour repérer et attraper leurs proies.

Les **zèbres** sont attentifs à ce qui se passe sur le côté pour éviter d'être attaqués.

Les **canards** peuvent voir derrière eux, même sans tourner la tête.

Les **caméléons** ont une très bonne vision, mais peu étendue. Ils font pivoter leurs yeux pour voir dans tous les coins.

Ton cerveau combine les images de tes deux yeux.

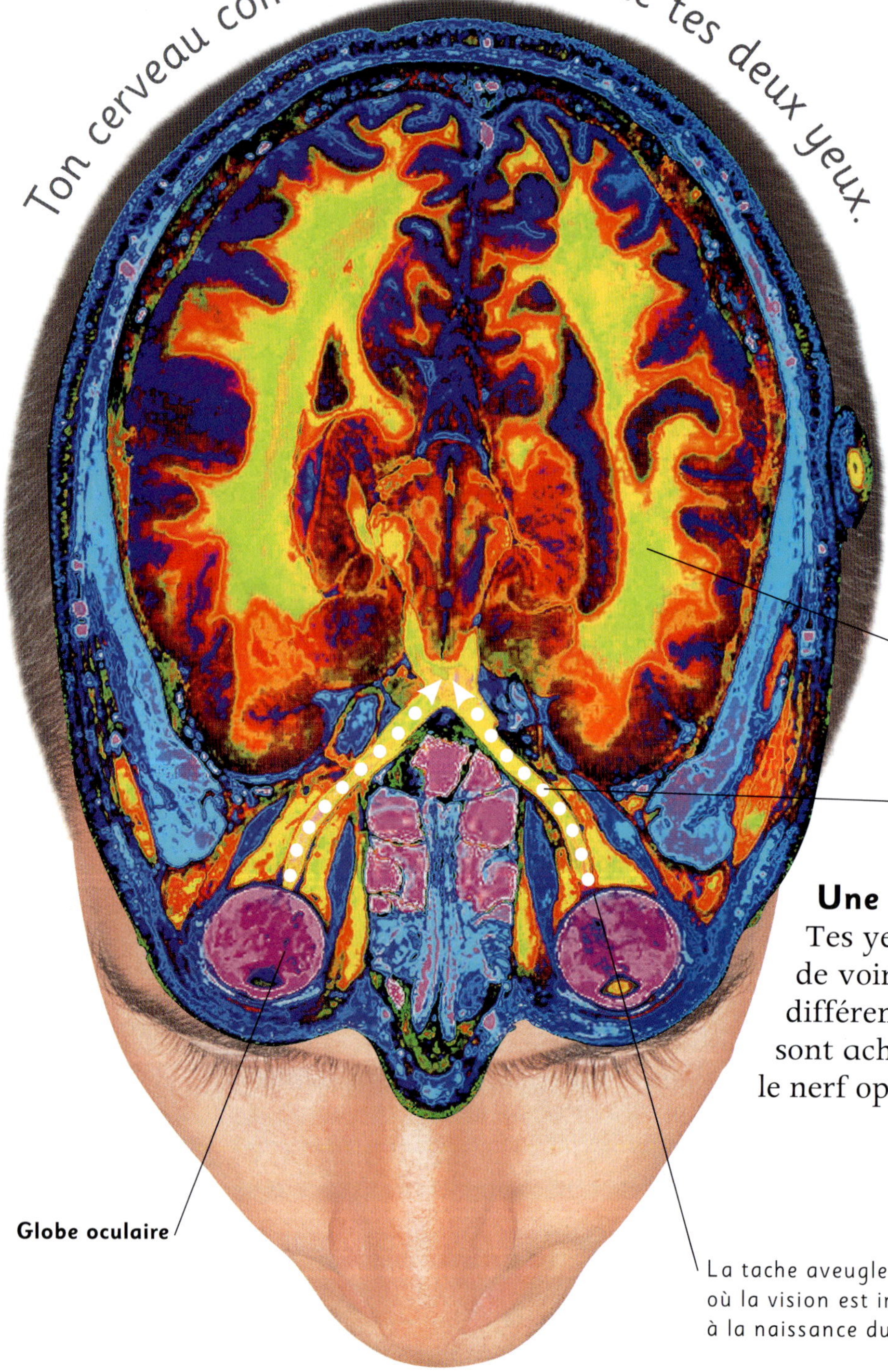

Une destination : le cerveau

Tes yeux bougent sans cesse pour te permettre de voir plusieurs choses à des endroits différents. Les informations qu'ils recueillent sont acheminées jusqu'au cerveau à travers le nerf optique situé à l'arrière de l'œil.

Ce que tu crois voir n'est pas la réalité. Comment s'appelle cette erreur visuelle ?

Une illusion de taille

La tour verte te paraît plus grande que les autres ? C'est parce qu'elle est plus éloignée et que d'habitude les objets éloignés paraissent plus petits. Les couleurs des tours renforcent cette illusion. En fait, toutes les tours sont exactement de la même taille.

Où est ta tache aveugle ?

Ferme ton œil droit et observe fixement l'étoile. Déplace lentement ce livre vers la gauche. Tu as atteint ta tache aveugle dès que le rond disparaît.

● ★

Reconnaître des objets

Ton cerveau est très intelligent : il peut reconnaître cette voiture sous différents angles de vue. Un ordinateur a besoin qu'on lui apprenne à voir la même voiture sur ces deux photos.

Certains dessins trompent tes yeux en leur faisant voir un mouvement qui n'existe pas.

Tes yeux sont-ils fiables ?

Ton cerveau aide tes yeux à comprendre ce qu'ils voient. Tu vois parfois des choses qui n'existent pas…

Tu vois un cœur même si cette forme n'a pas de contour parce que ton cerveau se sert des informations qu'il possède pour combler les vides.

Une illusion d'optique.

L'ouïe

Quand tu cries, tu envoies dans l'air des ondes sonores invisibles. Tes oreilles captent ces ondes et les transmettent à ton cerveau.

La vitesse du son

L'intervalle de temps entre le moment où la personne remue les lèvres et celui où le son atteint ton oreille est trop bref pour être perçu.

Qu'entends-tu ?

Ton audition correspond aux sons que ton oreille peut percevoir, du plus aigu au plus grave.

Les **humains** adultes perçoivent une gamme de sons peu étendue par rapport à d'autres animaux.

Les **enfants** perçoivent des sons plus aigus que les adultes. L'audition diminue avec l'âge.

Les **chats**, les **chiens** et les **lapins** sont capables de percevoir des sons beaucoup plus aigus que les humains.

Les **chauves-souris** ont une ouïe excellente. Elles perçoivent une gamme de sons 5 fois plus étendue que la nôtre.

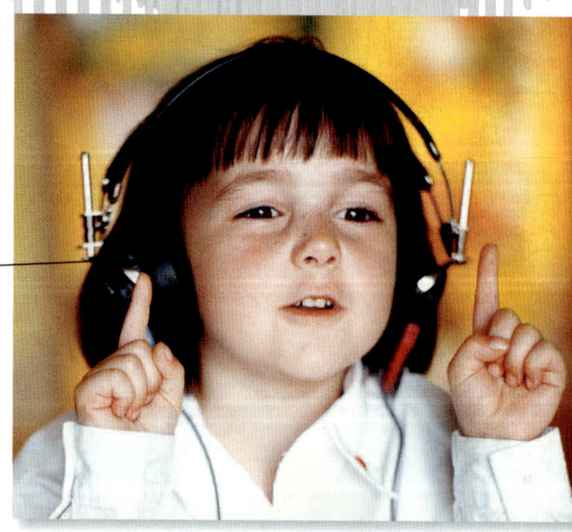

Ce casque à écouteurs envoie différents sons dans chaque oreille, ce qui donne l'impression d'être entouré d'instruments.

Pourquoi deux oreilles ?

Normalement, les sons atteignent une oreille, puis l'autre. Cela aide ton cerveau à analyser d'où et de quelle distance proviennent les sons.

L'oreille externe
Ce qu'on appelle l'oreille n'est en réalité que la partie visible de l'organe de l'ouïe. C'est là que les sons sont recueillis avant d'être canalisés à l'intérieur.

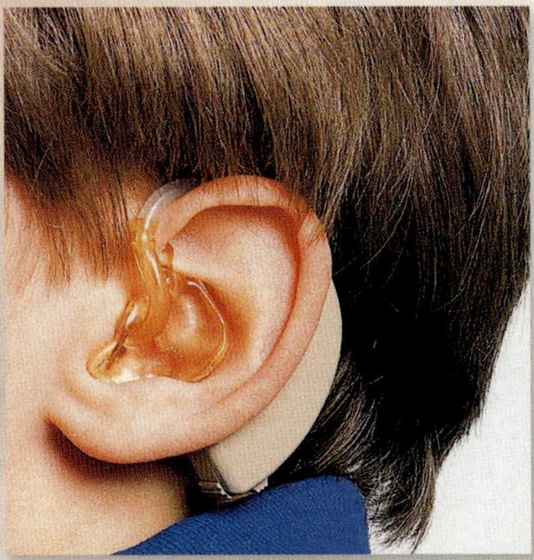

L'aide auditive
Les malentendants peuvent utiliser un audiophone. Cet appareil renforce les sons qui entrent dans l'oreille, ce qui leur permet de mieux entendre.

L'oreille moyenne
Après avoir traversé le conduit auditif, les sons font vibrer le tympan, ce qui met en mouvement trois petits os.

...jusqu'à ton oreille.

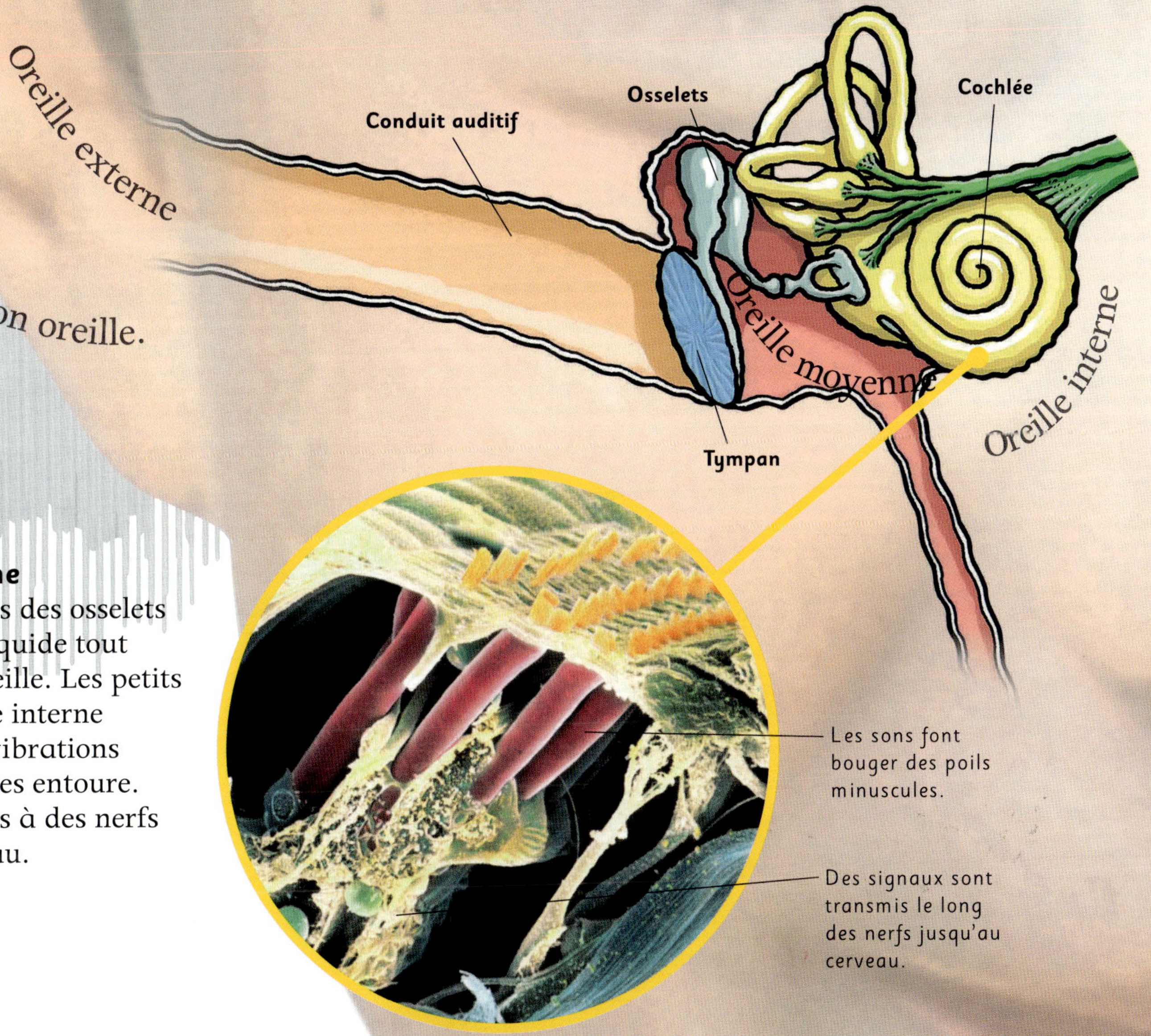

L'oreille interne
Les mouvements des osselets font vibrer le liquide tout au fond de l'oreille. Les petits poils de l'oreille interne recueillent les vibrations du liquide qui les entoure. Ils sont attachés à des nerfs reliés au cerveau.

Pour protéger la peau qui recouvre le conduit auditif, piéger les poussières et repousser les insectes.

L'équilibre

Tes oreilles ne te servent pas seulement à entendre, mais aussi à garder ton équilibre. Elles contiennent des cellules sensorielles qui travaillent avec celles des yeux, des muscles, des articulations et des pieds pour indiquer au cerveau la position de ton corps.

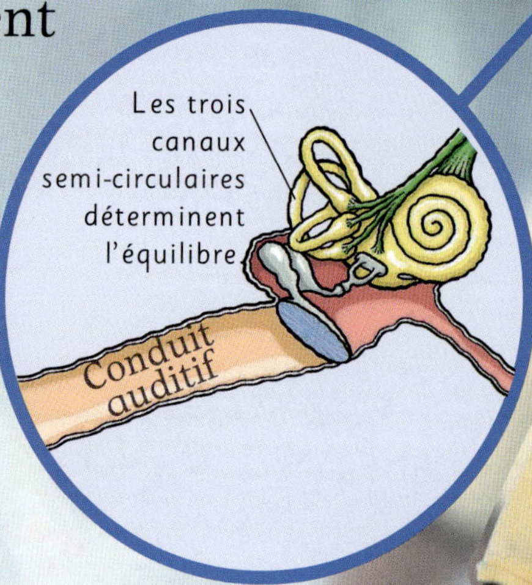

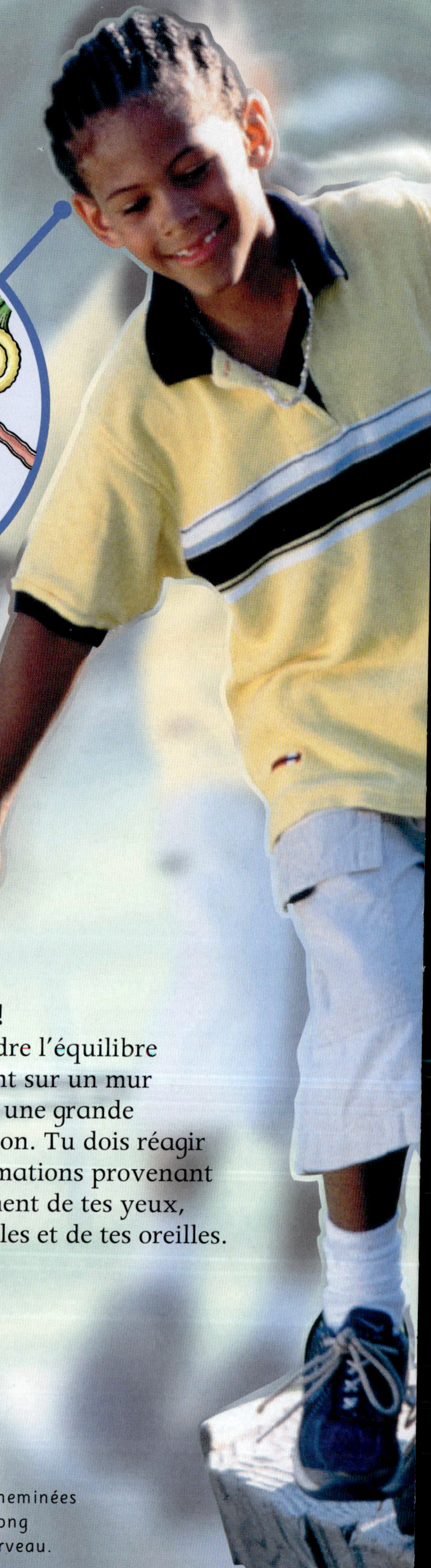

Le suivi de l'information

L'oreille interne comprend trois petits canaux remplis de liquide. Ils détectent les mouvements du corps et en informent le cerveau.

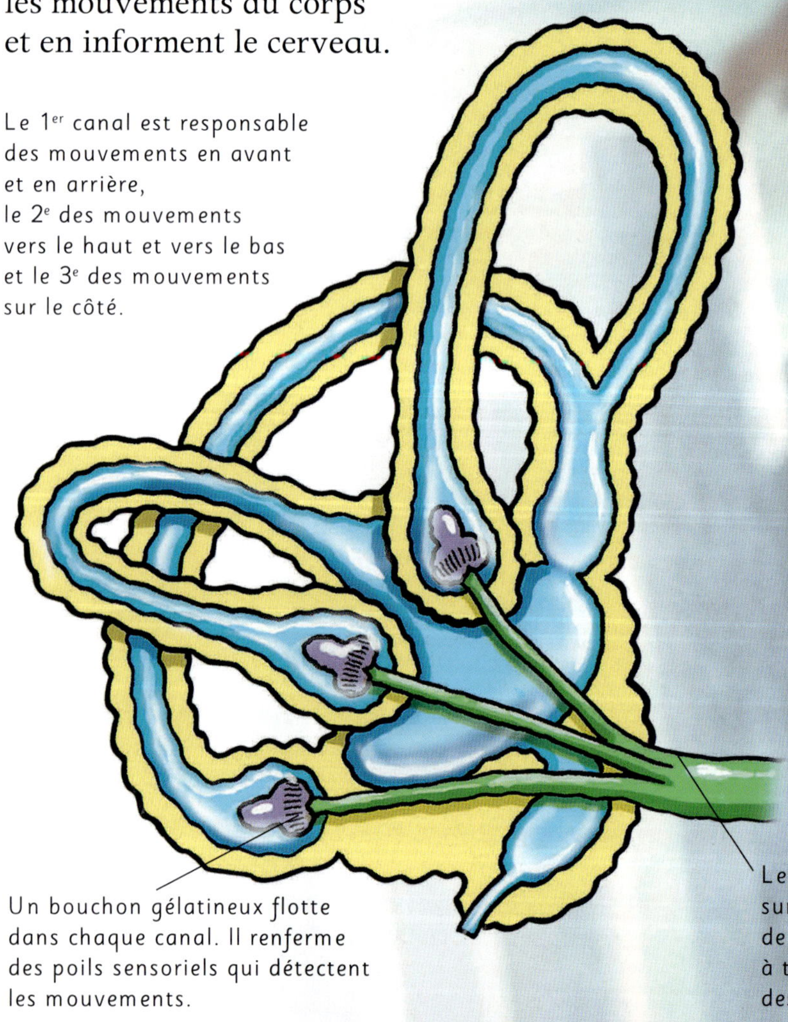

Attention !

Ne pas perdre l'équilibre en marchant sur un mur étroit exige une grande concentration. Tu dois réagir à des informations provenant simultanément de tes yeux, de tes muscles et de tes oreilles.

Les astronautes peuvent-ils apprendre à rester en équilibre dans l'espace ?

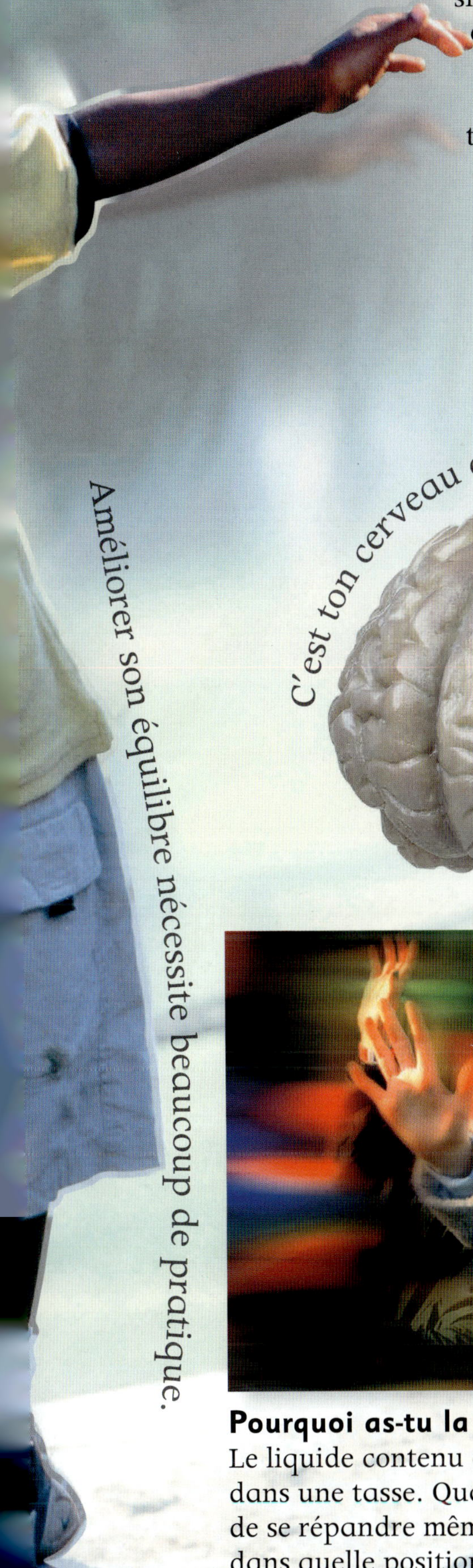

Le mal des transports
Tu peux être malade si tu voyages en voiture, en bateau ou en avion. Tes yeux disent à ton cerveau que tu restes immobile dans le véhicule, mais ton corps, lui, dit qu'il ressent un mouvement. Cette confusion provoque le mal des transports.

C'est ton cerveau qui dirige tout.

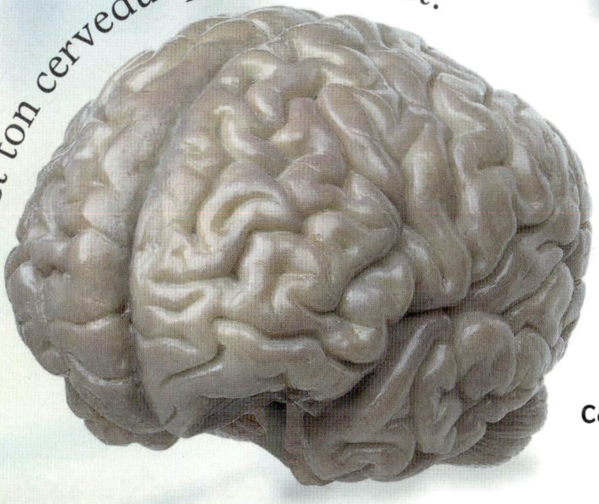

Cerveau

Améliorer son équilibre nécessite beaucoup de pratique.

Les messages des muscles
Quand tu bouges, des récepteurs dans tes muscles envoient des messages à ton cerveau. Si un mouvement est mal conduit, le cerveau le corrige.

Fais-le !
Regarde d'abord s'il n'y a rien autour de toi, aucun objet contre lequel tu risques de te cogner. Tourne sur toi-même jusqu'à avoir la tête qui tourne.

Pourquoi as-tu la tête qui tourne ?
Le liquide contenu dans les canaux de ton oreille est comme de l'eau dans une tasse. Quand tu tournes, il déborde et continue de se répandre même si tu t'arrêtes. Ton cerveau ne sait plus dans quelle position tu es et tu as la tête qui tourne.

La circulation sanguine

Le sang est le moyen de transport de ton organisme. Pompé par le cœur, il circule à travers le corps dans des tubes appelés vaisseaux sanguins. Il apporte de la nourriture à tes cellules pour qu'elles restent en vie.

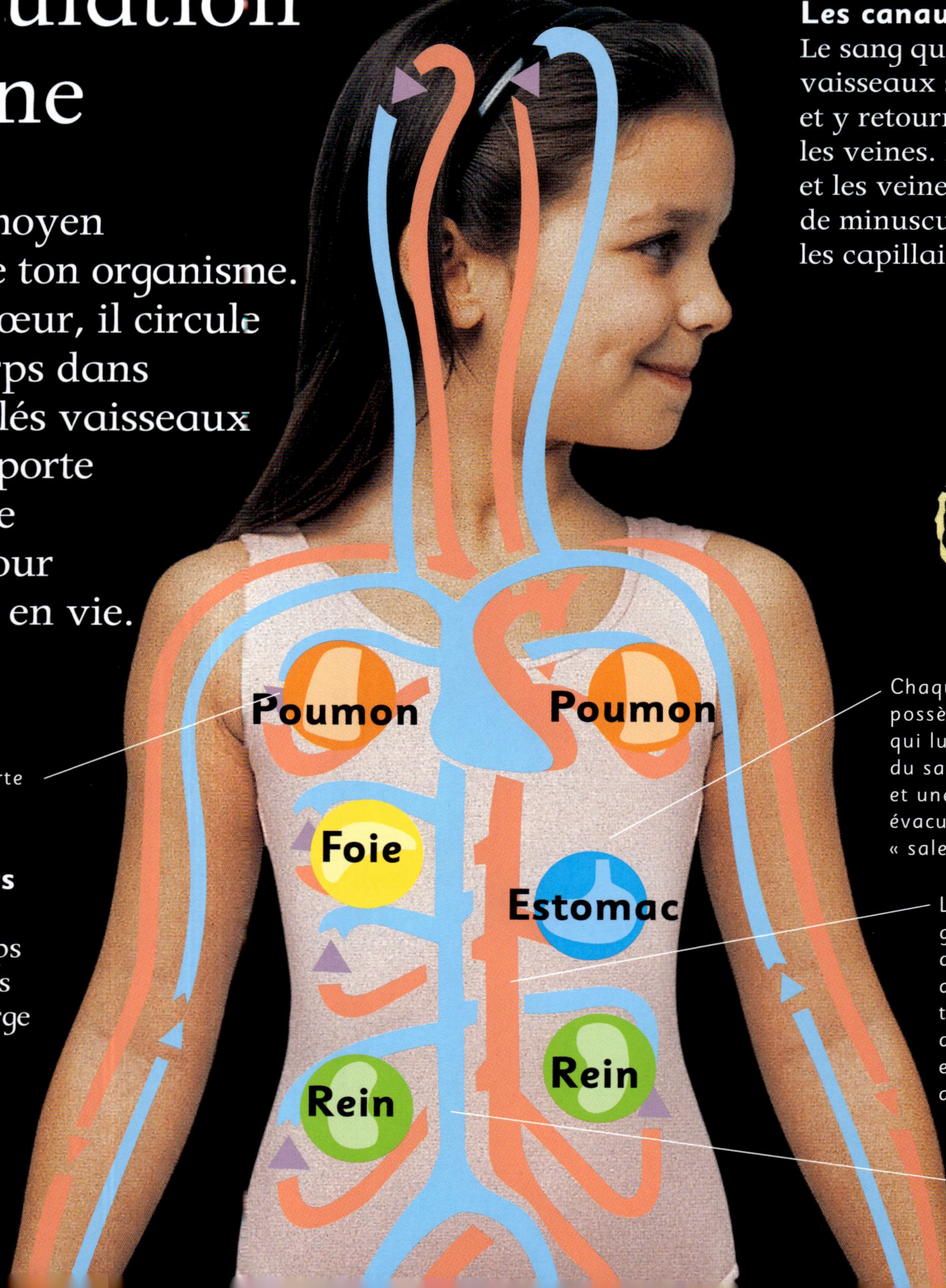

Le sang prend de l'oxygène aux poumons et le transporte dans le reste du corps.

Chaque organe vital possède une artère qui lui apporte du sang « propre » et une veine pour évacuer le sang « sale ».

L'aorte est le plus gros vaisseau sanguin du corps. Elle est aussi épaisse que ton pouce. L'aorte d'une baleine bleue est assez large pour que tu nages dedans !

La veine cave est la plus grosse veine.

Un voyage à travers le corps
Le sang irrigue le corps et traverse les organes au passage. Il se charge en oxygène dans les poumons et en nourriture dans le foie, puis se débarrasse des déchets dans les reins.

Les canaux de transport
Le sang quitte le cœur dans de gros vaisseaux sanguins, les artères, et y retourne dans de plus petits, les veines. Entre les artères et les veines se trouvent de minuscules vaisseaux, les capillaires.

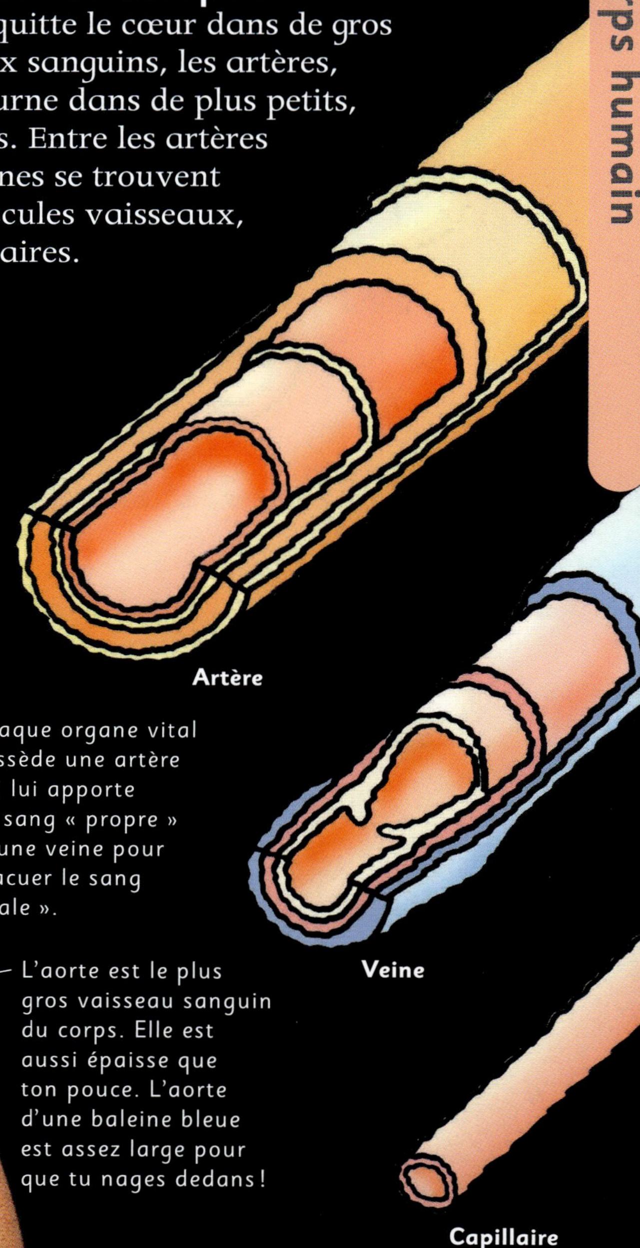

Quand tu te coupes, de quel vaisseau sanguin ton sang provient-il en général ?

D'un capillaire.

Les capillaires

Les artères se ramifient en vaisseaux de plus en plus petits. Elles finissent par former des capillaires, plus fins que des cheveux. Les capillaires se déversent dans les veines qui forment des vaisseaux de plus en plus gros pour ramener le sang jusqu'au cœur.

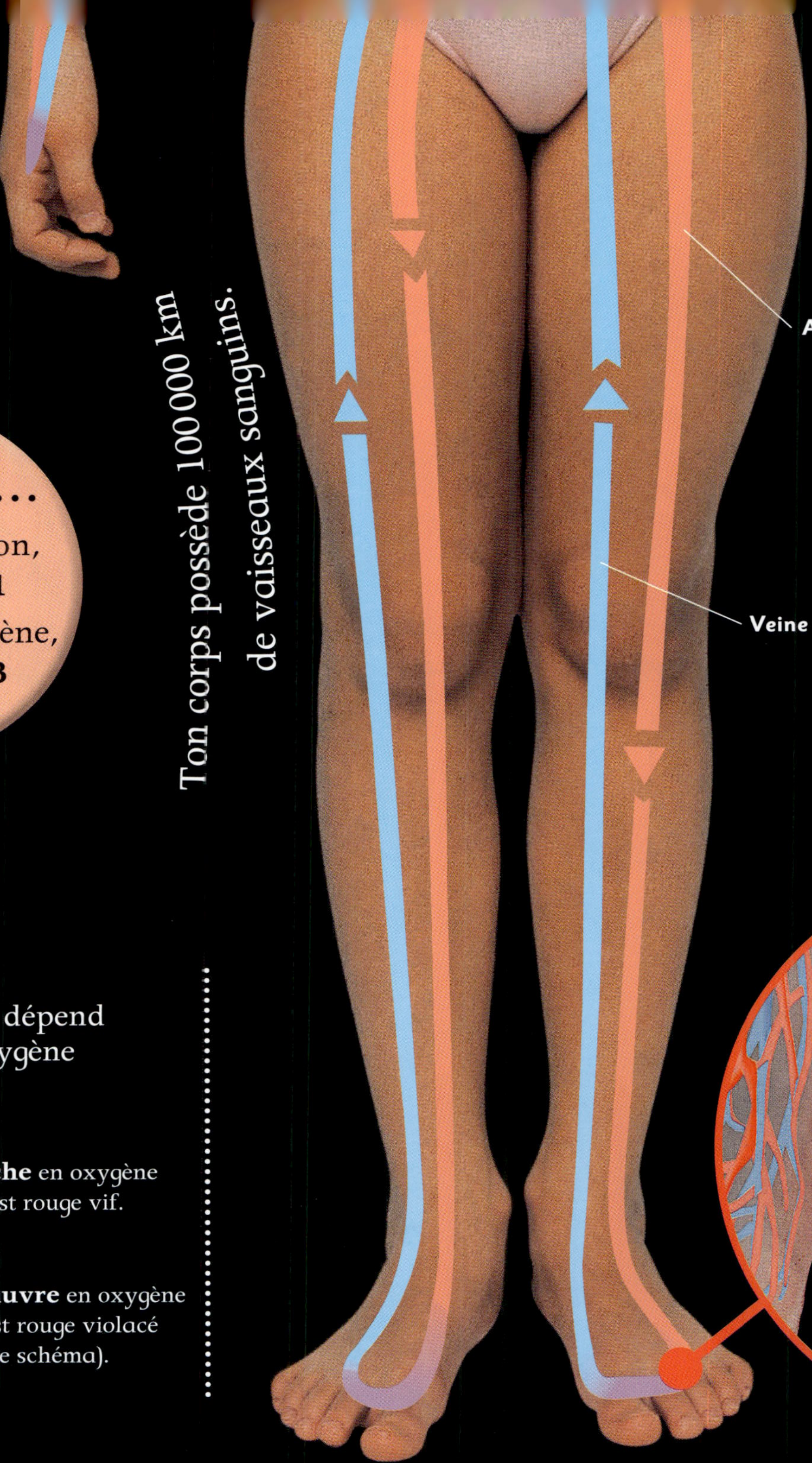

Ton corps possède 100 000 km de vaisseaux sanguins.

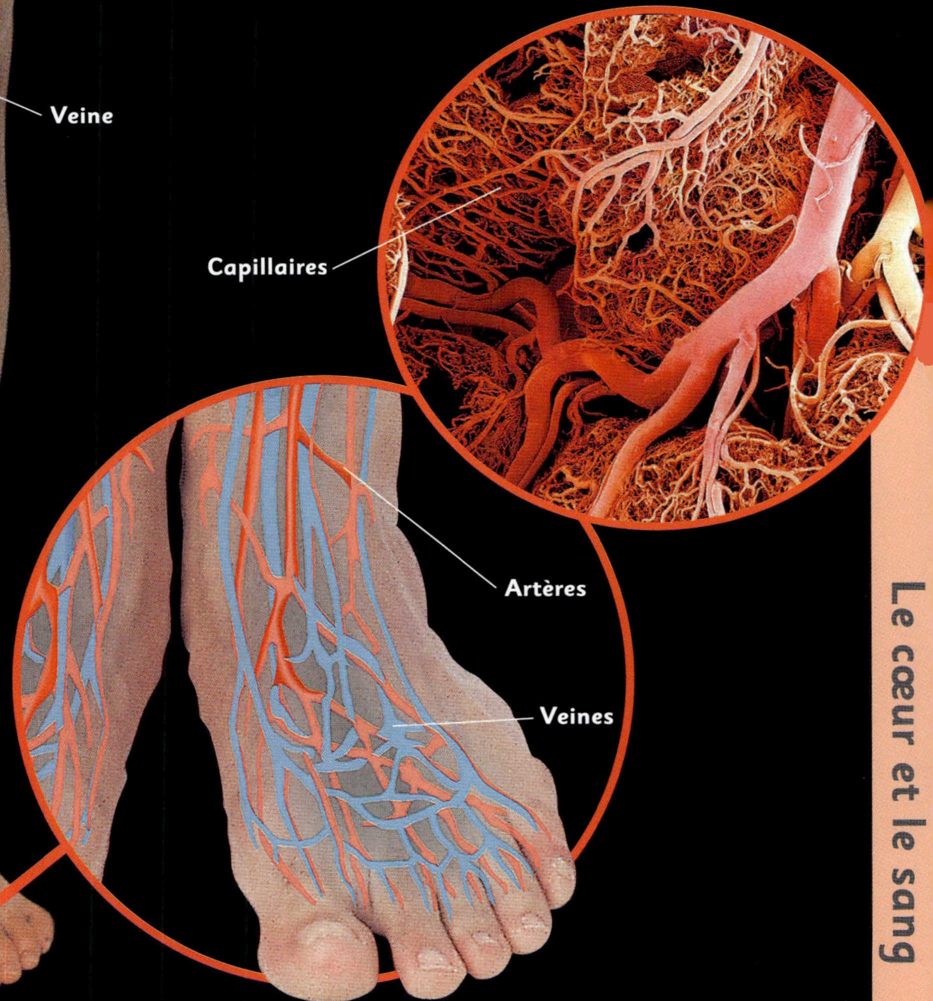

Deviens incollable…

Sur la respiration, pages **190-191**
Sur l'air et l'oxygène, pages **192-193**

Du rouge au bleu

La couleur du sang dépend de la quantité d'oxygène qu'il contient.

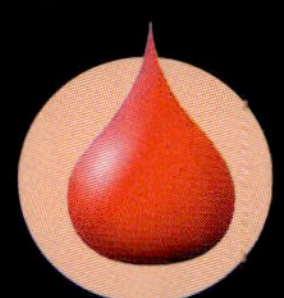

Le **sang riche** en oxygène des artères est rouge vif.

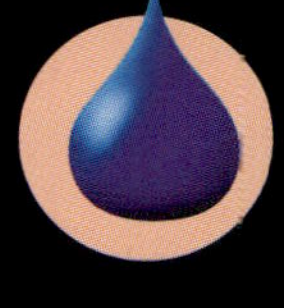

Le **sang pauvre** en oxygène des veines est rouge violacé (et bleu sur le schéma).

Un cœur qui bat

Ton cœur est une pompe qui propulse le sang dans tout ton corps. Chaque fois que ton cœur bat, il expulse l'équivalent d'une petite tasse de sang et se remplit à nouveau pour le prochain battement.

Où est ton cœur ?
Ton cœur est au milieu de ta poitrine, entre tes deux poumons. Tu peux le sentir battre juste à gauche de l'os situé au centre de ton thorax.

Une double pompe
Ton cœur est une double pompe. Une moitié de la pompe permet la circulation du sang à travers les poumons et l'autre moitié la circulation du sang à travers le reste du corps.

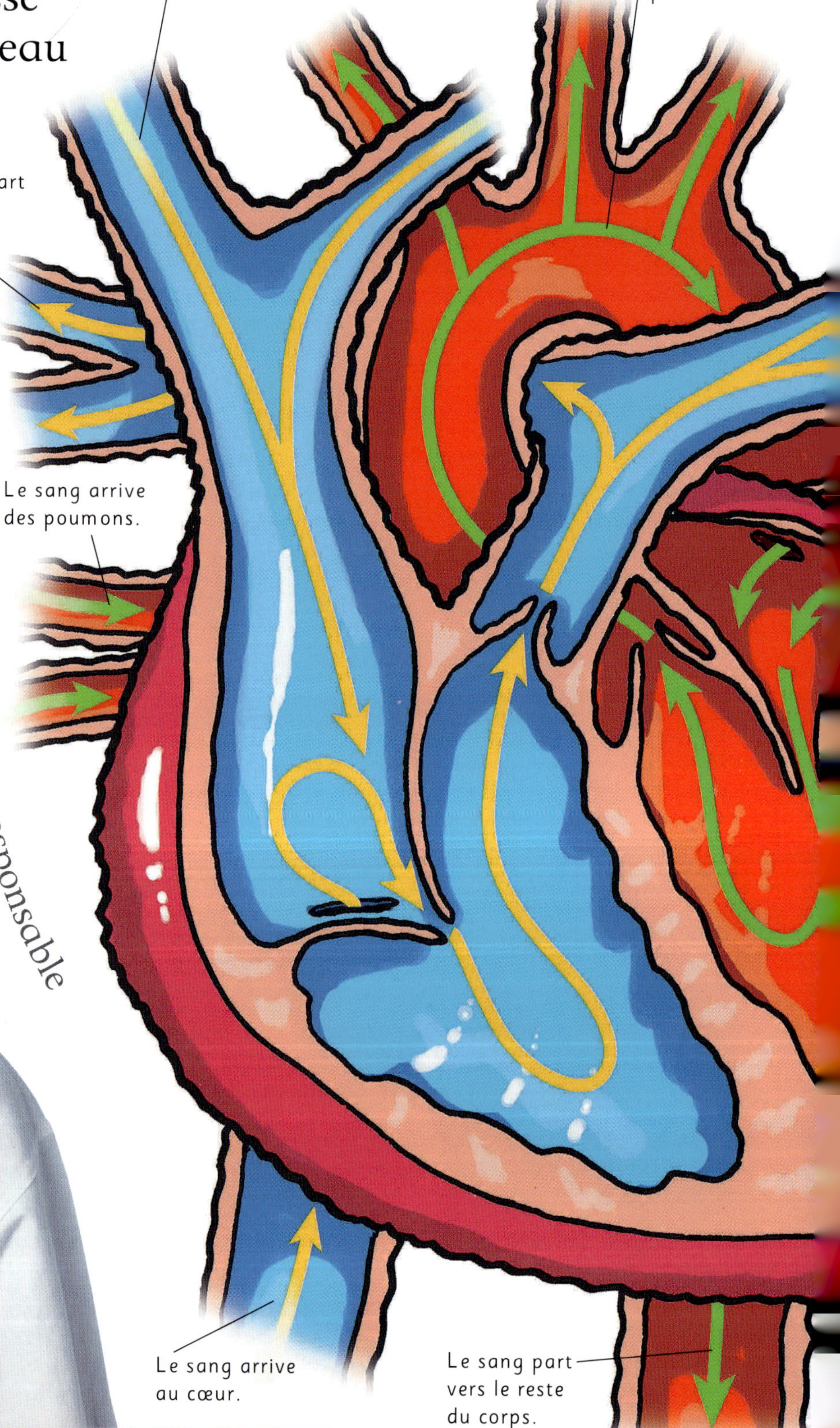

Une partie du cœur est responsable de la circulation pulmonaire…

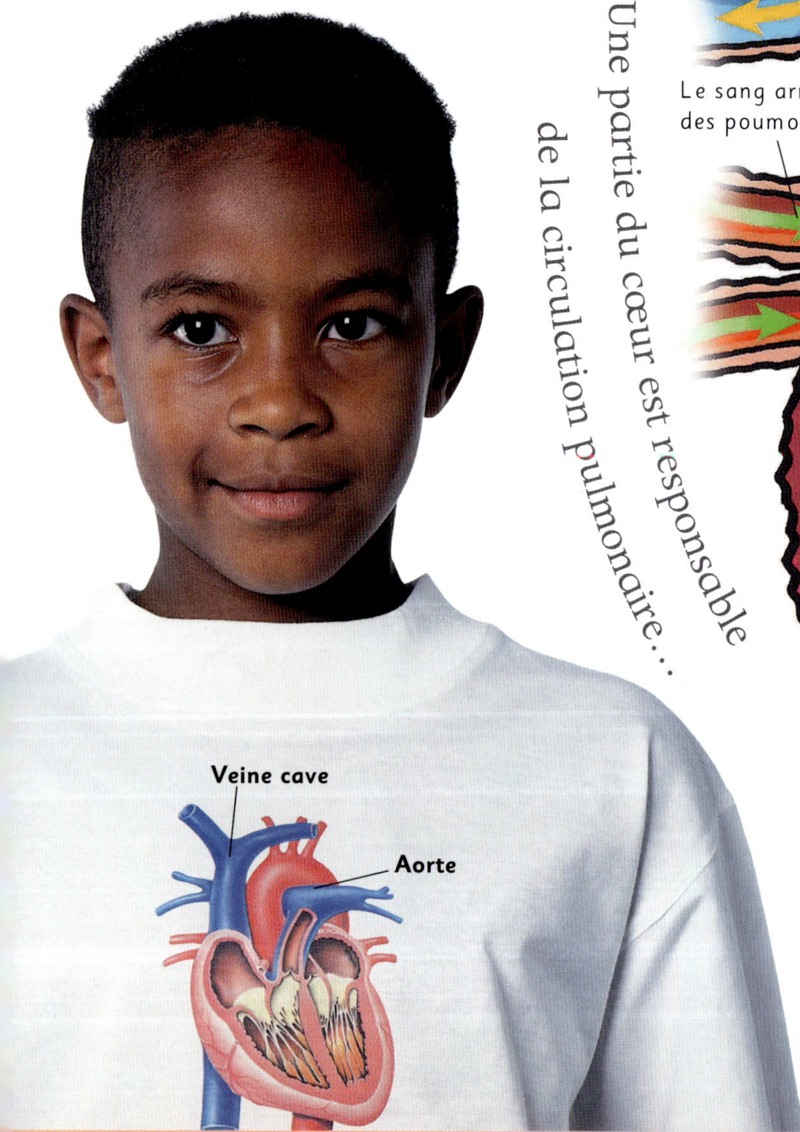

Combien de fois ton cœur bat-il en une année ?

Un système à sens unique

Pour que le sang circule dans un seul sens, ton cœur et la plupart de tes veines sont munis de valves. Les battements du cœur sont provoqués par le bruit des valves qui se ferment.

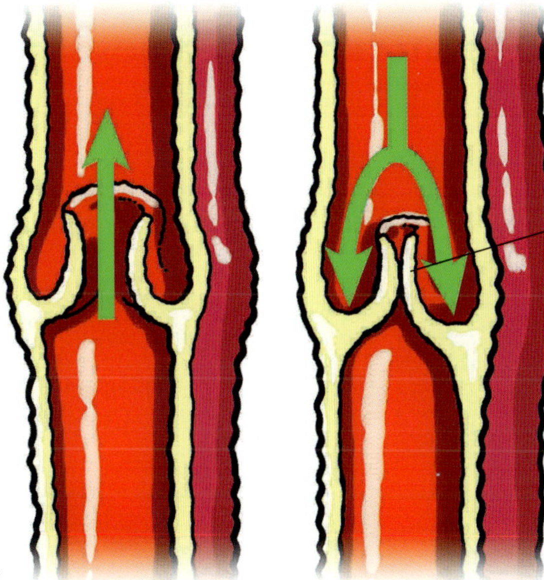

L'accélération du cœur

Tes muscles ont besoin de sang supplémentaire quand ils travaillent, ce qui pousse ton cœur à battre plus vite. Il bat 70 fois par minute si tu es au repos, mais jusqu'à 200 fois si tu cours.

...l'autre partie de la circulation générale.

Fais-le !

Trouve ton pouls en appuyant deux doigts sur ton poignet. Tu dois sentir les battements produits par le travail de pompage de ton cœur.

Test d'observation

Regarde attentivement les pages 178 à 191 et essaie de retrouver ce que représentent ces photos.

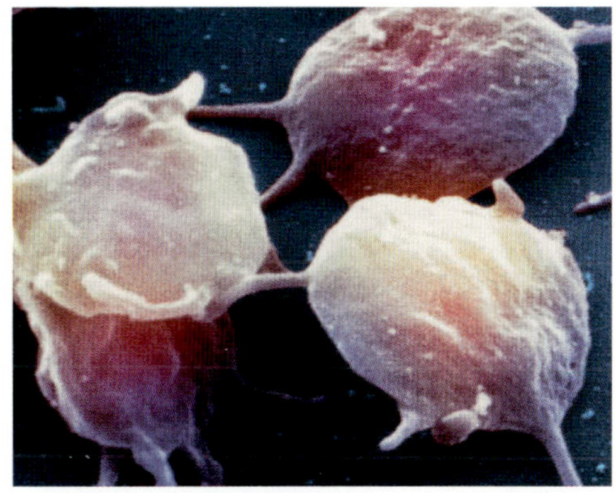

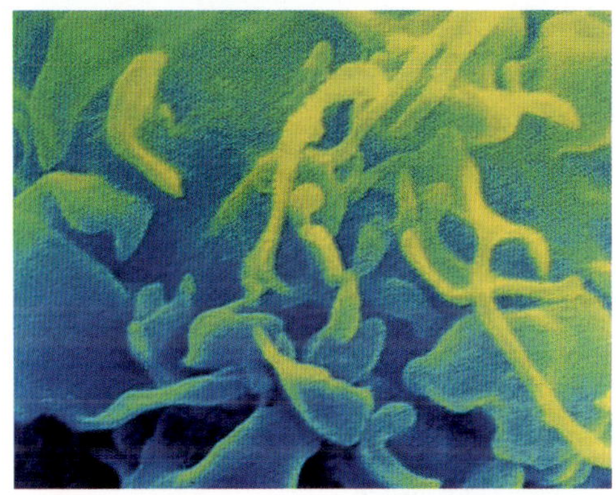

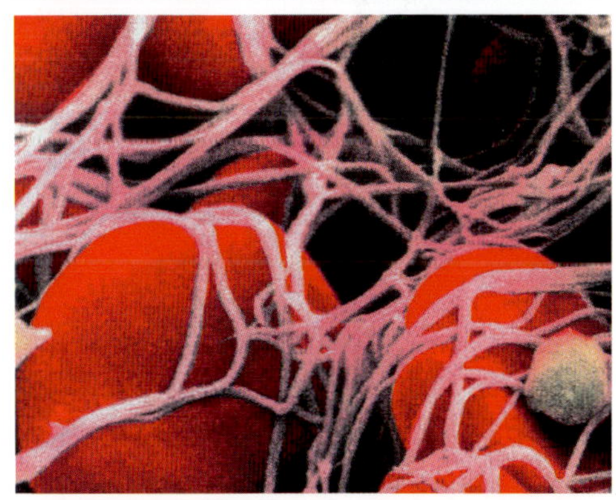

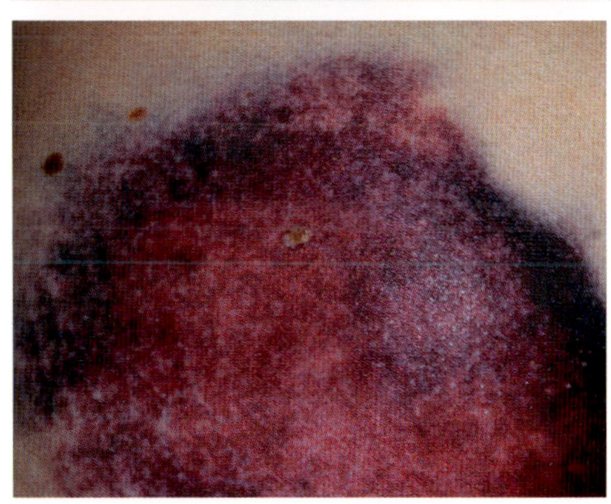

Environ 40 millions de fois.

Qu'est-ce que le sang?

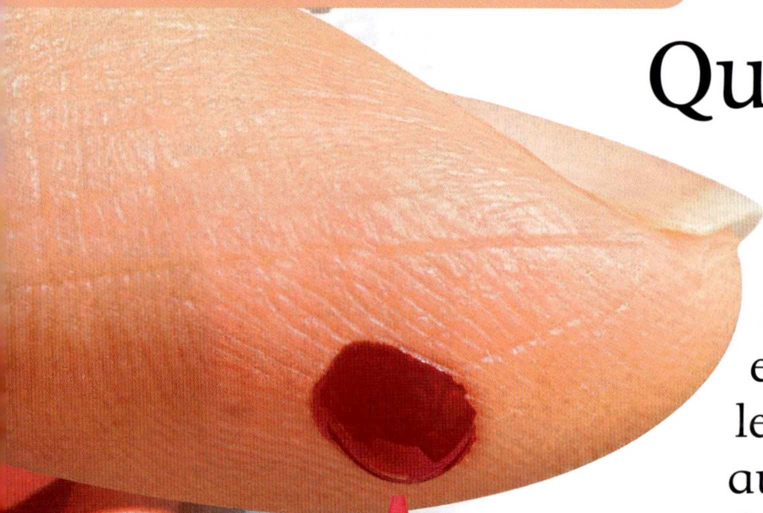

Le sang est un mélange chaud de liquide et de cellules. Les cellules sanguines transportent l'oxygène et combattent les germes, alors que le liquide fournit les éléments nutritifs aux cellules du corps et les débarrasse de leurs déchets.

Les principaux constituants
Le sang contient trois types de cellules : les globules rouges, les globules blancs et les plaquettes. Ces cellules flottent dans un liquide jaunâtre, le plasma.

Une goutte de sang contient
5 millions de globules rouges, 500 000 plaquettes, 7 000 globules blancs, de l'eau, du sucre, du sel, des hormones, des vitamines, de la graisse et des protéines.

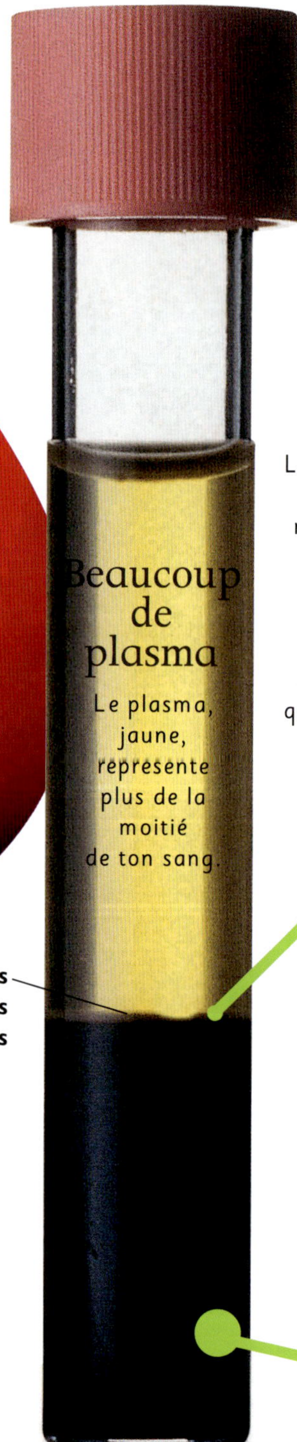

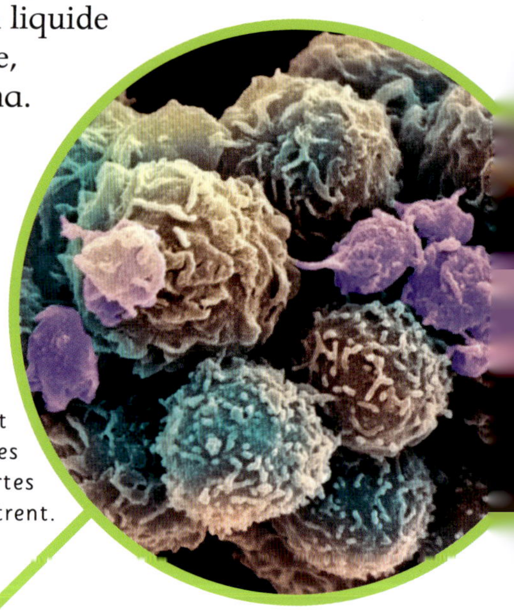

Les globules blancs recherchent et tuent les germes. Ils avalent aussi les cellules mortes qu'ils rencontrent.

Les globules rouges colorent le sang en rouge.

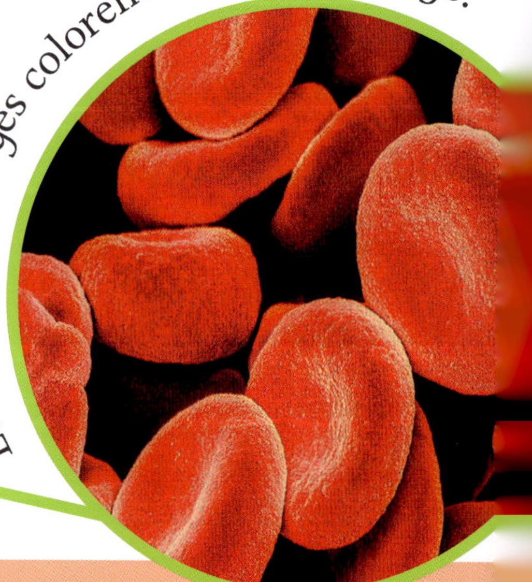

Deviens incollable...

Sur la guerre contre les germes, pages **208-209**
Sur l'air et l'oxygène, pages **192-193**

Combien de temps vit un globule rouge ?

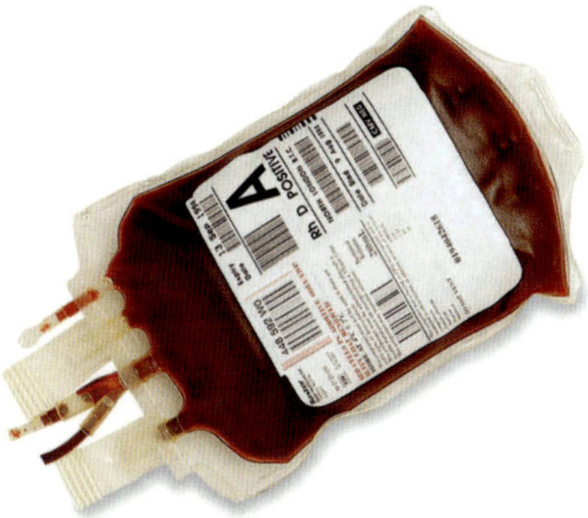

La banque du sang

Une personne sur dix qui va à l'hôpital a besoin de sang supplémentaire. C'est pourquoi les hôpitaux gardent du sang en stock dans une « banque du sang ». Les composants du sang, en particulier les cellules sanguines et le plasma, sont séparés.

Quel est ton groupe sanguin?

Il existe quatre principales catégories de sang appelées groupes sanguins. Tu dois connaître ton groupe sanguin pour savoir à qui tu pourras donner ton sang quand tu auras terminé ta croissance.

Les personnes du groupe A ne peuvent donner leur sang qu'à des personnes du groupe A ou AB.

Les personnes du groupe O peuvent donner leur sang à tout le monde, ou presque.

Les personnes du groupe AB ne peuvent donner leur sang qu'à des personnes du groupe AB.

Les personnes du groupe B ne peuvent donner leur sang qu'à des personnes du groupe B ou AB.

Les globules blancs et les plaquettes combattent les maladies.

Les plaquettes s'agglutinent pour permettre la coagulation du sang et la cicatrisation.

Quelle quantité de sang possèdes-tu?

Un adulte possède en moyenne 5 L de sang, mais un nouveau-né seulement l'équivalent d'une tasse.

À l'âge de 1 an un bébé possède un peu plus de 1/2 L de sang.

À mesure que tu grandis, la quantité de sang dans ton corps augmente. À 10 ans, tu possèdes environ 2 L de sang.

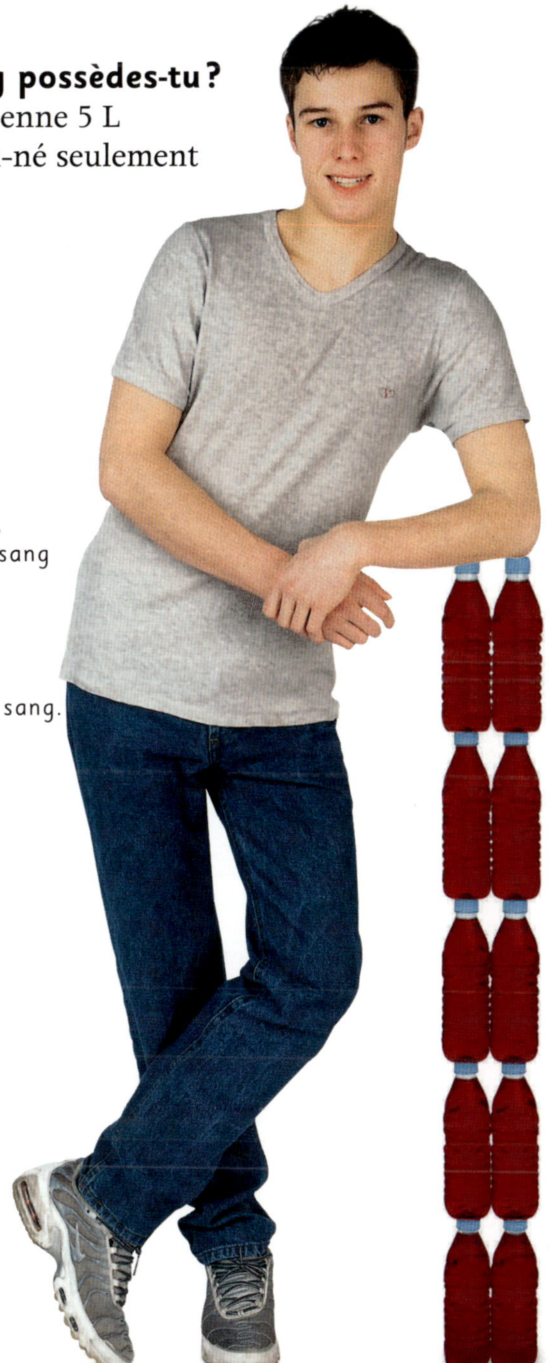

Environ 4 mois.

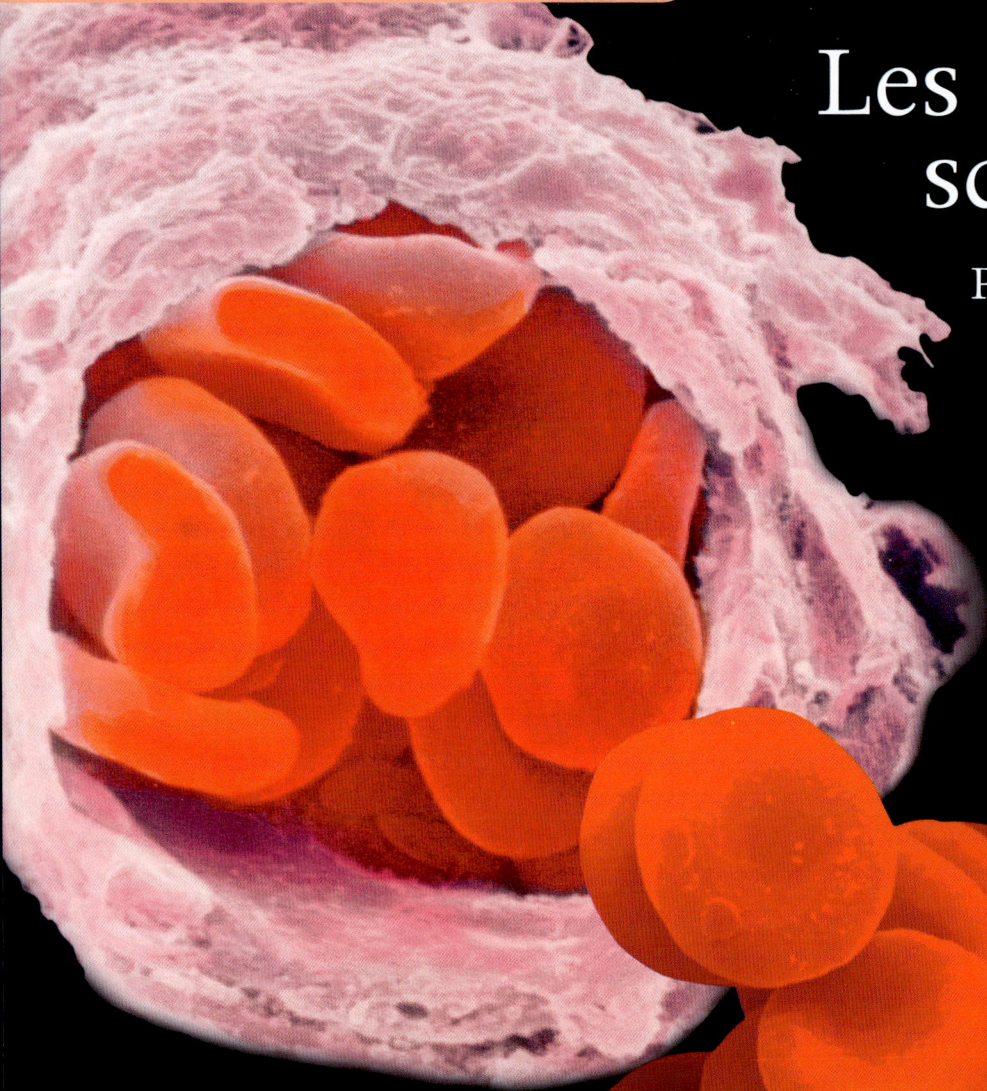

Les cellules sanguines

Près de la moitié des cellules de ton corps sont des cellules sanguines. Elles s'épuisent rapidement, alors tu en fabriques 3 millions chaque seconde. La plupart sont faites par la moelle osseuse, un tissu gélatineux présent dans les os creux.

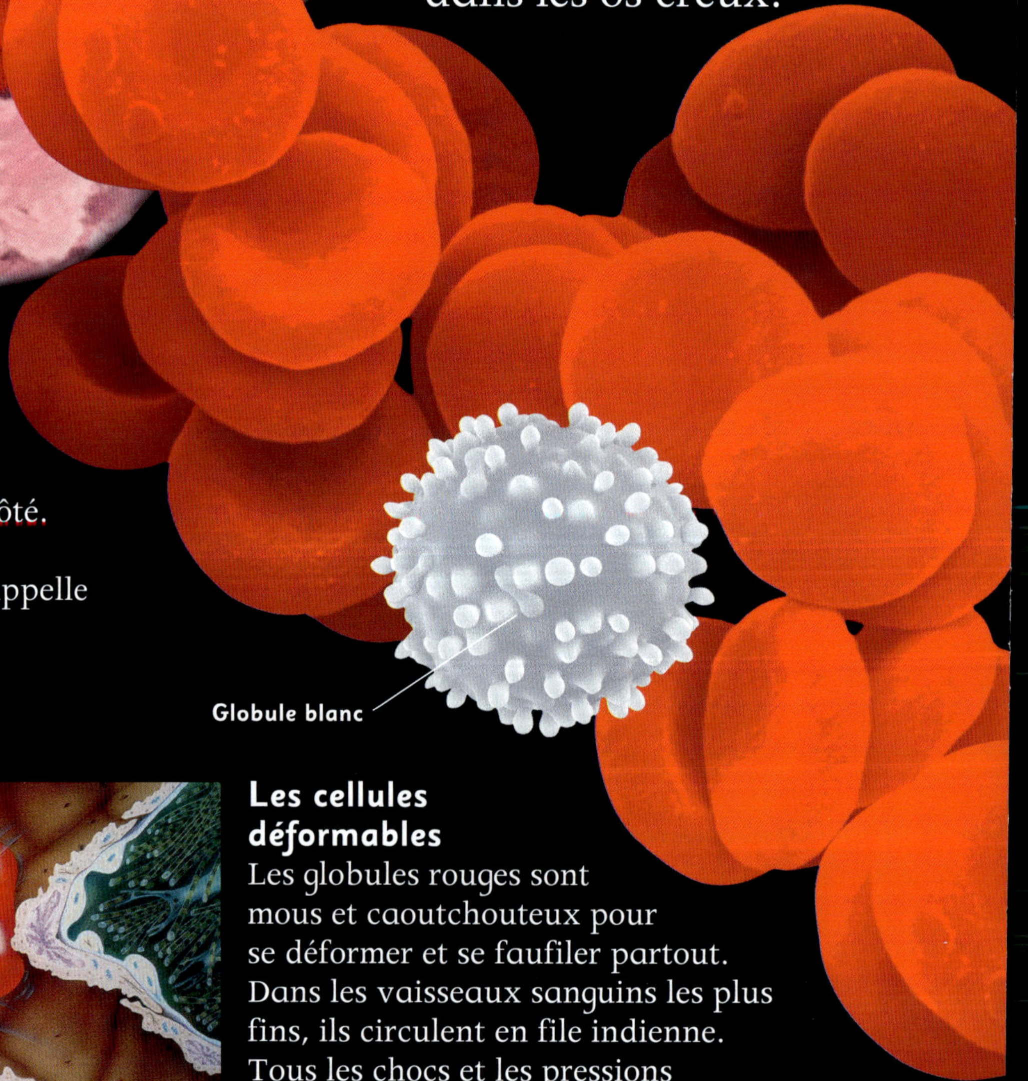

Les globules rouges
Les cellules les plus nombreuses dans ton corps sont les globules rouges. Ce sont des disques plats creusés d'une fossette de chaque côté. Ils contiennent une protéine rouge qui transporte l'oxygène et qui s'appelle l'hémoglobine.

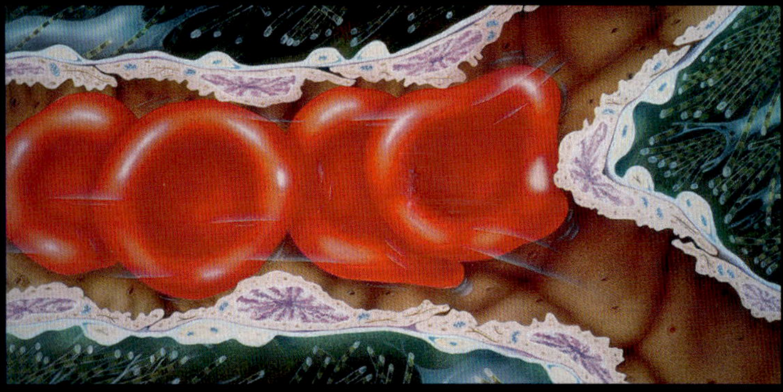

Les cellules déformables
Les globules rouges sont mous et caoutchouteux pour se déformer et se faufiler partout. Dans les vaisseaux sanguins les plus fins, ils circulent en file indienne. Tous les chocs et les pressions qu'ils subissent finissent par les user.

Quelles cellules du corps humain contiennent du fer ?

Les plaquettes

Les plaquettes sont de petits fragments de cellules qui aident le sang à coaguler. Elles se rassemblent autour d'une plaie et développent des fils pour se coller les unes aux autres.

Les plaquettes s'agglutinent pour former un caillot de sang.

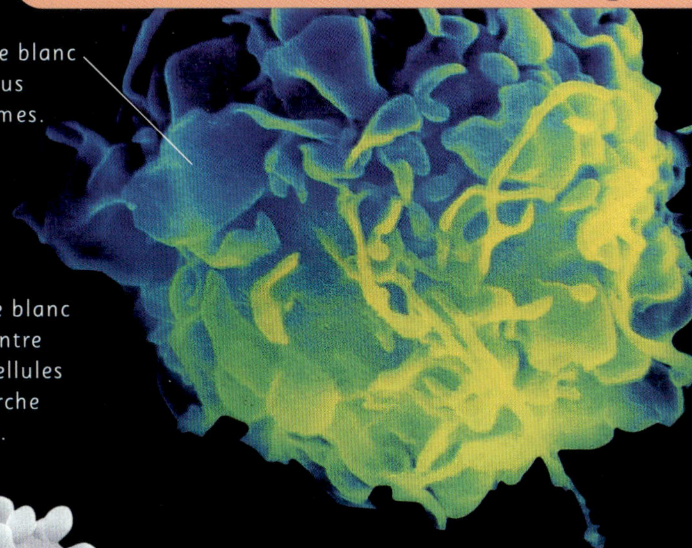

Ce globule blanc avale le pus et les germes.

Ce globule blanc se glisse entre d'autres cellules à la recherche de germes.

Les globules blancs

Il existe de nombreux globules blancs différents qui ont tous pour mission de protéger ton corps des invasions de germes. Certains se faufilent le long des parois des vaisseaux sanguins et mangent tous les germes qu'ils trouvent, d'autres fabriquent des substances qui détruisent les germes.

Un sang plus épais

Le corps des alpinistes fabrique des globules rouges supplémentaires pour permettre la respiration à haute altitude, là où l'oxygène est rare. Leur sang s'épaissit donc.

Les pupilles sont normalement noires, mais elles apparaissent rouges sur des photos prises avec un flash.

Les yeux rouges

Tu peux parfois voir les globules rouges des personnes sur des photos prises avec un flash. La lumière réfléchit ces cellules au fond de leurs yeux, ce qui leur donne des pupilles rouges.

Les globules rouges.

Contusions et plaies

Le sang possède l'étonnant pouvoir de passer de l'état liquide à l'état solide en quelques minutes pour réparer les plaies de la peau.

Emprisonner les globules
Les substances chimiques libérées par les plaquettes entraînent la formation de fibres enchevêtrées dans la partie liquide du sang. Ces fibres emprisonnent les cellules sanguines comme des poissons dans un filet, formant un caillot qui grossit.

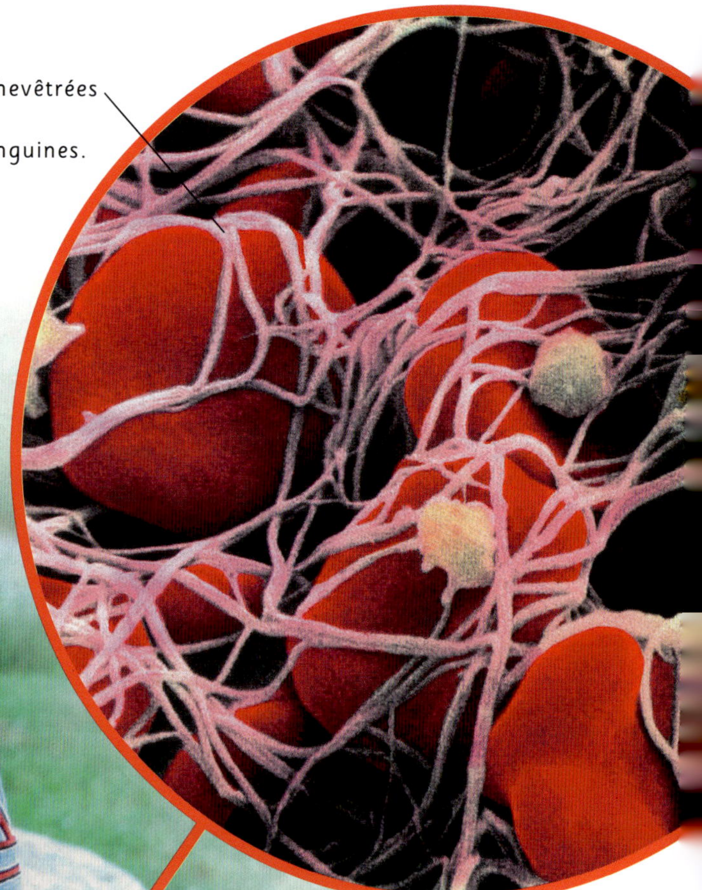

La coagulation
Dès que tu te coupes, ton sang commence à devenir solide : c'est la coagulation. Une croûte se forme et bouche rapidement la plaie, ce qui empêche le sang de couler.

Que font les plaquettes ?
Les plaquettes déclenchent le processus de coagulation. Elles changent de forme pour devenir plus collantes et s'agglutinent autour de la plaie. En même temps, elles libèrent des substances dans le sang.

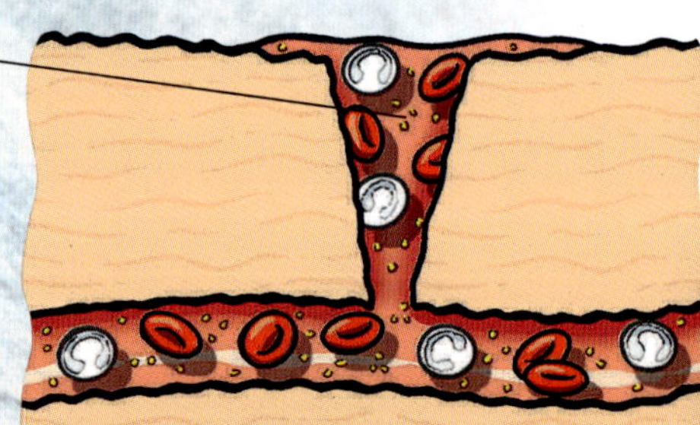

Combien de temps faut-il à une petite plaie pour arrêter de saigner ?

La sangsue

Une sangsue est une espèce de ver qui mord ta peau et suce ton sang. La salive de la sangsue contient des substances qui empêchent le sang de coaguler. La plaie continue donc de saigner jusqu'à ce que la sangsue soit gorgée de sang.

Les sangsues vivent dans des lieux humides, marécageux. Elles peuvent se glisser dans tes chaussures et mordre tes pieds sans que tu t'en aperçoives.

Un pansement

Un pansement peut aider une plaie à guérir en empêchant les saletés de pénétrer dans la peau. Il t'empêche aussi de te gratter, ce qui aggraverait ta plaie.

La croûte qui s'est formée protège la plaie au cours de la cicatrisation.

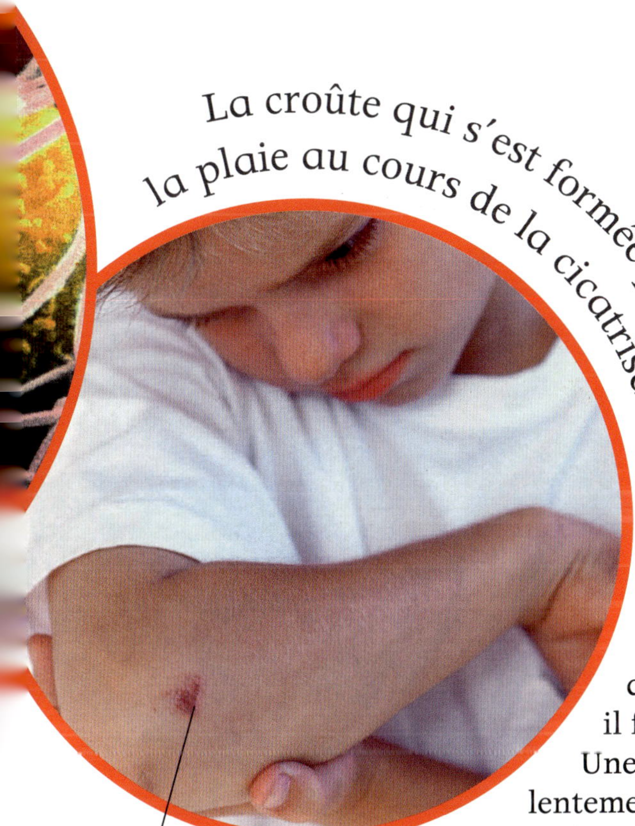

La croûte empêche les germes de pénétrer dans la nouvelle peau en formation.

Les croûtes

Quand un caillot de sang se dessèche, il forme une croûte. Une peau neuve se forme lentement sous la croûte pour réparer la blessure. Quand la nouvelle peau est prête, la croûte tombe.

Les plaquettes s'agglutinent et se collent à d'autres cellules sanguines pour former un caillot.

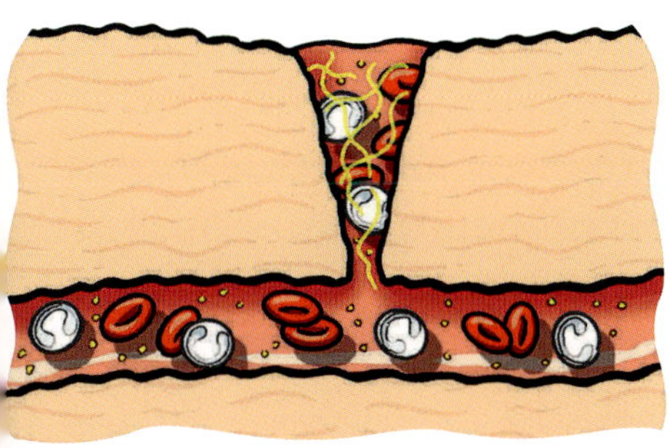

Au bout de quelques minutes le caillot est assez épais pour empêcher le sang de couler.

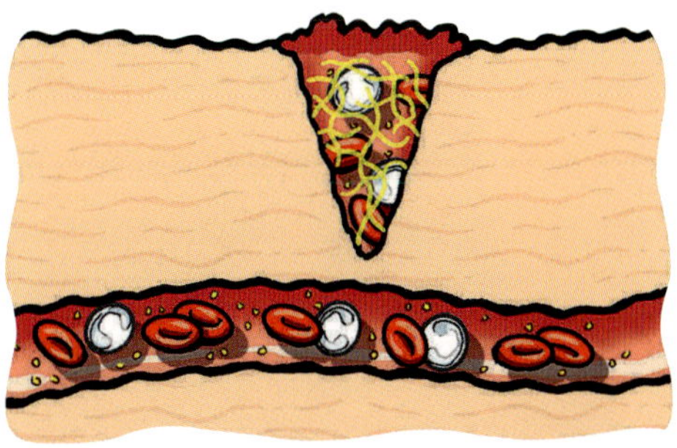

Contusions et plaies

Il existe différentes sortes de plaies et de contusions, plus ou moins graves.

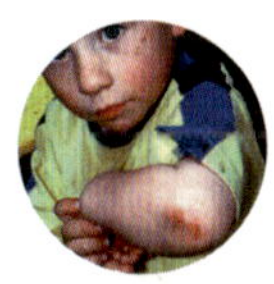

Les **écorchures** sont de petites blessures superficielles de la peau. Par exemple quand tu t'érafles contre un objet rugueux.

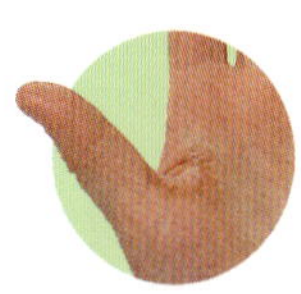

Les **ampoules** sont des bulles remplies de liquide causées par des frottements prolongés de la peau. Ne les crève surtout pas !

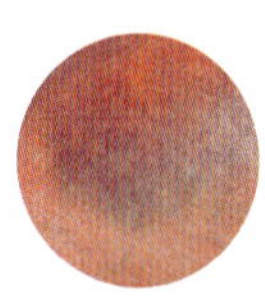

Les **bleus** sont des taches de sang sous la peau. Elles changent de couleur en guérissant.

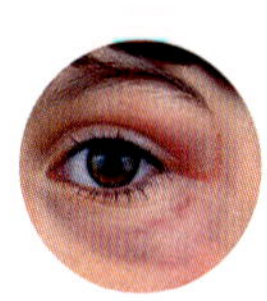

L'**œil au beurre noir** est un bleu qui se forme quand le sang s'accumule sous la peau autour de l'œil.

Entre trois et huit minutes.

Les hormones

Une hormone est une substance chimique qui change la façon dont fonctionnent certaines parties de ton corps. Même en petites quantités, elles ont un effet très puissant. Certaines agissent lentement au fil des années, mais d'autres ont une action immédiate.

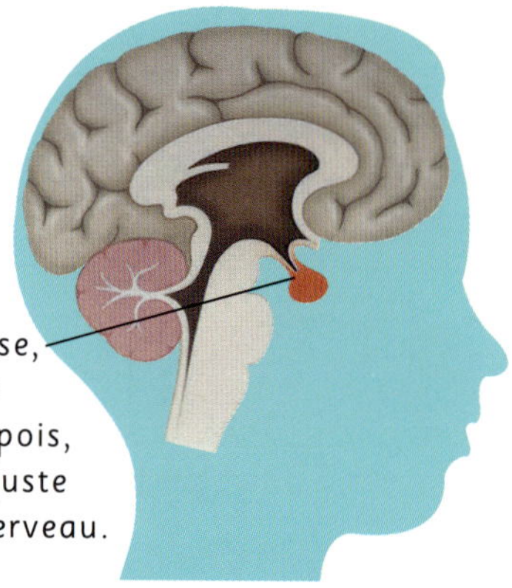

L'hypophyse

Les hormones sont produites dans certaines parties du corps appelées glandes. La glande la plus importante est l'hypophyse. Ses hormones contrôlent la plupart des autres glandes.

L'hormone de croissance

Chaque jour ton hypophyse libère environ 8 petites doses d'hormone de croissance, surtout quand tu dors. Cette hormone développe tes os et tes muscles.

Grandir

Les enfants et les adolescents produisent une très grande quantité d'hormone de croissance, ce qui explique pourquoi ils grandissent si vite. Les adultes aussi en fabriquent, mais de moins en moins avec l'âge.

Qu'est-ce qui transporte les hormones à travers le corps ?

Des missions de contrôle

Les hormones sont importantes : elles contrôlent de nombreuses fonctions de l'organisme.

L'**œstrogène** est l'hormone sexuelle féminine. Elle transforme les petites filles en femmes.

La **testostérone** est l'hormone sexuelle masculine. Elle transforme les petits garçons en hommes.

La **mélatonine** régule le rythme veille/sommeil.

Le **glucagon** élève le taux de sucre dans le sang pour te donner de l'énergie.

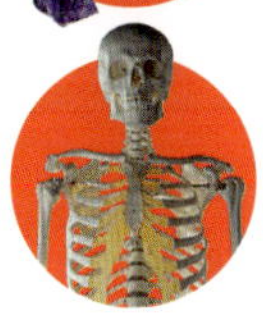

L'**hormone parathyroïdienne** libère le calcium des os dans le sang.

Qu'est-ce que l'adrénaline ?

L'adrénaline est une hormone que tu fabriques en cas d'émotion forte, de frayeur par exemple. Elle agit instantanément, préparant ton corps à réagir au plus vite face à un danger.

Deviens incollable...
Sur la croissance, pages **232-233**
Sur le sommeil, pages **238-239**

Le contrôle de la glycémie

L'insuline est l'hormone qui contrôle le taux de sucre dans ton sang. Certaines personnes ne fabriquent pas assez d'insuline et doivent vérifier régulièrement leur glycémie. Elles souffrent d'une maladie appelée diabète.

Les diabétiques se piquent le doigt pour obtenir une goutte de sang et contrôler la quantité de sucre qu'elle contient.

Comment respires-tu ?

Tu as besoin de respirer en permanence pour fournir de l'oxygène à ton corps et te débarrasser du gaz carbonique. Tu utilises donc tes poumons.

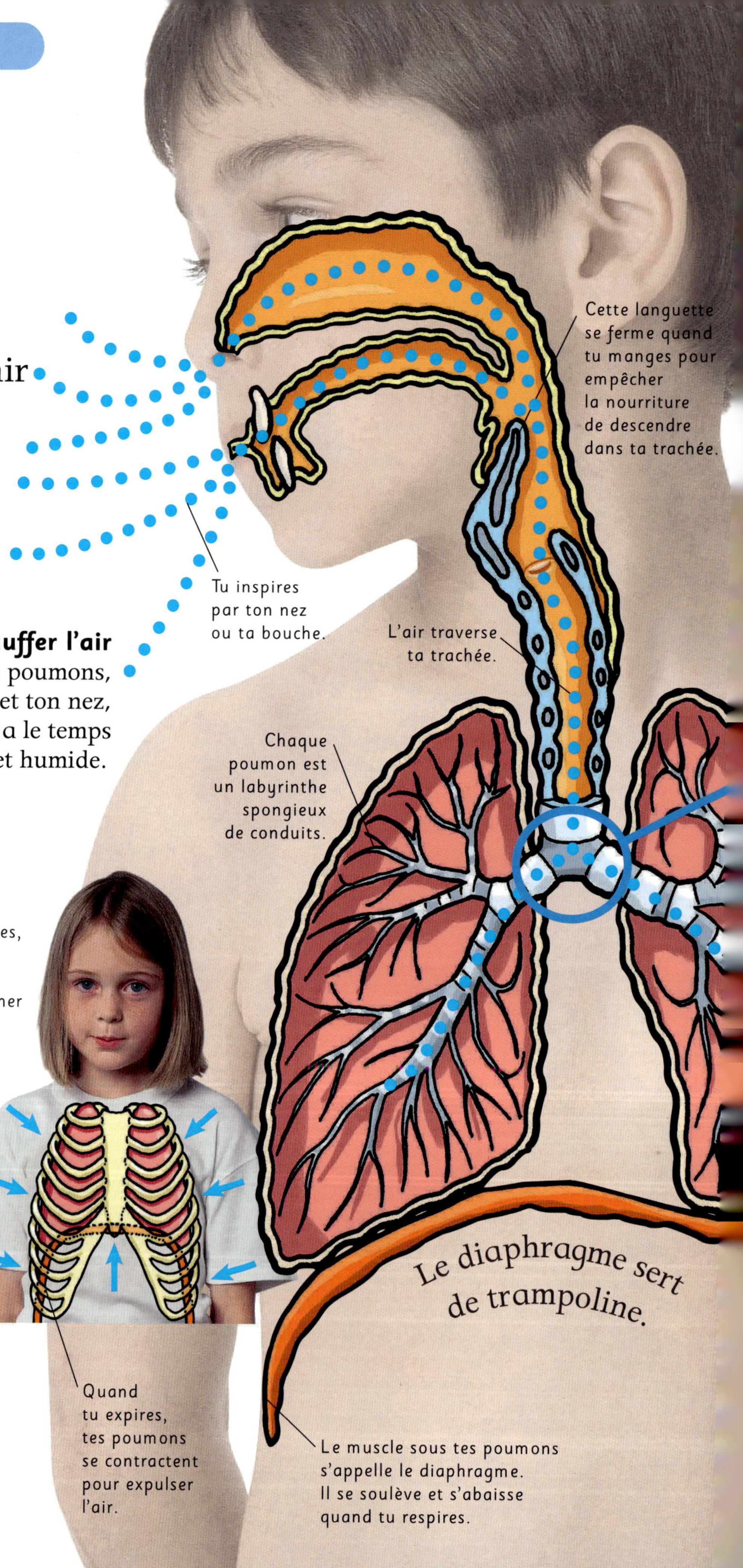

Réchauffer l'air

Avant que l'air pénètre dans tes poumons, il passe à travers ta bouche et ton nez, puis descend dans ta trachée. Il a le temps de devenir chaud et humide.

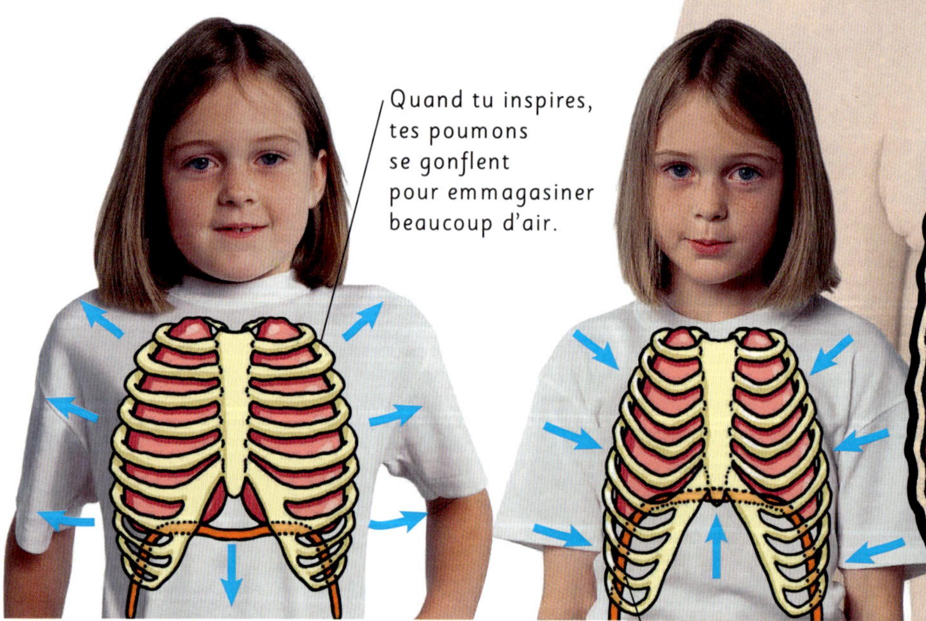

Inspirer, expirer

Tes côtes et ton diaphragme t'aident à respirer. Tes poumons se remplissent d'air quand tu soulèves ta cage thoracique, puis se vident quand tu l'abaisses grâce à un muscle, le diaphragme.

Combien de fois par jour respires-tu ?

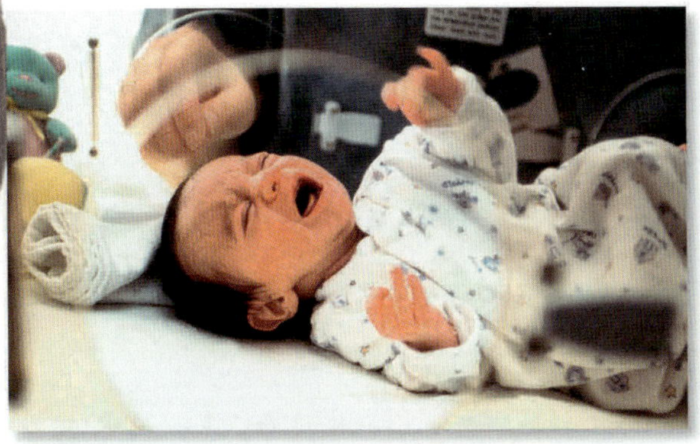

Un bébé en couveuse
Les nouveau-nés fragiles peuvent avoir du mal à respirer. Ils sont placés dans une enceinte close appelée couveuse où ils reçoivent de l'oxygène supplémentaire.

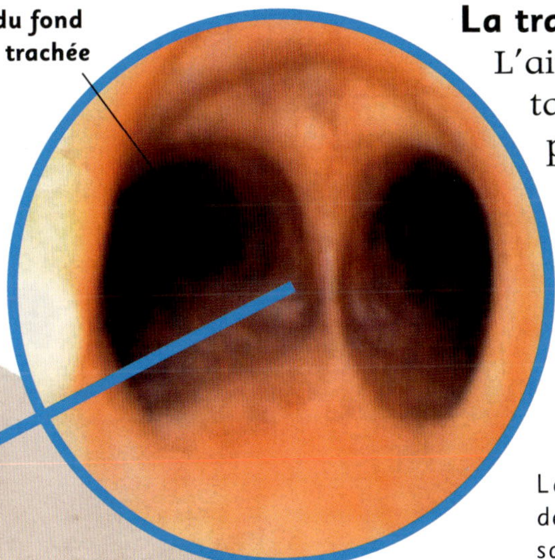

La trachée
L'air qui a traversé ta bouche et ton nez pénètre dans ta trachée pour descendre dans ta gorge jusque dans ta poitrine. Puis elle se divise en deux conduits : un pour chaque poumon.

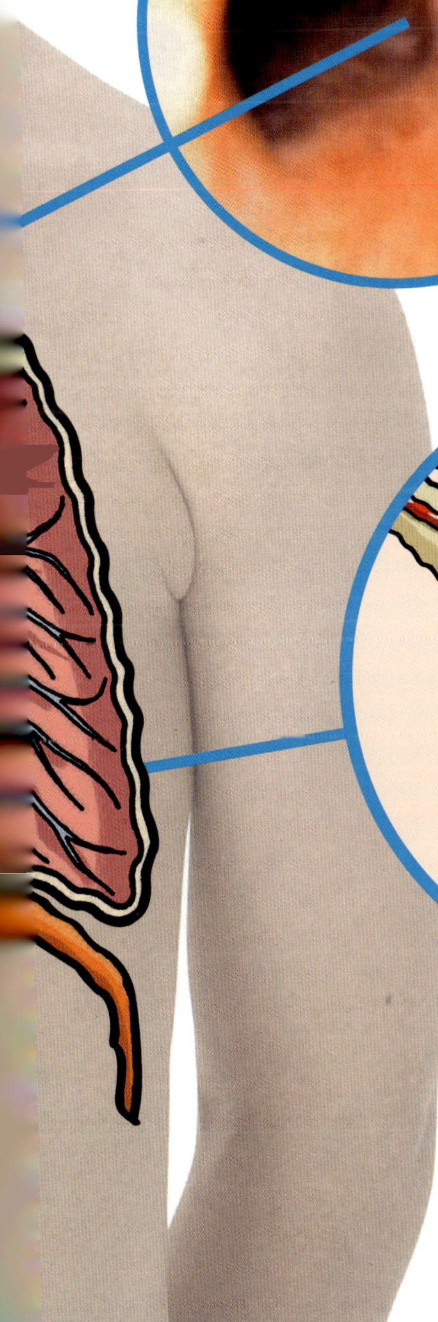

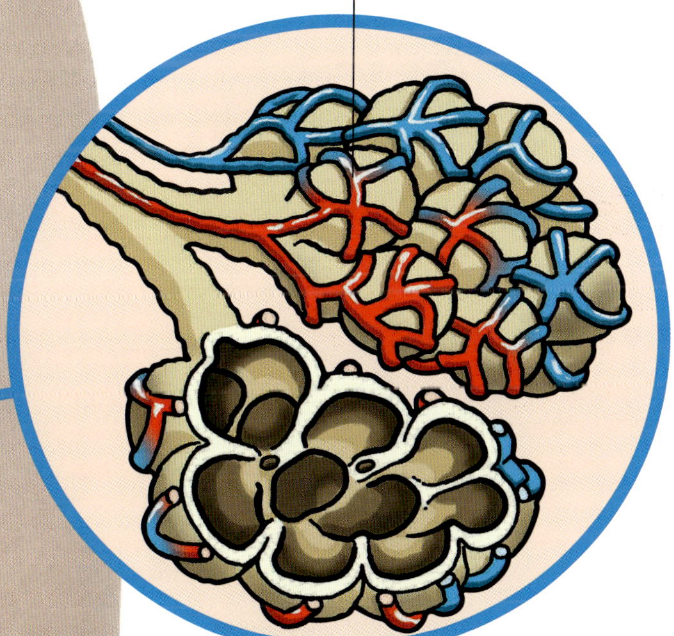

Les alvéoles
Tes poumons sont remplis de conduits se terminant par de minuscules sacs, les alvéoles. C'est là que l'oxygène de l'air passe dans le sang. Ton sang transporte l'oxygène à travers tout ton corps.

Test d'observation

Regarde attentivement les pages 190 à 197 et essaie de retrouver ce que représentent ces photos.

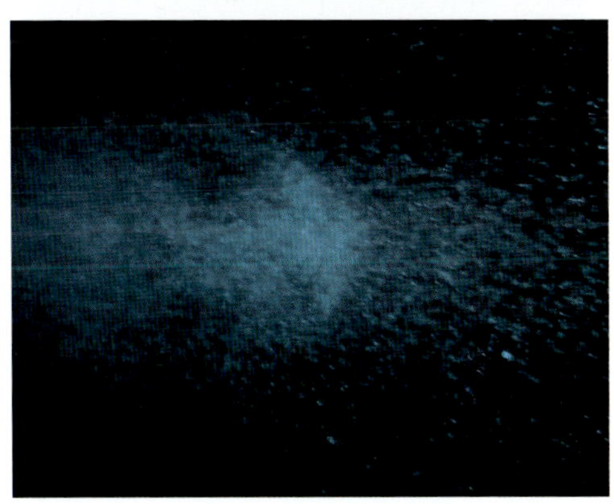

Environ 23 000 fois.

Air et oxygène

L'air que tu respires contient un gaz indispensable à la vie humaine, l'oxygène. L'oxygène permet à tes cellules de tirer leur énergie des aliments. Elles mourraient en quelques minutes si ta respiration s'arrêtait.

Le jour, les arbres absorbent le gaz carbonique de l'air et rejettent l'oxygène.

L'oxygène des arbres
Les arbres nettoient l'air en filtrant la pollution. Ils fabriquent aussi de l'oxygène qu'ils libèrent par leurs feuilles.

Tu respires normalement 20 fois par minute, plus si tu fais de l'exercice.

Deviens incollable...
Sur les cellules, matériaux de construction du corps, pages **12-13**

Qu'est-ce que l'air ?
L'air t'entoure en permanence, mais il est invisible, inodore et insipide. Tu peux sentir sa présence quand le vent souffle.

À bout de souffle
Respirer fortement fournit de l'oxygène supplémentaire à ton corps pour qu'il puisse travailler davantage. Tu es à bout de souffle si tes poumons ne peuvent pas apporter rapidement de l'oxygène à ton corps.

Pas d'air

Il n'y a pas partout de l'air à respirer. Dans ce cas, il faut apporter de l'air avec soi, en bouteille.

Les **incendies** brûlent l'oxygène et produisent d'épaisses fumées toxiques.

Au **sommet des montagnes**, l'air et l'oxygène sont rares.

Il n'y a pas d'**air** à respirer dans l'espace et sur les planètes proches de la Terre.

L'**eau** contient de l'oxygène, mais les humains ne peuvent pas le respirer.

Retiens ta respiration !

Les humains peuvent rester quelques instants sous l'eau sans respirer. La plupart retiennent leur souffle pendant 1 minute, mais le record du monde est d'environ 6 minutes.

Quand il fait froid, tu peux voir l'eau de ton souffle se transformer en vapeur au contact de l'air.

L'air humide

As-tu remarqué qu'en soufflant sur une vitre ou un miroir tu fais de la buée ? C'est parce que l'air que tu expires est un peu humide.

Tu dois savoir contrôler ta respiration pour gonfler un ballon.

La capacité respiratoire

Tu absorbes environ 1/2 L d'air à chaque fois que tu inspires. Si tu inspires profondément, tu peux aspirer 3 L d'un coup.

Un moyen de sauver quelqu'un qui n'arrive plus à respirer en soufflant dans sa bouche.

Produire des sons

Les humains peuvent produire beaucoup plus de sons que d'autres créatures. Ta voix est unique parce qu'elle dépend en partie de la forme de ton visage.

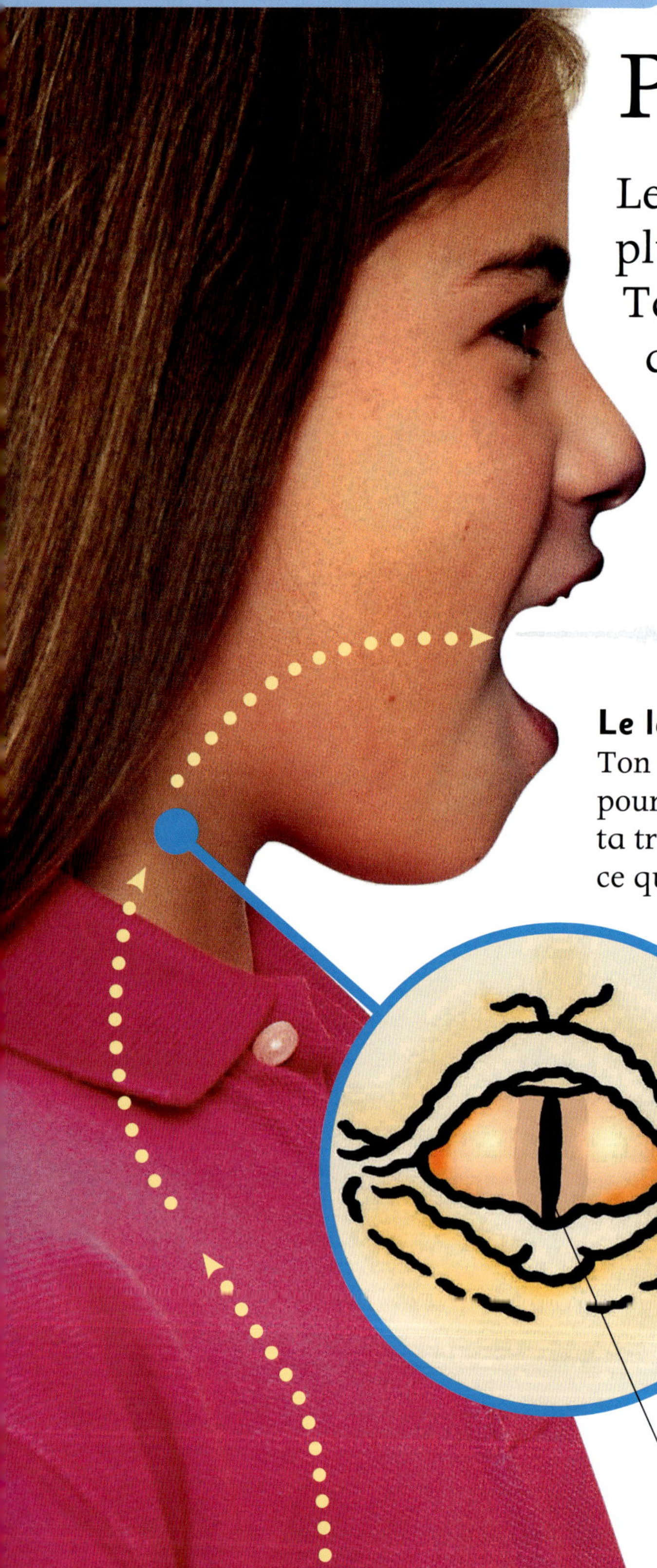

Tu peux parler, chuchoter, chantonner et crier !

Le larynx
Ton larynx joue deux rôles. Tu l'utilises pour produire des sons et fermer ta trachée quand tu manges, ce qui t'empêche d'étouffer.

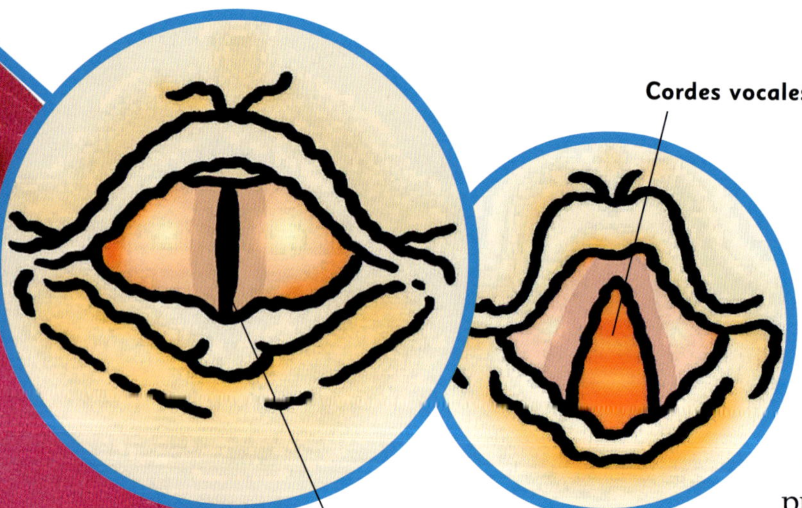

Les cordes vocales
L'intérieur de ton larynx comprend deux petits cordons, les cordes vocales. Tu produis des sons en faisant circuler l'air entre elles, ce qui les fait vibrer. Les vibrations rapides produisent des sons aigus, les vibrations lentes des sons graves.

Une réserve d'air
Tu utilises l'air provenant de tes poumons pour produire des sons. Tu as donc du mal à parler quand tu es essoufflé.

La pomme d'Adam
Au cours de la puberté, le larynx du petit garçon grossit, ce qui lui donne une voix plus grave. Tu peux parfois le voir former une boule saillante devant la gorge : c'est la pomme d'Adam.

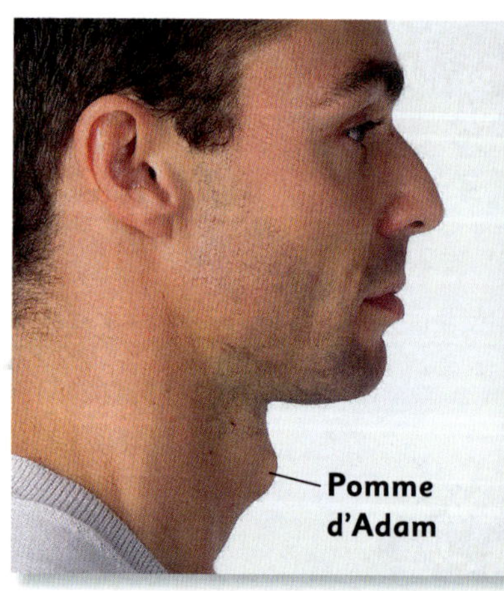

Pourquoi les bébés et les enfants ont-ils une voix plus aiguë que celle des adultes ?

Bouche tes oreilles !
Plus l'air est expulsé des poumons avec force, plus le son est bruyant. Alors si un bébé avale beaucoup d'air, tu peux t'attendre à un cri vraiment très fort !

Connais-tu un ronfleur ?

zzzZZ

Former les sons
L'air provenant des poumons est façonné par la langue, les joues et les lèvres pour produire des sons.

Tu produis un « o » en poussant tes lèvres vers l'avant, comme si tu allais faire un bisou à quelqu'un.

Tu produis un « a » en abaissant ta langue et en ouvrant ta bouche.

Tu produis un « i » en étirant tes lèvres, comme si tu souriais.

Le ronflement
En dormant, certaines personnes font parfois vibrer des parties charnues au fond de leur nez et de leur gorge. Ces vibrations sonores s'appellent le ronflement. Tu peux aussi ronfler quand tu as un rhume.

Faire de la musique
Tu contrôles ton souffle quand tu parles, mais tu dois savoir le contrôler encore mieux pour chanter ou jouer d'un instrument à vent.

Deviens incollable...
Sur la croissance, pages **232-235**
Sur le langage du corps, pages **242-247**

Parce qu'ils ont des cordes vocales plus courtes qui vibrent plus vite et produisent donc des sons plus aigus.

Les voies respiratoires

Tu dois garder tes voies respiratoires dégagées pour respirer normalement. Si un corps étranger y a pénétré, ton corps essaie de s'en débarrasser au plus vite !

Un éternuement peut être aussi rapide qu'une voiture !

Éternuer
Quand tu éternues, tu te débarrasses rapidement des poussières que tu as inhalées sans même t'en rendre compte.

Pourquoi fermes-tu les yeux en éternuant ?

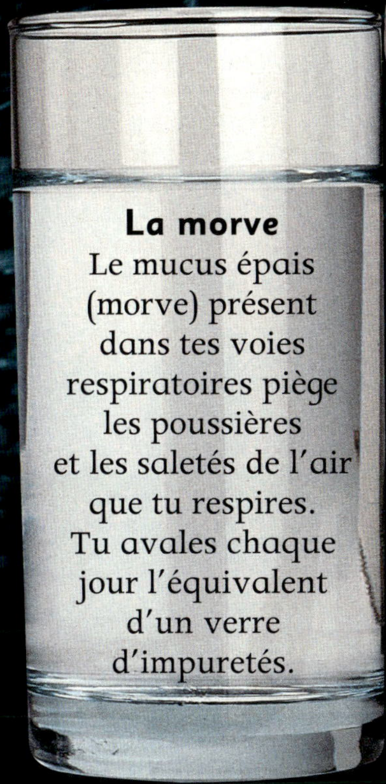

La morve

Le mucus épais (morve) présent dans tes voies respiratoires piège les poussières et les saletés de l'air que tu respires. Tu avales chaque jour l'équivalent d'un verre d'impuretés.

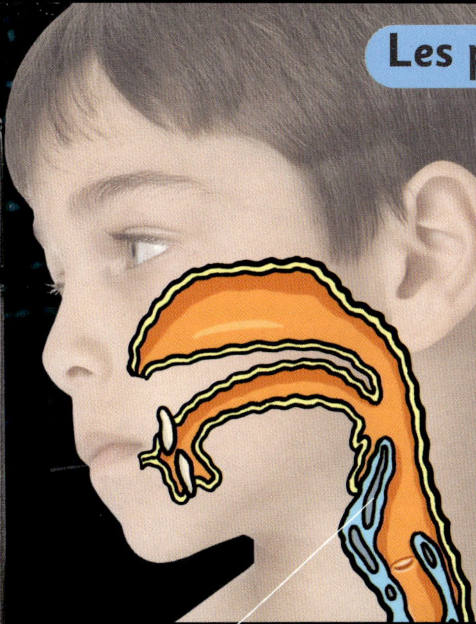

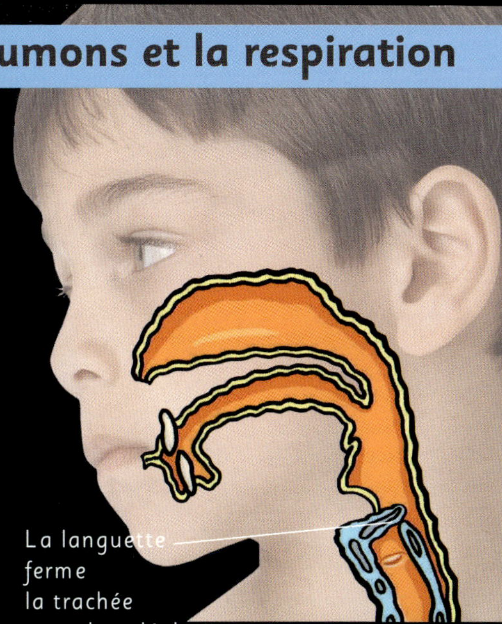

L'épiglotte

Contrairement à d'autres créatures, les humains utilisent leur gorge à la fois pour manger et respirer. L'épiglotte est une languette de cartilage qui ferme ta trachée quand tu avales pour empêcher le passage des aliments et l'étouffement.

Les poils dans le nez

Les minuscules poils dans ton nez sont comme des balais qui évacuent les particules inhalées. Ces poussières sont emprisonnées dans le mucus, puis chassées vers la gorge avant d'être avalées.

Fais-le !

Les bâillements sont contagieux ! Tu as quelqu'un à côté de toi ? Essaie de bâiller et tu verras, tu déclencheras une série de bâillements !

Tousser

Les particules irritantes qui ont pénétré dans ta gorge sont expulsées quand tu tousses. La toux sollicite tes cordes vocales, d'où le bruit que tu fais en toussant.

Avoir le hoquet

Ton diaphragme peut se contracter brusquement. L'air se précipite alors dans tes poumons et tes cordes vocales se ferment, ce qui produit un bruit typique. On ignore la cause du hoquet.

Bâiller

Nous ignorons pourquoi nous bâillons, mais nous savons que cela apporte davantage d'oxygène aux poumons. Les bâillements nous stimulent un peu dès que nous ressentons de la fatigue ou de l'ennui.

Pour empêcher tes globes oculaires d'être éjectés par la force de l'éternuement.

La peau

La peau recouvre tout ton corps. Elle te protège des microbes, de l'eau et du soleil, et permet à ton corps de rester à la bonne température.

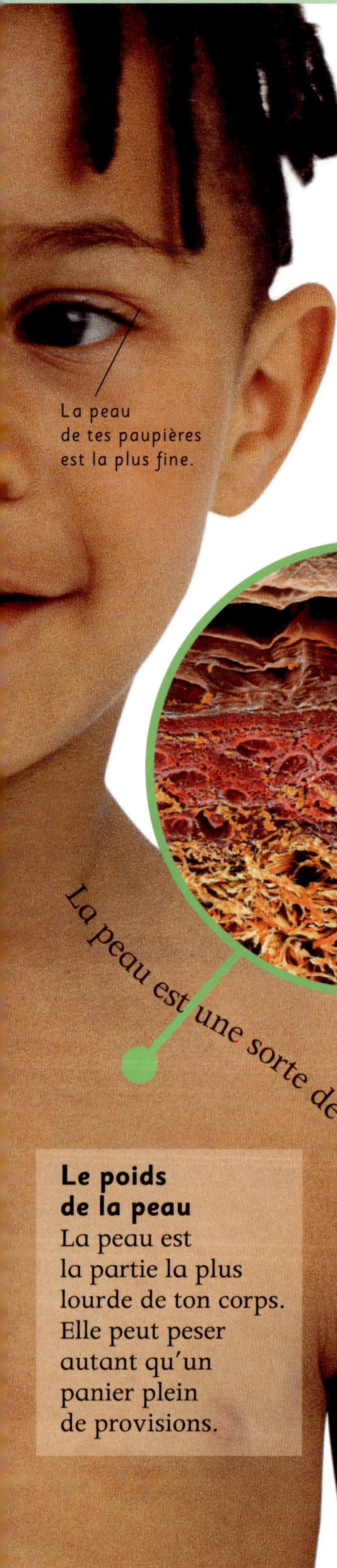

La peau de tes paupières est la plus fine.

La peau est une sorte de manteau extensible.

Deux couches
Ta peau est formée de deux couches principales. La couche supérieure, celle que tu peux voir, s'appelle l'épiderme. En dessous se trouve le derme, rempli de nerfs et de vaisseaux sanguins.

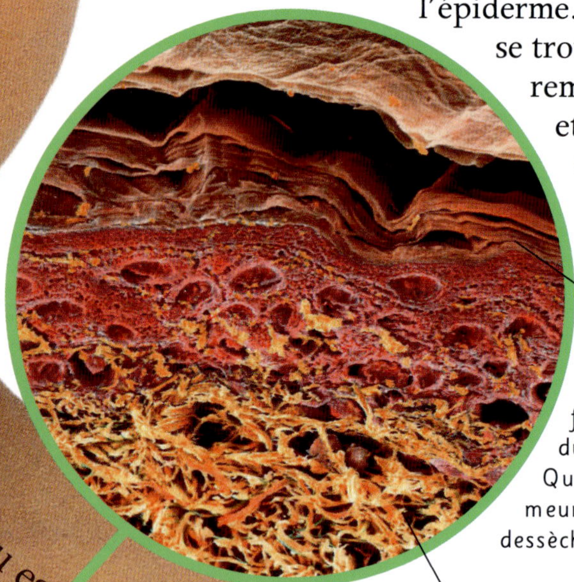

La surface de ta peau est constituée de cellules aplaties formées d'une matière dure, la kératine. Quand les cellules meurent, elles se dessèchent et tombent.

En dessous, de nouvelles cellules remplacent les cellules mortes.

Résistante à l'eau
Ta peau empêche l'eau de pénétrer dans ton corps quand tu prends une douche ou un bain. Elle empêche aussi les liquides de ton corps de s'échapper.

Morceaux de peau grossis

Le poids de la peau
La peau est la partie la plus lourde de ton corps. Elle peut peser autant qu'un panier plein de provisions.

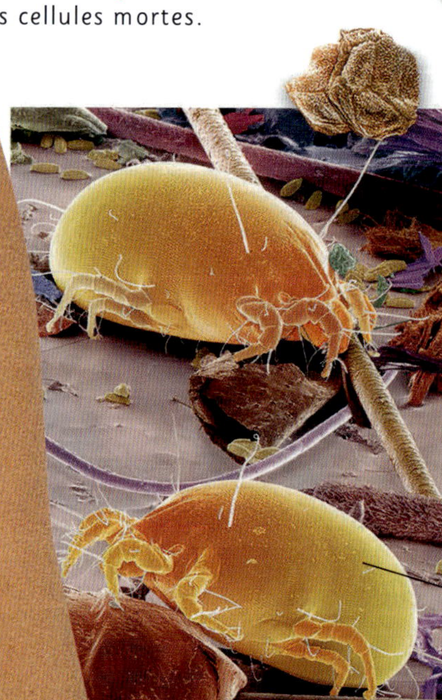

La poussière
La poussière est formée principalement de peaux mortes. Les acariens s'en nourrissent. Ils vivent dans les lits, les coussins et les tapis.

Les acariens ne sont pas si gros en réalité ! Ils sont même si petits que tu ne les vois pas.

Combien de peaux mortes tombent chaque jour de ton corps ?

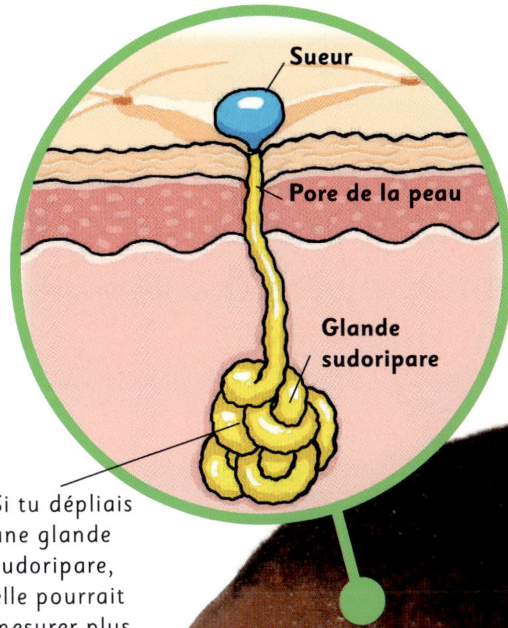

Si tu dépliais une glande sudoripare, elle pourrait mesurer plus de 1 m de long.

La couleur de peau
Une substance appelée mélanine détermine la couleur de ta peau. Plus tu as de mélanine, plus ta peau est foncée. Au soleil ton corps produit de la mélanine supplémentaire pour protéger ta peau en la rendant plus sombre : c'est le bronzage.

La peau la plus épaisse de ton corps est celle de la plante de tes pieds.

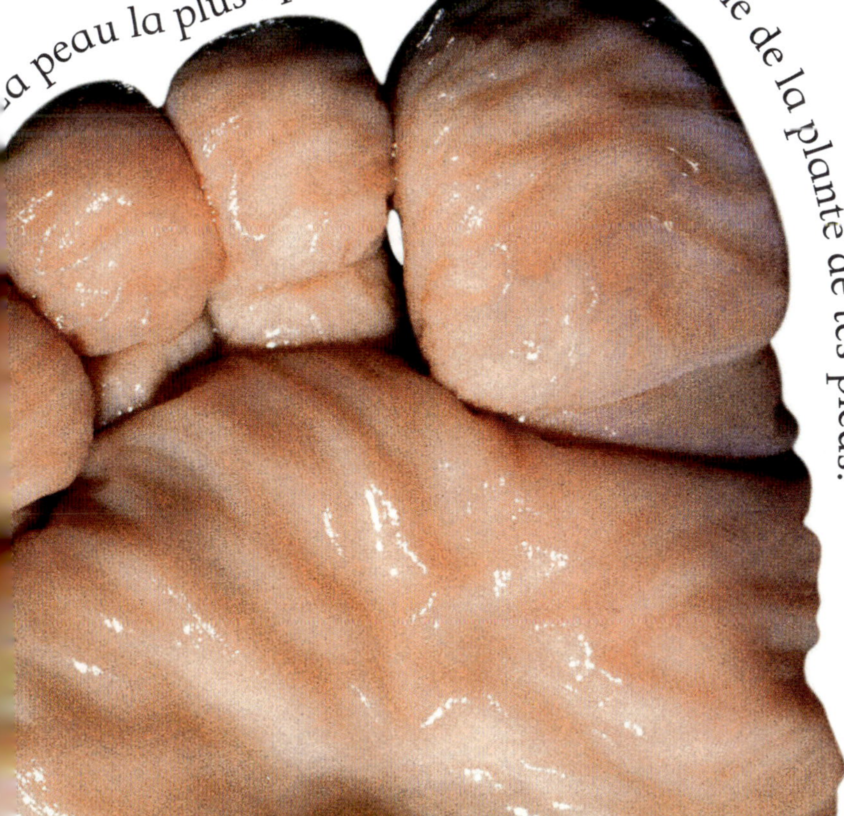

Refroidir le corps
En s'évaporant, la sueur sur ta peau te rafraîchit. La sueur provient de glandes enroulées sous la peau. Elle sort par de minuscules trous appelés pores.

Doigts et ongles

Les ongles, comme la peau, protègent ton corps et, en particulier, les extrémités de tes doigts. Ils t'aident aussi à saisir les objets.

Arche

Boucle

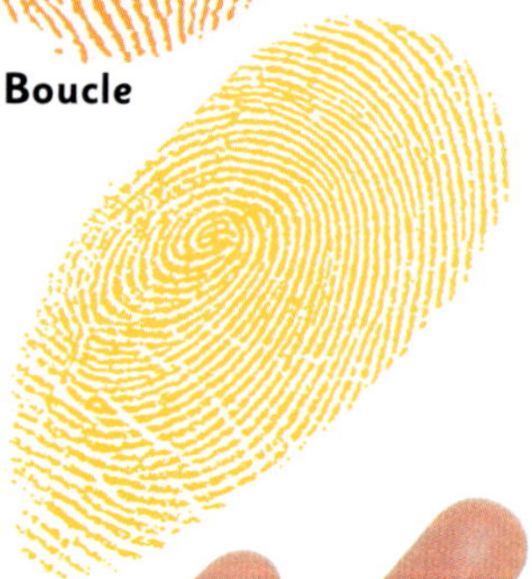

Tourbillon

Fais-le !

Appuie fortement le bout de ton doigt sur un tampon encreur, puis sur un morceau de papier. L'empreinte que tu laisses est ton empreinte digitale.

Empreintes digitales

Les extrémités de tes doigts sont marquées de sillons qui constituent tes empreintes digitales. Les empreintes digitales forment différents dessins : arches, boucles, tourbillons, et sont propres à chaque personne.

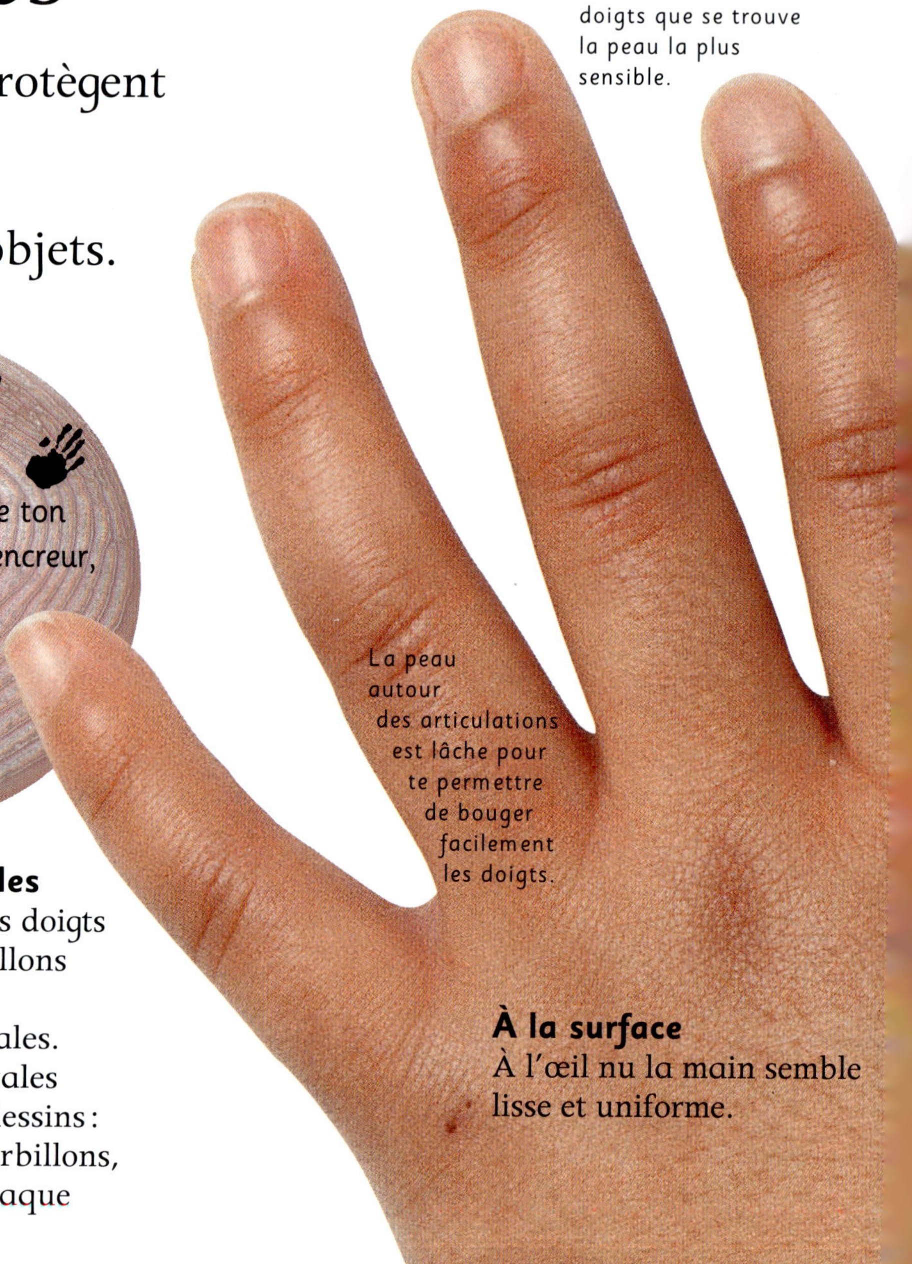

C'est au bout des doigts que se trouve la peau la plus sensible.

La peau autour des articulations est lâche pour te permettre de bouger facilement les doigts.

À la surface

À l'œil nu la main semble lisse et uniforme.

La sueur laisse des traces presque invisibles sur toutes les surfaces que tu touches.

La police utilise les empreintes digitales pour rechercher les criminels.

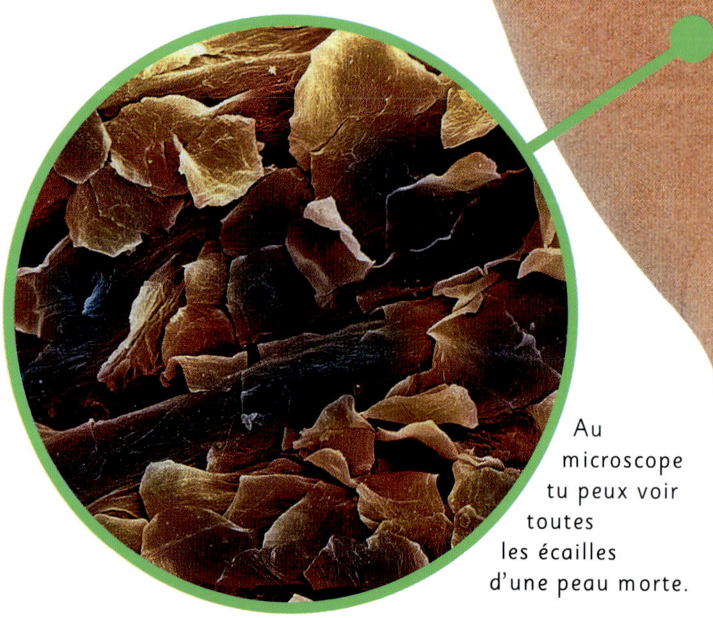

Au microscope tu peux voir toutes les écailles d'une peau morte.

D'où proviennent les taches blanches sur tes ongles ?

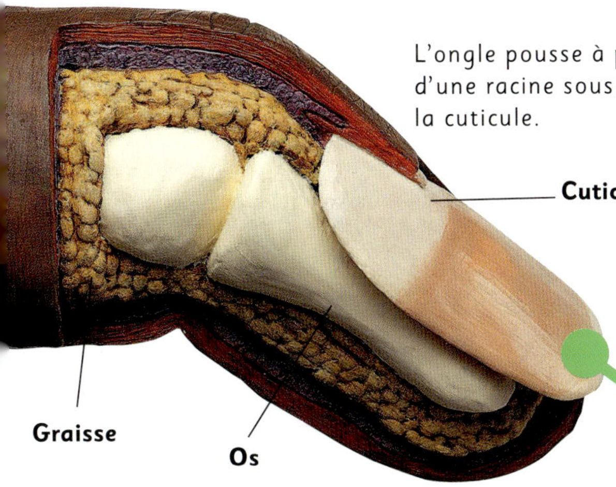

Vue au microscope, la kératine de l'ongle est formée de nombreuses couches feuilletées.

Des points communs

Comme les humains, les autres mammifères et les oiseaux possèdent des parties du corps constituées de kératine.

Les griffes ressemblent aux ongles, mais sont plus solides et plus pointues.

Qu'est-ce qu'un ongle ?

Même si les ongles sont beaucoup plus durs que la peau ou les cheveux, ils sont constitués du même matériau de base, la kératine.

Le bec des oiseaux est très dur pour déchiqueter ou écraser leur nourriture.

Tes ongles sont les griffes des animaux.

À quoi servent les ongles ?

Tu aurais du mal à porter des objets lourds si tu n'avais pas d'ongles aux doigts de tes mains. Ils rendent le bout des doigts plus rigide et plus solide. Et ils te permettent de te gratter si tu as des démangeaisons !

La croissance des ongles

Tes ongles commencent à pousser avant ta naissance et ils continuent durant toute ta vie. Ils poussent plus vite sur tes mains que sur tes pieds.

Les cornes contiennent différentes sortes de kératine. Les cornes du rhinocéros sont de la kératine de poil.

D'un choc subi par le nouvel ongle.

Les poils

Les poils sont constitués principalement de kératine, comme la peau et les ongles. Tu possèdes environ 100 000 cheveux sur ta tête et des millions d'autres poils sur ton corps.

Les cheveux poussent pendant 7 ans au maximum avant de tomber.

Comment pousse le cheveu ?
Les cheveux poussent à partir de petites poches, les follicules. La forme du follicule détermine la nature du cheveu : raide, ondulé ou frisé.

À quoi ressemble un cheveu ?
Chaque cheveu est recouvert d'écailles qui se chevauchent comme les tuiles d'un toit, ce qui le renforce et le protège. Les cheveux sont des tissus morts : tu n'as donc pas mal en les coupant.

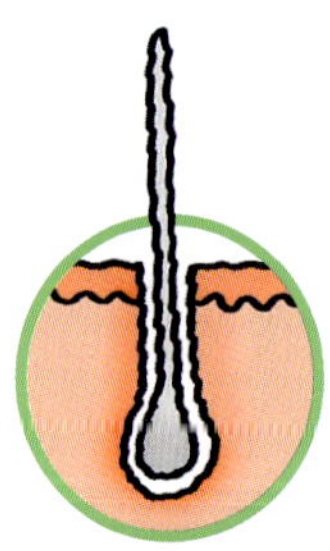

Le follicule est un moule : il donne sa forme à chaque cheveu. Le cheveu raide pousse à partir d'un follicule droit.

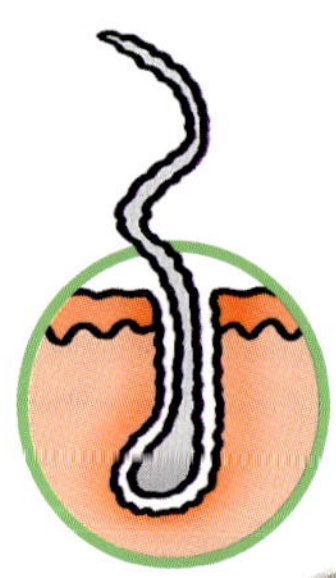

Un follicule légèrement courbe produit un cheveu ondulé.

Cheveux et poils
La chaleur du corps s'évacue principalement par la tête. Tu as donc des poils longs et épais sur ta tête pour tenir chaud à ton cerveau. Des poils fins couvrent les autres parties de ton corps sauf la paume de tes mains, la plante de tes pieds et tes lèvres.

Combien de cheveux perds-tu chaque jour ?

Un crâne chauve
Certains hommes perdent leurs cheveux en vieillissant. En réalité, les cheveux continuent de pousser, mais ils sont plus courts et tombent plus facilement. Certaines personnes naissent sans aucun poil, pas même des cils.

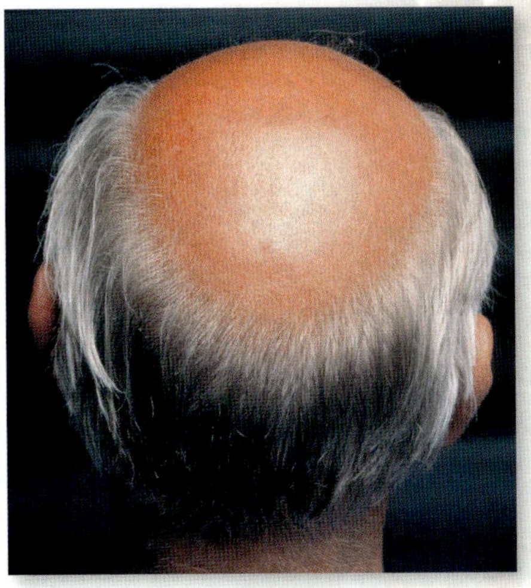

La couleur des cheveux
Les cheveux, comme la peau, doivent leur couleur à une substance appelée mélanine. Si tu n'as pas de mélanine dans les cheveux, ils sont blancs, si tu en as beaucoup, ils sont noirs.

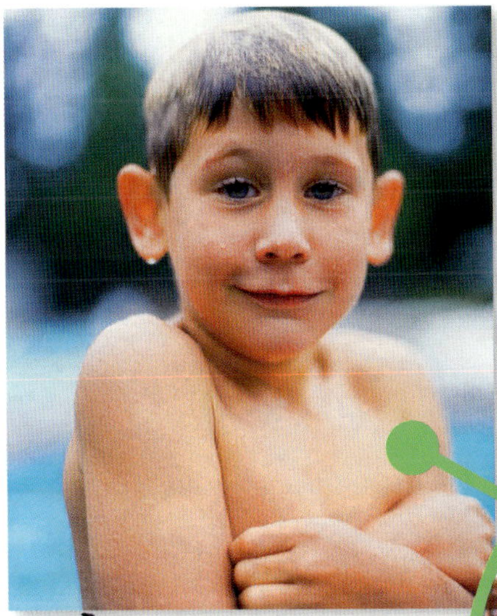

Brrr...
Quand tu as froid, les poils de ton corps se dressent sous l'action de petits muscles (les muscles horripilateurs) pour former une couche isolante qui retient la chaleur. C'est ce qu'on appelle la chair de poule.

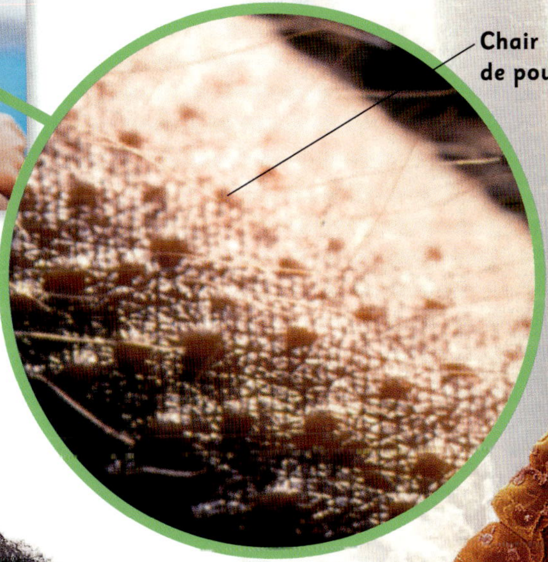

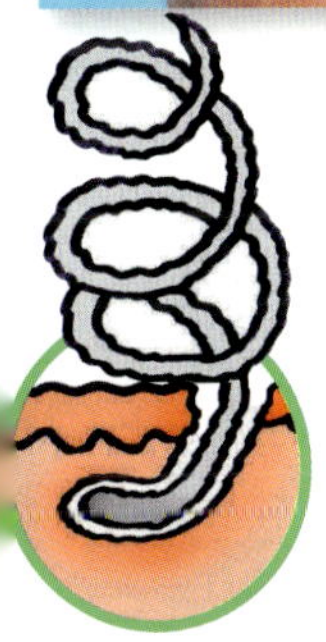

Un follicule très incurvé produit un cheveu frisé.

Les poux
Si ta tête te gratte, tu as peut-être des poux. Les poux s'accrochent à tes cheveux et sucent le sang de ton cuir chevelu. Si tu joues avec tes copains, les poux passent d'une tête à l'autre. Ces petites bêtes préfèrent les cheveux propres.

Une centaine.

Les germes

Ton corps est un zoo ambulant! Il est couvert de petites créatures invisibles qui se nourrissent et se multiplient sur toi. La plupart sont inoffensives, mais certaines appelées germes te rendent malade si elles pénètrent à l'intérieur de ton organisme.

Les virus se propagent dans l'air par la toux et l'éternuement.

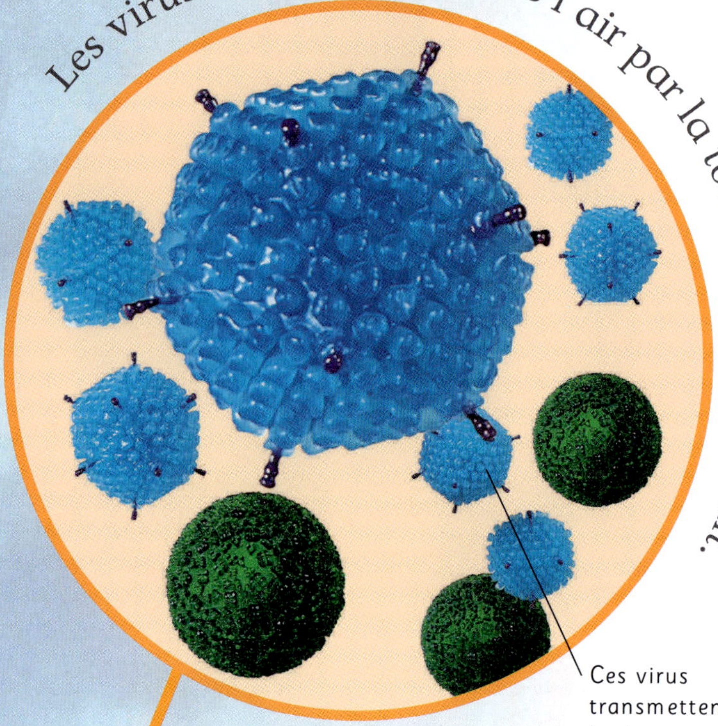

Ces virus transmettent le rhume ou la grippe.

De vilains virus!
Les virus sont les plus petites créatures vivantes sur Terre. Ils pénètrent de force dans tes cellules pour se reproduire. Ils peuvent transmettre le rhume, la grippe, la rougeole, les oreillons et les verrues.

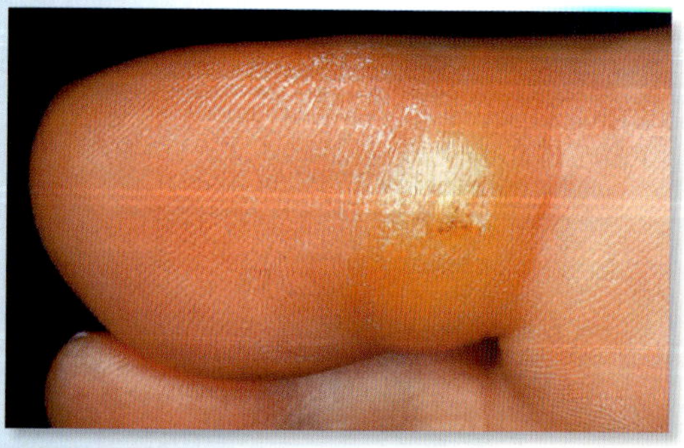

La verrue
Une verrue est un épaississement localisé de la peau causé par un virus. Le virus se propage d'une personne à l'autre dans des lieux où l'on marche pieds nus, les piscines par exemple.

Deviens incollable...

Sur les voies respiratoires, pages **196-197**
Sur les médecins, pages **240-241**

Quel animal a tué le plus d'êtres humains?

Les méchantes bactéries !

Les bactéries sont des germes très répandus qui se propagent souvent par le toucher. Quand elles pénètrent dans une plaie, elles l'infectent. Certaines causent des maladies mortelles si elles envahissent l'estomac ou les poumons.

Ta main laisse des bactéries sur tout ce qu'elle touche.

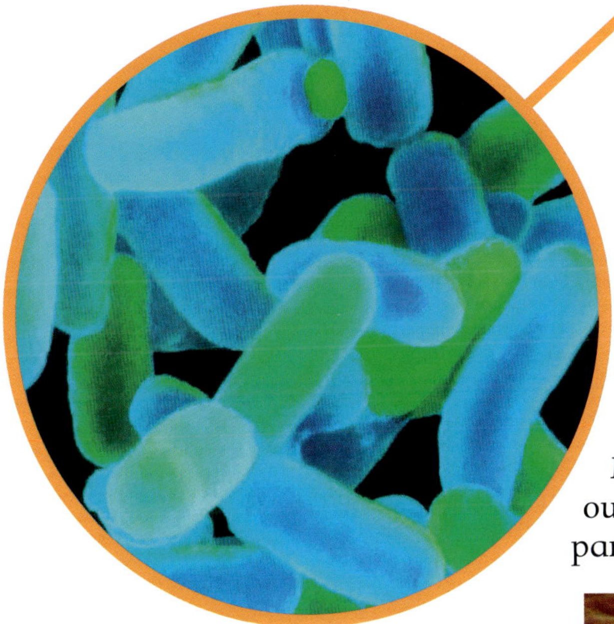

Bonnes ou mauvaises

Il existe plus de bactéries sur ta peau que d'êtres humains sur Terre. La plupart sont inoffensives et certaines te protègent même d'autres germes. Mais si tu touches des aliments pourris ou des excréments, tu risques d'être contaminé par des bactéries dangereuses.

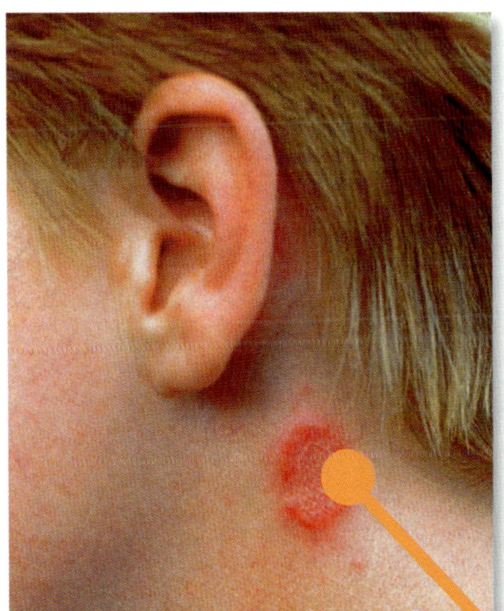

Les champignons

Certains germes sont des champignons. Le trichophyton est un champignon qui se développe dans la peau comme une plante qui produit de longues pousses fines.

Le trichophyton pousse comme une plante qui produit de longues pousses fines.

De mauvaises créatures !

Des créatures bien plus grosses que les bactéries ou les virus se nourrissent aussi à tes dépens et peuvent te rendre malade.

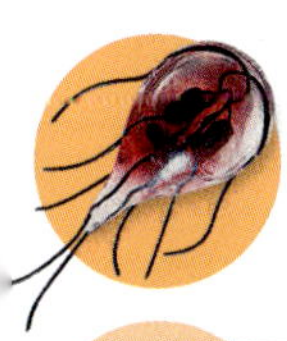

Le **parasite *Giardia lamblia*** vit dans les intestins et se multiplie dans les eaux sales. Il provoque la diarrhée.

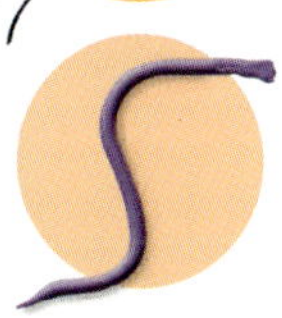

L'**oxyure** vit dans le gros intestin et se transmet au contact de mains sales.

Le **demodex** vit à la racine des cils des êtres humains, mais reste assez inoffensif.

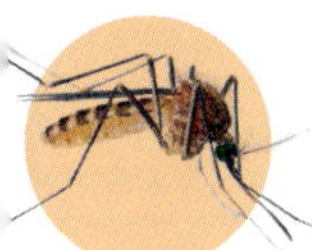

Le **moustique** suce le sang et propage des germes à l'origine de maladies parfois mortelles.

Le moustique, en transmettant aux hommes le paludisme.

Les défenses du corps

Même si tu ne peux pas les voir, des germes se posent constamment sur ton corps et essaient d'y pénétrer. Mais ton organisme possède des moyens efficaces pour leur interdire l'accès.

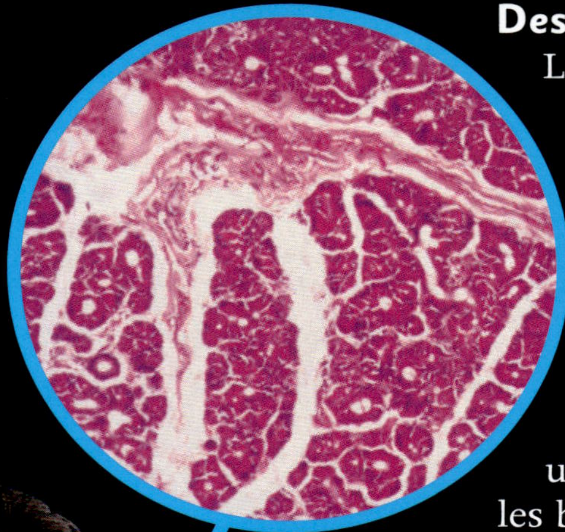

Des larmes empoisonnées
Les germes qui se déposent sur tes yeux sont évacués par les larmes provenant de glandes au-dessus des yeux. Ces larmes contiennent du lysozyme, une substance qui tue les bactéries en les faisant éclater.

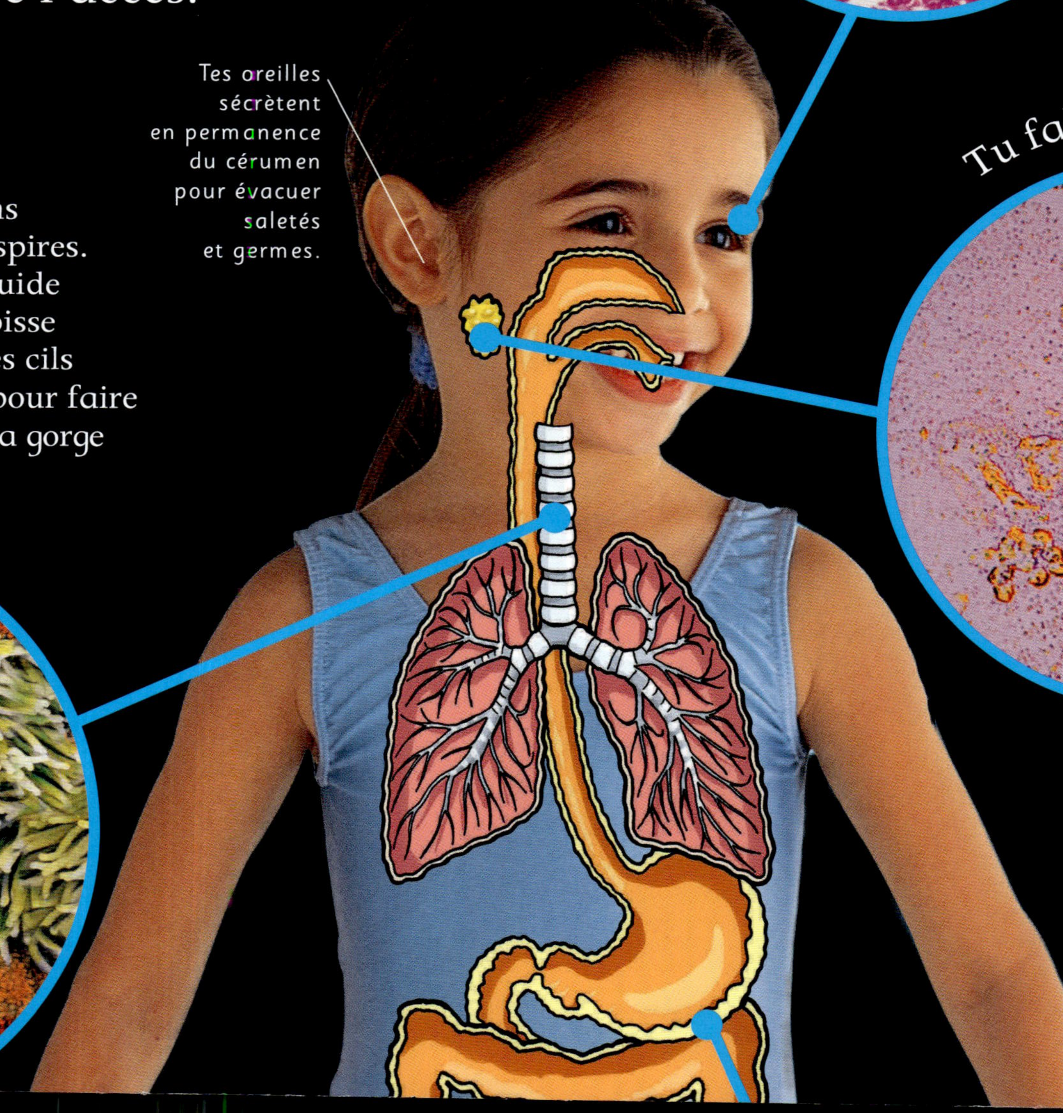

Tes oreilles sécrètent en permanence du cérumen pour évacuer saletés et germes.

Tu fabriques environ 1 L de salive par jour.

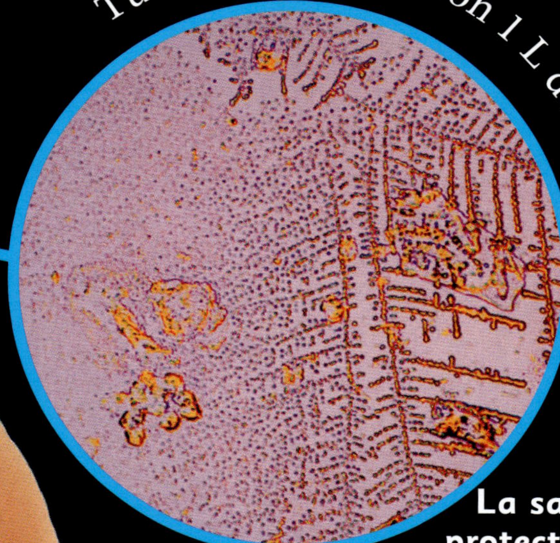

La salive protectrice
Le liquide qui est dans ta bouche s'appelle la salive. Non seulement elle t'aide à digérer, mais elle protège ta bouche, ta langue et tes dents des attaques bactériennes.

Un piège collant
Des germes pénètrent dans tes poumons quand tu inspires. Ils s'engluent dans un liquide collant, le mucus, qui tapisse tes voies respiratoires. Des cils battent continuellement pour faire remonter le mucus dans ta gorge où tu l'avales.

Quel est le plus grand organe de défense du corps humain ?

Deviens incollable...

Sur la vue, pages **168-169**
Sur la digestion, pages **212-219**

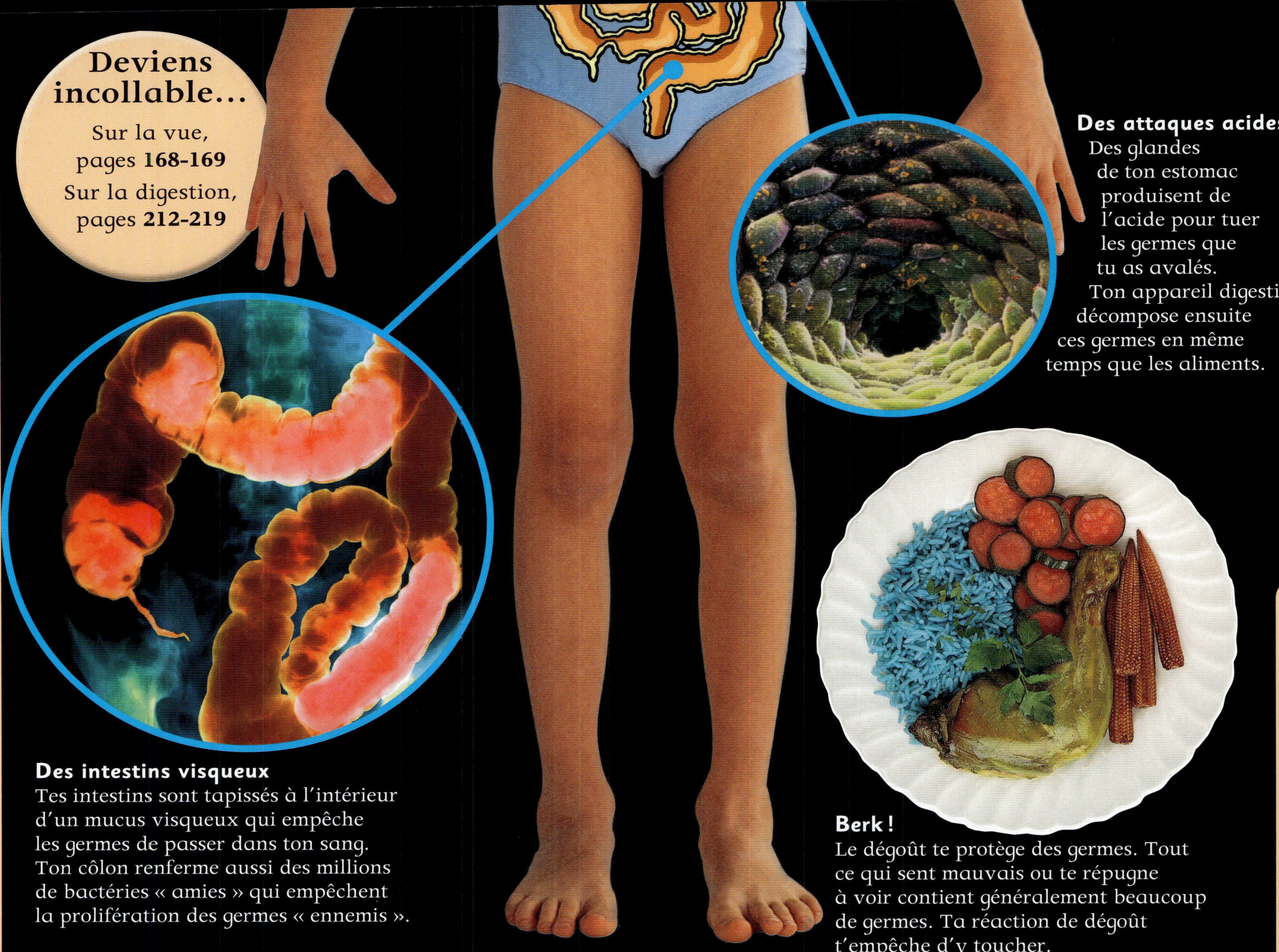

Des attaques acides
Des glandes de ton estomac produisent de l'acide pour tuer les germes que tu as avalés. Ton appareil digestif décompose ensuite ces germes en même temps que les aliments.

Des intestins visqueux
Tes intestins sont tapissés à l'intérieur d'un mucus visqueux qui empêche les germes de passer dans ton sang. Ton côlon renferme aussi des millions de bactéries « amies » qui empêchent la prolifération des germes « ennemis ».

Berk !
Le dégoût te protège des germes. Tout ce qui sent mauvais ou te répugne à voir contient généralement beaucoup de germes. Ta réaction de dégoût t'empêche d'y toucher.

La guerre contre les germes

Si les germes forcent la barrière de tes défenses externes et envahissent tes tissus, ton corps se défend. Les cellules de ton système immunitaire pourchassent et détruisent les envahisseurs. Ce système sera même capable de reconnaître à l'avenir les germes ennemis pour t'en protéger.

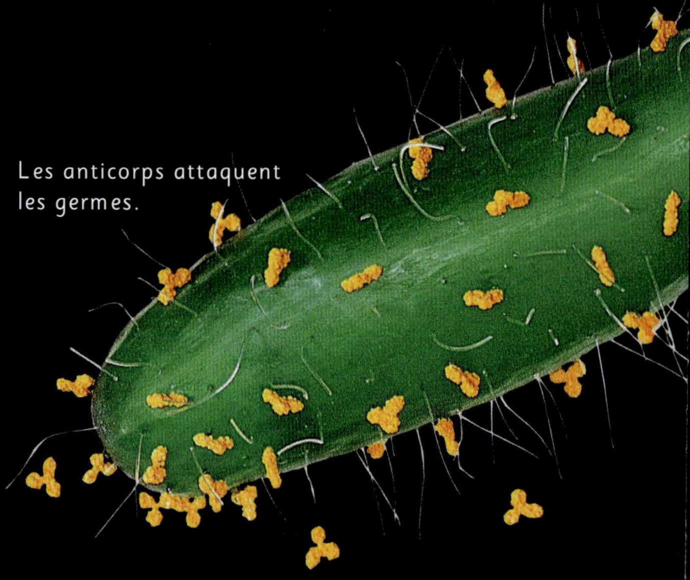

Les anticorps attaquent les germes.

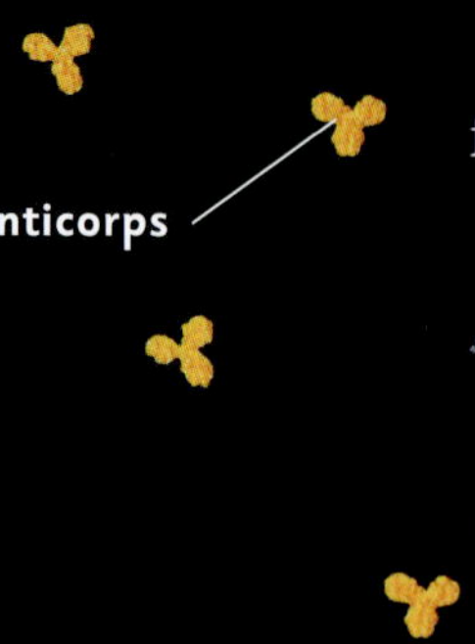

Anticorps

Les anticorps

Certains globules blancs fabriquent des anticorps. Ces substances se collent à la surface des germes et donnent l'ordre à d'autres cellules du corps de les attaquer.

Les cellules tueuses

Des globules blancs appelés macrophages tuent les germes en les avalant. Quand un macrophage trouve un germe, il s'étire, enveloppe le germe et l'avale. Les sucs digestifs le détruisent ensuite.

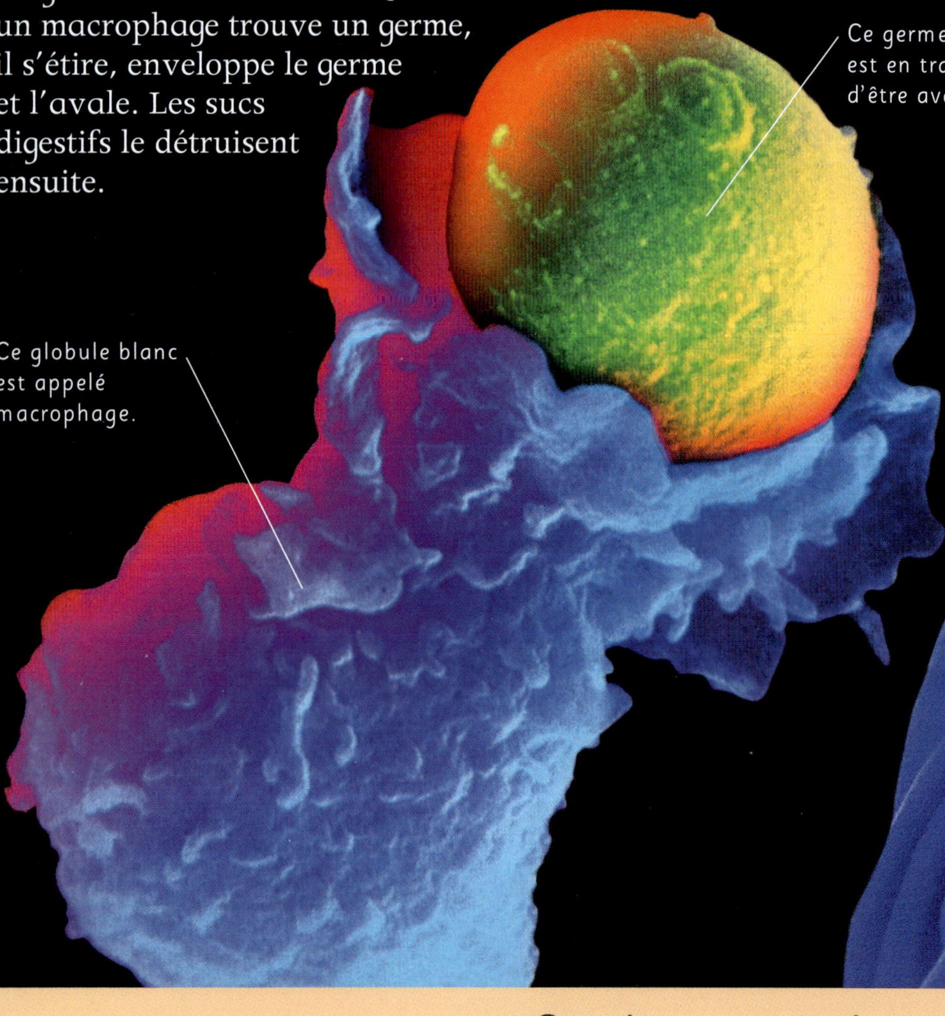

Ce germe est en train d'être avalé.

Ce globule blanc est appelé macrophage.

La fièvre

Ton corps devient plus chaud quand il lutte contre des germes, ce qui te donne de la fièvre.

Combien possèdes-tu d'amygdales dans la gorge ?

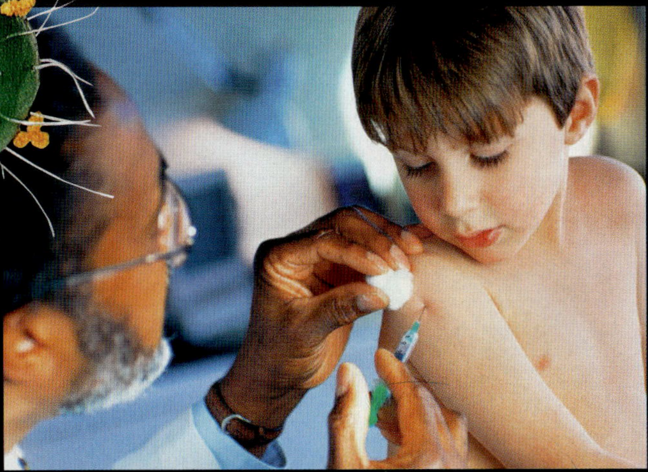

La vaccination

Les médecins te protègent des germes en te vaccinant. Les vaccins contiennent des germes affaiblis ou morts que ton système immunitaire apprend à attaquer. Si un jour ce germe vivant pénètre dans ton corps, ton système immunitaire le reconnaîtra et l'attaquera très vite.

Le lait immunisant

Le lait maternel contient des anticorps tueurs de germes qui protègent le bébé des maladies. Durant les premiers jours qui suivent l'accouchement, la mère fabrique un lait spécial appelé colostrum qui regorge d'anticorps.

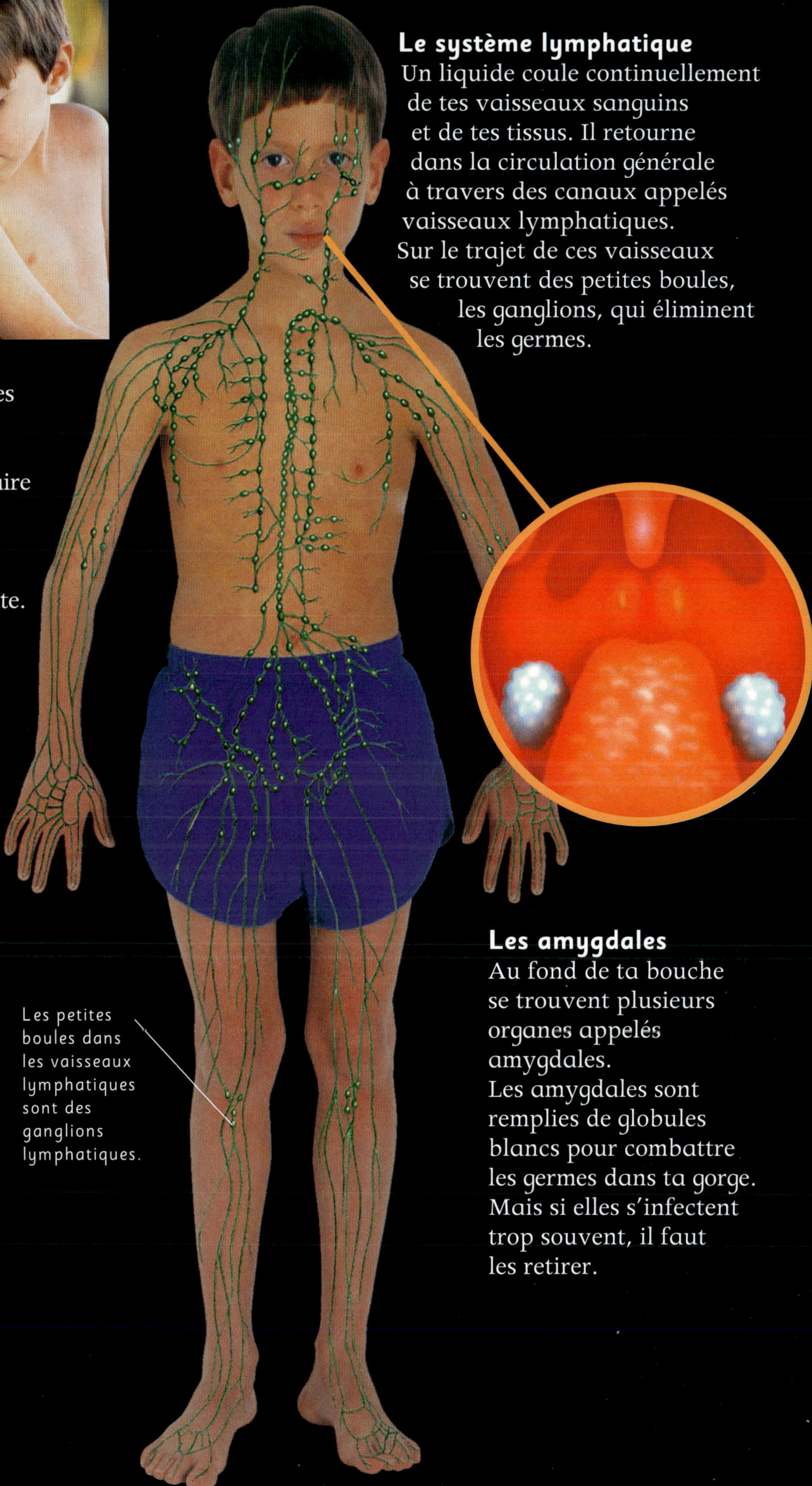

Les petites boules dans les vaisseaux lymphatiques sont des ganglions lymphatiques.

Le système lymphatique

Un liquide coule continuellement de tes vaisseaux sanguins et de tes tissus. Il retourne dans la circulation générale à travers des canaux appelés vaisseaux lymphatiques. Sur le trajet de ces vaisseaux se trouvent des petites boules, les ganglions, qui éliminent les germes.

Les amygdales

Au fond de ta bouche se trouvent plusieurs organes appelés amygdales. Les amygdales sont remplies de globules blancs pour combattre les germes dans ta gorge. Mais si elles s'infectent trop souvent, il faut les retirer.

Quatre grosses et deux petites.

Les allergies

Si ton corps prend pour un germe une substance inoffensive et y réagit de façon excessive, c'est que tu as une allergie. Les aliments, les végétaux, la poussière, les animaux domestiques et bien d'autres choses encore peuvent provoquer des allergies.

Moins de risques ?

Si tu grandis dans une famille nombreuse ou dans une ferme, ton système immunitaire est habitué aux germes. Certains spécialistes pensent que cela te rend moins exposé aux allergies.

Les allergènes

Une substance qui provoque une allergie est un allergène.

Les **piqûres de guêpes** peuvent tuer les personnes allergiques à leur venin.

Les **antibiotiques** peuvent déclencher des éruptions cutanées (des boutons) chez les personnes allergiques.

Les **poils** et la **peau** des animaux familiers peuvent provoquer une allergie qui ressemble au rhume des foins.

Les **moisissures** se développen dans des endroits humides. Leurs spores en poudre peuvent provoquer de l'asthme.

La **lessive** peut provoquer une réaction cutanée.

Les acariens sont apparentés aux araignées et possèdent 8 pattes.

Les acariens

Ces petites bêtes de quelques millimètres sont des millions à vivre dans ta maison. Elles se nourrissent de peaux mortes. Leurs excréments peuvent déclencher des crises d'asthme.

Quelle est l'allergie la plus courante ?

Le pollen
Une poudre fabriquée par les plantes à fleurs, le pollen, est une cause d'allergie très fréquente. Le pollen flotte dans l'air et pénètre dans ton corps quand tu respires.

Les allergies cutanées
Si tu touches une substance à laquelle tu es allergique, des taches rouges qui te démangent peuvent apparaître sur ta peau. Les plantes toxiques, les cosmétiques, les bijoux et les vêtements peuvent provoquer des allergies cutanées.

Les allergies cutanées provoquent des plaques rouges qui démangent semblables à de l'urticaire.

Les allergies alimentaires
Les aliments qui provoquent les allergies les plus fréquentes sont les fraises, les noix, les cacahuètes et les noisettes, les fruits de mer et les œufs. Chez les sujets allergiques, ils peuvent provoquer une éruption cutanée, un écoulement nasal, des irritations buccales, des nausées et des diarrhées.

Les cacahuètes peuvent être mortelles pour les personnes allergiques.

Le rhume des foins rend tes yeux gonflés, larmoyants et rouges.

Le rhume des foins
Les personnes allergiques au pollen souffrent du rhume des foins. Si elles inhalent du pollen, leur nez coule et leurs yeux s'irritent. Le rhume des foins apparaît surtout au printemps et en été quand les graminées disséminent beaucoup de pollen dans l'air.

Les bronchodilatateurs aident les asthmatiques à respirer.

L'asthme
Les asthmatiques ont du mal à respirer. Ils se sentent oppressés et ont une respiration sifflante. L'asthme peut provenir d'une allergie aux acariens, aux poils de chat ou à d'autres substances dans l'air.

Le rhume des foins.

La digestion

Les aliments sont formés d'éléments chimiques gros et très complexes. Ton corps doit donc les décomposer en particules plus petites et plus simples pour être assimilées. Ce processus s'appelle la digestion.

La digestion physique
Certaines parties de ton appareil digestif transforment les aliments en purée, comme un robot mixeur. Ta bouche mastique les aliments, puis ton estomac les brasse jusqu'à ce qu'ils deviennent presque liquides.

Deviens incollable...
Sur le goût et l'odorat, pages **166-167**
Sur l'alimentation, pages **236-237**

La dionée attrape les insectes et les digère avec ses enzymes.

La digestion chimique
De nombreux organes digestifs fabriquent des sucs qui décomposent les substances chimiques des aliments. Les sucs contiennent des enzymes qui transforment les grosses molécules alimentaires en petites molécules.

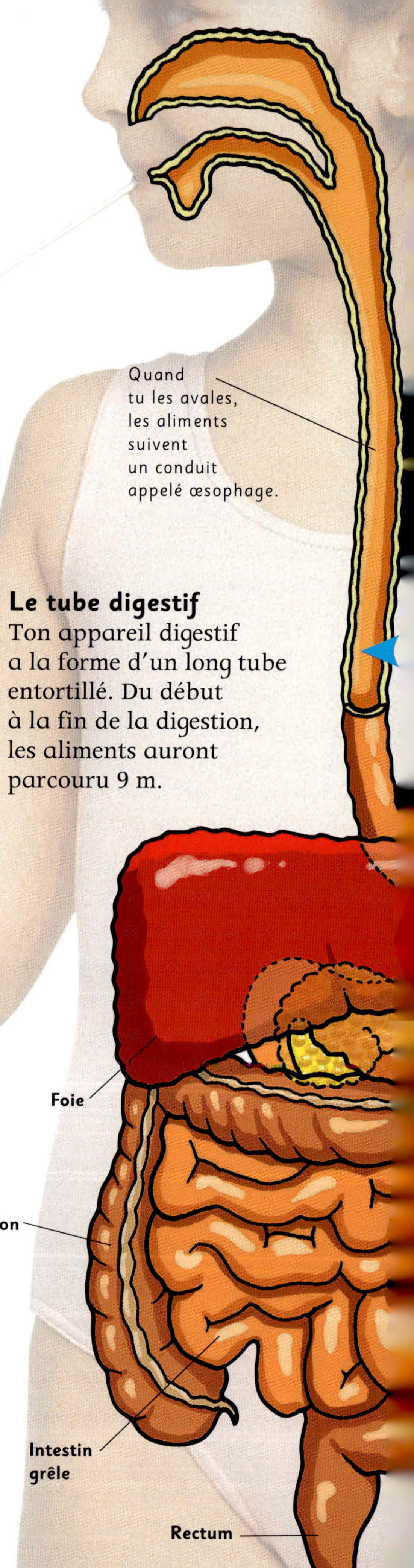

Le tube digestif
Ton appareil digestif a la forme d'un long tube entortillé. Du début à la fin de la digestion, les aliments auront parcouru 9 m.

Lequel est le plus long : l'intestin grêle ou le côlon ?

Digérer un repas
Un repas copieux met au moins 24 heures pour parcourir l'appareil digestif. Plusieurs organes fabriquent des enzymes qui agissent sur différents éléments du repas.

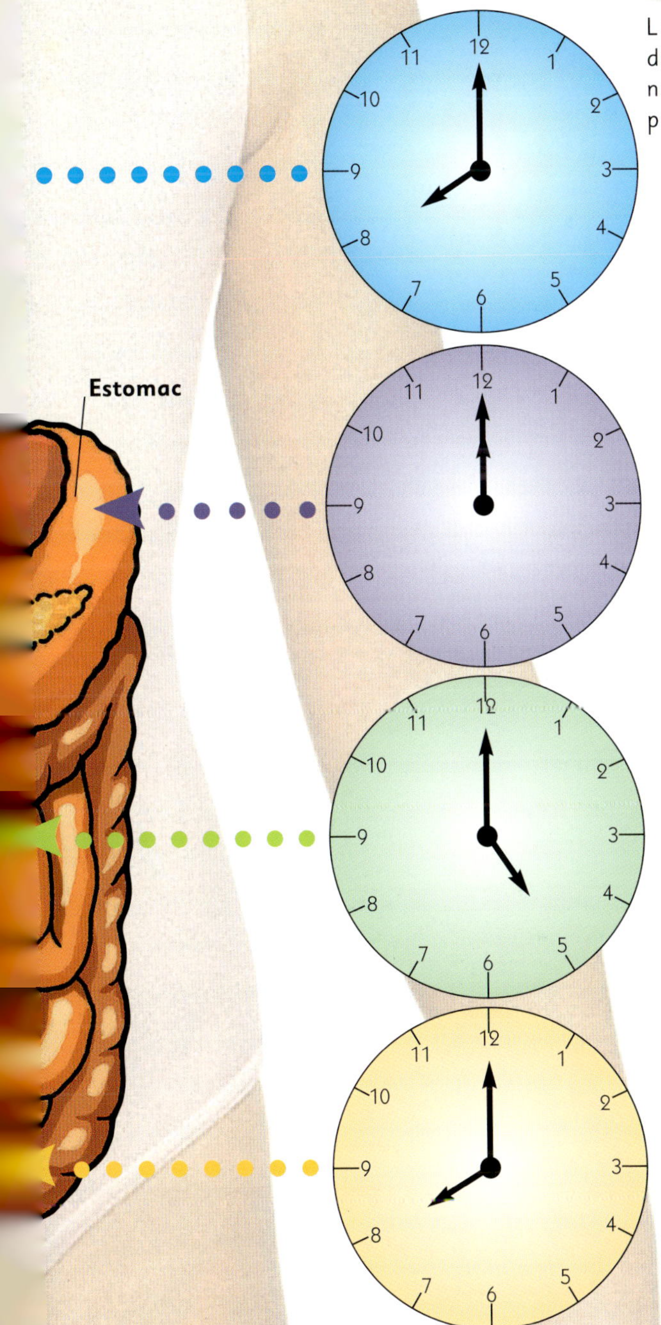

8 heures
La nourriture reste 10 secondes dans ta bouche avant d'être avalée.

12 heures
Un repas passe environ 4 heures dans l'estomac, mais les aliments très riches peuvent y rester 8 heures.

17 heures
Le repas passe lentement dans l'intestin grêle, provoquant parfois des bruits appelés gargouillis.

Le lendemain
Les substances non digérées arrivent au bout de leur voyage dans le tube digestif environ 24 heures après avoir été mastiquées.

Test d'observation

Regarde attentivement les pages 212 à 219 et essaie de retrouver ce que représentent ces photos.

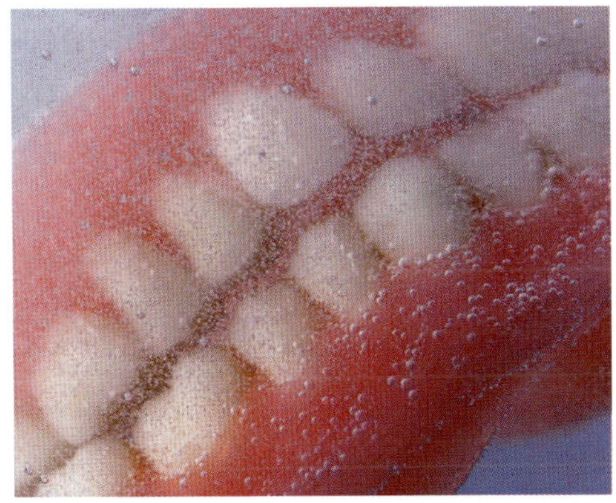

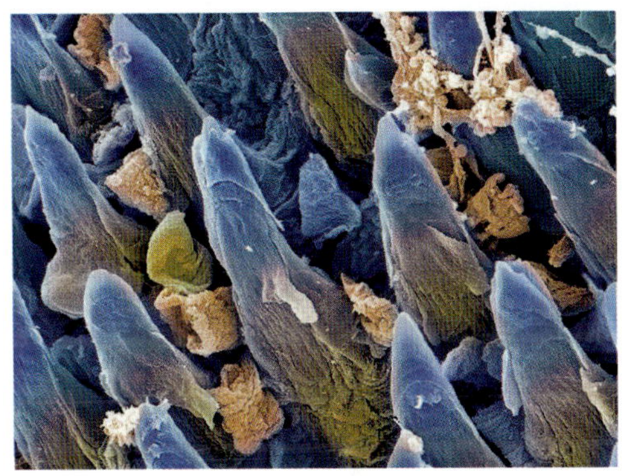

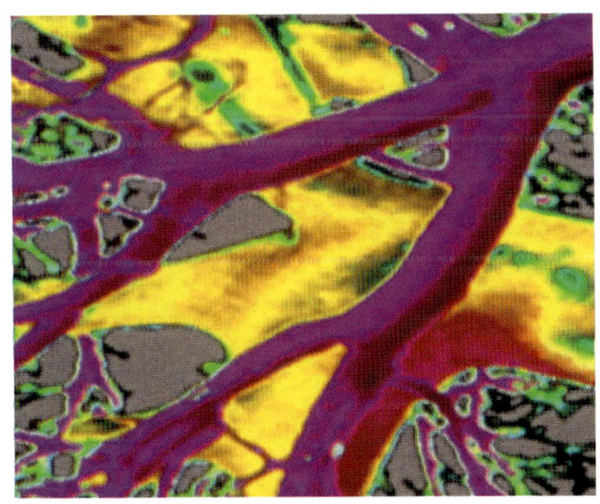

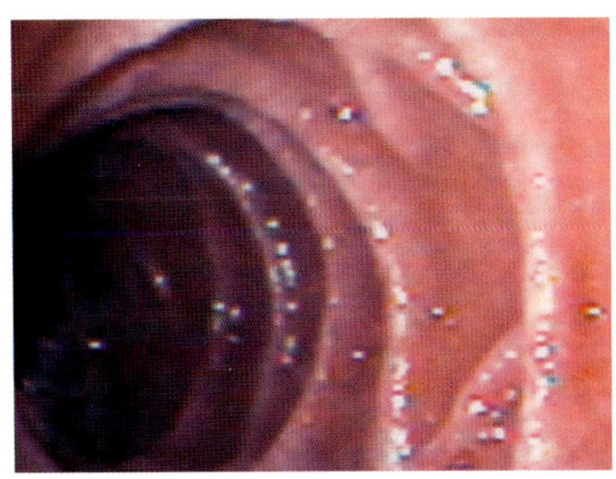

L'intestin grêle.

Les dents

Tu utilises tes dents pour mordre dans les aliments et les mastiquer. Au cours de ta vie, tu auras deux dentitions.

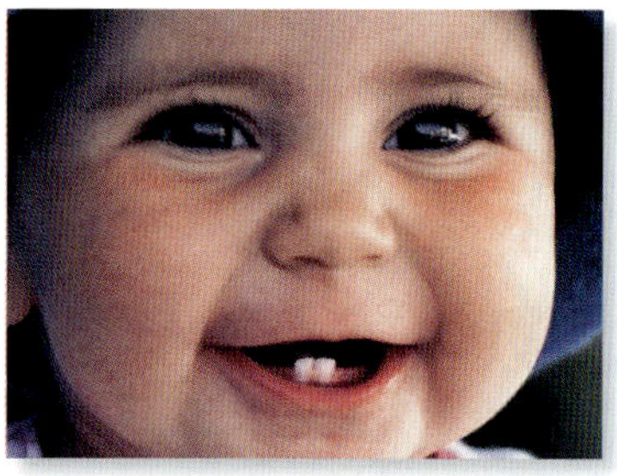

Les premières dents
Tes premières dents commencent à pousser quand tu as 6 mois environ. Les dents de devant (les incisives) apparaissent en général les premières.

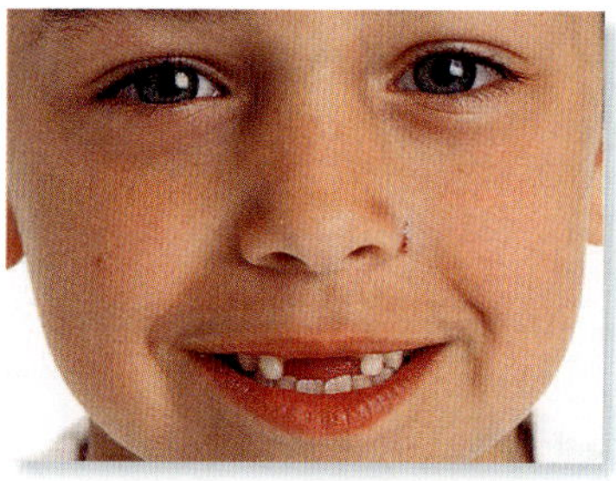

Les dents définitives
À l'âge de 6 ans, tes premières dents se mettent à tomber. Elles sont remplacées par des dents définitives aux racines plus profondes.

Les dents de sagesse
Les 4 dernières molaires sont des dents de sagesse. Elles sortent vers l'âge de 17 ans, voire plus, mais parfois n'apparaissent jamais.

Les fausses dents
Si tu ne prends pas soin de tes dents, elles s'abîmeront et tomberont. Tu auras alors besoin de fausses dents.

Un enfant possède 20 dents, un adulte 32.

Les différentes sortes de dents
Ta bouche contient différentes sortes de dents qui ont chacune leur rôle.

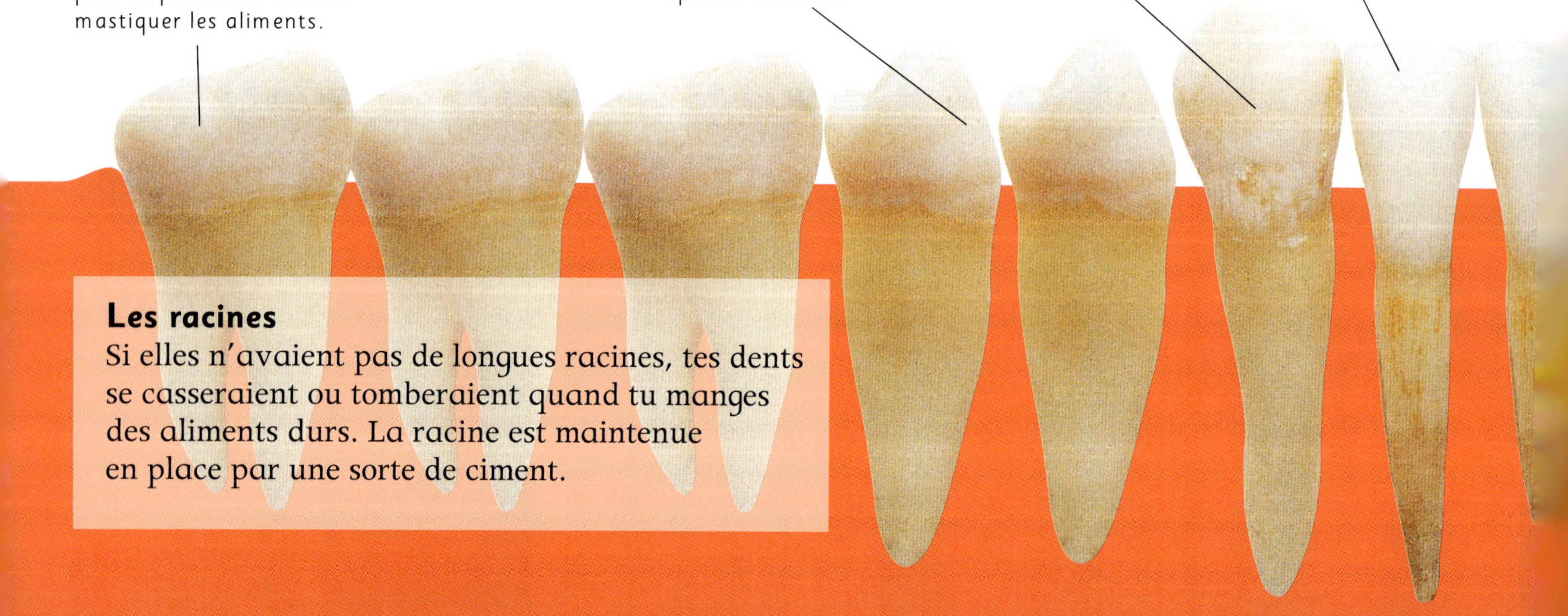

Les racines
Si elles n'avaient pas de longues racines, tes dents se casseraient ou tomberaient quand tu manges des aliments durs. La racine est maintenue en place par une sorte de ciment.

Comment appelle-t-on les premières dents ?

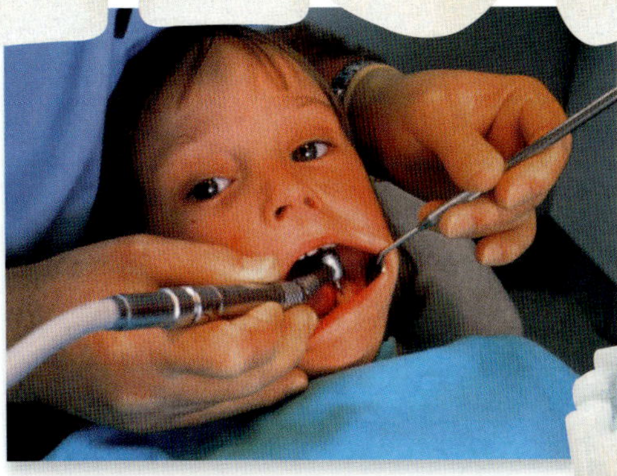

Brosse tes dents trois fois par jour pour les garder saines.

Brosse-toi les dents !

Un mélange de débris alimentaires et de bactéries se forme à la surface de tes dents si tu ne les nettoies pas correctement. C'est la plaque dentaire.

Les caries

Les bactéries de la plaque dentaire détruisent progressivement l'émail des dents et attaquent les vaisseaux sanguins et les nerfs en profondeur. C'est la carie. Une carie fait mal et le dentiste doit la soigner.

Le sucre contenu dans les bonbons se colle à tes dents et forme la plaque dentaire. Pleine de bactéries, la plaque abîme peu à peu tes dents.

À l'intérieur d'une dent

L'intérieur de tes dents contient de nombreux nerfs et vaisseaux sanguins. C'est pourquoi tu ressens le chaud, le froid et la douleur.

L'émail

La matière la plus dure que ton corps possède est l'émail de tes dents. Comme il ne contient pas de cellules vivantes, il ne peut pas se réparer tout seul s'il est abîmé.

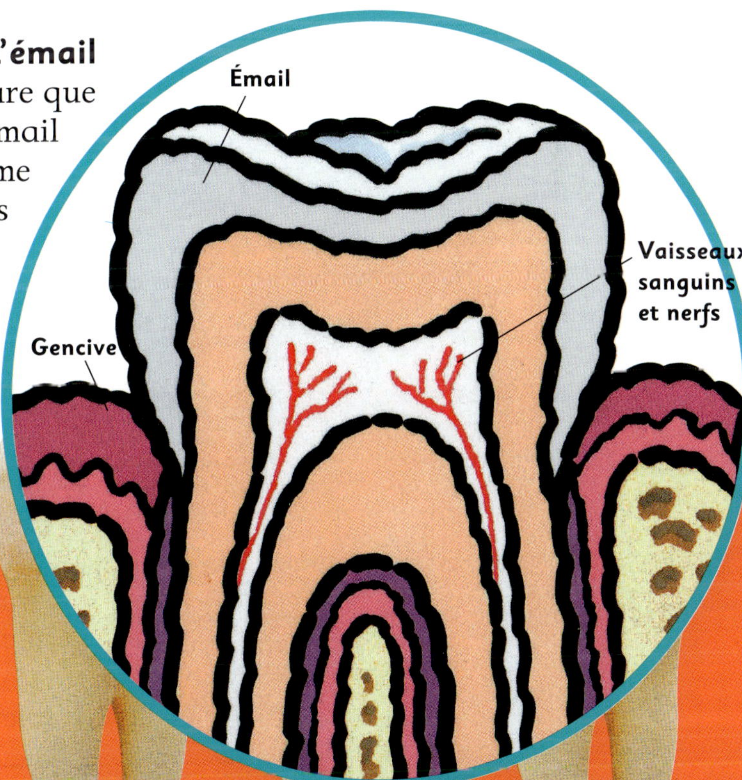

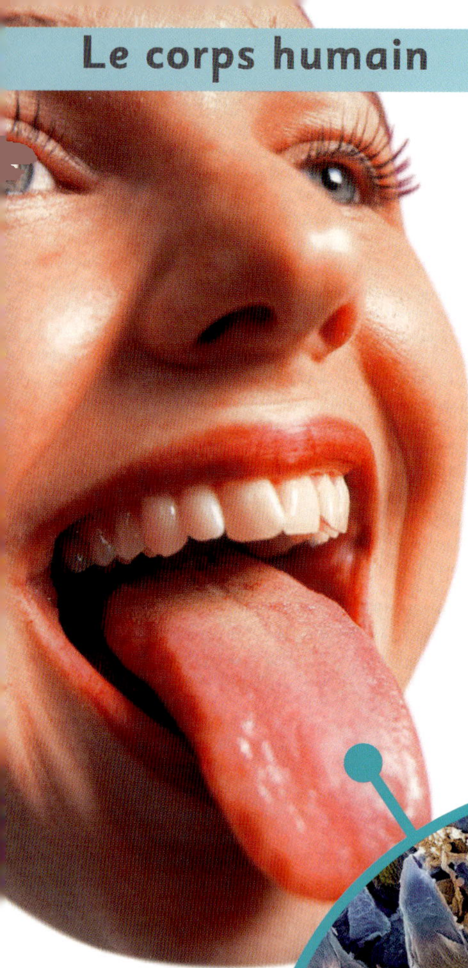

De la bouche à l'estomac

Tu commences à digérer dès l'instant où les aliments sont dans ta bouche. Pendant que tu les mastiques, les enzymes de ta salive les décomposent chimiquement. Lorsqu'ils atteignent ton estomac, les aliments sont transformés.

Vue au microscope, ta langue est couverte de petites saillies pointues ou arrondies qui rendent sa surface rugueuse.

Le rôle de la langue
Ta langue est un organe musculeux très puissant et très mobile qui t'aide à mâcher les aliments. Sa surface rugueuse améliore la prise des aliments.

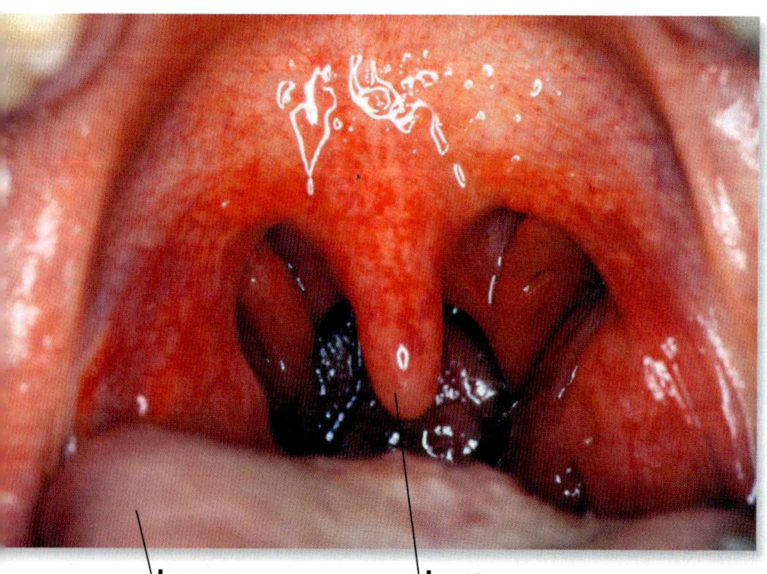

Le rôle de la salive
Le liquide visqueux dans ta bouche est la salive. La salive humecte les aliments pour les rendre plus faciles à mastiquer et à avaler. Elle contient aussi une enzyme qui décompose l'amidon, l'un des principaux constituants du pain, du riz et des pâtes.

Quel est le nom scientifique du rot ?

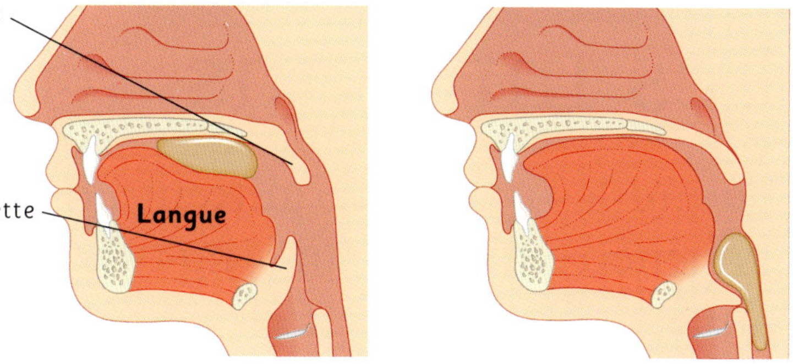

La déglutition

La déglutition est un acte réflexe : elle se produit automatiquement, sans que tu aies à y penser. Quand ta langue pousse les aliments au fond de ta bouche, tu as un réflexe de déglutition.

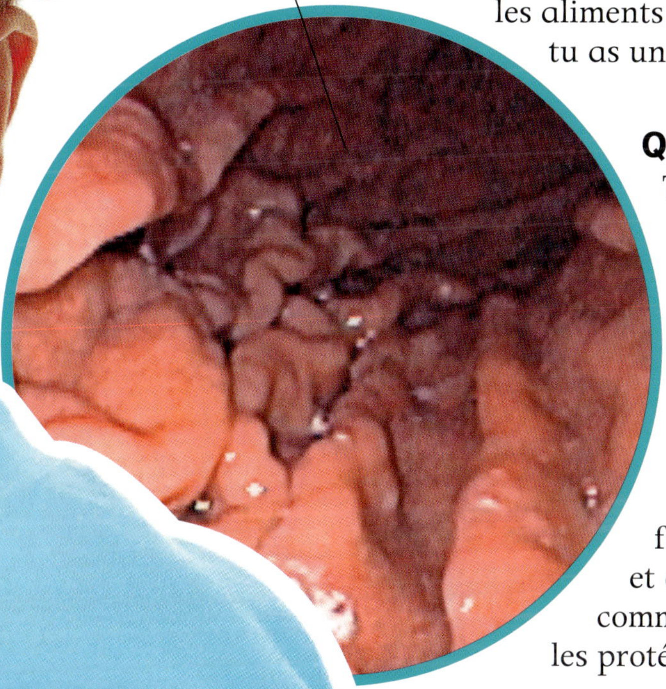

Quand ton estomac est vide, sa paroi extensible est pleine de plis et de replis.

Quelle élasticité !

Ton estomac possède une paroi très élastique qui lui permet de se gonfler pour contenir une grande quantité d'aliments. Les glandes de sa muqueuse fabriquent de l'acide et des enzymes qui commencent à digérer les protéines.

Au long de l'œsophage

Une fois avalés, les aliments descendent le long d'un canal appelé œsophage. Les muscles de ce tube sont si puissants que les aliments progresseraient même si tu avais la tête en bas !

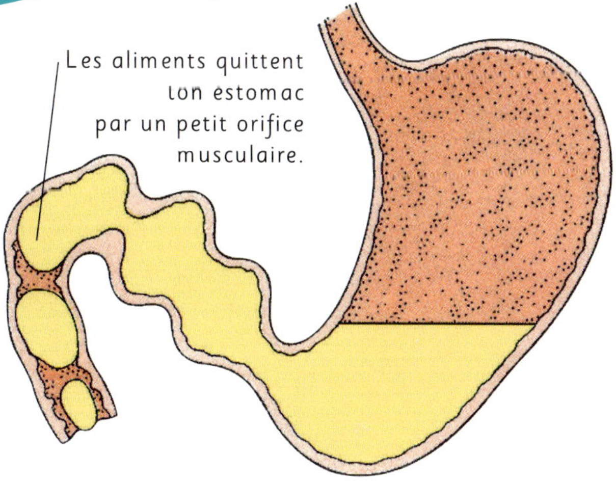

Que fait l'estomac ?

La muqueuse de l'estomac est constituée de muscles qui se contractent par vagues successives pour faire avancer les aliments.

L'éructation.

Les intestins

Quand les aliments quittent l'estomac, ils pénètrent dans un long tube sinueux qui se divise en deux parties : l'intestin grêle, long et étroit, et le côlon ou gros intestin, plus court mais plus large.

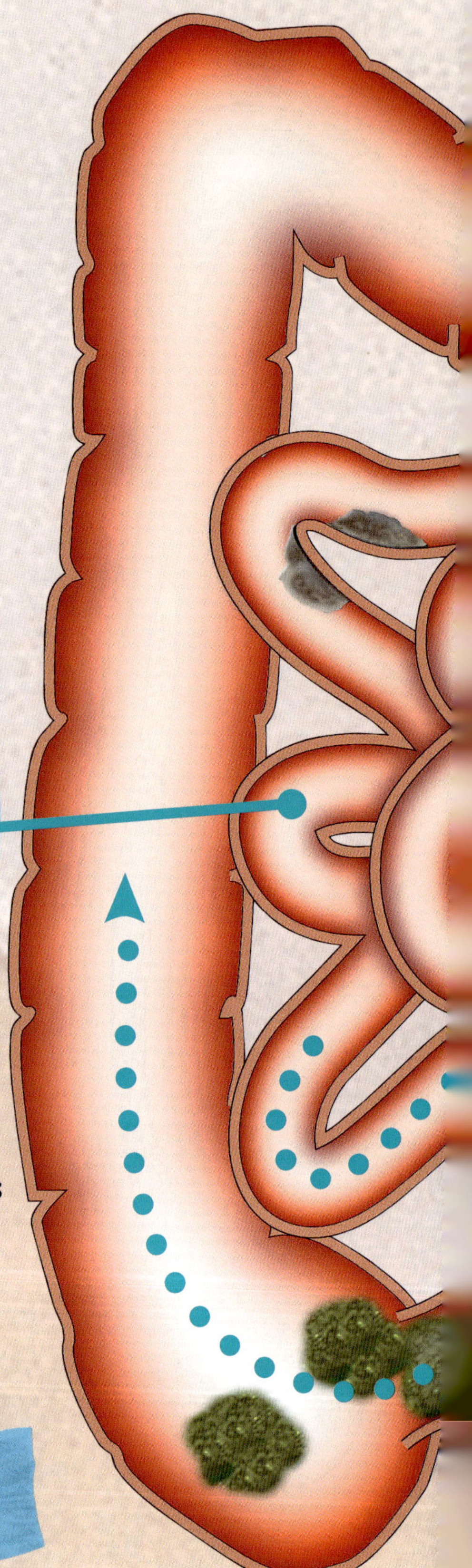

L'intestin grêle
La digestion des aliments assimilables se termine dans l'intestin grêle. Les aliments traversent sa muqueuse pour aller dans le sang.

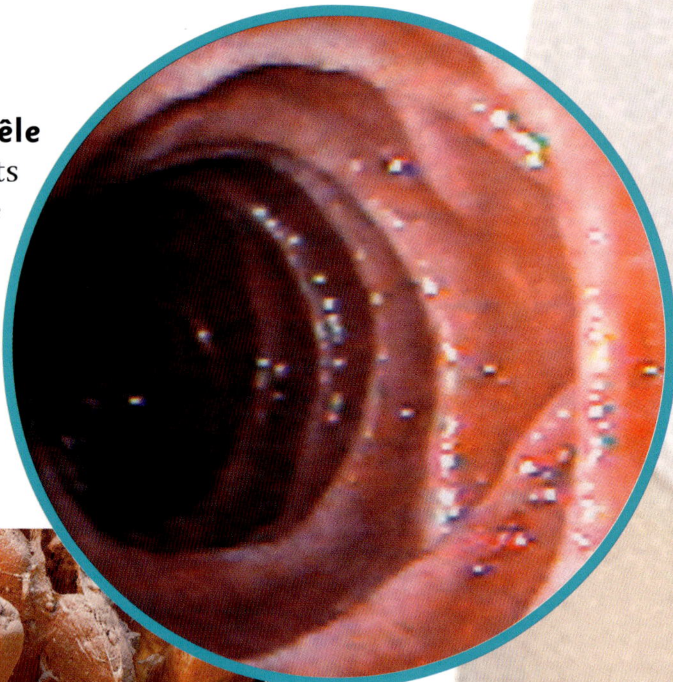

Les villosités intestinales
Des petites saillies en forme de doigt, les villosités, tapissent l'intestin grêle. Elles accélèrent l'absorption des aliments.

Des muscles poussent les aliments le long des intestins tout comme ta main pousse une balle dans un bas.

Des contractions se propagent par vagues à travers l'intestin.

Le péristaltisme
Les intestins utilisent un mouvement musculaire particulier, le péristaltisme, pour faire progresser les aliments. Leur paroi est formée d'anneaux musculaires qui se contractent les uns après les autres pour pousser la nourriture.

Quelle est la longueur totale des deux intestins ?

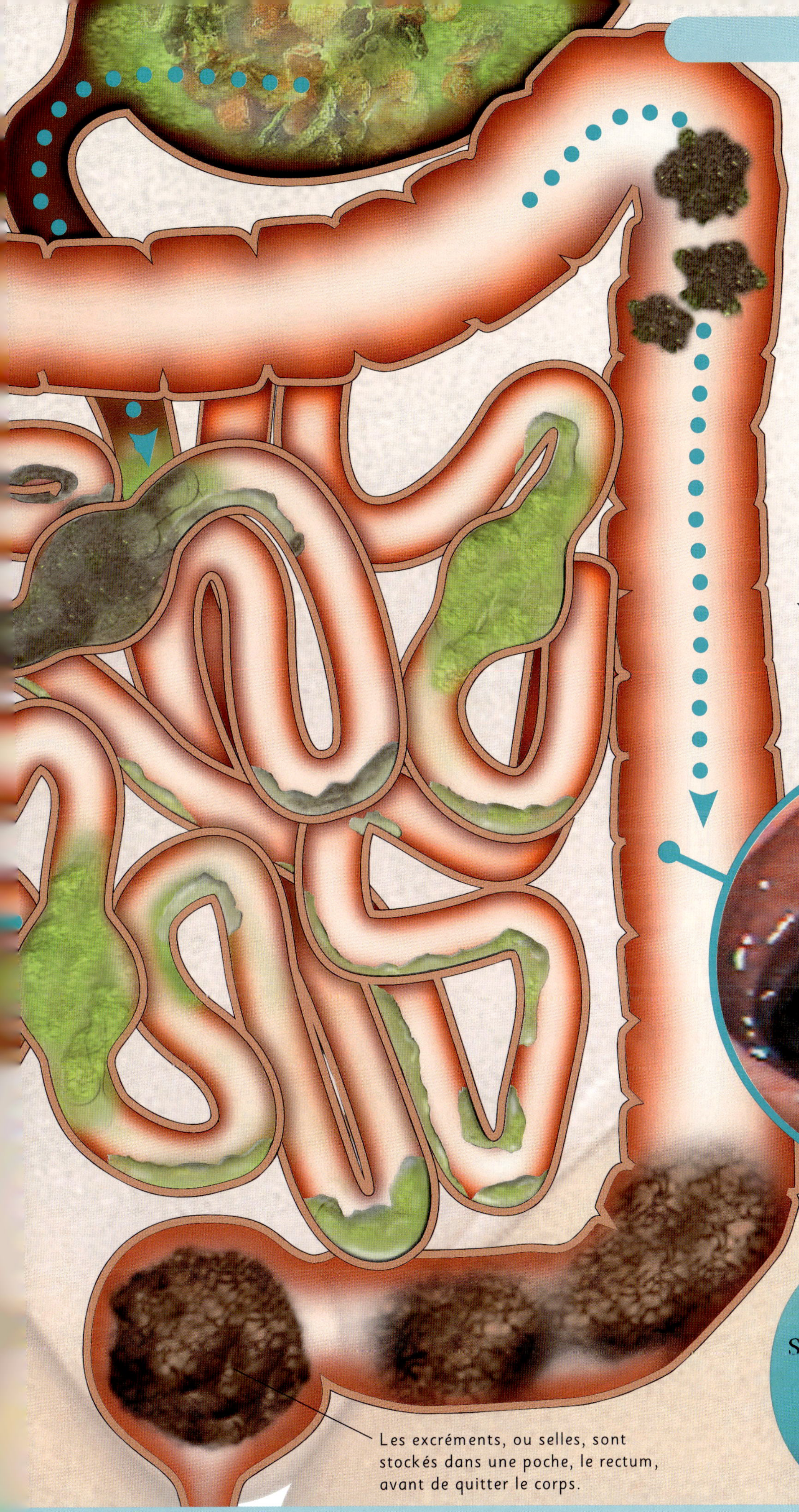

Le côlon
Les substances non digérées passent dans le côlon qui absorbe l'eau et certaines vitamines. Le reste est éliminé dans les selles.

Un liquide gluant
Les parois intestinales sont tapissées d'un liquide visqueux, le mucus. Le mucus aide les aliments à glisser plus facilement et protège les intestins de leurs propres sucs digestifs.

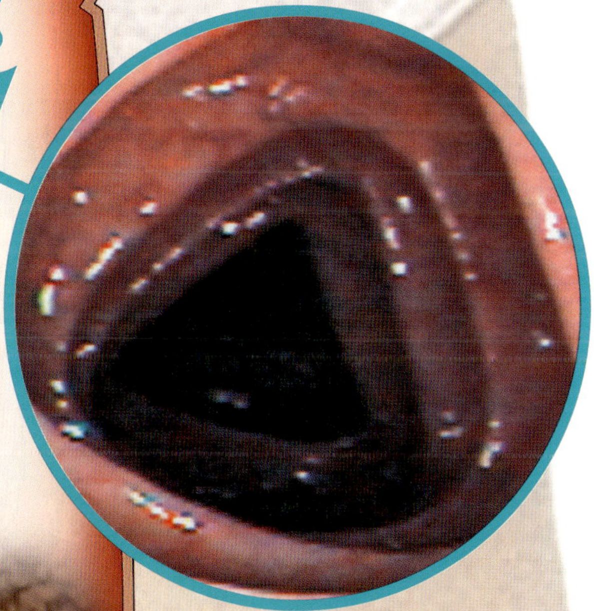

Les excréments, ou selles, sont stockés dans une poche, le rectum, avant de quitter le corps.

Deviens incollable...

Sur le fonctionnement des muscles, pages **156-157**
Sur le mucus nasal, pages **196-197**

Environ 8 m.

Les voies urinaires

Ton corps se débarrasse de ses déchets et de son excès d'eau en fabriquant l'urine. L'urine provient de deux organes appelés reins. Les reins filtrent et nettoient le sang, évacuant les substances chimiques dont ton corps n'a pas besoin.

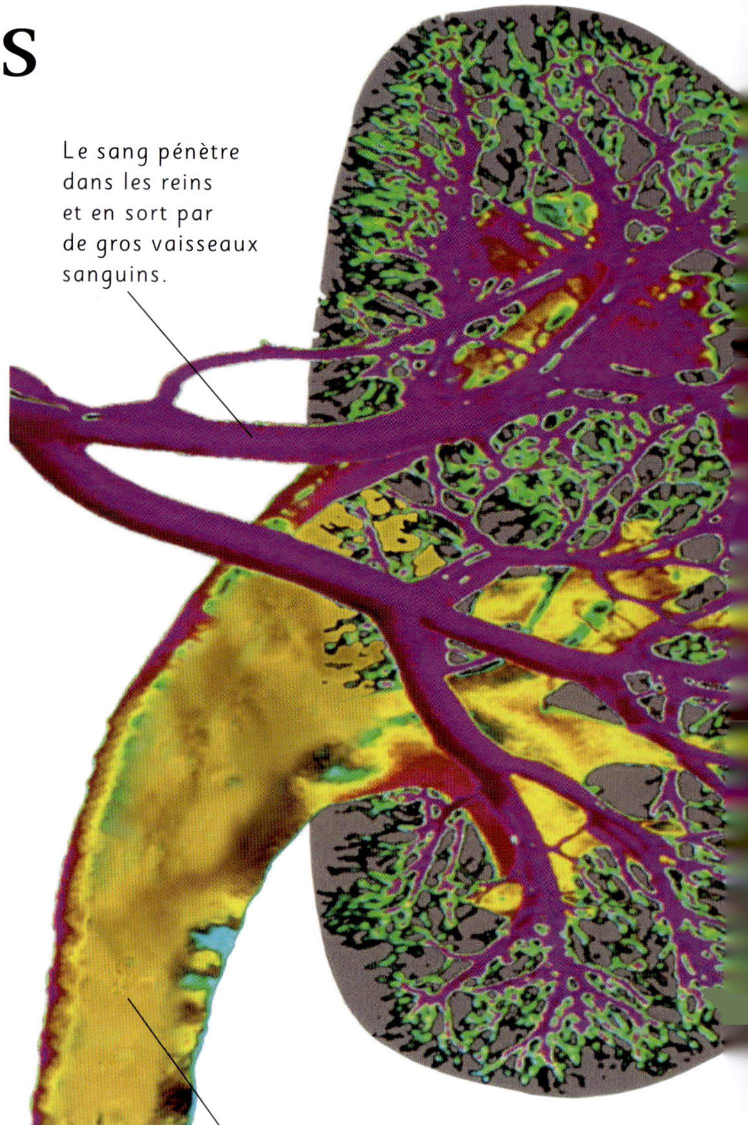

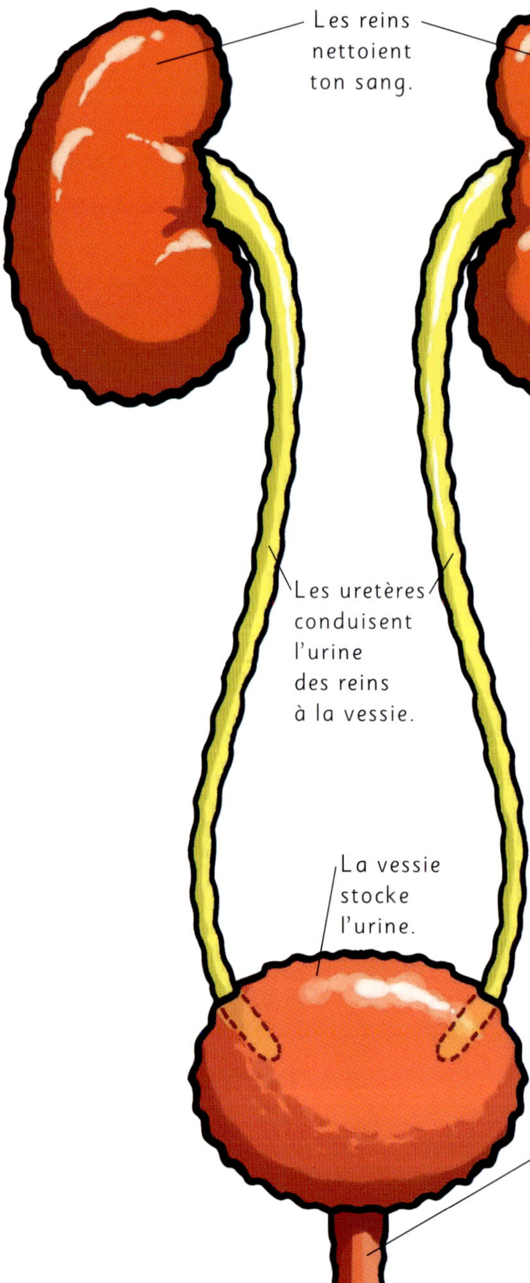

L'appareil urinaire
Tes reins, ta vessie et les conduits qui les relient forment ton appareil urinaire. La dernière partie de l'appareil urinaire est l'urètre. Tu évacues ton urine par ce canal lorsque tu fais pipi.

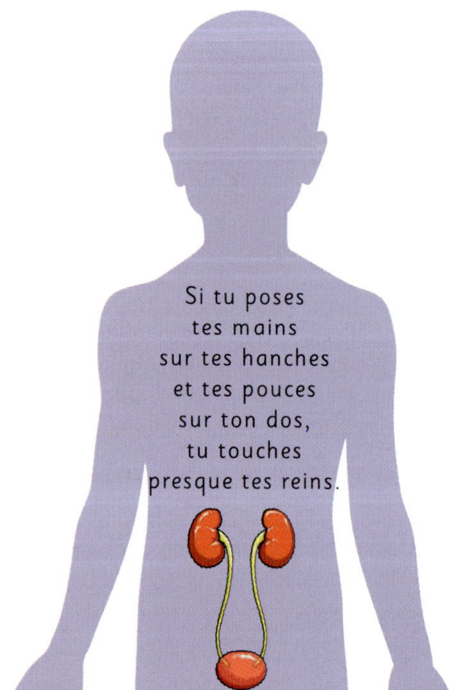

Combien de temps faut-il aux reins pour nettoyer tout le sang de ton corps ?

L'intérieur d'un rein

Les vaisseaux sanguins qui débouchent dans les reins se divisent en canaux de plus en plus fins aboutissant à un million de filtres microscopiques, les néphrons.

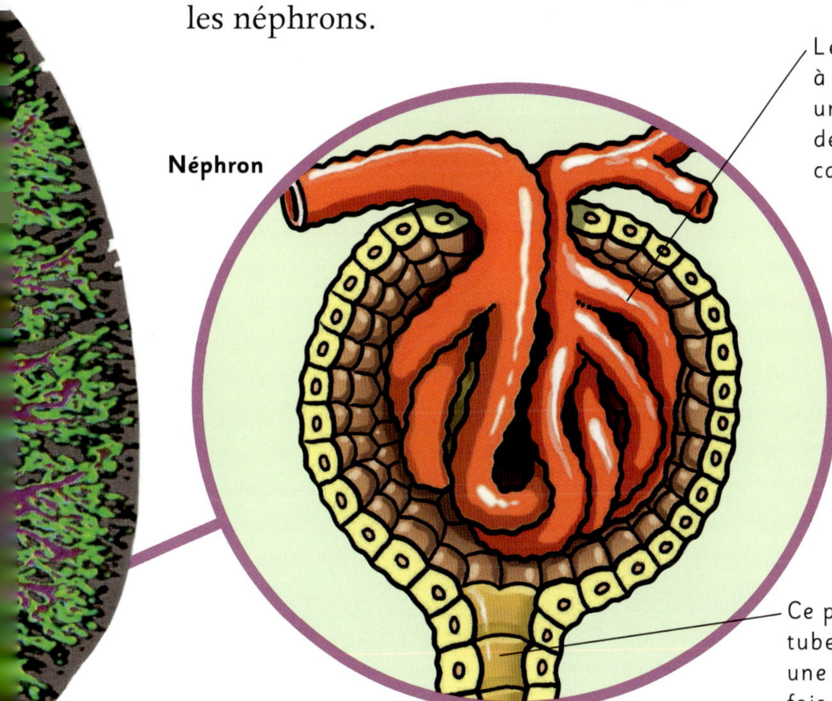

L'intérieur d'un néphron

Après avoir été filtré une première fois dans le néphron, le sang passe à travers un petit tube sinueux, le tubule. C'est là que sont séparées l'urine et les substances utiles qui retournent dans le sang.

Équilibrer les liquides

Tes reins équilibrent parfaitement la quantité d'eau dans ton corps. Si tu bois trop, tes reins fabriquent beaucoup d'urine pour se débarrasser de l'eau en excès. Si tu ne bois pas assez, tes reins fabriquent moins d'urine.

Que faire d'un excès d'eau ?

Voilà comment ton corps se débarrasse de l'eau.

L'**urine** représente plus de la moitié de l'eau éliminée.

Le **souffle** contient plus d'un quart de l'eau évacuée.

La **sueur** ne représente qu'un douzième de l'eau rejetée.

Les **selles** sont peu liquides et ne contribuent pas vraiment à éliminer l'eau.

Le contrôle du niveau d'eau

Tes reins et ton cerveau travaillent ensemble pour réguler la quantité d'eau dans ton corps. S'il n'y a pas assez d'eau, ton cerveau libère une hormone qui indique à tes reins de garder l'eau.

Environ vingt-cinq minutes.

La vessie

Toute la journée un petit flux d'urine s'écoule de tes reins. L'urine est recueillie dans un réservoir, la vessie, qui la stocke jusqu'à ce que tu ailles faire pipi.

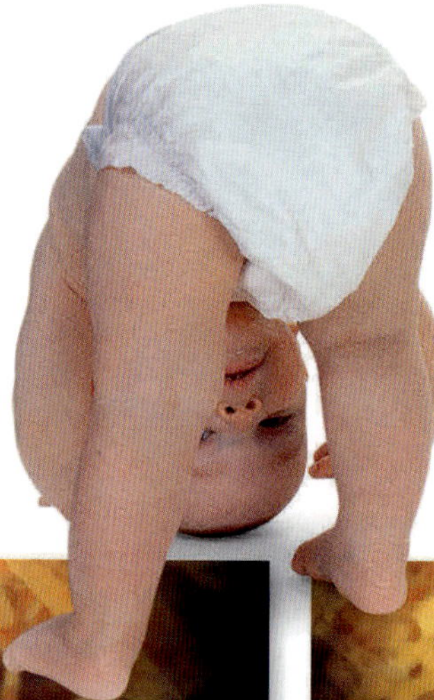

L'érythème fessier
Les bébés ont parfois les fesses irritées et rouges : c'est un érythème. Cette irritation survient quand l'urine se mélange aux selles.

Le remplissage
Ta vessie gonfle en se remplissant. Le cerveau en est informé et te donne envie d'aller faire pipi.

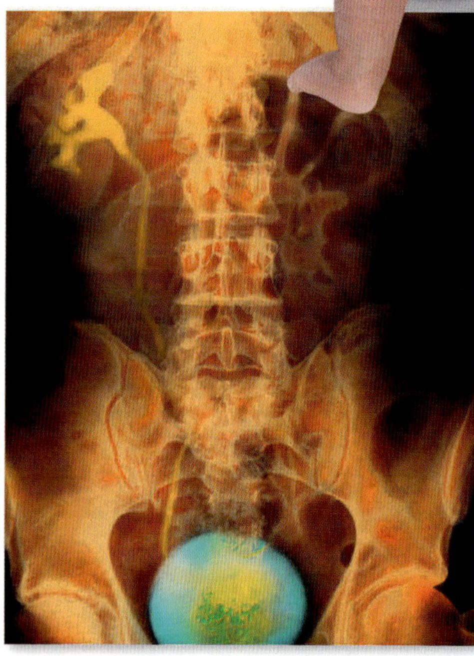

Radio d'une vessie pleine

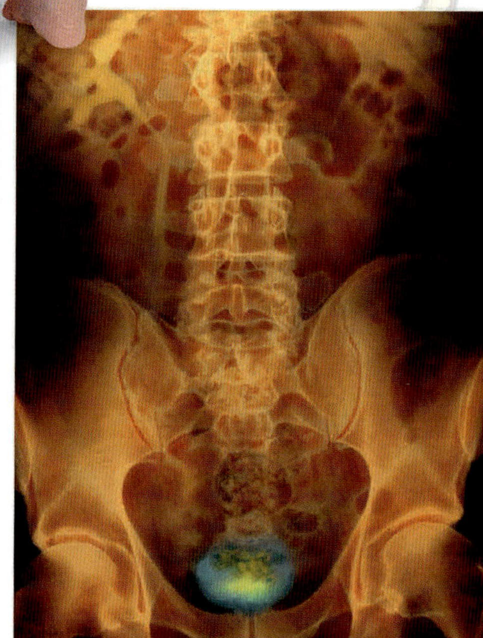

Radio d'une vessie vide

Un organe gonflable
En se remplissant, une vessie d'adulte passe de la taille d'une prune à celle d'un pamplemousse : elle peut contenir 500 mL d'urine. Ta vessie à toi est grosse comme une orange quand elle est pleine.

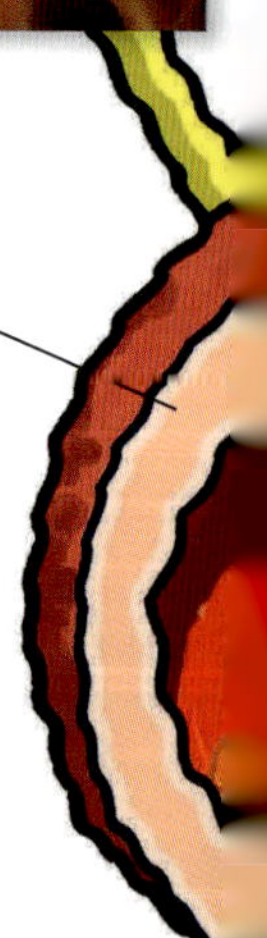

La paroi musculaire de la vessie se contracte pour expulser l'urine.

Dans la vessie
L'intérieur de la vessie est tapissé d'un tissu étanche qui empêche les fuites. L'urine est évacuée par un conduit, l'urètre, qui reste normalement fermé par deux muscles.

Pamplemousse Orange Prune

Quelle quantité d'urine fabriques-tu chaque jour ?

Qu'est-ce que l'urine?

L'urine est composée d'eau et de déchets. Le principal déchet est l'urée, une substance que ton corps fabrique en décomposant les protéines. La couleur de l'urine dépend de la quantité de liquide que tu bois. Si tu bois beaucoup d'eau, elle sera très pâle.

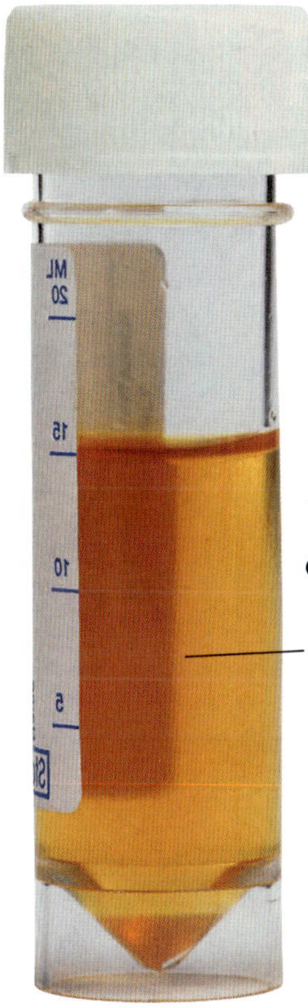

Et le pipi des chameaux?

Les chameaux peuvent rester des mois sans boire, ce qui leur permet de survivre dans les déserts les plus arides. Ils économisent leur eau en fabriquant une urine épaisse, sirupeuse, deux fois plus salée que l'eau de mer.

Les chameaux stockent leur graisse dans leurs bosses avant de la transformer en énergie.

Savoir se retenir

Chez les jeunes enfants, les muscles qui ouvrent la vessie fonctionnent automatiquement. En grandissant, les enfants apprennent à contrôler l'un de ces muscles.

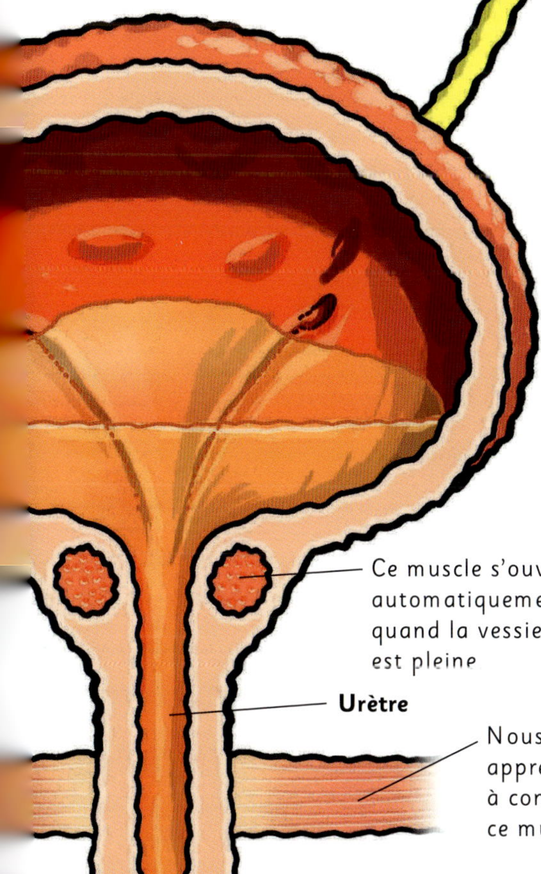

Apprendre la propreté

Les enfants apprennent à contrôler leur vessie vers l'âge de 2 ans, mais ils font encore pipi au lit la nuit. À 4 ans, la plupart ne font plus pipi au lit.

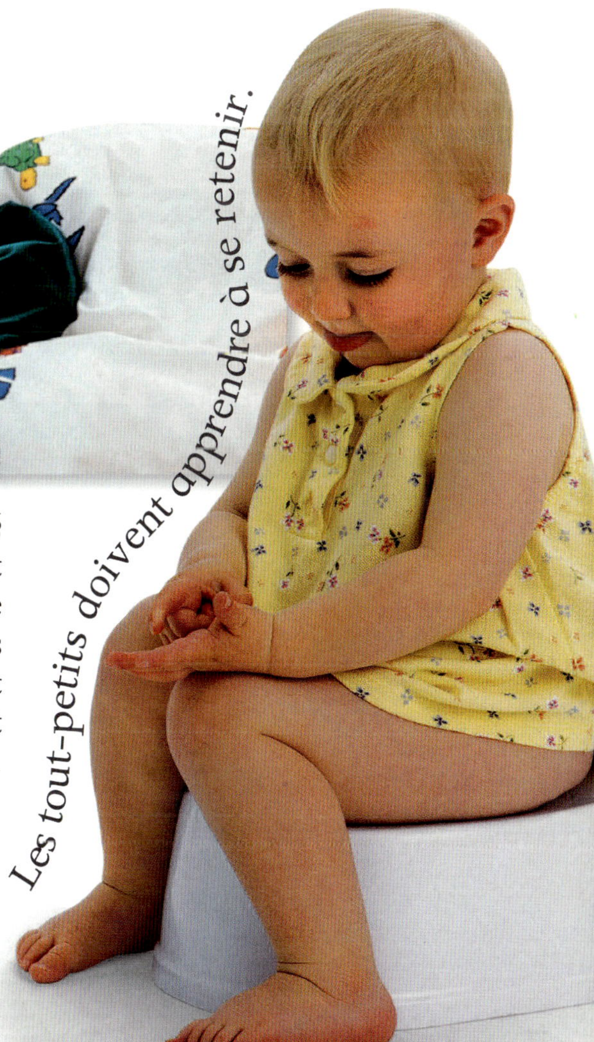

Les tout-petits doivent apprendre à se retenir.

Quatre à huit tasses selon la quantité de liquide que tu bois et ta transpiration.

Faire un bébé

Pour faire un bébé, il faut un père et une mère. Le corps de la femme fait presque tout le travail, mais l'homme joue aussi un rôle indispensable : l'un de ses spermatozoïdes féconde l'ovule de la future mère pour former un nouvel être humain…

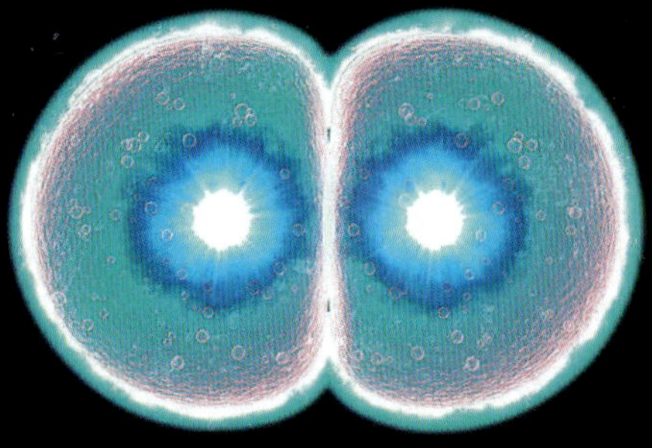

Les premières cellules
Au bout de 36 heures la cellule s'est divisée, créant une copie exacte d'elle-même.
Ce sont les deux premières cellules du futur bébé.

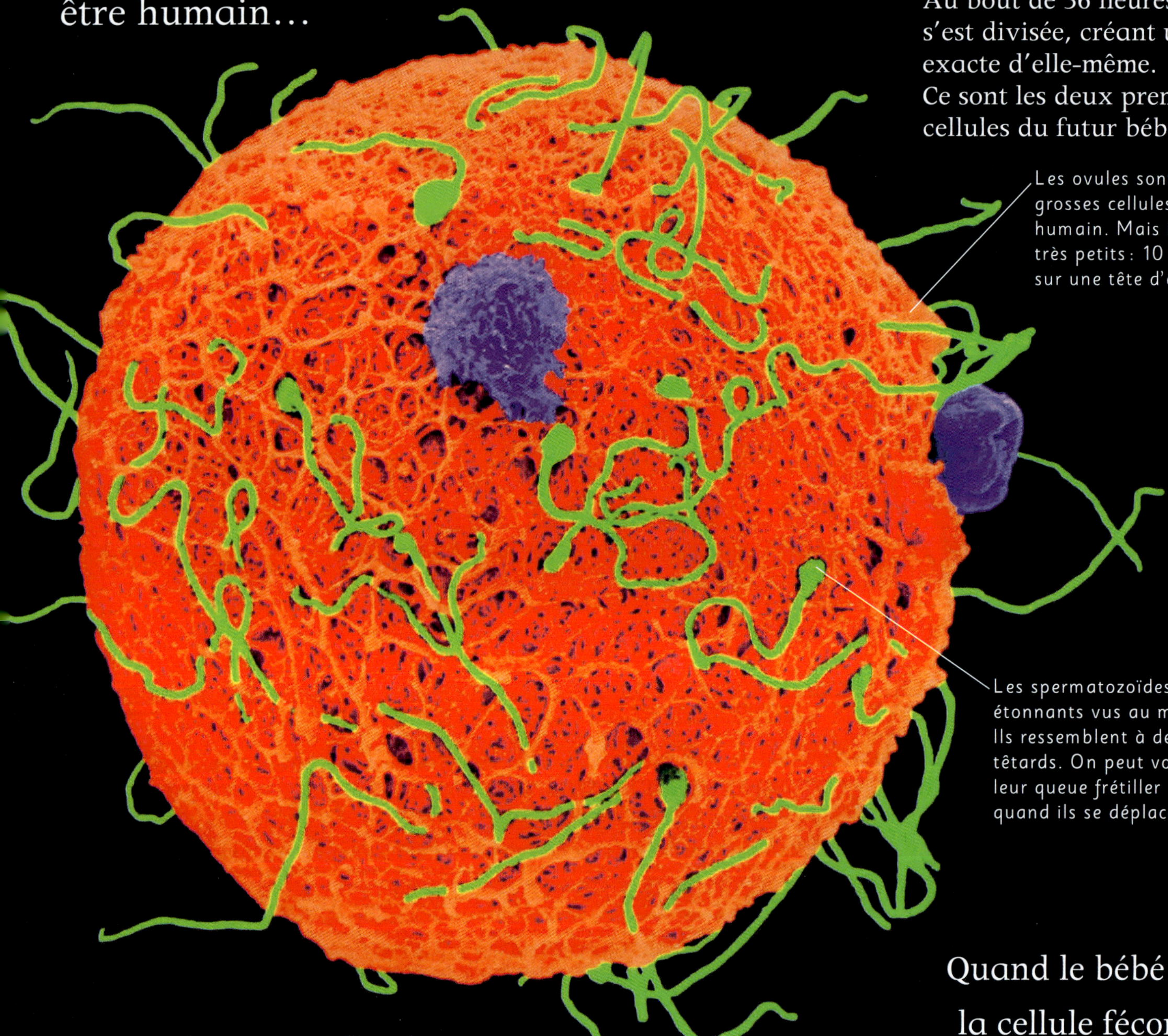

Les ovules sont les plus grosses cellules du corps humain. Mais ils restent très petits : 10 tiendraient sur une tête d'épingle.

Les spermatozoïdes sont étonnants vus au microscope. Ils ressemblent à de petits têtards. On peut voir leur queue frétiller quand ils se déplacent.

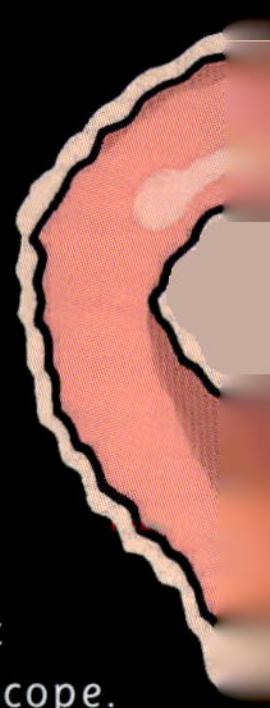

La course à l'ovule
Des millions de spermatozoïdes se précipitent vers l'ovule. Mais un seul réussira à le féconder.

Quand le bébé naît, la cellule fécondée est devenue des milliers de milliards de cellules.

Quel est l'ancien nom de l'utérus ?

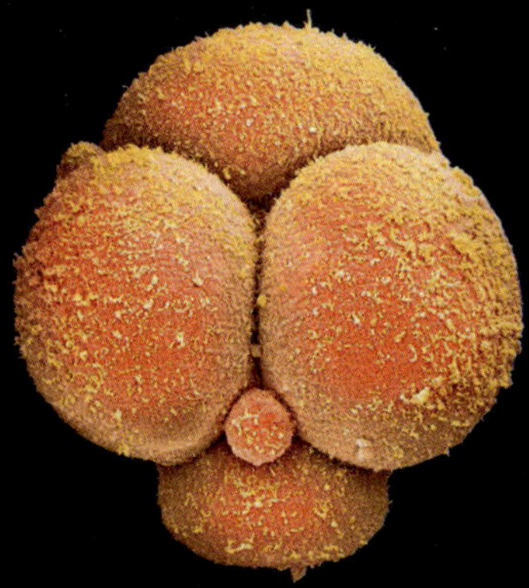

Les divisions successives
Tu ne grandis pas beaucoup dans les jours qui suivent ta conception. Les deux cellules se divisent pour en donner 4, puis 8, etc.

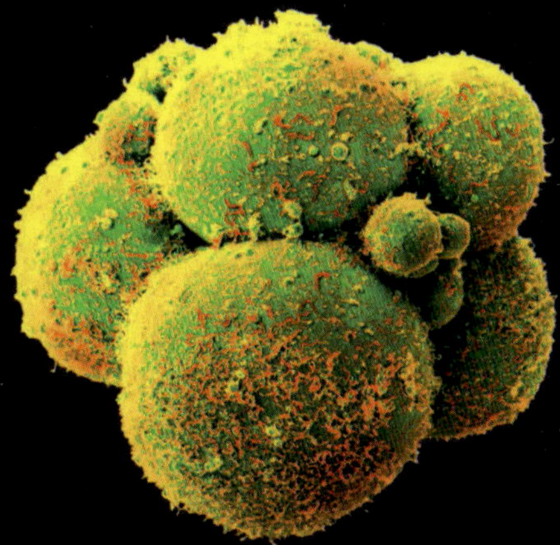

Ce que tu seras
Toutes tes cellules sont uniques. Elles sont remplies d'instructions sur ce que tu vas devenir.

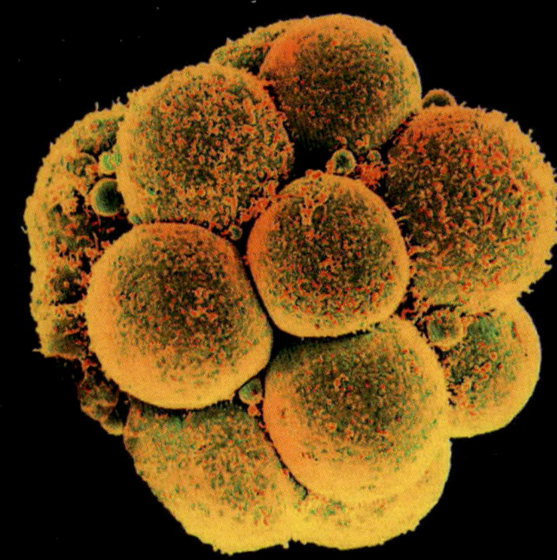

À 3 jours
Les cellules ont continué de se diviser. Elles sont au nombre de 16 et bientôt prêtes à s'implanter dans l'utérus.

Le lieu de la *fécondation*
Le spermatozoïde féconde l'ovule dans un conduit appelé trompe de Fallope. L'œuf fécondé descend dans ce conduit jusqu'à l'utérus. Le voyage dure 5 jours environ.

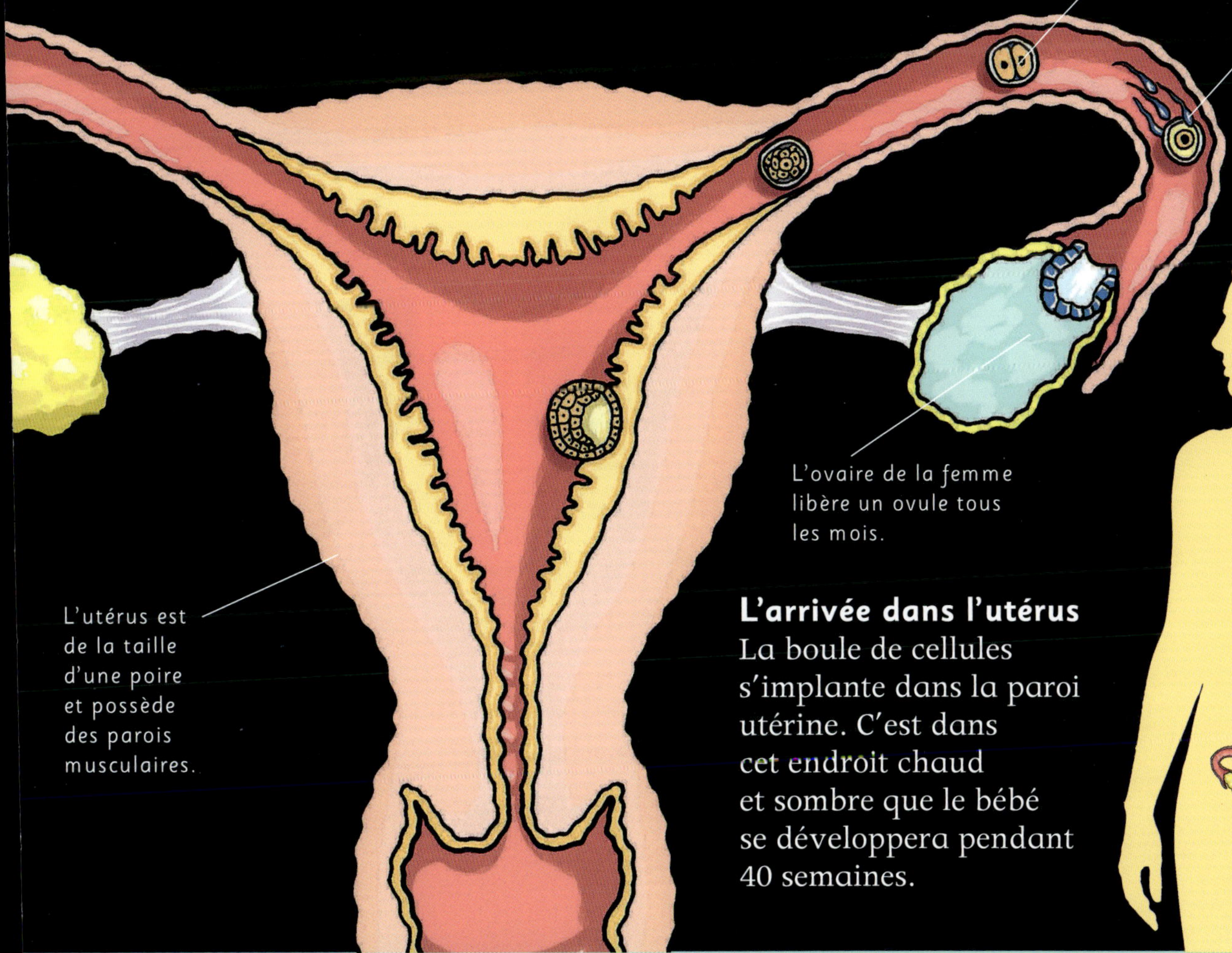

L'arrivée dans l'utérus
La boule de cellules s'implante dans la paroi utérine. C'est dans cet endroit chaud et sombre que le bébé se développera pendant 40 semaines.

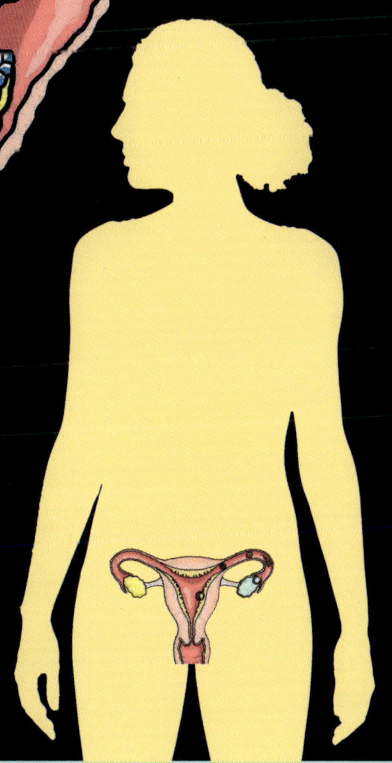

La matrice.

Dans le ventre de sa maman

À 8 semaines, le bébé n'est plus une boule de cellules informe. Il ressemble à une toute petite personne et s'appelle un embryon. L'embryon est incapable de se nourrir ou de respirer tout seul. Tous ses besoins vitaux sont assurés par la mère.

Garçon ou fille?
Les parents peuvent connaître le sexe de leur bébé et savoir s'il se porte bien avant la naissance. Une échographie permet de voir le bébé sur un écran. C'est la première fois que les parents voient leur enfant.

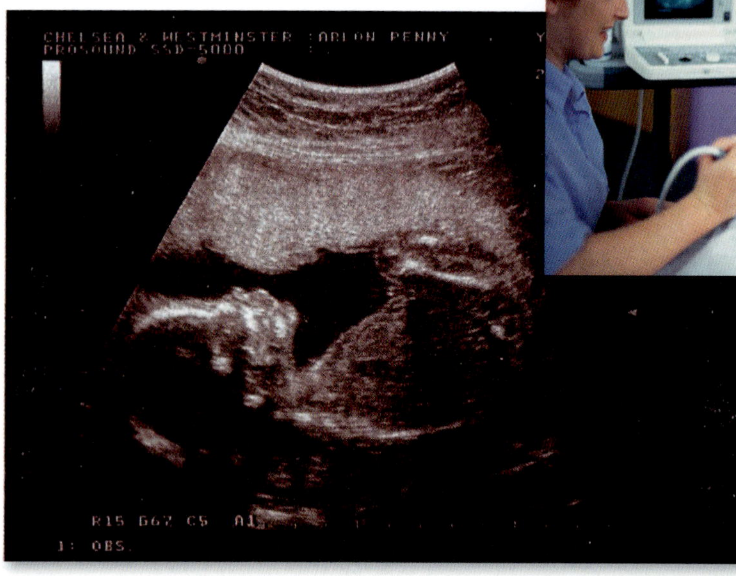

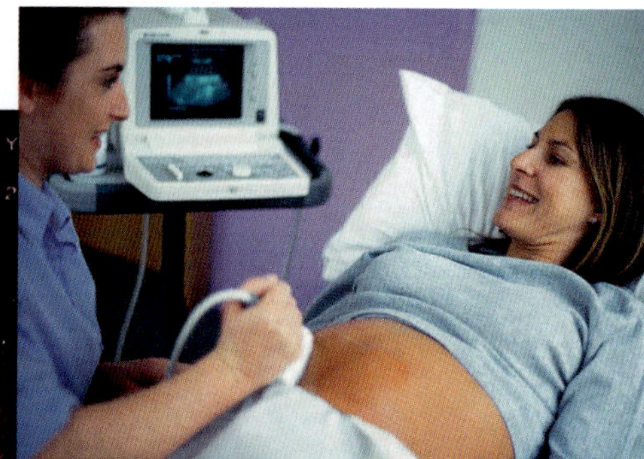

Les parents préfèrent souvent ne pas connaître le sexe de leur enfant pour avoir la surprise.

8 semaines

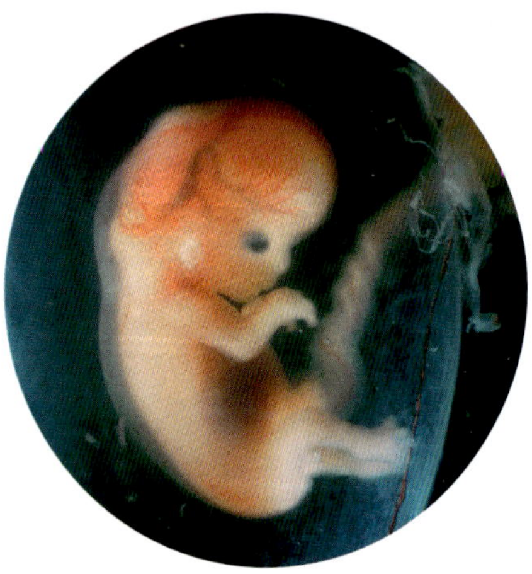

16 semaines

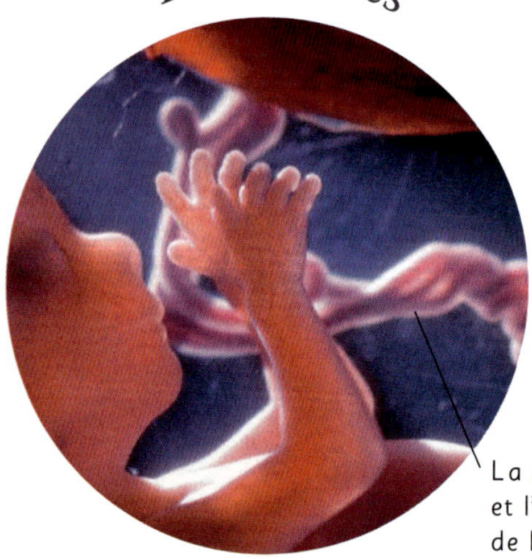

La nourriture et l'oxygène de la mère sont acheminés par ce cordon spécial.

20 semaines

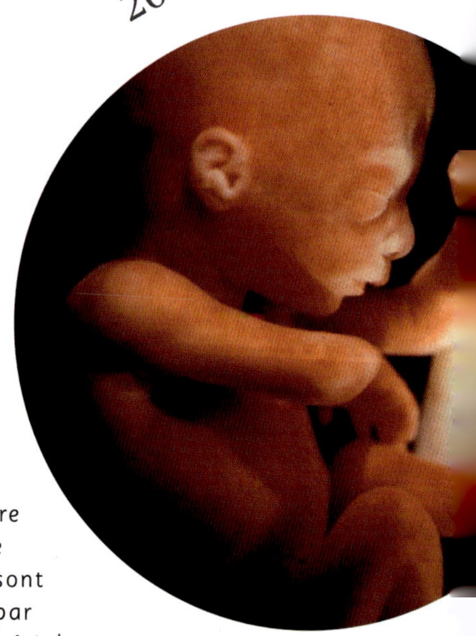

La taille d'une fraise
L'embryon a des yeux, un nez, des lèvres et une langue. Il vit dans une poche remplie de liquide qui le protège, et il utilise ses petits muscles pour nager avec grâce.

La taille d'un citron
À 16 semaines le fœtus bouge son visage, serre ses poings et suce son pouce. Il peut entendre ses premiers sons mais ses yeux ne sont pas encore ouverts.

La taille d'un pamplemousse
À 20 semaines le fœtus devient plus actif. Comme il est encore petit, il a de la place pour faire des culbutes.

Quand commences-tu à rêver?

Tu peux sentir le bébé bouger si tu poses ta main sur le ventre d'une femme enceinte.

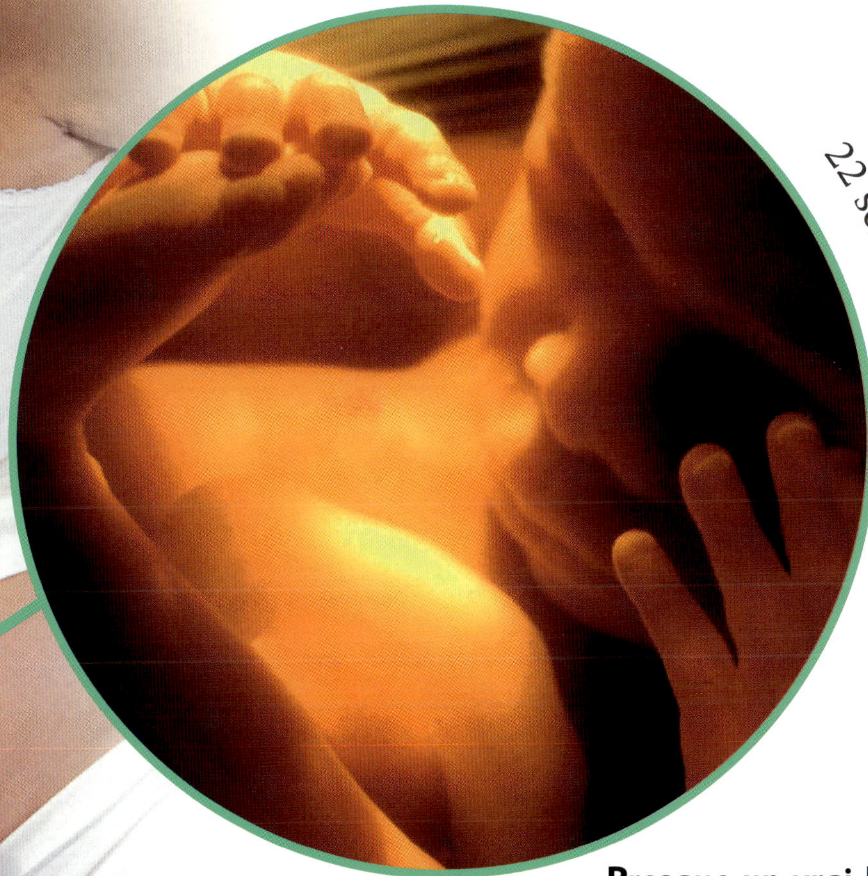

22 semaines

Presque un vrai bébé
À 22 semaines le fœtus est déjà bien développé mais reste assez maigre. Il passera les semaines suivantes à se constituer une couche de graisse sous la peau. Il est couvert de poils doux et fins.

Que se passe-t-il là-dedans ?
L'utérus est un lieu assez bruyant. Le fœtus entend le cœur de sa mère battre et son estomac gargouiller. Il peut aussi entendre des bruits extérieurs et sursauter s'ils sont forts. Il apprend à reconnaître la voix de sa mère longtemps avant sa naissance.

Bienvenue sur Terre !
Au bout de 40 semaines environ, il est temps pour le bébé de naître. Les nouveau-nés peuvent respirer, téter et avaler. Ils communiquent en pleurant s'ils ont faim ou ne se sentent pas bien.

Avant la naissance, à l'âge de 20 semaines environ.

Les jumeaux

Il existe deux sortes de jumeaux : les vrais et les faux. Les vrais jumeaux possèdent des gènes identiques. Les faux jumeaux sont comme des frères et seule la moitié de leurs gènes est identique.

Les vrais jumeaux
Les vrais jumeaux sont issus de la division d'un seul ovule fécondé en deux embryons séparés.

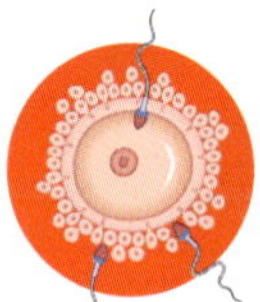

Il y a **fécondation** quand un spermatozoïde réussit à pénétrer dans l'ovule.

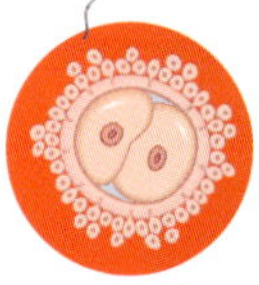

L'**ovule fécondé** se divise en deux. On ignore pourquoi.

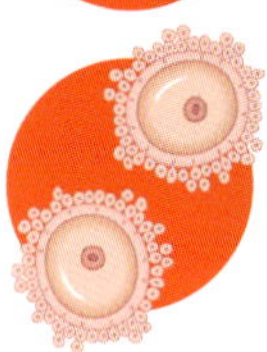

Deux amas de cellules se développent en deux embryons séparés.

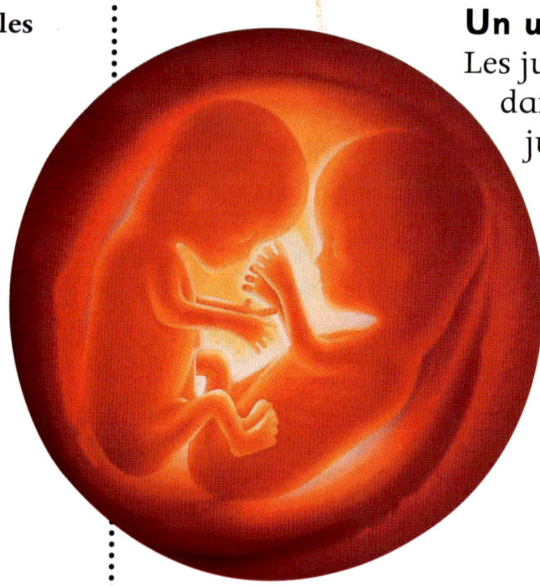

Un utérus pour deux
Les jumeaux se développent ensemble dans l'utérus de leur mère. Les vrais jumeaux partagent le même placenta, alors que les faux jumeaux ont chacun leur placenta.

Les faux jumeaux
Les faux jumeaux sont issus de la fécondation simultanée de deux ovules distincts.

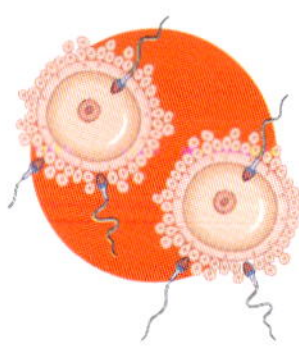

Les **deux ovules** sont fécondés en même temps par deux spermatozoïdes. Deux embryons se développent ensuite.

Deux êtres identiques ?
Les vrais jumeaux constatent souvent des similitudes étonnantes dans leurs goûts et leurs comportements. L'un peut même parfois lire dans les pensées de l'autre !

Les vrais jumeaux ont-ils exactement les mêmes empreintes digitales ?

Les grossesses multiples

Les triplés ou les quadruplés sont beaucoup plus rares que les jumeaux…

Triplés : une grossesse naturelle sur 8 100 engendre des triplés.

Quadruplés : c'est encore plus rare. Une grossesse sur 729 000 produit des quadruplés.

Quintuplés : donner naissance à 5 enfants résulte généralement d'un traitement contre la stérilité.

Sextuplés : il existe actuellement une trentaine de sextuplés dans le monde.

Une affaire de famille ?

Un couple qui a eu des jumeaux une première fois est plus susceptible d'en avoir une seconde fois. Et si ta mère ou ta future belle-mère est une fausse jumelle, attends-toi à avoir des jumeaux !

Les jumeaux « miroir »

Certains vrais jumeaux sont appelés jumeaux « miroir ». Souvent, l'un est gaucher et l'autre droitier, et leurs empreintes digitales sont inversées.

Sept enfants issus d'une même grossesse sont des septuplés. Ils étaient chacun issus d'un ovule différent.

Un record du monde !

On ne compte actuellement que deux familles de septuplés dans le monde. Les enfants ci-dessus s'appellent Kenneth, Brandon, Nathan, Joel, Alexis, Natalie et Kelsey. Ils sont nés en 1997 dans l'Iowa, aux États-Unis.

Non, parce que la peau qui recouvre le bout de leurs doigts n'a pas développé les mêmes dessins dans l'utérus.

Les premières années

Le corps d'un bébé se développe très vite, mais son cerveau aussi. Apprendre à marcher et à parler demande beaucoup de temps et d'efforts.

Une grosse tête
Le bébé a une tête énorme par rapport à son corps ! Quand tu grandis, c'est surtout ton corps qui se développe.

Qui dit grosse tête dit gros cerveau ! Le bébé en a besoin parce qu'il a beaucoup de choses à apprendre.

Apprendre très vite
Le cerveau d'un enfant se transforme sans cesse parce qu'il apprend étonnamment vite.

Sourire : la plupart des bébés se mettent à sourire à environ 6 semaines.

Boire : le bébé apprend à boire dans une tasse à couvercle entre 6 et 12 mois.

Manger : la plupart des bébés savent manger dans un petit bol à environ 15 mois.

Reconnaître les couleurs : les enfants peuvent nommer les couleurs à partir de 3 ans.

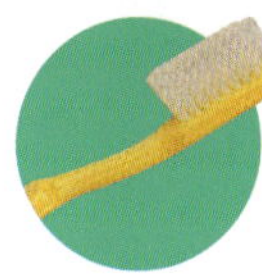

Se brosser les dents : un enfant sait se brosser les dents tout seul dès l'âge de 5 ans.

Ton corps grandit très vite en l'espace d'un an…

4 jours
Les nouveau-nés passent presque tout leur temps à dormir. Même s'ils sont réveillés, ils n'ouvrent pas beaucoup leurs yeux.

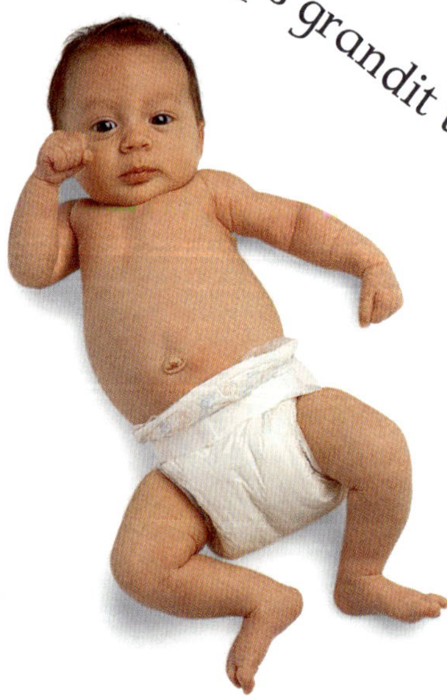

6 semaines
Le bébé pleure s'il a froid ou faim. Il commence aussi à gazouiller.

Les bébés sont si souples qu'ils peuvent sucer leurs doigts de pieds !

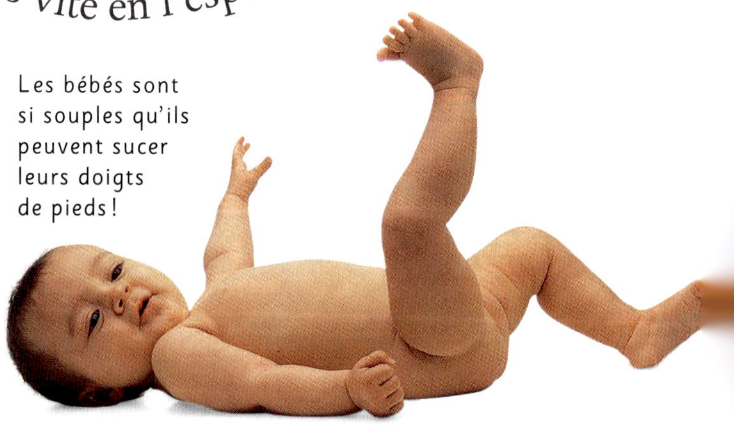

6 mois
Le bébé sait davantage contrôler son corps. Ses muscles sont plus forts, ce qui lui permet de se redresser tout seul.

À quel âge atteins-tu la moitié de ta taille adulte ?

Savoir parler permet de jouer plus facilement avec d'autres enfants.

Apprendre à parler
À 1 an le bébé essaie de parler. À 2 ans l'enfant connaît 100 mots et à 3 ans plus de 1 000 mots différents.

...et ralentit à peine sa croissance la deuxième année !

À 3 ans, les enfants reconnaissent la différence entre les garçons et les filles.

2 ans
À cet âge les enfants savent marcher et courir, monter les escaliers et taper dans un ballon. Ils commencent à s'habiller tout seuls, mais ne savent pas encore mettre un bouton, une fermeture Éclair ou une ceinture, ni nouer leurs lacets.

1 an
À cet âge le bébé peut comprendre des mots simples. Il fait aussi ses premiers pas.

À 2 ans environ.

Grandir

L'enfant apprend à marcher, à parler, à courir, à sauter, à aller aux toilettes tout seul, à manger avec des couverts, à lire et à écrire, et même à se faire des copains !

Se faire des copains
Dès l'âge de 5 ans les enfants peuvent se lier d'amitié et jouer ensemble. Ils commencent à se préoccuper de ce que les autres pensent d'eux.

Qu'es-tu capable de faire ?
Il faut beaucoup d'efforts et de persévérance pour apprendre à faire toutes ces choses !

Nouer ses lacets : à 6 ans la plupart des enfants savent nouer leurs lacets tout seuls.

Faire du vélo : à 7 ans la plupart des enfants peuvent faire du vélo sans roulettes.

Lire : certains enfants apprennent à lire à 4 ans, d'autres à 5 ans et d'autres encore à 6 ans !

Écrire : tu dois savoir écrire lisiblement à l'âge de 7 ans.

À mesure que tu perds tes rondeurs de bébé, tu développes...

Tu apprends à faire de nouvelles choses, par exemple à sauter à la corde.

4-5 ans
À cet âge l'enfant s'exprime clairement avec des phrases simples et connaît plusieurs milliers de mots.

Tu apprends à rester calme et à réfléchir.

5-6 ans
C'est l'âge où l'enfant apprend à lire, à écrire, à compter et parfois à jouer d'un instrument de musique.

Il te reste encore beaucoup de temps pour jouer après l'école.

7-10 ans
À cet âge les garçons et les filles n'aiment pas les mêmes activités, ils ont donc plus d'ami(e)s de leur sexe.

Pourquoi grandis-tu ?

Il a de la barbe!
Au cours de la puberté les garçons et les filles voient pousser des poils sur leur corps. Les garçons commencent à avoir de la barbe et à se raser.

...un corps et un visage bien à toi!

Les moments où tu grandis plus vite sont appelés poussées de croissance.

Durant l'adolescence tes pensées et tes sentiments changent autant que ton corps.

11-13 ans
Ton corps se met à grandir de nouveau très vite. Les garçons font leur poussée de croissance un ou deux ans après les filles.

Après l'enfance
La période où tu n'es plus un enfant mais pas encore un adulte s'appelle l'adolescence. Ton corps se transforme complètement à la puberté.

Parce que tu possèdes une hormone de croissance produite par ton hypophyse.

Vieillir

Les adultes continuent de grandir, mais plus lentement que les enfants. Quand tu vieillis, ton corps met plus de temps à se réparer et à remplacer ses cellules usées.

L'espérance de vie

En général, plus une créature est grande, plus elle vit longtemps. Alors combien de temps vivent les humains ?

Les **papillons** ont une vie très courte. La plupart vivent seulement un ou deux mois.

Les **chats de compagnie** vivent plus longtemps que les chats sauvages : jusqu'à 15 ans.

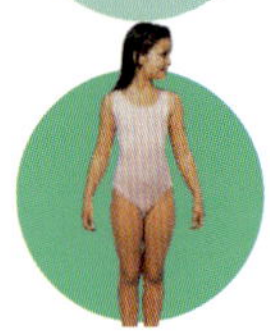

Les **humains** peuvent vivre jusqu'à 100 ans. Les femmes vivent généralement plus longtemps que les hommes.

Les **tortues** peuvent vivre jusqu'à 150 ans. Certaines passent le quart de leur vie à dormir.

20 à 30 ans

Entre 20 et 30 ans, tu es au mieux de ta forme physique. Ton corps a atteint sa taille adulte. Tu ne dépenses donc pas toute ton énergie pour grandir.

30 à 40 ans

Parce qu'elles ne sont plus en période de croissance, la plupart des personnes doivent manger moins pour ne pas grossir. Leur corps est fort et en bonne santé, mais plus assez performant pour le sport de compétition.

Des os fragiles

Avec l'âge, les vertèbres et les disques de la colonne vertébrale se fragilisent et perdent de leur matière. C'est pourquoi on rapetisse un peu en vieillissant.

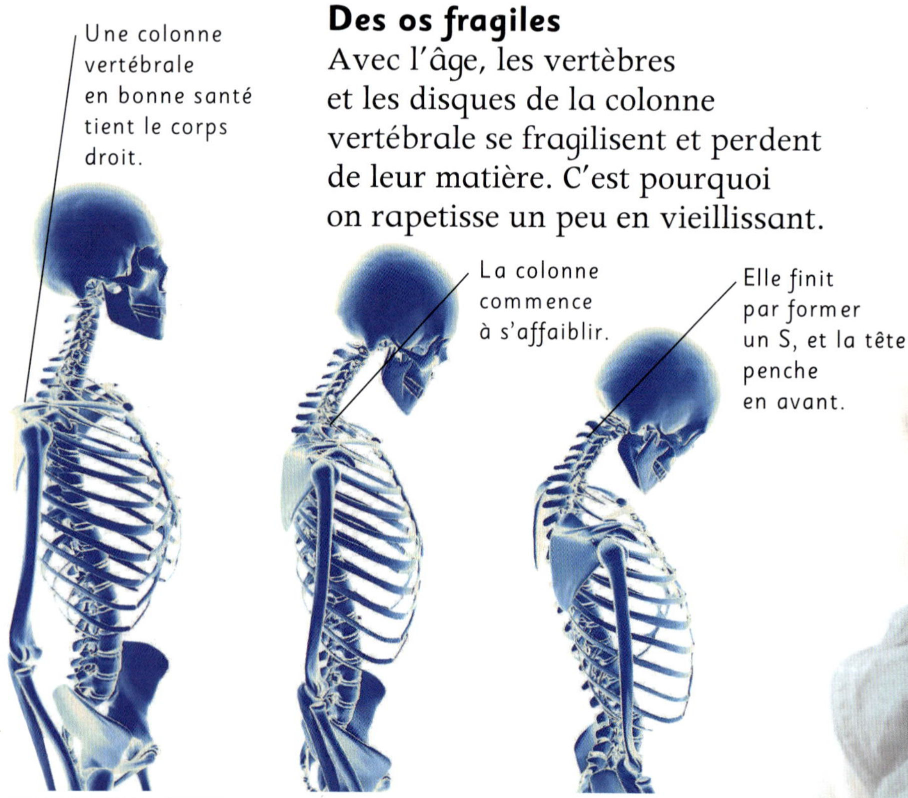

Quel est le record de longévité d'un être humain ?

Rides
Avec l'âge la peau devient moins élastique et forme des rides. Dans de nombreuses cultures, les rides sont un signe de sagesse et d'expérience et elles suscitent le respect.

Vieux et heureux
Aujourd'hui les gens vivent plus longtemps grâce aux progrès de la médecine. Une alimentation saine, de l'exercice physique et un esprit jeune peuvent contribuer à une vieillesse heureuse.

La cinquantaine
Les organes et les muscles commencent à s'affaiblir. La peau du visage se ride et les cheveux grisonnent. Les femmes ne peuvent plus avoir d'enfant.

La vieillesse
Les personnes âgées se plaignent souvent d'avoir les os fragiles, les articulations raides et une mauvaise vue. La plupart de leurs organes, dont les poumons et le cœur, fonctionnent moins bien qu'avant.

En vieillissant, les cheveux contiennent moins de mélanine, la substance qui leur donne leur couleur.

Cent vingt-deux ans. Il a été atteint par une femme qui s'appelait Jeanne Calment.

L'alimentation

Tu manges pour te donner de l'énergie. Tu as besoin d'une nourriture variée pour permettre à ton corps de fonctionner le mieux possible.

Une alimentation équilibrée apporte à ton corps tout ce dont il a besoin.

Les protéines
La viande, le poisson et les œufs contiennent beaucoup de protéines. Ton corps a besoin de protéines pour réparer ses cellules.

Les glucides
Le pain, les céréales, les pâtes et les aliments sucrés contiennent principalement des glucides. Tu en as besoin pour te donner de l'énergie.

Les lipides
Les produits laitiers et les graines riches en huile contiennent des lipides. Tu n'en as besoin qu'en faible quantité.

Les plats à emporter et les sodas font plaisir de temps en temps, mais ne remplacent pas un vrai repas.

Fruits et légumes
Les fruits et les légumes frais sont pleins de vitamines et de minéraux. Ton corps en a besoin pour rester en bonne santé.

Attention !
Les hamburgers et les chips contiennent trop de graisse et de sel, et pas assez de vitamines.

Qu'est-ce qu'une personne végétarienne ?

L'eau

Les deux tiers de ton corps sont de l'eau. Mais tu en perds tout le temps. Tu pourrais vivre plusieurs semaines sans nourriture mais seulement trois jours environ sans eau.

Tu as besoin d'environ 6 verres de liquide par jour, mais tu en trouves une partie dans ton alimentation.

Les allergies

Si ton corps réagit mal à certains aliments en te rendant malade, c'est que tu y es allergique.

Certaines personnes ne supportent pas le **blé**. Elles ne peuvent pas manger du pain blanc.

Les **fruits secs** peuvent être dangereux, même en faible quantité, si tu y es allergique.

Le **lait de vache** ne convient pas à certaines personnes, mais il peut être remplacé par le lait de brebis ou de chèvre.

La vitamine D

Tu as besoin de vitamine D pour développer des os solides. Celle-ci se trouve dans le poisson et les œufs, mais ton corps ne peut en profiter que s'il se met au soleil.

Les aliments te donnent de l'énergie.

Deviens incollable...

Sur la mastication, pages **216-217**

Sur la fabrication de l'urine, pages **220-221**

De l'énergie pour ton corps

Une orange te donne assez d'énergie pour faire du vélo pendant 5 minutes, alors qu'une barre de chocolat te permet de faire du vélo pendant 45 minutes.

La quantité d'énergie fournie par les aliments se mesure en calories.

Une personne qui ne mange pas de viande.

Le sommeil

Quand tu dors, ton corps se repose. Ton cerveau arrête de s'occuper du monde extérieur et en profite pour trier les événements de la journée.

Les adultes ont besoin d'environ 7 heures de sommeil.

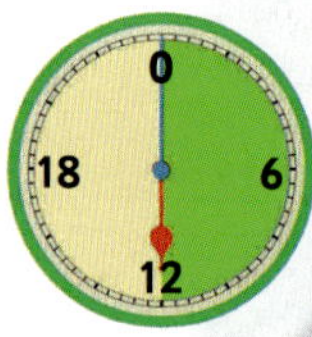

Un enfant de 3 ans a besoin d'environ 12 heures de sommeil.

Un nouveau-né peut dormir 20 heures par jour. À 6 mois, 15 heures lui suffisent en général.

Quelle quantité de sommeil ?
En vieillissant, nous avons besoin de moins de sommeil. Les jeunes adultes ont besoin de dormir environ 8 heures, alors que les plus de 60 ans peuvent se contenter de 6 heures.

Les phases du sommeil
Tout au long de la nuit, tu traverses des périodes de sommeil léger et de sommeil profond. Au fil des heures, ton sommeil devient de plus en plus léger jusqu'à ce que tu te réveilles.

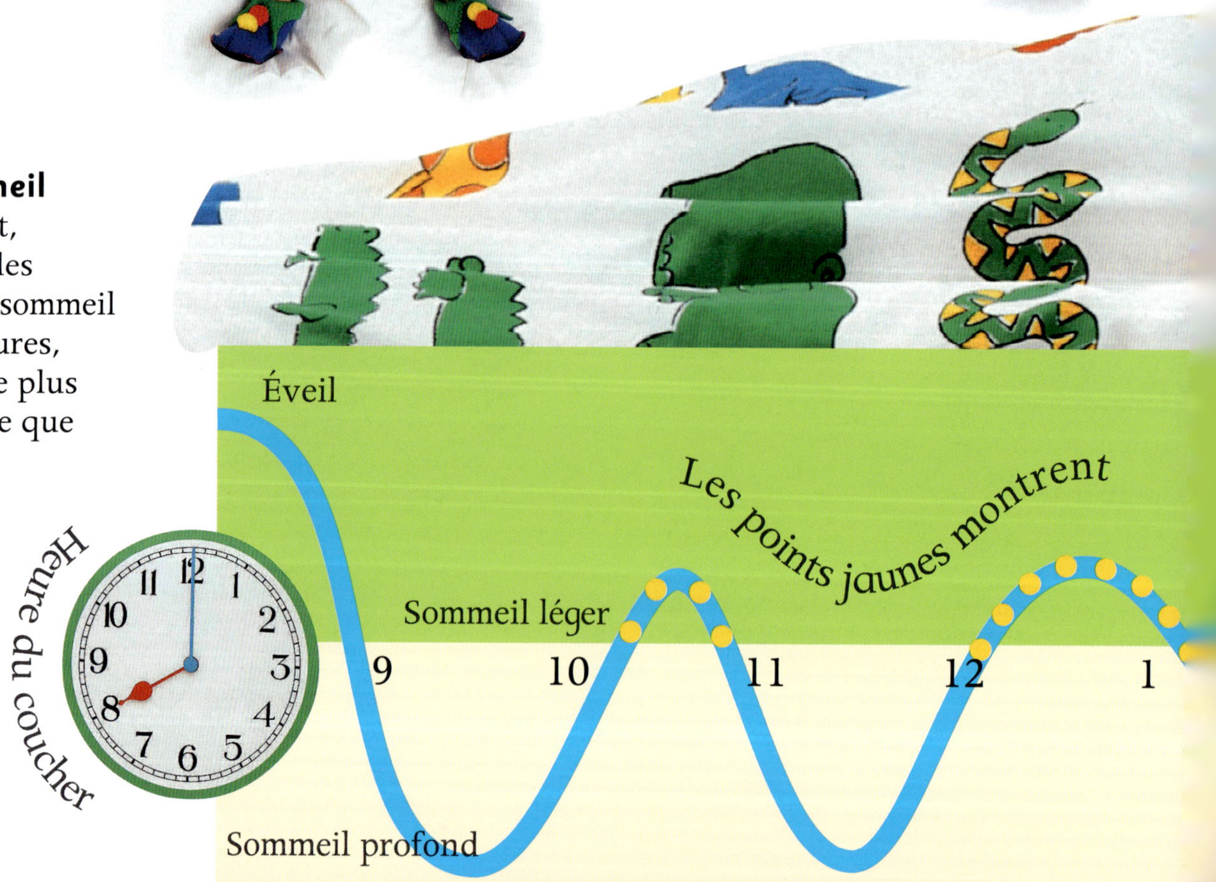

Qu'est-ce que l'insomnie ?

Rêver

Tout le monde rêve. Quand tu rêves, tes paupières bougent. C'est ce qu'on appelle le sommeil paradoxal.

Les cauchemars

Les cauchemars sont des rêves effrayants qui peuvent te réveiller et te faire peur ou te rendre malheureux. Les personnes qui font des cauchemars rêvent souvent qu'elles sont pourchassées ou brutalisées.

La signification des rêves

Tout le monde est fasciné par la signification des rêves. Elle n'est pas facile à trouver, mais…

Si tu rêves que **tu voles**, c'est que tu te sens fort et sans problème.

Si tu rêves que **tu es tout nu**, c'est que tu as peur de ne pas être assez fort.

Si tu rêves que **tu tombes**, c'est que tu as peur de ne pas contrôler les choses ou de perdre quelque chose.

Le somnambulisme

Au cours du sommeil profond, certaines régions du cerveau restent en éveil. Tu peux parler ou te lever et marcher. Au réveil, tu ne te souviens de rien.

L'incapacité de s'endormir ou de dormir.

Médecins et dentistes

Quand tu es malade, tu vas voir le médecin. Il commence par t'examiner, puis te prescrit un traitement ou un médicament pour te soigner.

L'examen
Le médecin t'interroge sur tes symptômes (c'est-à-dire les signes de ta maladie), puis examine différentes parties de ton corps.

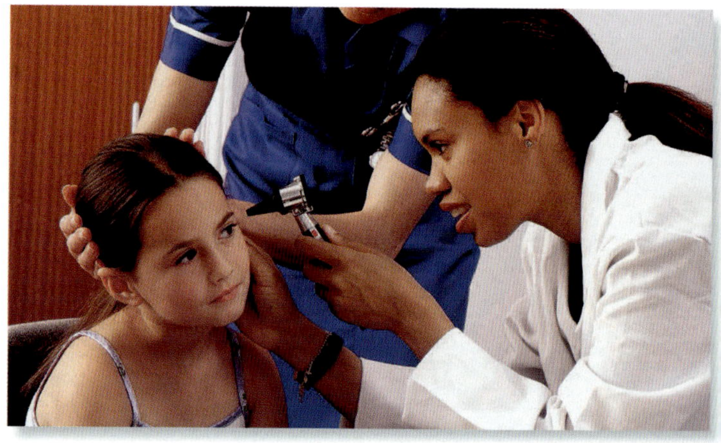

Nez, gorge, oreilles
Le médecin utilise un otoscope pour examiner tes oreilles, ton nez et ta gorge. Un gonflement ou une irritation peuvent être le signe d'une infection.

Dis « ah »
Le médecin utilise une languette pour abaisser ta langue et observer tes amygdales. Si tes amygdales s'infectent souvent, il faudra t'opérer pour les enlever.

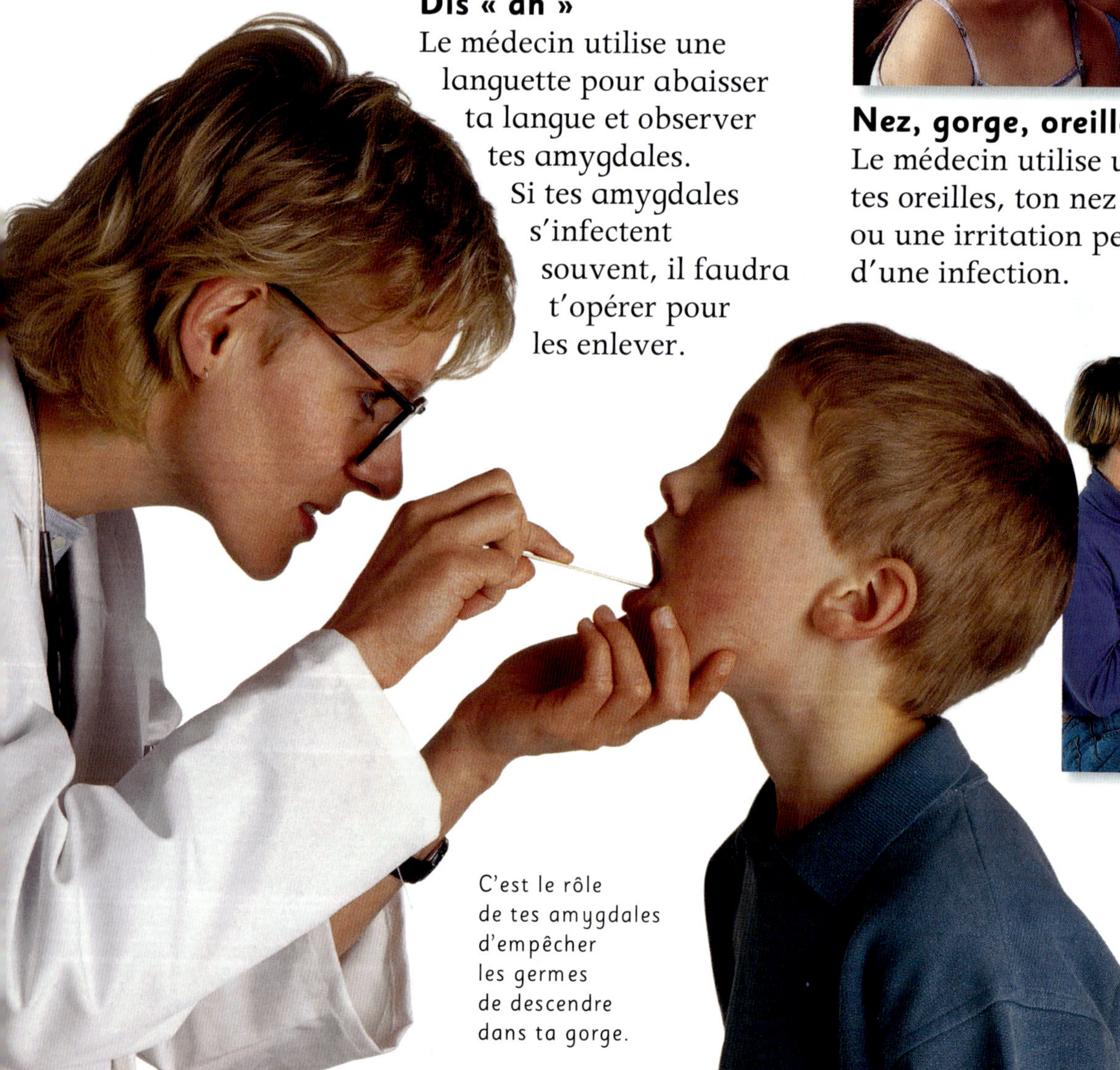

C'est le rôle de tes amygdales d'empêcher les germes de descendre dans ta gorge.

Le stéthoscope
Le médecin se sert d'un instrument appelé stéthoscope pour écouter ton cœur ou le fonctionnement de tes poumons.

Qu'est-ce qu'un pédiatre ?

Les instruments du médecin

Les médecins ont dans leur cabinet quelques instruments simples pour examiner leurs patients.

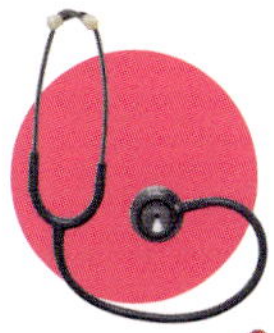

Un **stéthoscope** permet au médecin d'écouter le cœur ou la respiration.

Un **marteau** en caoutchouc sert à frapper les genoux pour tester les réflexes.

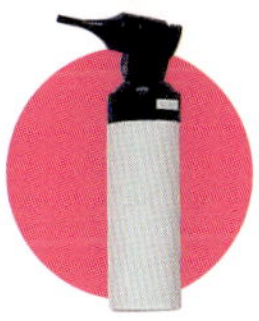

Un **ophtalmoscope** est doté d'une lumière spéciale pour examiner le fond des yeux.

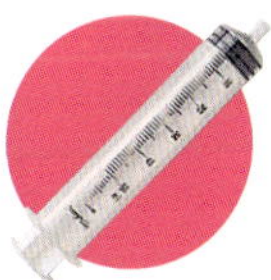

Les **seringues** servent à pratiquer des injections, pour les vaccinations, par exemple.

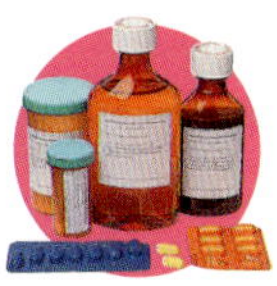

Les **médicaments** s'achètent en pharmacie. Le médecin délivre une ordonnance pour se les procurer.

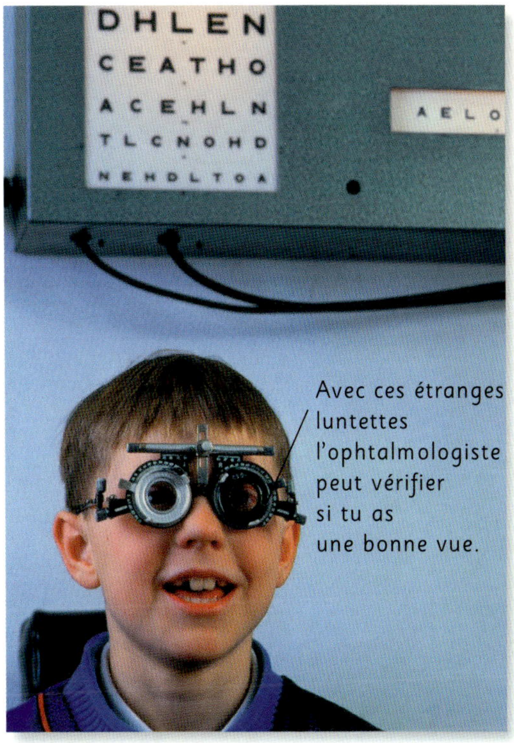

Avec ces étranges luntettes l'ophtalmologiste peut vérifier si tu as une bonne vue.

L'ophtalmologiste

L'ophtalmologiste teste ta vue pour savoir si tu as besoin de lunettes. Il examine chaque œil séparément, car un œil est souvent meilleur que l'autre. Comme ta vue change, tu dois consulter l'ophtalmologiste tous les ans.

Le dentiste

Tu prends soin de tes dents en les brossant, mais tu dois quand même aller les faire examiner par le dentiste deux fois par an. Sinon, gare aux caries !

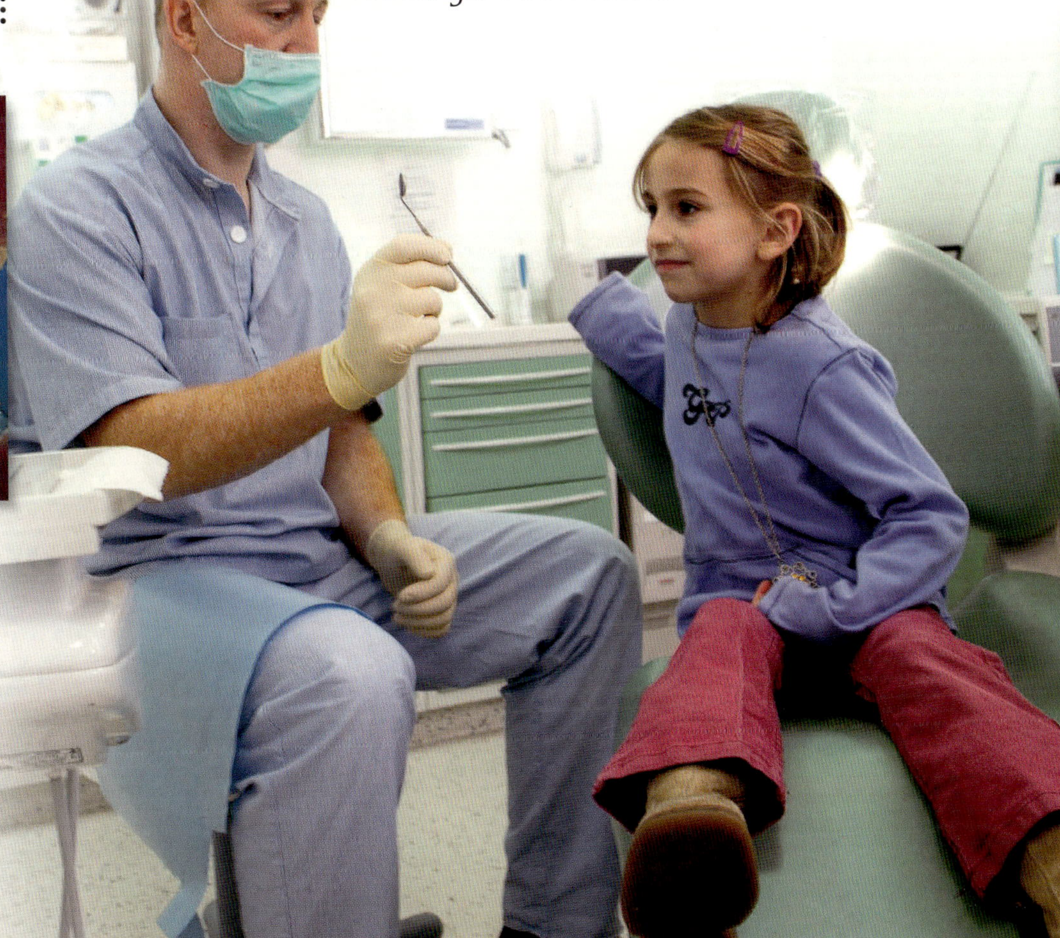

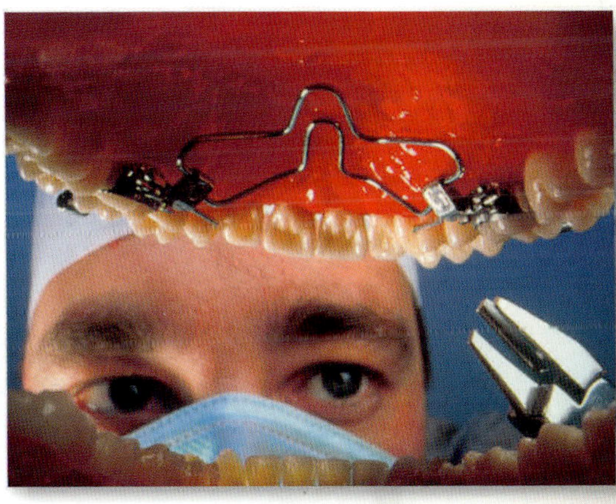

L'orthodontiste

Les orthodontistes sont des dentistes qui redressent les dents mal positionnées. Ils installent dans la bouche un appareil dentaire qui redresse progressivement les dents.

Un médecin spécialisé dans les maladies des enfants.

Le langage du corps

Tu ne parles pas seulement avec des mots, tu utilises aussi tes mains, ton visage et ton corps. L'expression de ton visage et la façon dont tu te tiens peuvent en dire long sur ce que tu ressens.

L'espace personnel
Les gens montrent s'ils se connaissent bien, ou pas du tout, par la distance qu'ils mettent les uns entre les autres et par l'existence, ou l'absence, de contacts physiques. Il est impoli de se tenir trop près d'un étranger, mais normal d'être près de son meilleur ami.

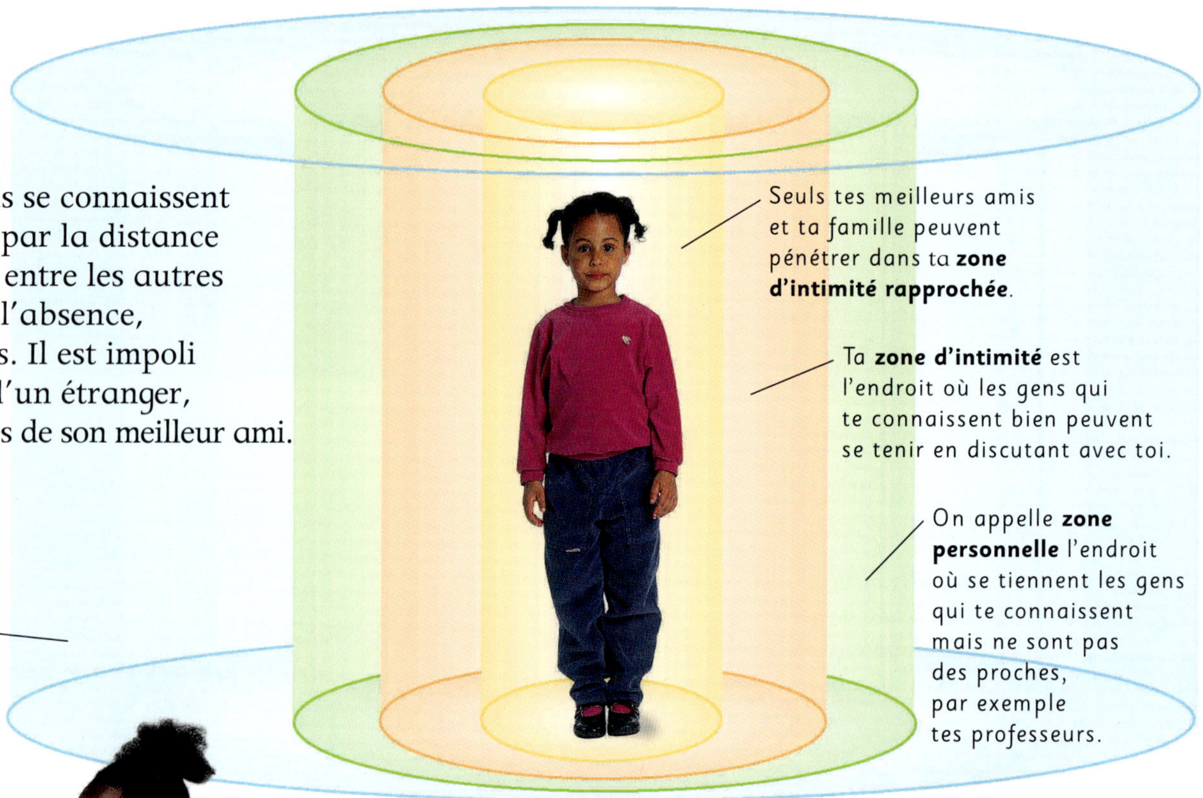

Seuls tes meilleurs amis et ta famille peuvent pénétrer dans ta **zone d'intimité rapprochée**.

Ta **zone d'intimité** est l'endroit où les gens qui te connaissent bien peuvent se tenir en discutant avec toi.

On appelle **zone personnelle** l'endroit où se tiennent les gens qui te connaissent mais ne sont pas des proches, par exemple tes professeurs.

On appelle **zone sociale** l'endroit où des étrangers se tiennent pour discuter avec toi.

Ces deux filles s'imitent, elles ont le même langage corporel.

Imiter l'autre
De bons amis s'imitent souvent sans s'en apercevoir. Il leur arrive de marcher au même pas, de s'asseoir ou de se tenir debout dans la même position ou d'avoir les mêmes gestes des mains.

Qui commande ?
Tu peux dire avec ton corps si tu commandes ou si quelqu'un d'autre commande. Te pencher en avant ou avoir l'air décontracté te donne une autorité naturelle.

La position décontractée de ce garçon montre qu'il se sent en confiance.

Comment ton chien montre-t-il qu'il sait que c'est toi le maître ?

L'influence de l'entourage

Tu empruntes une grande partie de ton langage corporel aux personnes qui t'entourent. Tes gestes, ta façon de te tenir et de marcher ressemblent probablement à ceux d'un de tes proches.

Les petits garçons imitent souvent les gestes de leur grand frère et les petites filles ceux de leur grande sœur.

Ouverture, fermeture

Si tu te sens à l'aise et de bonne humeur, tu as une attitude « ouverte », les bras et les jambes écartés. Si tu te sens mal à l'aise ou de mauvaise humeur, tu as une attitude « fermée », les bras et les jambes serrés.

Parler aux animaux

Les animaux ne comprennent pas notre langage parlé mais comprennent souvent celui de notre corps. Ton chien sait que c'est toi le maître grâce à ton langage corporel. Tu dois l'éduquer, sinon il se comportera mal.

Deviens incollable...

Sur les muscles et le mouvement, pages **154-159**

Il s'accroupit, abaisse sa queue et aplatit ses oreilles.

Le dire avec les mains

La plupart des gens bougent leurs mains en parlant, mais que signifient leurs gestes ? Certains gestes des mains veulent dire la même chose partout dans le monde, d'autres diffèrent selon les pays.

Des mains parlantes
Les mains semblent avoir leur propre langage. Quand les gens parlent, leurs mains n'arrêtent pas de bouger, même s'ils sont au téléphone !

Le pouce levé
Un pouce levé signifie « très bien » ou « bravo ! » en France, « un » en Allemagne, « cinq » au Japon et c'est un geste impoli au Moyen-Orient et en Afrique.

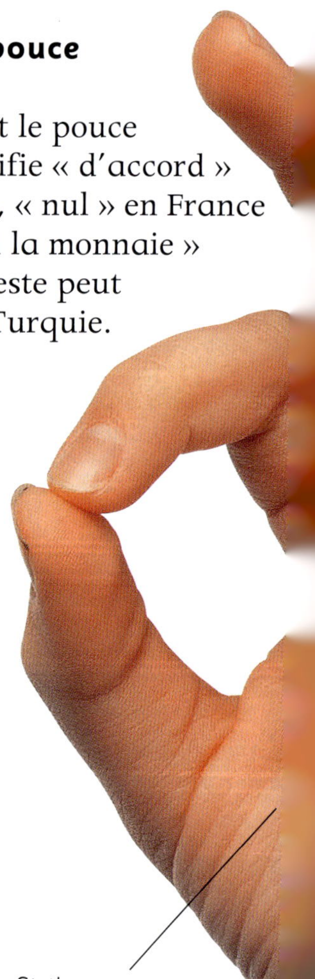

L'index et le pouce en contact
Avoir l'index et le pouce en contact signifie « d'accord » aux États-Unis, « nul » en France et « rendez-moi la monnaie » au Japon. Ce geste peut être impoli en Turquie.

En Sicile, ce geste accompagné d'un coup de karaté signifie « je te déteste ».

Les paumes jointes
Dans les pays chrétiens c'est un signe de prière, mais en Inde c'est un signe de bienvenue. Les Indiens joignent leurs mains et font un salut de la tête.

La poignée de main
Dans de nombreux pays on se serre la main pour se dire bonjour, mais il existe de légères différences. Une poignée de main énergique est un signe de sincérité en Europe mais d'agressivité en Asie.

Dans certains pays, les hommes et les femmes ne se serrent jamais la main.

Comment un plongeur dit-il « requin » sous l'eau ?

Pointer son index le bras tendu désigne quelque chose d'éloigné.

Pointer son index
Pointer son index devant soi est le premier geste de la main que l'on apprend et il signifie la même chose dans le monde entier. Les enfants demandent quelque chose en le montrant du doigt avant de savoir parler.

Deviens incollable...
Sur les os de tes mains, pages **150-151**

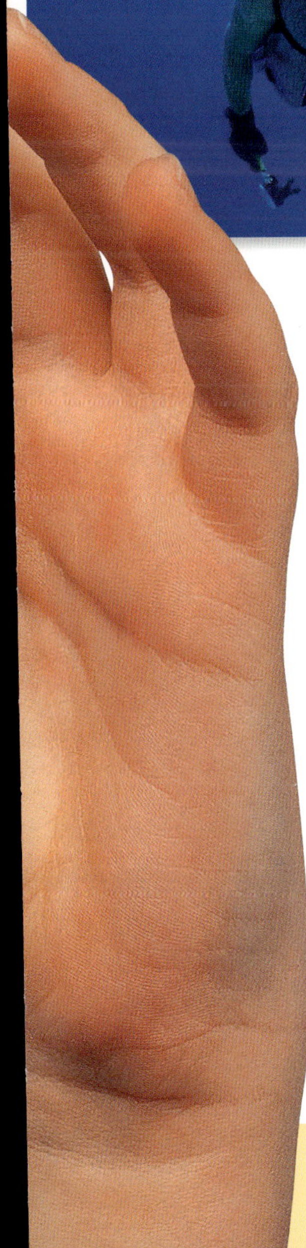

Parler sous l'eau
Les plongeurs ne peuvent pas parler sous l'eau. Alors ils utilisent une sorte de langage des signes. Ils ont des signes spéciaux pour les animaux marins comme les requins et les tortues.

Mettre en contact le pouce et l'index pour former un rond signifie **OK**.

Bouger sa main sur le côté en la gardant aplatie signifie **rester à cette profondeur**.

Serrer le poing, le bras fléchi, signifie **stop**.

Ces 26 signes représentent les 26 lettres de l'alphabet du langage des signes français.

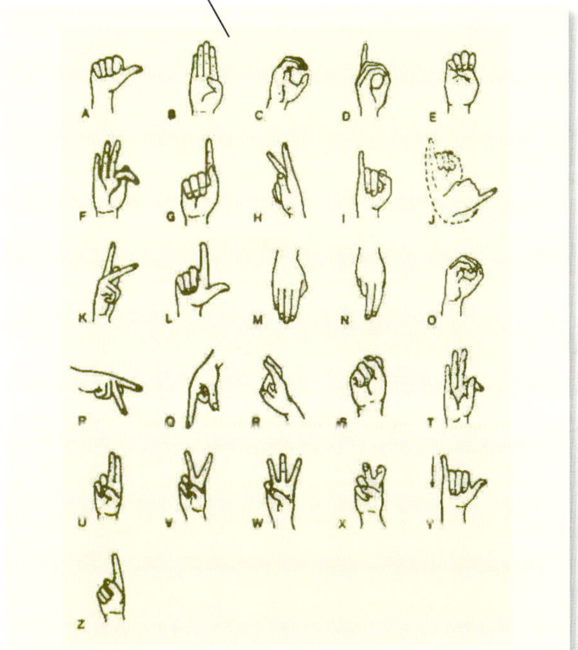

Le langage des signes
Les sourds-muets communiquent en lisant sur les lèvres des autres et en faisant des mimiques faciales ou des gestes avec leurs doigts. Le langage des signes varie beaucoup d'un pays à l'autre.

En imitant la forme d'un aileron de requin avec sa main au-dessus de sa tête.

Les expressions du visage

Ton visage t'aide à transmettre tes émotions. Les humains utilisent partout les mêmes expressions du visage pour exprimer six émotions de base.

La surprise te coupe le souffle parce qu'une hormone, l'adrénaline, accélère le travail de tes poumons.

2 La surprise

Quand tu es surpris, tes sourcils remontent, tes yeux s'écarquillent et ta bouche s'ouvre. Certaines personnes se tapent les joues ou mettent la main devant leur bouche.

1 La joie

Dans un sourire sincère, les yeux se plissent et les joues remontent. Un sourire a la même signification dans le désert du Sahara que dans la forêt amazonienne.

Les personnes grognons ou en colère ont parfois le contour des yeux rouge.

3 La colère

Une personne en colère fronce les sourcils, plisse ses yeux et garde les lèvres serrées. Elle peut aussi te fixer des yeux sans ciller.

Combien de mimiques faciales existe-t-il ?

Les bébés répondent au sourire de leurs parents dès leur plus jeune âge.

Parler avec son visage

Les bébés communiquent avec leur visage avant d'apprendre à parler. Ils sourient, froncent les sourcils et expriment toutes les émotions les plus courantes.

Deviens incollable...

Sur les premières années de la vie, pages **230-231**

4 La tristesse

Si tu as du chagrin, ta bouche tombe, l'extrémité intérieure de tes sourcils se relève et des rides se forment au-dessus de ton nez. Si tu es très triste, tu as aussi envie de pleurer.

5 La peur

Avec la peur, tes yeux s'écarquillent et l'on voit davantage le blanc. Tu ouvres grand la bouche et ton sang quitte ton visage pour le rendre très pâle.

6 Le dégoût

Le dégoût se manifeste par des rides à la racine du nez et des yeux qui se plissent. Voir le dégoût sur le visage de quelqu'un peut t'en faire éprouver aussi.

Environ 7 000.

Veux-tu en savoir plus sur TOI ?

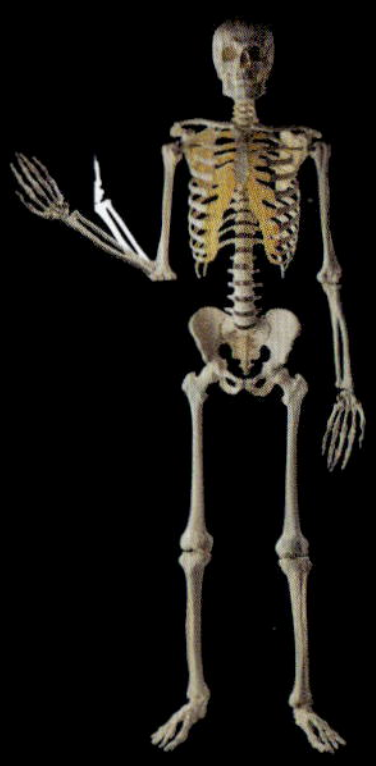

Le squelette et les os

Sans squelette pour te tenir debout, tu t'effondrerais par terre comme de la gelée !

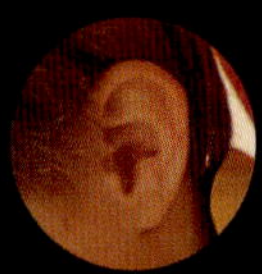

L'os le plus petit est l'étrier, situé dans l'oreille. Il est plus petit qu'un grain de riz.

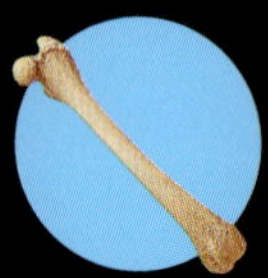

À poids égal, les os sont plus résistants que l'acier ou le béton.

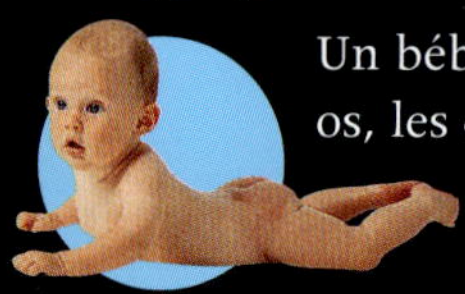

Un bébé possède plus de 300 os, les adultes seulement 206.

Les muscles et le mouvement

Tes muscles font bouger ton corps en exerçant une force sur tes os. Tu en fais travailler des centaines quand tu marches.

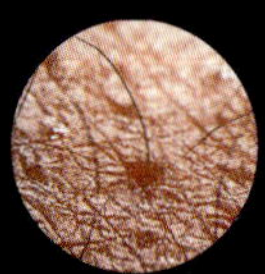

Chaque poil de ton corps peut se dresser grâce à un muscle minuscule.

Le muscle le plus fort est le masséter, qui actionne la mâchoire inférieure.

Tu utilises davantage de muscles pour froncer les sourcils que pour sourire.

Le cerveau et les nerfs

Ton cerveau est le centre de commande de ton corps. Il envoie et reçoit des messages par l'intermédiaire des nerfs.

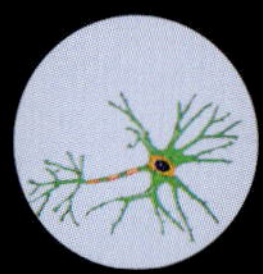

Les nerfs transmettent les informations jusqu'à une vitesse de 400 km/h.

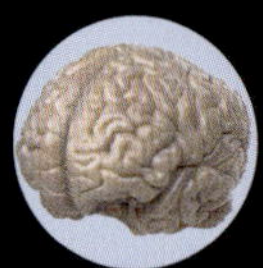

Ton cerveau est formé d'environ 100 milliards de petites cellules appelées neurones.

La moitié gauche de ton cerveau contrôle la moitié droite de ton corps et inversement.

L'œil humain peut voir la flamme d'une bougie la nuit à une distance de 1,6 km.

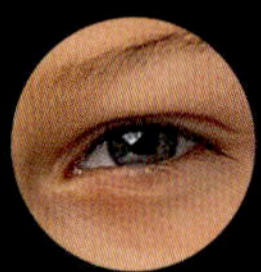

Quand tu t'ennuies, tes pupilles se rétrécissent.

Le cœur et le sang

Ton cœur propulse ton sang à travers ton corps. Il travaille 24 heures sur 24 sans se fatiguer.

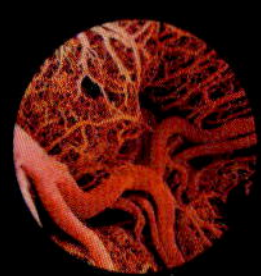

Les vaisseaux sanguins les plus petits sont 10 fois plus fins qu'un cheveu.

Ton corps contient suffisamment de vaisseaux sanguins pour faire deux fois le tour de la Terre.

Les poumons et la respiration

Tes poumons font entrer l'air dans ton corps pour permettre à ton sang d'être oxygéné.

Déplié, l'intérieur de tes poumons est trois fois plus grand qu'un court de tennis.

Un fort éternuement atteint la vitesse de 170 km/h environ.

Tu inspires suffisamment d'air en une journée pour remplir 33 000 cannettes.

La peau, les ongles et les poils

La matière qui protège la surface de ton corps est presque entièrement morte.

En 4 ans, tu perds l'équivalent de ton poids en peaux mortes.

Tu possèdes environ 5 millions de poils, mais seulement 100 000 sur ta tête.

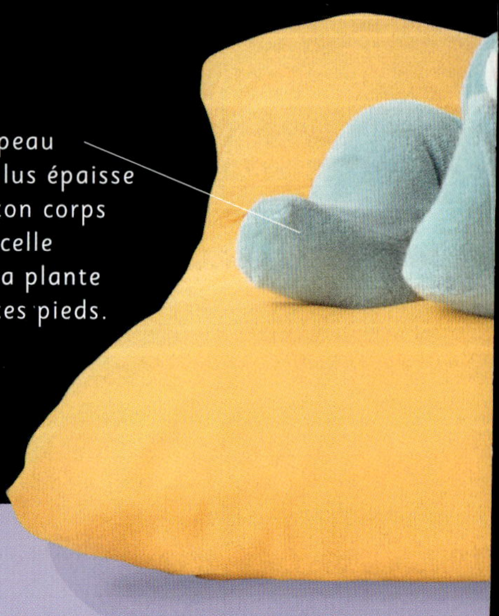

La peau la plus épaisse de ton corps est celle de la plante de tes pieds.

Combattre la maladie

Tu es entouré de germes qui tentent de pénétrer dans ton corps, mais ton corps se défend.

La fièvre de Lassa est une maladie très dangereuse. Elle tue environ un 1/5e des personnes qu'elle contamine.

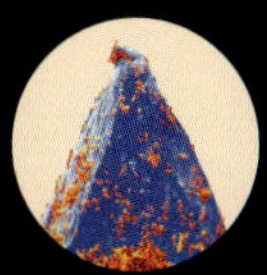

Les bactéries sont si petites qu'une tête d'épingle pourrait en contenir mille.

La maladie la plus répandue dans le monde est le simple rhume.

Le cancer est provoqué par une multiplication incontrôlée de tes propres cellules.

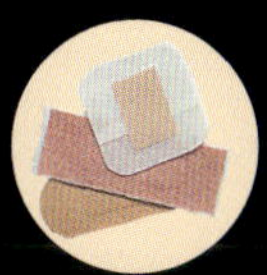

Si tu guéris d'une maladie infectieuse, ton corps est immunisé contre elle.

L'appareil digestif

La digestion transforme les aliments en substances simples que ton corps utilisera pour fabriquer de nouvelles cellules ou comme source d'énergie.

Les aliments avalés en un an pèsent aussi lourd qu'une voiture.

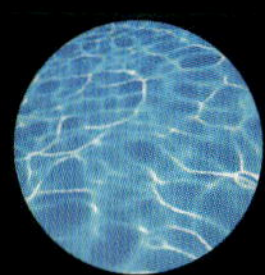

Tu fabriques suffisamment de salive dans ta vie pour remplir deux piscines.

Tes glandes digestives se mettent au travail dès que tu sens ou vois de la nourriture.

Ta langue perçoit 5 saveurs : le salé, le sucré, l'acide, l'amer et le piquant.

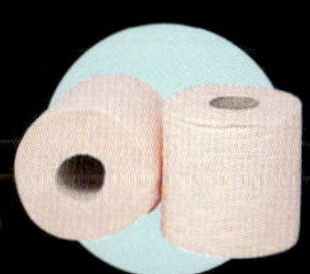

L'odeur des selles provient d'une substance chimique, le scatol.

Un cheveu pousse pendant une période qui va de 2 à 7 ans avant de tomber. Il est alors remplacé par un nouveau cheveu.

L'appareil urinaire

Ton urine débarrasse ton corps des substances chimiques dont il n'a pas besoin.

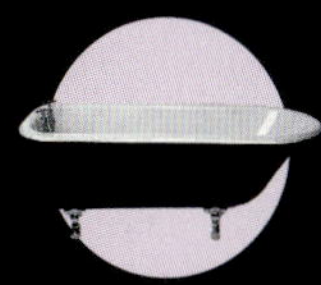

Tu produis suffisamment d'urine au cours de ta vie pour remplir 500 baignoires.

Les asperges donnent une couleur verte et les mûres une couleur rouge à ton urine.

La reproduction et la grossesse

Les organes reproducteurs créent de nouveaux humains à partir d'une infime quantité de matière.

Une mère de 69 enfants, ça existe ! La plupart étaient des jumeaux, des triplés ou des quadruplés.

Les premiers quintuplés à avoir survécu après leur naissance étaient nés en 1934.

La croissance

En grandissant tu te transformes peu à peu en adulte, mais c'est long !

La partie d'un bébé qui se développe le plus vite est sa tête.

Une petite fille mesure les trois quarts de sa taille adulte à l'âge de 7 ans.

Un petit garçon mesure les trois quarts de sa taille adulte à l'âge de 9 ans.

La médecine d'hier à aujourd'hui

Le corps humain est si complexe qu'il a fallu au moins 4 000 ans aux médecins pour comprendre son fonctionnement, mais il reste encore beaucoup à découvrir. La recherche médicale a abouti à de nouvelles façons de guérir les maladies.

460-377 av. J.-C. Le médecin grec Hippocrate est parfois surnommé le père de la médecine. Il fut l'un des premiers à comprendre que les maladies avaient des causes naturelles et qu'on pouvait les soigner.

Avant Hippocrate, on pensait que les maladies étaient des punitions envoyées par les dieux.

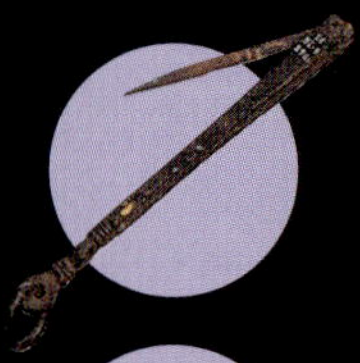

250 av. J.-C. Des médecins égyptiens dissèquent des cadavres pour comprendre le fonctionnement du corps.

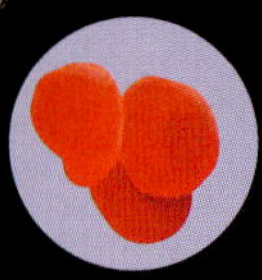

100 av. J.-C. Des médecins chinois découvrent que le sang suit toujours le même trajet en circulant à travers le corps.

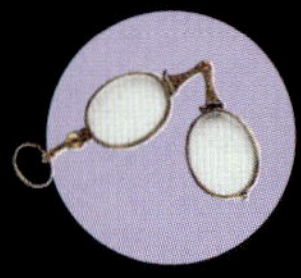

1290 On porte des lunettes pour la première fois à Venise, en Italie.

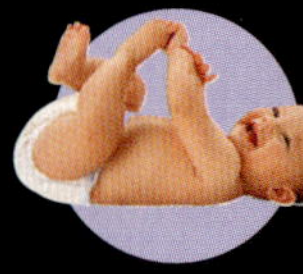

1500 Un éleveur de porcs suisse réalise la première césarienne sur un sujet vivant.

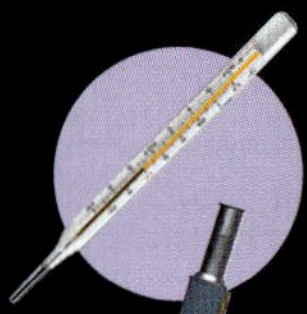

1596 Le scientifique italien Galilée invente le thermomètre.

1684 Le microbiologiste hollandais Antonie Van Leeuwenhoek découvre les cellules sanguines.

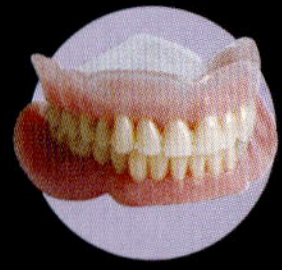

1770 Le premier dentier du monde est utilisé en France.

1796 Le médecin anglais Edward Jenner découvre comment fabriquer des vaccins.

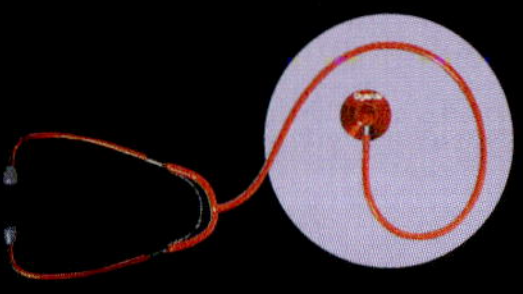

1816 Le stéthoscope est utilisé pour la première fois.

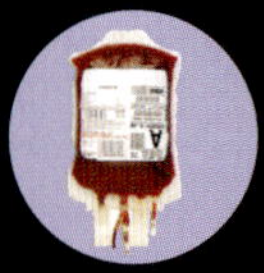

1818 James Blundell réalise la première transfusion sanguine.

Quel antibiotique Alexander Fleming a-t-il découvert ?

Le biologiste italien Lazzaro Spallanzani a mangé son propre vomi pour comprendre le fonctionnement de son estomac.

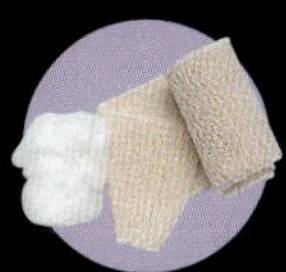
1852 Les médecins utilisent des bandages trempés dans du plâtre pour fabriquer des emplâtres.

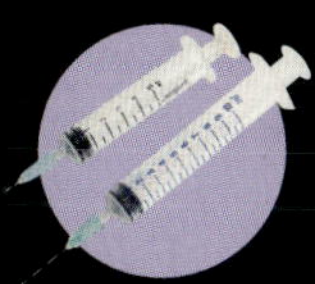
1853 Le médecin écossais Alexander Wood invente la seringue.

1895 Wilhelm Röntgen découvre par hasard comment faire la radiographie des os.

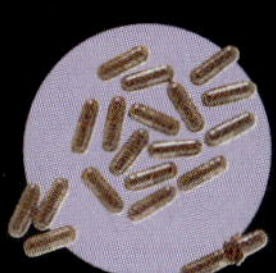
1928 Un scientifique anglais découvre les antibiotiques, des médicaments qui tuent les bactéries.

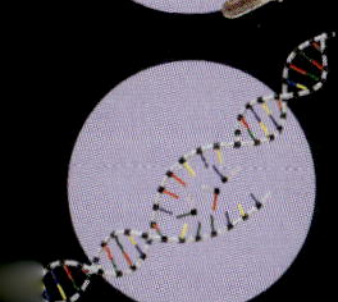
1953 Des scientifiques découvrent la structure de l'ADN, la molécule chimique qui porte les gènes.

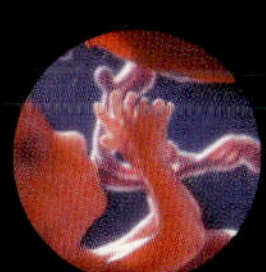
1955 Les médecins utilisent des appareils à ultrasons pour voir le bébé à l'intérieur de l'utérus.

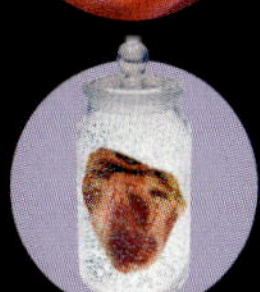
1967 Le chirurgien Christian Barnard réalise la première transplantation cardiaque.

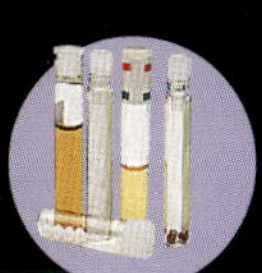
1978 Louise Joy Brown, le premier bébé-éprouvette, naît en Angleterre.

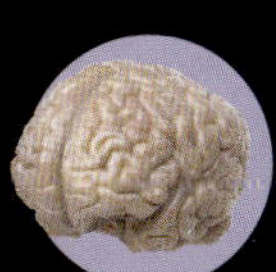
1992 L'IRM (image en 2 ou 3 dimensions) commence à être utilisé pour examiner des cerveaux vivants.

2005 Des médecins français réalisent une greffe de visage partielle du nez et de la bouche.

La médecine moderne
Les médecins actuels en savent beaucoup plus que les médecins de l'Antiquité sur le fonctionnement du corps, mais ils ignorent encore pourquoi tu as le hoquet et comment ton cerveau fonctionne exactement.

La pénicilline.

Lexique

Appareil
Groupe d'organes qui travaillent ensemble mais qui n'ont pas la même nature ni la même structure. La bouche, l'estomac et les intestins forment l'appareil digestif.

Artère
Vaisseau sanguin qui transporte le sang du cœur aux autres organes du corps.

Articulation
Jonction mobile entre deux os.

Bactéries
Créatures microscopiques formées d'une seule cellule. Certaines nous font du bien, d'autres nous rendent malades.

Capillaire
Vaisseau sanguin le plus fin du corps. Ton corps contient des milliers de kilomètres de capillaires.

Cellule
La plus petite unité vivante du corps.

Cordon ombilical
Tube reliant le bébé au corps de sa mère dans l'utérus.

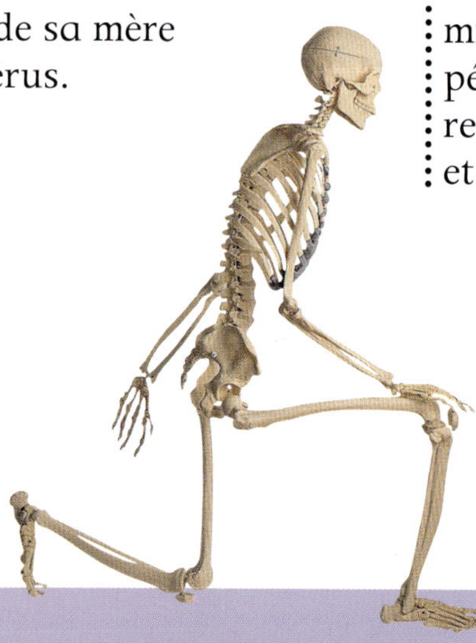

Diaphragme
Muscle plat et résistant situé sous les poumons. Tu l'utilises pour respirer.

Digestion
Processus qui décompose les aliments en substances que ton corps peut absorber et utiliser.

Enzyme
Substance qui accélère certaines réactions chimiques du corps. Les enzymes digestives accélèrent la décomposition des molécules alimentaires.

Épiglotte
Languette de cartilage semblable à une trappe qui empêche les aliments de passer dans tes voies respiratoires quand tu déglutis.

Gènes
Instructions qui disent à ton corps comment se développer et fonctionner. Les gènes se transmettent des parents aux enfants.

Germes
Créatures vivantes microscopiques qui peuvent pénétrer dans ton corps et te rendre malade. Les bactéries et les virus sont des germes.

Glande
Groupe de cellules spécialisées qui fabriquent et libèrent une substance donnée, par exemple une hormone ou une enzyme.

Hormone
Substance chimique produite par une partie du corps pour changer la façon dont fonctionne une autre partie du corps. Les hormones sont fabriquées dans des glandes et sont transportées par le sang.

Mucus
Liquide gluant qui tapisse l'intérieur de ton nez, de ta gorge et de tes intestins.

Nerfs
Fils du tissu nerveux qui transmettent des messages à travers le corps à très grande vitesse.

Nutriments
Substances chimiques de base qui composent les aliments. Ton corps utilise les nutriments pour avoir de l'énergie, se développer et se réparer.

Œsophage
Tube qui relie la bouche à l'estomac et entraîne les aliments avalés vers l'estomac.

Organe
Groupe de tissus qui forme une partie du corps chargée d'une fonction particulière. Ton estomac est un organe.

Oxygène
L'un des gaz présents dans l'air. Sans oxygène à respirer, tu ne pourrais vivre.

Protéines
Nutriments vitaux qui aident ton corps à produire de nouvelles cellules. La viande, les œufs, le poisson et le fromage sont des aliments riches en protéines.

Rayons X
Rayons invisibles qui traversent les objets. Les radiographies utilisent les rayons X pour voir à l'intérieur de ton corps.

Récepteur
Type de cellule nerveuse qui détecte un changement à l'extérieur ou à l'intérieur du corps et permet le fonctionnement d'un sens. Par exemple, les récepteurs tactiles de ta peau te donnent le sens du toucher.

Réflexe
Réaction automatique, involontaire, comme la respiration ou le clignement d'yeux quand quelqu'un approche un objet de tes yeux.

Salive
Liquide contenu dans ta bouche. La salive t'aide à goûter, à avaler et à digérer les aliments.

Système
Groupe d'organes de même nature et structure qui participent à une même fonction.

Tissu
Groupe de cellules qui agissent de la même façon. Le muscle est un type de tissu.

Urine
Liquide rempli de déchets que tu élimines en allant faire pipi. L'urine est composée d'eau et de substances chimiques dont ton corps n'a pas besoin.

Vaccin
Substance que tu avales ou que le médecin t'injecte pour protéger ton corps des maladies.

Vaisseau sanguin
Canal qui transporte le sang à travers le corps.

Veine
Vaisseau sanguin qui ramène le sang au cœur.

Vertèbres
Os reliés les uns aux autres pour former ta colonne vertébrale.

LES ANIMAUX

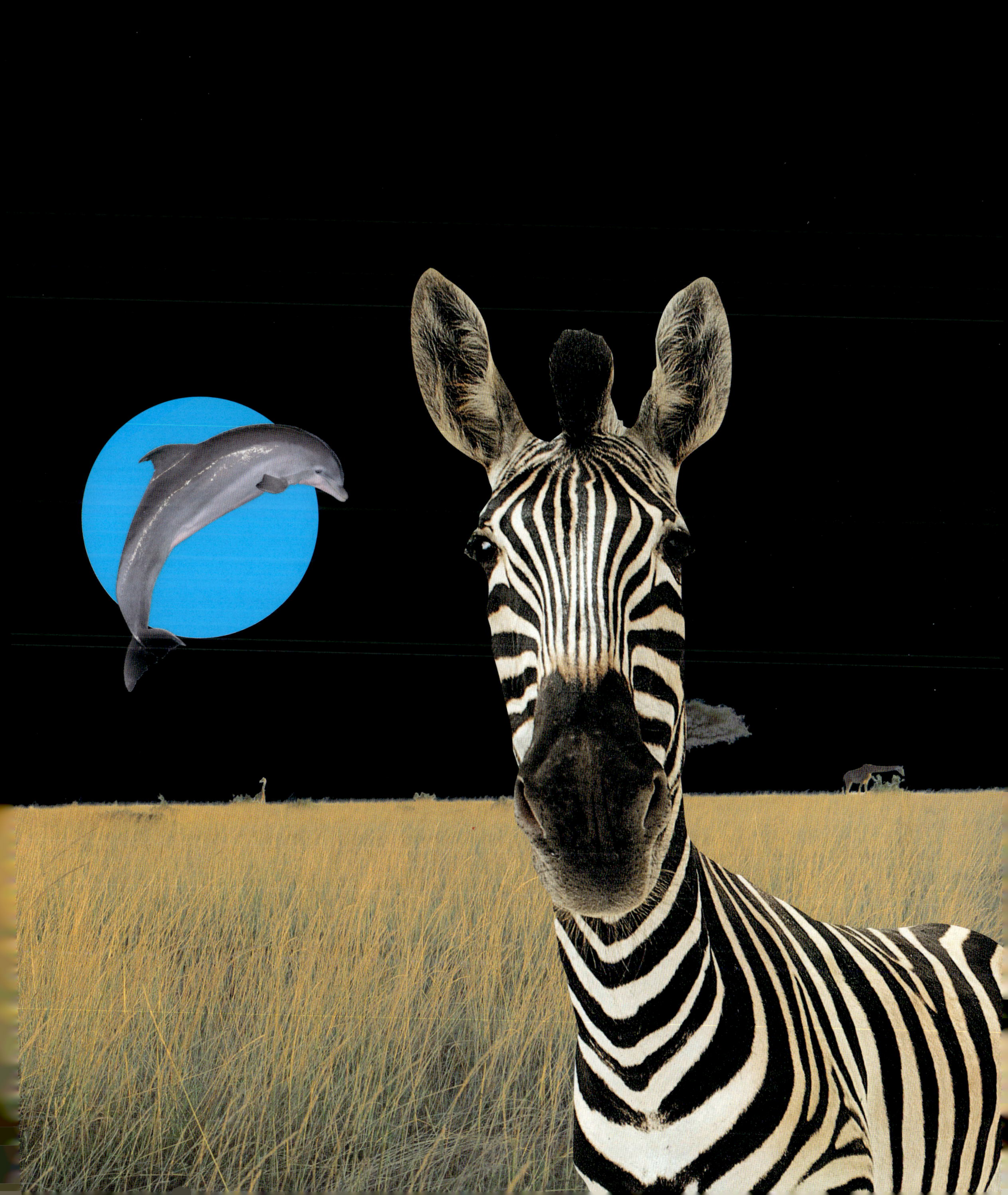

Le règne animal

Le règne animal comprend les vertébrés et les invertébrés. Les mammifères, les oiseaux, les reptiles, les amphibiens et les poissons sont des vertébrés. Tous les autres animaux, dépourvus de colonne vertébrale, sont des invertébrés.

Les animaux
Tous les animaux ont un point commun : ils se nourrissent d'autres êtres vivants : animaux, végétaux ou les deux. Et tous, sauf quelques créatures marines, peuvent se déplacer.

Squelette d'oiseau

Les coléoptères ont des muscles attachés à leur squelette, comme toi. Mais leur squelette est externe, alors que le tien est interne.

Squelette de coléoptère

Tous les oiseaux ne volent pas, même s'ils ont tous des ailes.

Qu'est-ce qu'un vertébré ?
La plupart des grands animaux de notre planète ont une colonne vertébrale et sont donc appelés vertébrés. Les mammifères, les oiseaux, les reptiles, les amphibiens et les poissons appartiennent tous à la classe des vertébrés.

Et un invertébré ?
Les invertébrés sont des animaux sans colonne vertébrale. Certains possèdent un squelette externe, d'autres sont totalement dépourvus d'os.

Tous les animaux possèdent-ils un cerveau ?

Les invertébrés
Les invertébrés représentent plus de 95 % de l'ensemble des animaux. Mais la plupart sont si petits que tu ne les remarques même pas.

Lucane (cerf-volant)

Les scientifiques pensent qu'il existe des millions d'invertébrés que nous ne connaissons pas encore.

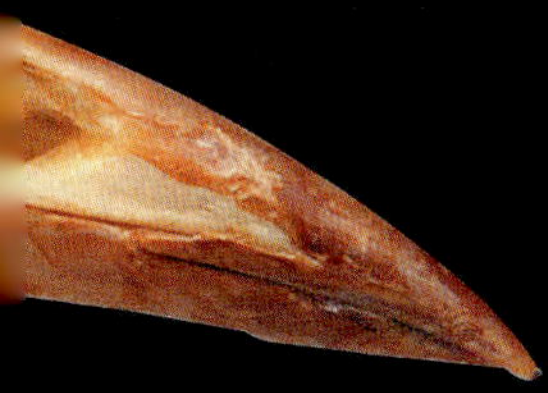

Fourmis

Les fourmis sont des insectes, et donc des invertébrés.

La plupart des vertébrés peuvent se déplacer.

Les vertébrés
Les vertébrés sont apparus sur Terre il y a des millions d'années. Ils sont issus d'un ancêtre commun, mais ils ont évolué pour se diviser en quatre groupes principaux.

Mammifères : la plupart sont terrestres et tous sont incapables de respirer sous l'eau.

Oiseaux : ils possèdent tous des ailes et la plupart peuvent voler.

Poissons : ils vivent tous dans l'eau, douce ou salée.

Reptiles et amphibiens : ce sont des animaux terrestres ou aquatiques.

Lion

Le lion est l'un des carnivores les plus féroces de tous les mammifères.

Les lions gardent leurs griffes rentrées pour les protéger et ne les sortent que pour attaquer.

Non, quelques invertébrés n'ont pas de cerveau.

Les mammifères

Les animaux tels que les chiens, les chauves-souris, les éléphants et les souris ont-ils quelque chose en commun ? Eh bien oui. Ce sont tous des mammifères, et ils se ressemblent plus que tu ne le crois.

Quel mammifère vit le plus longtemps ?

Oreillards

Paresseux à trois doigts

Chauve-souris commune

Test d'observation

Regarde attentivement les pages 258 à 299 et essaie de retrouver ce que représentent ces photos.

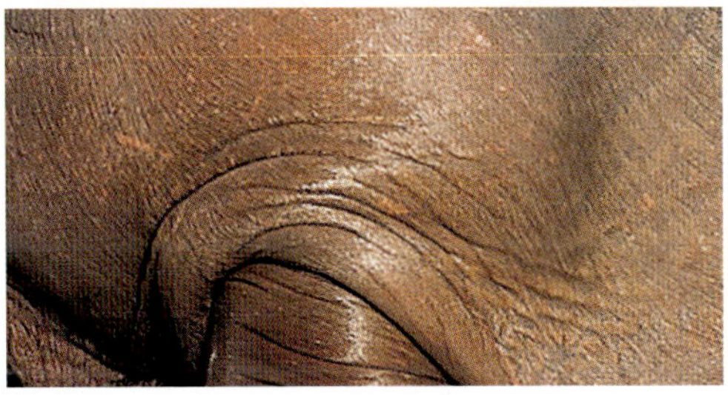

Les jeunes mammifères

Chez les mammifères, les jeunes sont des modèles réduits de leurs parents. Leur mère ou leurs deux parents s'occupent d'eux jusqu'à ce qu'ils puissent se nourrir et se débrouiller seuls.

Jeune tigre

Jeune wallaby de Bennett

Deviens incollable...

Sur les félins, pages **266-269**

Sur les chauves-souris, pages **282-283**

Le monde des mammifères

Les baleines et les kangourous font partie des mammifères, comme toi ! Ce sont des animaux à sang chaud, généralement couverts de poils et qui allaitent leurs petits.

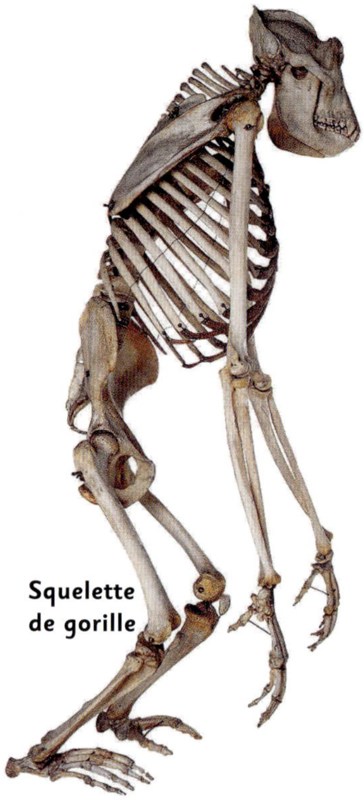

Squelette de gorille

Le squelette

Les mammifères peuvent avoir une apparence physique très différente, mais ils sont tous constitués d'un squelette osseux. Les scientifiques les appellent des vertébrés, des animaux à colonne vertébrale.

Allaiter les petits

Chez les mammifères, toutes les femelles produisent du lait pour nourrir leurs petits : on dit qu'elles les allaitent. Leur lait, très nourrissant, aide les jeunes à grandir.

Les bébés des mammifères

La plupart des femelles mettent directement au monde leurs petits, au lieu de pondre des œufs. Le bébé animal se développe à l'intérieur du corps de sa mère jusqu'à sa naissance.

Jeune gorille

Il existe de nombreuses divisions au sein de la classe des mammifères.

Ce bébé gorille appartient à l'ordre des primates.

Deviens incollable...

Sur les ours et pandas, pages **272-273**

Sur les éléphants, pages **286-287**

Combien existe-t-il d'espèces de mammifères ?

Des bêtes poilues

La plupart des mammifères sont couverts de poils. Certains possèdent même une fourrure sur tout le corps, qui leur tient chaud.

Éléphant

Cet éléphant n'a pas l'air d'avoir de poils, mais en réalité il en a.

Les ours blancs peuvent vivre dans les régions les plus froides parce qu'ils sont à sang chaud et possèdent une épaisse fourrure.

Des animaux à sang chaud

Les mammifères sont à sang chaud : ils peuvent réchauffer ou refroidir leur corps pour le garder à température constante. Un éléphant dans la jungle a une température interne identique à celle d'un ours dans la neige.

Ours blanc

L'ours blanc a le corps couvert d'une épaisse fourrure.

L'adaptation au milieu

Les caractéristiques physiques des mammifères diffèrent selon leur mode de vie.

Félins : les félins ont de longues pattes pour courir.

Chauves-souris : la chauve-souris est le seul mammifère à pouvoir voler grâce à ses ailes.

Dauphins : les mammifères marins ont de puissantes nageoires pour nager.

Taupes : la taupe a des pattes en forme de pelles pour creuser la terre.

Les exceptions à la règle

En général les mammifères donnent naissance à de petits êtres vivants, mais de rares espèces, dont l'ornithorynque, pondent des œufs à coquille molle de la taille d'une bille.

Singe hurleur

Lémuriens et petits singes

Les singes et les lémuriens appartiennent à l'ordre des primates. La plupart vivent dans des régions chaudes.

L'animal terrestre le plus bruyant

Communiquer par la voix est important pour les primates qui vivent en communauté. Ce singe hurleur crie pour se faire entendre à plusieurs kilomètres par des communautés voisines.

Le tamarin impérial est doté d'une longue moustache blanche.

Maki

La diversité des petits singes

On pense généralement que tous les petits singes se ressemblent, mais il existe de grandes différences entre eux.

Saki : le mâle est noir et la femelle brune. Il est en voie de disparition.

Tamarin : le tamarin à crinière dorée a une fourrure dorée et une longue crinière.

Singe laineux : appelé aussi lagotriche, il vit en Amérique du Sud et possède une épaisse fourrure.

Nasique : le nez du nasique mâle est proéminent et très long.

Les petits singes

Les petits singes ont des mains préhensiles, ce qui leur permet de grimper aux arbres. La plupart ont des traits distinctifs, comme ce tamarin impérial à la moustache blanche.

Les lémuriens

Les lémuriens vivent uniquement sur l'île de Madagascar, dans l'océan Indien. Ils ont un corps fin et se déplacent souvent par bonds à l'aide de leurs pattes postérieures. Assis en tailleur, ce maki prend un bain de soleil.

Le sais-tu ?

Le macaque japonais vit dans les montagnes du nord du Japon. Pour avoir chaud l'hiver, il prend des bains dans les sources chaudes des volcans.

Chez un petit singe, les membres les plus longs sont-ils les bras ou les jambes ?

Les petits singes arboricoles

Tous les petits singes sont d'excellents grimpeurs. Certains ont une longue queue qu'ils utilisent comme membre supplémentaire. La queue de l'atèle n'est pas poilue à son extrémité pour une meilleure préhension.

Les atèles n'ont pas de pouces.

Comme nous, les singes ont des mains pour s'accrocher aux branches.

Atèle

Mandrill

Le singe terrestre

Le mandrill est l'un des rares singes à ne grimper aux arbres que pour y passer la nuit. Le jour, il se déplace à quatre pattes. Quand un mâle se sent menacé, il ouvre grand sa bouche pour montrer ses redoutables dents.

Galago

Le Galago

Le galago est un petit primate qui dort le jour et sort la nuit pour chasser. Ses yeux énormes lui permettent de mieux voir dans l'obscurité.

Les bras.

Les grands singes

Ces créatures intelligentes et plus habituées à marcher debout que les petits singes n'ont pas de queue visible. Elles sont presque toutes menacées de disparition. L'homme fait partie de la famille des grands singes, qui sont nos cousins.

La vie familiale
Les gorilles forment des groupes sociaux pouvant comporter 40 individus. Les mâles sont deux fois plus grands que les femelles et développent à leur maturité sexuelle une bande de fourrure argentée sur le dos.

Le roi des singes
Le gorille est le plus grand et le plus fort de tous les singes, mais il n'est pas agressif. Il vit dans les forêts d'Afrique équatoriale.

Gorille

Comment est appelé le mâle dominant d'un groupe de gorilles ?

Le gibbon

Excellents acrobates, les gibbons sont les singes les plus agiles. Leurs poignets et leurs épaules ultra-flexibles leur permettent de se balancer rapidement d'une branche à l'autre. Ces singes vivent en couple.

L'orang-outan

Les orang-outans vivent tout en haut des arbres des forêts denses de Bornéo et de Sumatra. Ils descendent rarement de la cime des arbres : c'est là qu'ils mangent et qu'ils dorment.

Le chimpanzé

Les chimpanzés sont très intelligents. Ils communiquent par des mimiques faciales et font partie des rares mammifères qui utilisent des outils.

Ce chimpanzé se sert d'un outil : il utilise une pierre pour casser des coquilles de noix.

La toilette collective renforce les liens au sein du groupe.

La toilette collective

Les chimpanzés peuvent former des communautés de 120 individus. Chaque jour, ils procèdent à une toilette collective. Cette activité est très importante pour les grands singes : c'est ainsi qu'ils éliminent les parasites de leurs poils.

Un « dos argenté ».

Les félins

Tous les félins passent leur temps aux mêmes activités : chasser, se nourrir et dormir.

Ce lynx est deux fois plus gros qu'un chat de compagnie.

Une vie solitaire

La plupart des félins mènent une vie solitaire, mais les mères vivent tout de même avec leurs petits.

Des carnivores

Les félins se nourrissent exclusivement de viande et ceux qui vivent à l'état sauvage doivent chasser pour survivre. Certains sont plus difficiles que d'autres sur le choix de leur nourriture.

Caracal : ce félin peut bondir très haut pour attraper des oiseaux.

Lynx : cet animal vit dans les régions boisées et se nourrit surtout de lapins.

Jaguarondi : ce petit félin trapu mange toutes les proies qu'il peut capturer.

Chat viverrin : ce chat attrape des poissons avec ses griffes.

Les pumas sont les rois du saut en longueur. Ils peuvent faire des bonds de 12 m de long.

De bons grimpeurs

Tous les félins savent grimper aux arbres. Ils ont un très bon équilibre et des griffes acérées pour s'accrocher aux branches. Certains vivent dans la forêt.

Lion

Le roi du rugissement

La plupart des grands félins rugissent. Et quand le lion se met en colère, son rugissement peut être entendu à une distance de 8 km ! Les autres félins miaulent, ronronnent et grognent.

Chat domestique

On compte plus de 300 millions de chats de compagnie dans le monde. Ils sont de proches parents des chats sauvages.

Une fourrure efficace

La fourrure des félins leur tient chaud et les camoufle. Ils passent beaucoup de temps à se lécher avec leur langue rugueuse pour rester propres.

La technique de chasse

Contrairement aux canidés, les félins sont incapables de courir vite sur de longues distances. Ils préfèrent donc rester à l'affût, le corps à ras du sol, avant d'avancer lentement et de bondir sur leur proie.

Les traits distinctifs

Tous les félins ont un air de famille, mais leur fourrure, leur morphologie et leur taille sont adaptées au milieu dans lequel ils vivent. Ce serval possède un long cou et de grandes oreilles pour mieux voir et entendre dans les hautes herbes de la savane.

Serval

Ocelot

L'ocelot est aujourd'hui une espèce protégée. Il était chassé pour sa fourrure.

Deviens incollable...

Sur les canidés qui vivent à l'état sauvage, pages **270-271**

Pour se nettoyer et se rafraîchir quand il fait chaud.

Des félins majestueux

Les cinq carnivores les plus grands et les plus féroces sont appelés grands félins ou fauves. Il s'agit du lion, du tigre, du jaguar, du léopard et de la panthère des neiges.

Léopard ou panthère ?
Certaines panthères sont noires, mais les panthères d'Afrique affichent un pelage jaune tacheté de noir. On les appelle aussi léopards. D'ailleurs, panthères et léopards ont le même nom scientifique.

Le roi de la savane
Les lions, qui peuplent la savane africaine, sont les seuls félins à vivre en groupes, appelés bandes.

Chez les félins, les femelles portent leurs petits dans leur gueule.

Bande de lions

De gros dormeurs
Les félins sont considérés comme les animaux les plus dormeurs du monde, avec plus de 19 heures de sommeil par jour. On voit souvent des bandes de lions endormis sous les arbres de la savane. Ils se sentent en totale sécurité, car ils ne redoutent aucun autre animal.

Pourquoi les félins ont-ils des moustaches ?

Le jaguar : un félin nageur

Le jaguar possède un pelage à grandes taches et adore nager, ce qui est assez inhabituel chez les félins. Le jour, il capture des poissons en les éjectant de l'eau d'un coup de patte. La nuit, il chasse les animaux de la jungle.

Le léopard

Les léopards adorent grimper aux arbres. Tranquillement étendus sur les branches les plus hautes, ils observent ce qui se passe au sol. Ils y transportent souvent leurs proies pour qu'elles ne soient pas volées par d'autres animaux.

Le tigre

Le tigre est le plus grand et le plus puissant de tous les félins, et il est beaucoup plus fort que l'homme ! On le trouve partout en Asie, des forêts tropicales aux régions boisées de Sibérie.

Deviens incollable...

Sur le mammifère terrestre le plus rapide du monde, le guépard, pages **406-407**

Pour mieux se diriger dans l'obscurité.

Les canidés

Si tu entends parler des canidés, tu penses tout de suite aux chiens domestiques, mais sais-tu que la plupart des canidés vivent à l'état sauvage ?

Le dressage des chiens

Depuis des milliers d'années, les hommes dressent les chiens pour les aider dans certaines tâches.

Chien d'aveugle : certains chiens paisibles sont dressés pour guider les aveugles.

Chien de berger : Depuis des siècles, les bergers utilisent les chiens pour garder leurs troupeaux.

Chien policier : le flair des chiens de garde leur permet souvent de retrouver la trace des criminels.

Le loup

Les loups vivent en meutes d'une vingtaine d'individus, dirigées par un mâle et une femelle. Ce sont des carnivores qui chassent toujours collectivement. Leurs dents déchirent efficacement la chair de leurs proies.

Loup gris d'Europe

Les loups émettent parfois des jets d'urine pour marquer leur territoire.

La nuit, les meutes de loups hurlent pour signaler leur présence à des congénères.

Le langage du loup

Les loups utilisent les mimiques faciales et le langage corporel pour communiquer avec les autres loups de la meute. S'ils veulent éloigner d'autres meutes, ils hurlent au lieu d'aboyer comme les chiens.

Comment s'appelle le cri du renard ?

Renard roux

Le renard des villes

Le renard chasse plutôt la nuit et vit seul ou en petits groupes. On voit désormais le renard roux se multiplier aux abords des villes où il fouille dans les poubelles pour se nourrir.

Le sais-tu?

Les chiens sont les meilleurs amis de l'homme depuis plus de 12 000 ans! Tous les chiens domestiques descendent du loup gris et ont gardé de leurs ancêtres un odorat et une ouïe très développés.

Lycaon

Après la chasse, la meute se partage le repas.

Les lycaons sont souvent appelés « loups peints » en raison des magnifiques couleurs de leur pelage.

Le chien viverrin

Très poilu, il ressemble à un raton laveur. C'est l'un des rares canidés à savoir grimper aux arbres.

Le lycaon

Les lycaons vivent en meutes comprenant jusqu'à 30 individus. Ils sont longilignes et possèdent de longues pattes. Ils chassent en groupe et au moins une fois par jour des proies plus grosses qu'eux, un zèbre par exemple.

Les loups gris vivent en Amérique du Nord et dans le nord de l'Asie. Leur taille est de 1 m environ.

Le glapissement.

Ours et pandas

Les ours et les pandas sont de grands animaux possédant une grosse tête, des membres épais et une queue courte. Ils ont cinq griffes à chaque pied, et une fourrure magnifique.

La famille des ursidés

Il n'existe que huit espèces d'ursidés dans le monde, dont l'ours blanc et l'ours brun.

Ours brun : ce très grand ours est carnivore, mais il aime aussi les baies et les racines.

Ours blanc : c'est l'ours le plus gros et le plus dangereux. Il vit dans les régions arctiques.

Ours à lunettes : on dirait que cet ours porte des lunettes, d'où son nom.

L'ours

Les ours ont un odorat excellent, mais une vue et une ouïe assez médiocres. C'est parce qu'ils ont un grand museau allongé, mais des yeux et des oreilles de très petite taille.

Cet ours brun mesure 3,5 m de long, soit deux fois la taille d'un homme.

Ours brun

L'hibernation

La plupart des ursidés dorment tout l'hiver : on dit qu'ils hibernent. Ils mangent énormément en été et en automne pour constituer des réserves de graisse qui les aideront à passer l'hiver. Les oursons naissent en période hivernale.

Quel ours construit son nid dans les arbres ?

Ours noir : appelé aussi baribal, cet ours d'Amérique du Nord peut hiberner pendant six mois.

Ours des cocotiers : cet excellent grimpeur utilise sa longue langue pour lécher le miel des arbres.

Grand panda : cet ursidé noir et blanc mène une vie solitaire.

Ours lippu : il a des lèvres saillantes pour aspirer les termites et de longues griffes pour détruire les termitières.

Ours à collier : appelé aussi ours noir du Tibet, il est aujourd'hui une espèce protégée.

Les ursidés arboricoles

Les ursidés ont l'habitude de marcher lentement, mais ils peuvent courir très vite en cas de danger. La plupart peuvent aussi grimper aux arbres, ce qui paraît incroyable au vu de leur taille. Ce grand panda grimpe à un bambou pour manger ses pousses.

Le grand panda se nourrit de pousses de bambou. Il mange aussi parfois des larves d'animaux

L'ours polaire

Les ours blancs vivent en Arctique. Leur fourrure épaisse les protège du froid glacial. Ce sont d'excellents nageurs qui peuvent retenir leur souffle pendant deux minutes sous l'eau.

L'amour maternel

L'ourse s'occupe beaucoup de ses oursons durant la première année de leur vie : elle leur apprend à survivre. Elle se dresse parfois sur ses pattes postérieures pour impressionner ses ennemis.

L'ours des cocotiers.

Les petits carnivores

De nombreux petits mammifères carnivores sont réputés pour leurs techniques de chasse particulièrement astucieuses.

La hyène ricaneuse

Au crépuscule, ces canidés à la croupe plus basse que le garrot sortent pour chasser ou trouver des charognes. Les hyènes vivent en petits groupes. Leur cris ressemblent à des ricanements.

Le vison d'Amérique du Nord arbore toute l'année une fourrure brun foncé et de fins poils blancs au museau.

L'hermine

Les hermines et les visons sont proches des belettes. L'été, les hermines sont brunes avec un ventre blanc, et l'hiver elles deviennent toutes blanches pour se confondre avec la neige.

Les belettes sont des chasseurs solitaires qui tuent leurs proies en les mordant au cou.

Les mustélidés

Les mustélidés ont un corps allongé et sont courts sur pattes. Redoutables prédateurs, ils tuent parfois des animaux plus grands qu'eux.

Deviens incollable...

Sur le blaireau, un proche parent de la belette, page **277**

Pourquoi la plupart des mustélidés sont-ils en voie de disparition ?

Le raton laveur

La face des ratons laveurs ressemble à celle du renard, mais avec un masque noir autour des yeux. Ce sont des créatures curieuses et habiles à la chasse.

En Amérique du Nord, les ratons laveurs font parfois les poubelles ! Certains savent même ouvrir les portes.

La moufette

Les moufettes vivent en Amérique et se nourrissent de petits animaux et de fruits. Si elles se sentent menacées, elles soulèvent leur queue et projettent un liquide qui sent mauvais à un kilomètre !

Cette mangouste a mordu le cou d'un serpent pour le tuer.

La mangouste

Les mangoustes sont si malines qu'elles n'hésitent pas à s'attaquer aux serpents les plus venimeux.

Suricates

Le suricate

Ces petites mangoustes vivent en groupes. Pendant que certains partent chasser le jour, d'autres font le guet en se dressant sur leurs pattes postérieures.

Quelle grande famille !

La famille des mustélidés comprend, entre autres, ces trois mammifères.

Glouton : cet animal a un corps plus grand et plus massif que la belette.

Putois : les putois sont parfois gardés comme animaux domestiques. On les appelle alors des furets.

Vison d'Amérique du Nord : c'est un prédateur à la fois terrestre et aquatique.

Lapins, lièvres et fouisseurs

De nombreux mammifères creusent le sol pour construire un abri. Certains n'utilisent leur terrier que pour y dormir, d'autres y passent leur vie.

Le lapin

La plupart des lapins creusent des terriers pour se protéger de leurs ennemis et du froid et pour y élever leurs petits en sécurité. Les lapins de garenne vivent en collectivité.

Le terrier des lapins comporte de nombreuses galeries.

Le lièvre

Les lièvres sont apparentés aux lapins mais leurs oreilles sont plus longues et ils ne vivent pas dans des terriers. Les mâles se battent parfois pour les femelles.

Les lièvres se dressent sur leurs pattes postérieures et se donnent des coups à l'aide de leurs pattes antérieures.

Comment s'appellent les petits du lapin ?

L'oryctérope, ou cochon de terre

Le cochon de terre a un museau terminé en groin comme le cochon, de grandes oreilles comme le lapin et une longue langue pour capturer les fourmis comme le fourmilier, mais il n'a rien à voir avec ces animaux ! C'est un excellent fouisseur qui creuse de longues galeries avec ses griffes.

Le tatou

Le tatou est bien protégé face aux prédateurs grâce aux plaques cornées qui couvrent son dos comme une cuirasse. Il creuse des terriers pour chercher sa nourriture et pour s'abriter. La plupart des tatous se reposent sous terre le jour et sortent chasser la nuit.

Le blaireau a un corps allongé et massif, une petite tête et un long museau pour dénicher sa nourriture.

Les blaireaux ont une mauvaise vue mais un excellent odorat.

Le blaireau

Les blaireaux chassent plutôt la nuit. Leurs pattes courtes et robustes leur permettent de se réfugier au plus vite dans leurs terriers qu'ils se transmettent de génération en génération.

La taupe

Les taupes vivent principalement sous terre où elles mangent insectes et vers. La présence d'une taupe se décèle aux monticules de terre rejetée à la surface du sol.

Le condylure étoilé « nage » dans la terre grâce à ses pattes en forme de pagaies.

Taupe commune

Les lapereaux.

Les insectivores

De nombreux petits mammifères passent leur vie à manger des insectes et d'autres petites bestioles : on les appelle insectivores. La plupart d'entre eux ne chassent que la nuit.

Le pangolin
Parfois appelé fourmilier à écailles, le pangolin n'est pas de la même famille que le fourmilier. Il utilise ses griffes pour creuser les fourmilières et les termitières à la recherche de nourriture.

Le pangolin ferme ses narines pour manger les fourmis afin que ces dernières ne remontent pas par son nez.

Le tamanoir
Le tamanoir, ou grand fourmilier, possède un très long museau et une langue visqueuse avec laquelle il englue ses mets favoris : fourmis et termites.

Le myrmidon
Ce fourmilier nain est doté d'un museau plus court et d'une fourrure plus pâle que les autres fourmiliers. Il passe l'essentiel de son temps à déloger les fourmis dans les arbres.

Le tamanoir peut avaler plus de 30 000 fourmis par jour !

Deviens incollable...

Sur les fourmis et termites, pages **376-377**
Sur les vers de terre, page **385**

Combien mesure la plus petite musaraigne ?

Pour se défendre, le hérisson se transforme en une boule de piquants.

Hérisson

Il sort sa tête et ses pattes avec prudence pour voir si le danger est écarté.

Le hérisson

Les hérissons se servent de leur museau pointu pour détecter la présence d'insectes et de vers dans le sol. Ils sont couverts de piquants qu'ils utilisent comme moyen de défense. S'ils se sentent menacés, ils se mettent en boule, ce qui éloigne les prédateurs.

Il se retourne et poursuit son chemin.

La musaraigne

De la taille d'une souris, les musaraignes sont très actives. Elles doivent se nourrir toutes les deux ou trois heures pour survivre et peuvent avaler quotidiennement plus que leur poids en nourriture.

Les jeunes musaraignes sont les unes sur les autres pour ne pas se perdre.

L'échidné

L'échidné aussi est couvert de piquants qui sont des poils durcis. Il est l'un des seuls mammifères avec l'ornithorynque à pondre des œufs.

Des sens très développés

La musaraigne utilise son odorat et son ouïe, très développés, pour chasser petits insectes et vers de terre.

Échidné

Pachyure étrusque

Appelée pachyure étrusque, elle mesure 4 cm de long.

Les rongeurs

Des mammifères tels que les rats et les souris sont des rongeurs. On les trouve dans le monde entier, aussi bien dans les déserts que dans les régions arctiques.

La queue du rat lui sert de balancier et de gouvernail dans l'eau.

Le surmulot
Appelé aussi rat commun, le surmulot est considéré comme un animal nuisible. Il peut vivre presque partout, et former d'importantes communautés si la nourriture est suffisante.

Surmulot (rat commun)

Que mangent les rats?
Les rats mangent tout ce que nous mangeons et bien davantage encore, ce qui leur permet de survivre partout. Le rat commun est très bon nageur et capable d'attraper des petits poissons sous l'eau.

Les rats et les souris ont un très bon odorat et communiquent par leurs odeurs corporelles.

Des longues dents
Tous les rongeurs sont dotés de quatre longues incisives très coupantes comme celles de cette marmotte.

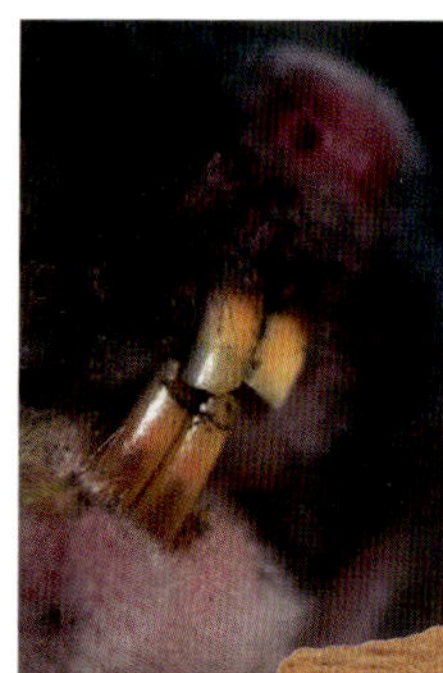

Le sais-tu?
Le rat noir a envahi l'Europe au XIVe siècle, propageant ainsi une peste qui fit 25 millions de morts, le tiers de la population de cette époque!

Quel est le plus gros rongeur du monde?

Des rongeurs omniprésents

Plus de 40 % des mammifères sont des rongeurs. Il en existe une très grande diversité.

Hamster : originaire d'Asie Mineure, c'est un animal d'agrément très apprécié.

Écureuil : vivant dans les arbres, il se sert de sa queue comme d'un balancier.

Campagnol : ces rats d'eau vivent au bord des lacs et des cours d'eau, et creusent des terriers sur les berges.

Spalax : appelé aussi rat-taupe, il creuse des galeries avec ses pieds aplatis.

Porc-épic : il dresse ses longs piquants quand il se sent menacé.

Rat des moissons

Le rat des moissons se sert de sa queue pour s'accrocher aux tiges.

Les chiens de prairie sont des écureuils terrestres : ils ne grimpent pas aux arbres.

Des villages de rongeurs

Certains rongeurs mènent une vie solitaire, mais beaucoup forment de grandes communautés, comme ces chiens de prairie qui vivent an Amérique dans des réseaux de terriers réunis en villages.

Des souris

Les souris ont un museau pointu et de longues moustaches qui les aident à se diriger dans l'obscurité. Cette souris commune se nourrit de tout ce qu'elle trouve dans la maison et peut produire 36 000 déjections par an.

Souris

Un gros dormeur

Le loir vit dans les bois et les champs d'Europe, et sait très bien grimper et sauter. L'hiver, il hiberne pendant sept mois sans se réveiller une seule fois.

Le cabiai, qui a la taille d'un cochon.

Les mammifères volants

Certains mammifères peuvent effectuer des sauts planés mais seules les chauves-souris peuvent véritablement voler.

Écureuil volant

Oreillards

Le jour, les chauves-souris gîtent dans des grottes sombres, des arbres creux ou sous le toit d'un bâtiment. Elles dorment la tête en bas.

L'écureuil volant

L'écureuil volant possède une membrane reliant ses flancs à ses pattes. En sautant, il l'ouvre comme un parapluie, pouvant planer sur 100 m en se dirigeant avec sa queue et ses membres.

La chauve-souris

Les ailes de la chauve-souris sont en réalité de longs bras dotés d'une membrane tendue entre ses doigts. Ses pouces sont des griffes qui lui permettent de s'accrocher.

Les chauves-souris poussent des cris pour se retrouver dans l'obscurité.

Vampire

La salive du vampire anesthésie la peau de la victime qui ne sent pas la morsure.

Le vampire

Le menu favori du vampire est… le sang chaud ! Cette chauve-souris se nourrit en plantant ses dents pointues dans la chair, puis en suçant le sang de ses victimes.

La tête des chauves-souris

La forme de la tête des chauves-souris varie selon leurs habitudes alimentaires.

Roussette : elle a un nez allongé et une longue langue pour boire le nectar des fleurs et manger des fruits.

Oreillard : il a de longues oreilles pour entendre le battement d'ailes des insectes dont il se nourrit.

Macroglosse : cette chauve-souris est dotée d'un long nez pour mieux aspirer le nectar des fleurs.

Quelle est la plus petite chauve-souris du monde ?

La nursery

Certaines chauves-souris élèvent leurs petits en communauté dans une immense nursery souvent occupée par des milliers de jeunes. Et la mère retrouve toujours son petit lorsqu'elle lui apporte de la nourriture !

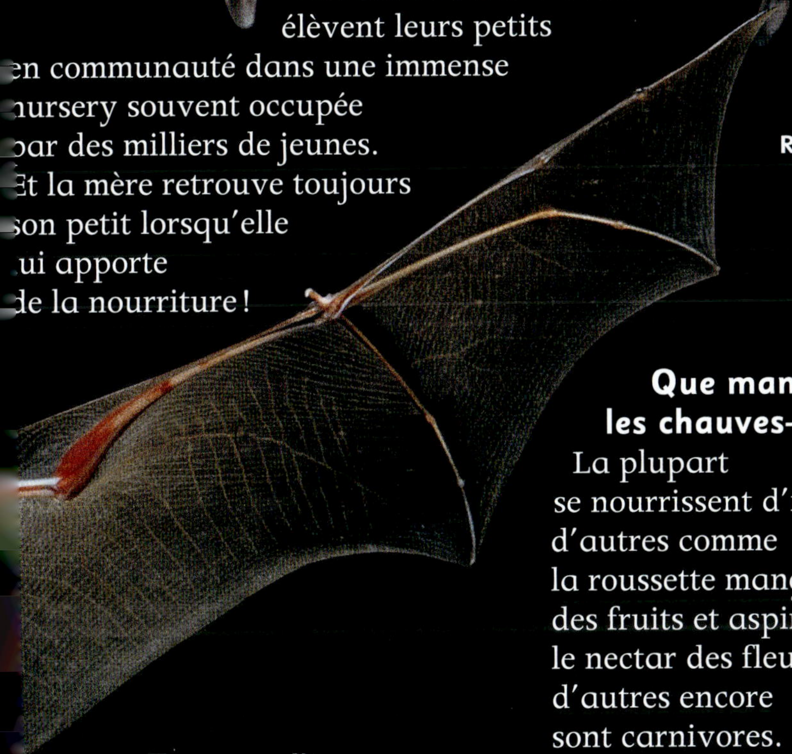

Roussette

Que mangent les chauves-souris ?

La plupart se nourrissent d'insectes, d'autres comme la roussette mangent des fruits et aspirent le nectar des fleurs ; d'autres encore sont carnivores.

Tueuses d'insectes

Les chauves-souris sont expertes pour capturer des insectes en plein vol et dans l'obscurité. Elles les détectent par écholocation, c'est-à-dire en émettant des ultrasons qui produisent un écho.

Deviens incollable…

Sur les grenouilles volantes, pages **352-353**

Sur les insectes piqueurs, pages **368-369**

Cette chauve-souris de Geoffroy boit du nectar.

Les marsupiaux

Un marsupial est muni d'une poche ventrale, le marsupium, dans laquelle il porte ses petits qui naissent inachevés.

Le koala

Les koalas ressemblent à des oursons et vivent en Australie. Ils sont les seuls animaux à se nourrir de feuilles d'eucalyptus, qui sont si difficiles à digérer que le koala dort 19 heures par jour !

Quand le jeune koala devient trop gros pour tenir dans la poche de sa mère, il grimpe sur son dos et y reste accroché.

D'autres marsupiaux

Quelques marsupiaux vivent en Amérique du Sud, mais la plupart peuplent l'Australie et les îles voisines.

Dendrolague : ce petit kangourou sait grimper aux arbres.

Numbat : ce fourmilier est le mammifère qui possède le plus de dents : 52.

Bilby : fouisseur aux grandes oreilles, il est aussi appelé bandicoot-lapin.

Le diable de Tasmanie

Le diable de Tasmanie n'est pas beaucoup plus grand qu'un petit chien, mais il se montre très agressif. C'est le plus gros marsupial carnivore et ses mâchoires sont si puissantes qu'il peut dévorer la proie tout entière, os compris !

Le kangourou

Les kangourous sont incapables de marcher, mais leurs très longues pattes postérieures leur permettent de faire des bonds surprenants et de se déplacer à très grande vitesse.

Lorsqu'il bondit, le kangourou

Deviens incollable...

Sur les mammifères qui pondent des œufs, pages **261** et **279**.

Quels sont les marsupiaux les plus grands : les wallabies ou les kangourous ?

La sarigue est un marsupial arboricole.

La sarigue
Aussi appelée opossum de Virginie, la sarigue vit en Amérique. La mère n'a pas de poche, ce qui est rare pour un marsupial. Ses petits sont donc accrochés à elle. Une femelle peut mettre bas jusqu'à 20 petits à la fois !

Dans la poche
La plupart des marsupiaux possèdent une poche ventrale. À la naissance, les petits sont minuscules et grimpent dans la poche en rampant. C'est là, et non dans l'utérus de leur mère, qu'ils poursuivent leur développement.

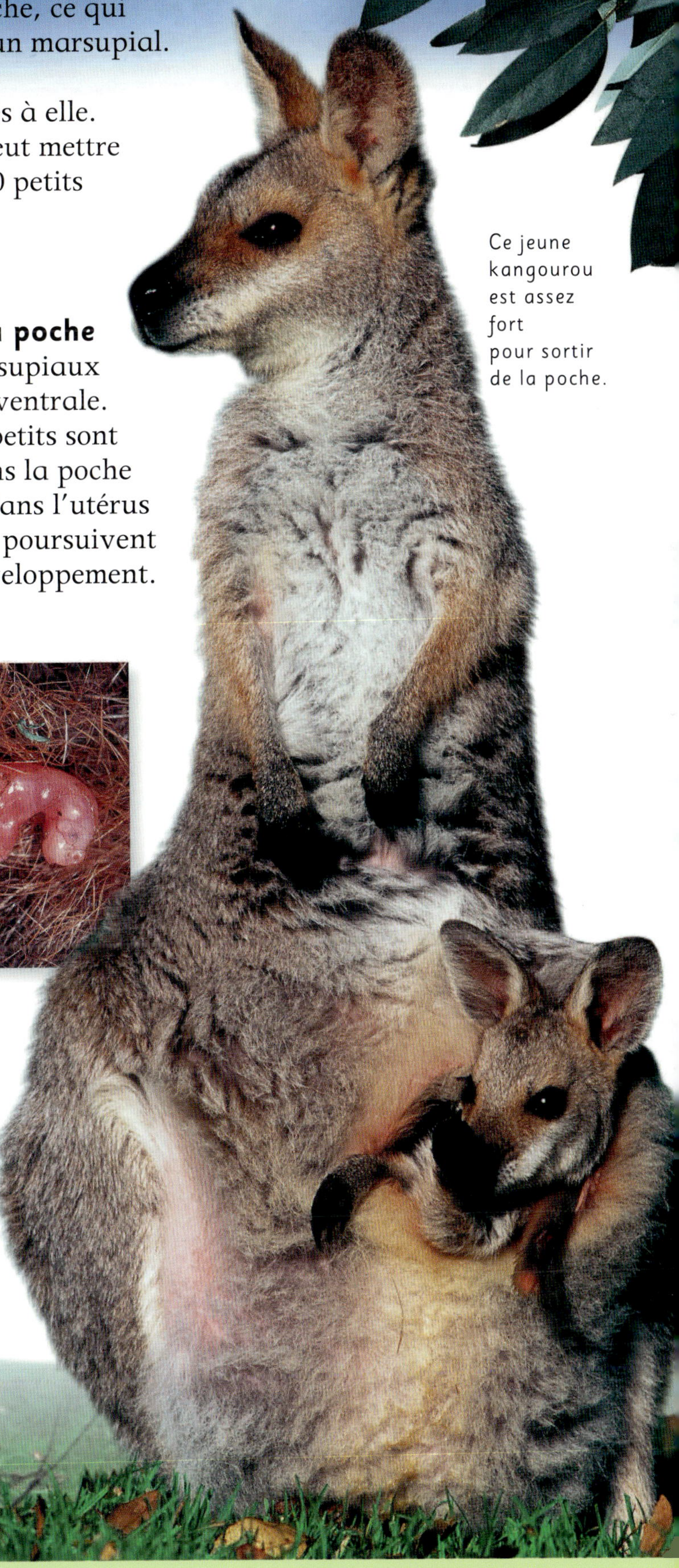

Ce jeune kangourou est assez fort pour sortir de la poche.

Les jeunes marsupiaux
Les petits des kangourous et des wallabies passent plusieurs mois dans la poche maternelle. Et même quand ils ont achevé leur développement, ils y retournent parfois en cas de danger.

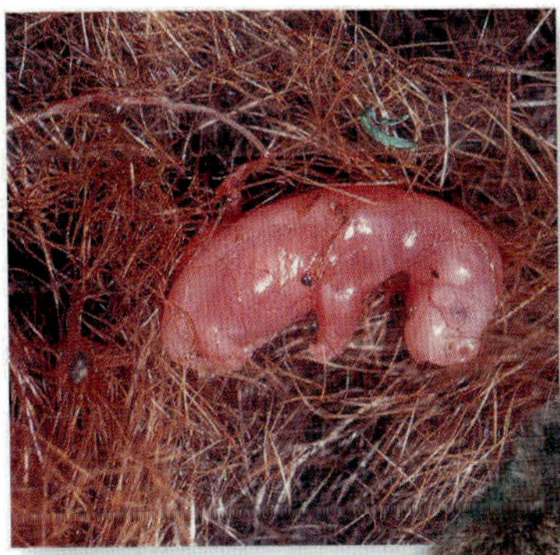

n'utilise pas ses puttes antérieures.

Leur grande queue leur sert de balancier.

Les kangourous.

Les éléphants

L'éléphant est le plus grand animal terrestre. Et le plus gros à avoir existé pesait l'équivalent de 150 hommes ! On distingue deux espèces : l'éléphant d'Afrique et l'éléphant d'Asie, plus petit.

Éléphants d'Afrique

Les éléphants d'Afrique agitent leurs grandes oreilles pour se rafraîchir sous un soleil torride.

Les défenses sont des incisives supérieures énormes.

Les troupeaux d'éléphants

Les éléphants d'Afrique vivent en troupeaux qui ne rassemblent que les femelles et les jeunes. Les mâles restent à l'écart : ce sont des solitaires. Une famille comprend généralement huit à dix individus.

L'éléphanteau

Les éléphanteaux adorent jouer, ce qui est important pour des animaux qui grandissent au sein d'un groupe. Ils se pourchassent, se lancent des morceaux de bois et grimpent les uns sur les autres.

Quelle est la taille de l'ongle d'un éléphant ?

Une trompe à tout faire

Le nez énorme de l'éléphant s'appelle une trompe. Elle ne sert pas seulement à percevoir les odeurs. L'animal l'utilise aussi pour manger, boire, se laver et détecter les vibrations du sol.

Les éléphants utilisent leur trompe pour atteindre les feuilles les plus hautes des arbres, inaccessibles aux autres animaux.

Éléphant d'Asie

Les éléphants communiquent en poussant des cris puissants appelés barrissements.

Une trompe préhensile

L'éléphant peut saisir des objets avec l'extrémité de sa trompe, comme toi avec ta main. Il se sert de sa trompe pour arracher des végétaux et les mettre dans sa bouche, pour saluer des congénères et manifester son hostilité vis-à-vis d'autres animaux.

L'éléphant d'Afrique a des oreilles beaucoup plus grandes que celles de l'éléphant d'Asie.

Le bain

La peau de l'éléphant est très sensible. Elle exige des lavages fréquents pour être débarrassée des parasites et rester fraîche. L'éléphant se lave en aspirant de l'eau avec sa trompe et en s'aspergeant tout le corps.

Celle de ta main !

Les ongulés

Les ongulés, présents aux quatre coins du monde, désignent des mammifères dont les doigts se terminent par des sabots. Le sabot est en fait un ongle sur lequel ils marchent.

Le sanglier
Le sanglier, ou porc sauvage, mange de tout, ou presque. Il court vite et se montre très protecteur vis-à-vis de ses petits à robe rayée, les marcassins.

Les différents sabots
Le sabot est un ongle qui entoure et protège l'extrémité d'un doigt, un peu comme l'ongle de ton orteil. Les mammifères ongulés peuvent donc courir très vite.

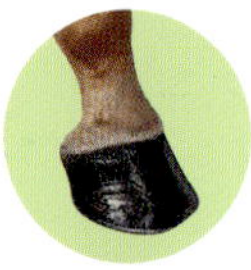

Cheval : il ne possède qu'un seul doigt. Il court sur la pointe des pieds.

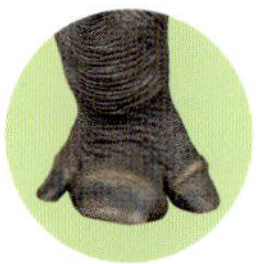

Rhinocéros : il est très massif et possède trois doigts.

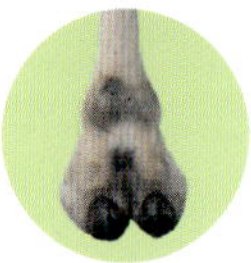

Chameau : le chameau est muni de deux doigts très espacés pour marcher dans le sable sans s'enfoncer.

Le tapir
Le tapir est doté d'une courte trompe et ressemble au sanglier, mais n'appartient pas à la même famille.

Trompe ou tuba ?
Les tapirs vivent beaucoup dans l'eau. S'ils se sentent menacés, ils plongent en laissant dépasser leur trompe qui leur sert de tuba pour respirer.

Le phacochère
Le phacochère est un porc sauvage d'Afrique assez haut sur pattes. Il fléchit ses genoux pour se nourrir.

Qu'est-ce qu'un orignal ?

Les rois du froid

Les rennes se déplacent en grands troupeaux dans les froides toundras des régions septentrionales du globe. Ils migrent deux fois par an, parcourant des milliers de kilomètres à la recherche d'un climat plus favorable pour se reproduire.

Quel géant !

L'élan, qui vit dans les forêts marécageuses d'Amérique du Nord et d'Europe, est le plus grand des cervidés. Ses bois peuvent atteindre 2 m d'envergure et posséder jusqu'à 20 ramifications.

Les cervidés perdent leurs bois chaque année. Mais il en pousse toujours de nouveaux.

Les cervidés

Les cervidés vivent en troupeaux dans les régions boisées. Ils ruminent comme les vaches : ce sont des ruminants.

Le privilège des mâles

Seuls les mâles portent des bois (à l'exception des rennes femelles). Leurs bois toujours ramifiés sont faits d'os, contrairement aux cornes creuses des bovidés.

C'est le nom de l'élan en Amérique du Nord.

Les bovidés

Les bovidés sont eux aussi des ongulés. Ils sont herbivores, c'est-à-dire qu'ils se nourrissent de végétaux qu'ils ruminent et digèrent dans leur estomac à plusieurs poches. Tous ont des cornes pour se défendre.

Des animaux précoces
Les bovidés sont souvent dévorés par d'autres animaux. Les petits, comme ce jeune gnou, savent marcher dans les heures qui suivent leur naissance, ce qui peut être utile en cas de danger.

Brouter
Certains bovidés broutent l'herbe alors que d'autres, comme cette gazelle-girafe ou généruk, broutent les pousses et les feuilles des arbres et des arbustes.

La sécurité collective
La plupart des bovidés forment des troupeaux importants pour renforcer leur sécurité. Ces bisons se déplacent ensemble selon les saisons et la nourriture disponible.

Les bovidés perdent-ils leurs cornes tous les ans comme les cervidés ?

Des cornes majestueuses !

Il existe des cornes de toutes les formes et de toutes les tailles.

Antilope : les antilopes mâles portent de longues cornes pointues.

Bighorn : les cornes de ce mouflon d'Amérique de Nord sont enroulées.

Antilope cervicapre : cette antilope de l'Inde arbore des cornes élégantes, longues et torsadées.

Bœuf musqué : les fortes cornes du bœuf musqué sont incurvées vers le bas.

Bouquetin : cette chèvre sauvage des montagnes possède d'énormes cornes incurvées.

Sitatunga ou guib d'eau : les mâles ont de longues cornes spiralées.

Les ovins sauvages

Très bons grimpeurs, les moutons sauvages sont parfaitement adaptés à la vie dans les montagnes.

Mouflon à manchettes

Le bétail

Bovins, ovins (moutons) et caprins (chèvres) sauvages ont été domestiqués il y a des milliers d'années pour fournir de la viande, du lait, de la laine et du cuir aux hommes. Les vaches actuelles sont très éloignées de leurs ancêtres sauvages.

Le springbok

Ce « bouc sauteur » doit son nom aux bonds spectaculaires qu'il réalise pour échapper aux prédateurs.

Vache de Jersey

Non, ils les gardent à vie.

Les équidés

Il y a des milliers d'années, les équidés, la famille des chevaux, étaient des animaux sauvages. Puis les hommes les ont domestiqués. Aujourd'hui, la plupart des équidés sauvages ont disparu à l'exception des zèbres et des ânes sauvages d'Afrique.

Étalon

Les chevaux mâles sont des étalons et les femelles des juments.

Un cheval sauvage peut peser 700 kg.

Des ongulés

Les chevaux n'ont qu'un seul doigt entouré d'un sabot. Ils courent sur la pointe des pieds, ce qui augmente leur vitesse. Ils sont également pourvus d'une longue queue et d'une crinière.

Les chevaux sauvages

Les chevaux sauvages des États-Unis sont en réalité des chevaux domestiques retournés à l'état sauvage il y a des centaines d'années. Ils vivent en troupeaux composés d'un mâle et de femelles.

Comment le cheval fait-il pour se gratter le dos ?

Un langage clair !

Les chevaux communiquent entre eux en bougeant la tête, la queue et les oreilles.

Dents découvertes : le cheval a l'air agressif, mais en fait il est content !

Oreilles en arrière : le cheval est en colère.

Oreilles en avant : le cheval prête attention à quelqu'un ou à quelque chose.

L'âne sauvage

Les ânes sont plus petits que les chevaux et possèdent des oreilles plus longues. Les derniers ânes sauvages, aujourd'hui très rares, vivent dans les déserts rocheux d'Afrique du Nord et au Moyen-Orient.

Un équidé rayé

Les zèbres sont des équidés à rayures. Nul ne sait pourquoi ils sont rayés, mais nous savons que chaque zèbre possède un ensemble de rayures unique, comme nos empreintes digitales. Les zèbres vivent en Afrique au sein de grands troupeaux et broutent l'herbe de la savane.

Les rivalités entre mâles

Les zèbres mâles se battent pour les femelles en se cabrant ou en se donnant des ruades. Un mâle vit avec environ six femelles.

Zèbres

Des ongulés impressionnants

Certains animaux à sabots sont parmi les mammifères terrestres les plus grands ou les plus massifs du monde. Découvrons-les.

Les proches parents

Les grands ongulés ont des proches parents, mais généralement plus petits qu'eux.

Okapi : voisin de la girafe, il a un cou plus court et vit dans la forêt.

Hippopotame nain : bien que cinq fois plus petit que son cousin, il pèse quand même 200 kg.

Alpaga : de la même famille que les chameaux, les alpagas et les lamas vivent en Amérique du Sud.

Quel appétit !

Les girafes ne manquent jamais de nourriture. Leur cou est tellement long qu'elles peuvent atteindre les feuilles les plus hautes des arbres.

La girafe

Haute de 4 à 5 m, la girafe est le plus grand des mammifères. Elle est plus grande que deux hommes qui feraient une pyramide !

Quelle quantité de liquide le chameau peut-il boire d'une traite ?

Un chameau à une seule bosse s'appelle un dromadaire.

Le dromadaire et le chameau

Ils sont adaptés aux déserts. Leurs bosses constituent des réserves de graisse leur permettant de survivre en cas de pénurie. Ils peuvent porter de lourdes charges et marcher très longtemps.

L'hippopotame

Ce cousin du cochon possède un gros corps massif et des membres courts et épais. Il aime beaucoup se baigner et pèse si lourd qu'il peut marcher sous l'eau sans flotter. L'hippopotame est capable de retenir son souffle sous l'eau pendant 5 minutes.

Le rhinocéros

Le rhinocéros vit en Afrique et en Asie. Sa peau est très épaisse et une ou deux cornes ornent sont nez.

Rhinocéros blanc d'Afrique

Rhinocéros unicorne d'Inde

Les rhinocéros sont menacés de disparition, car on les tue pour leurs cornes, utilisées comme médicament en Asie.

Les girafes doivent écarter largement leurs pattes antérieures pour atteindre la surface de l'eau.

Neuf ou dix seaux d'eau, plus de cent litres.

Les mammifères aquatiques

Certains mammifères vivent dans l'eau. Mais contrairement aux poissons, les mammifères aquatiques doivent remonter à la surface pour respirer car ils ont des poumons.

Les pinnipèdes

Le phoque, l'otarie et le morse sont des pinnipèdes : ils ont des pattes transformées en nageoires, ce qui est parfait pour nager, mais peu commode pour marcher.

L'otarie se déplace plus facilement sur terre que le phoque parce que ses nageoires sont plus larges et plus mobiles.

Otarie

Vivre dans l'eau

Les pinnipèdes vivent essentiellement dans l'eau, mais retournent sur terre pour se reproduire. Ils possèdent une épaisse couche de graisse sous la peau, le lard, pour conserver leur chaleur corporelle.

Les pinnipèdes aiment jouer dans l'eau.

Deviens incollable...

Sur les grands mammifères marins, pages **298-299**

Quel est le cri du phoque ?

La loutre

Les loutres sont de petits mustélidés. Des pattes palmées et une queue musclée facilitent leur déplacement dans l'eau. Elles vivent près des cours d'eau et passent leurs journées à nager à la recherche de poissons et de mollusques.

La loutre de mer

La loutre de mer est le plus petit mammifère marin. Sa belle fourrure épaisse lui tient chaud. Elle se déplace rarement sur terre et dort même dans l'eau, s'enveloppant dans des algues pour éviter de dériver.

Le lamantin

Les lamantins sont souvent appelés vaches de mer en raison de leur taille imposante et de leur régime alimentaire strictement végétarien.
Ils vivent dans les mers chaudes et se reproduisent dans l'eau.

Les morses utilisent leur museau pour fouiller les fonds marins à la recherche de proies, crabes et oursins en particulier.

Morse

Le morse

Les morses qui ont un corps massif et la peau toute plissée mesurent 3 m et pèsent plus d'une tonne. Ils se hissent hors de l'eau pour se reposer et se reproduire.

Virer au rose

Les morses sont habituellement d'un brun grisâtre, mais leur peau devient rose au soleil. Pourquoi ? Parce que le sang afflue à la surface de la peau pour rafraîchir l'animal.

Les grands mammifères marins

Les cétacés ressemblent à des poissons, mais sont en réalité des mammifères. Ces géants plongent à de grandes profondeurs et sont capables de rester jusqu'à une heure sous l'eau.

Les cétacés à dents
Les cétacés à dents se nourrissent de poissons et parfois de gros animaux. Cette orque, ou épaulard, réussit même à bondir sur la plage pour capturer de malheureux phoques.

Le rorqual bleu
Aussi appelé baleine bleue, c'est le plus gros de tous les mammifères. Il pèse 130 t pour 30 m de long et son cœur a la taille d'une petite voiture. Il est si gigantesque qu'un éléphant mâle pourrait s'asseoir sur sa langue !

Dauphin

Les cétacés à fanons
Certains cétacés, comme cette baleine à bosse, n'ont pas de dents, mais des rangées de lames cornées appelées fanons. Ils aspirent de grandes quantités d'eau et leurs fanons font office de tamis en retenant la nourriture, composée principalement de plancton animal ou végétal.

Deviens incollable...
Sur les mammifères aquatiques, pages **296-297**
Sur le plancton, pages **392-393**

Quel animal émet le son le plus fort ?

Des bavardages sous l'eau

Les cétacés sont des animaux grégaires et la plupart communiquent entre eux par des cris aigus, des sifflements, des grondements et des cliquetis qui composent une très belle musique. Le béluga ou baleine blanche est tellement bavard qu'on le surnomme parfois « canari des mers ».

D'autres cétacés

La plupart des cétacés se ressemblent, mais quelques-uns possèdent des traits distinctifs.

Narval : ce curieux cétacé est pourvu d'une très longue dent torsadée semblable à une épée.

Marsouin : le marsouin est un cétacé à dents qui ressemble au dauphin.

Cachalot : le cachalot a une très grosse tête carrée et dévore calmars et pieuvres.

Dauphin de l'Amazone : ce dauphin au long bec est l'un des rares cétacés d'eau douce.

Le « surf » des dauphins

Les dauphins sont incroyablement intelligents et d'une curiosité insatiable. On les voit souvent glisser le long des bateaux.

Dauphin

Avec sa queue puissante, le dauphin peut s'élever très haut au-dessus de l'eau pour échapper aux prédateurs.

Les cétacés ont une ou deux narines, les évents, qui se ferment lorsqu'ils sont immergés.

Dauphin douteux

Aux côtés de leur mère

Les jeunes cétacés se développent dans le ventre de leur mère, comme presque tous les mammifères. La mère les allaite jusqu'à ce qu'ils puissent avaler une nourriture solide. Les dauphins douteux, comme cette mère avec son petit, vivent en bandes pouvant comporter jusqu'à 15 individus.

Le rorqual bleu, qui produit un grondement très grave.

Les oiseaux

La plupart des oiseaux volent. C'est pourquoi ils sont capables de vivre dans des endroits inaccessibles à d'autres animaux. On les rencontre jusque dans les régions glaciales de l'Arctique.

Les oiseaux sont parmi les créatures les plus colorées du monde.

Quel oiseau possède le plus grand nombre de plumes ?

Un monde plein d'oiseaux

On dénombre environ 10 000 espèces d'oiseaux dans le monde. Le plus grand, l'autruche, dépasse la taille d'un homme et ne peut pas voler, alors que le plus petit, le colibri, mesure quelques centimètres.

Test d'observation

Regarde attentivement les pages 300 à 331 et essaie de retrouver ce que représentent ces photos.

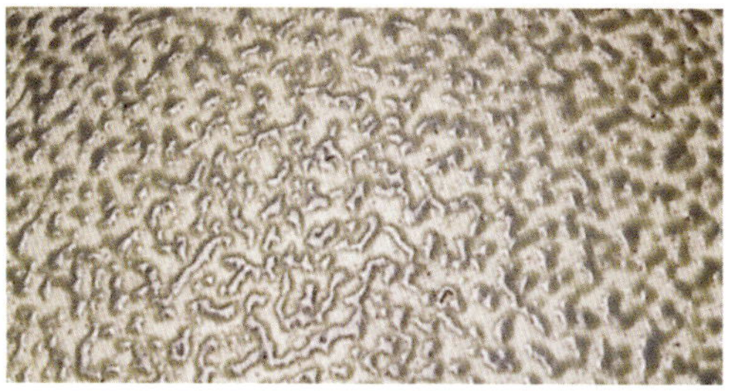

Deviens incollable…

Sur les mammifères volants, pages **282-283**

Sur les insectes volants, pages **362-363**

Le cygne siffleur, qui en possède environ 25 000.

Le monde des oiseaux

Seuls quelques animaux sont capables de voler : les insectes, les chauves-souris et les oiseaux. Mais les oiseaux sont les meilleurs dans ce domaine.

Une plume est formée de barbes accrochées entre elles par un réseau de barbules, des sortes de minuscules crochets.

Une tige rigide appelée calamus donne à la plume sa solidité.

Les oiseaux lissent leurs plumes pour les garder en bon état.

Des bêtes à plumes

Les oiseaux sont les seules créatures à posséder des plumes. Ils les utilisent pour voler et se protéger du froid. Certains arborent des plumes très colorées pour la parade nuptiale.

Les plumes

Les plumes ont toutes des rôles différents.

Rémiges primaires : ces grandes plumes, très solides, aident l'oiseau à se propulser.

Rémiges secondaires : ces plumes de l'aile aident l'oiseau à se maintenir dans l'air.

Rectrices : les plumes de la queue, longues et minces, servent de gouvernail et de balancier pendant le vol.

Tectrices : ces plumes douces, recouvrent le corps de l'oiseau et lui tiennent chaud.

Deviens incollable...

Sur la nidification, pages **306-307**

Sur les oiseaux exotiques, pages **324-325**

Quel est le plus petit oiseau du monde ?

L'adaptation au vol

Les oiseaux peuvent voler parce qu'ils possèdent des ailes et un squelette très léger : la plupart de leurs os sont creux. De plus, leur corps court et compact favorise leur vol.

Il existe deux techniques de vol : le vol battu, comme celui de ce minla à queue rousse, et le vol plané.

Minla à queue rousse

Grâce à ses battements d'ailes, l'oiseau se maintient dans l'air.

Les oiseaux migrateurs

Près d'un tiers des oiseaux parcourent des milliers de kilomètres à l'automne pour passer l'hiver dans une région plus chaude et au printemps pour revenir chez eux : on dit qu'ils migrent. Leur destination est souvent la même tous les ans.

Les pattes

La forme des pattes des oiseaux varie selon le milieu naturel dans lequel ils vivent.

Rapaces : des serres pour saisir et tuer les proies.

Passereaux : trois doigts tournés vers l'avant et un doigt tourné vers l'arrière pour se percher.

Palmipèdes : des pattes palmées pour ramer.

Autruches : les autruches courent très vite grâce à leurs deux doigts épais.

Les becs

La forme et la taille du bec sont adaptées au régime alimentaire.

Canard : bec large et aplati pour arracher les végétaux et filtrer la nourriture dans l'eau.

Pic : bec long et dur pour percer l'écorce des arbres et attraper les insectes.

Pinson : bec court et conique pour écraser les graines.

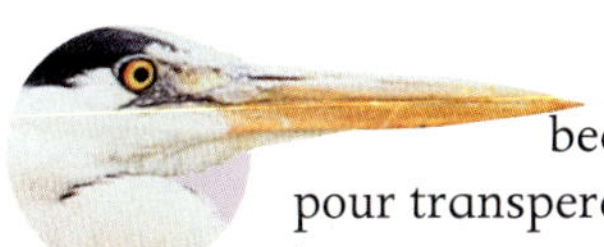

Héron : bec très long pour transpercer les poissons.

La communication

Tous les oiseaux ont une ouïe excellente pour entendre leurs congénères et leur répondre. Certains oiseaux sont des chanteurs très doués et d'autres, comme les perroquets, savent « parler ».

Bébé perroquet

La parade nuptiale

Chez les oiseaux, la femelle cherche à s'accoupler à différentes périodes de sa vie. Les mâles font alors tout pour séduire leur future partenaire, et leurs parades ressemblent à des danses.

Une rude concurrence
Il existe souvent une terrible rivalité entre les mâles pour attirer les femelles. La parade doit donc être rapide et efficace. Retrouve la parade du paon, page 327.

Grue couronnée

Un décorateur de talent
Chez les oiseaux jardiniers, le mâle construit une avenue de brindilles qu'il « décore » à chaque extrémité d'objets tels que coquilles, os ou baies colorées. La femelle choisit le nid qui lui plaît le plus.

Le sais-tu ?
Certains rapaces paradent en réalisant d'incroyables acrobaties aériennes. Le mâle et la femelle unissent leurs serres en plein vol et chutent presque jusqu'au sol avant de reprendre de l'altitude.

À quelle saison les oiseaux commencent-ils à parader ?

Deux par deux

Il est important de trouver la ou le meilleur partenaire pour s'accoupler.

Paon : le mâle parade en secouant sa queue aux plumes magnifiques.

Cygne : quand un mâle et une femelle s'accouplent, ils restent ensemble pour la vie.

Faisan : les mâles se battent avec violence pour les femelles.

Tisserin gendarme

Un nid d'amour

Le tisserin mâle tresse un nid étonnant suspendu à une branche. Au passage d'une femelle, il s'accroche sous son nid, remue ses ailes dorées et pousse des cris pour appeler sa partenaire.

La danse des pieds

Quand il veut s'accoupler, le fou à pieds bleus danse et soulève ses pieds (bleus) pour attirer les femelles.

Après avoir trouvé leur partenaire, les grues dansent, puis se saluent, bondissent et entament une course effrénée.

C'est moi le plus beau !

Le frégate mâle parade en gonflant l'énorme poche rouge de son cou. Au passage d'une femelle, il se dandine, remue sa poche et glousse pour impressionner la belle.

Chez les grues, sept des quinze espèces existantes sont en voie d'extinction.

En général au printemps.

L'oiseau fait son nid

Tous les oiseaux pondent des œufs, qui attirent les prédateurs. Ils construisent donc des nids pour mettre leurs œufs à l'abri.

Tisserin

Les tisserins suspendent leurs nids à des branches d'arbre, ce qui est une tâche très complexe.

Un abri protégé
Un nid doit avant tout être à l'abri des prédateurs. C'est pourquoi la plupart des oiseaux les construisent dans les arbres.

Des nids collectifs
Les tisserins sociaux, ou républicains, construisent un seul nid gigantesque pour loger un grand nombre d'individus. Mais uniquement dans les régions désertiques. S'il pleuvait, le nid gorgé d'eau tomberait sous son propre poids.

Les colibris sont les oiseaux les plus petits du monde.

Un nid minuscule
Ce colibri a installé son nid sur une pomme de pin. Certains colibris utilisent les toiles d'araignée pour sécuriser leur nid.

Quel oiseau est capable de faire des nœuds ?

Une fois son nid terminé, l'oiseau va et vient dedans jusqu'à obtenir un creux parfait.

Un nid en coupe

Les nids circulaires et creux sont appelés nids en coupe. Ils sont confectionnés à l'aide de brindilles, de plumes, de mousse et d'autres matériaux disponibles, poils de vache par exemple.

Grand pic

Des nids étonnants

Certains oiseaux sont de véritables bâtisseurs.

Tunnels d'entrée : certains tisserins construisent des nids dotés de tunnels d'entrée.

Dans les roseaux : la rousserolle accroche son nid entre les roseaux.

Nid de boue : le fournier roux maçonne son nid avec de la boue.

Arbre creux : la mésange bleue cache son nid dans un tronc d'arbre creux.

Dans un tronc

Les arbres creux constituent des abris sûrs pour les œufs. Les pics construisent leur nid en perçant des trous dans les troncs avec leur bec en forme de ciseau. L'année suivante d'autres oiseaux, par exemple les perroquets, peuvent s'y installer.

L'union fait la force

Le long de la côte ouest de l'Afrique, des milliers de fous de Bassan pondent au même moment, les uns à côté des autres. Ainsi, leurs œufs risquent moins d'être volés par des prédateurs.

Couvé à même le sol

Certains oiseaux ne construisent pas de nid mais pondent au sol. Pour qu'on ne les voit pas, les œufs ont presque la couleur du sol.

Les œufs de l'huîtrier sont mouchetés : ainsi, ils se confondent avec les galets.

Les œufs

Les œufs des oiseaux ont une coquille dure. Mais ils doivent être surveillés, car les prédateurs peuvent les briser assez facilement.

Œuf de casoar

Le tisserin.

La naissance des oisillons

S'il n'est pas facile de trouver ou de construire un nid, il est plus difficile encore de surveiller les œufs et d'élever les oisillons !

L'oisillon se développe dans l'œuf en se nourrissant du jaune.

En sortant de l'œuf, les oisillons sont affamés.

Les parents
La mère couve ses œufs dans le nid jusqu'à ce qu'ils éclosent. Une fois nés, les oisillons sont nourris par leurs parents jusqu'à ce qu'ils puissent se débrouiller seuls.

Famille de mésanges bleues

Au bout de deux semaines, les oisillons n'ont plus assez de place. Il est temps pour eux de quitter le nid.

À trois jours, ils réclament sans cesse de la nourriture, le bec grand ouvert.

À neuf jours, les plumes apparaissent et le nid devient trop petit.

Les petits
Certains oisillons naissent aveugles et nus, et dépendent totalement de leurs parents. D'autres, tels les canetons, éclosent les yeux ouverts et sont revêtus d'un fin duvet.

Les oiseaux d'eau
Les oiseaux aquatiques naissent souvent à même le sol, c'est pourquoi ils doivent être capables de fuir le danger rapidement. Les canetons vont barboter dans l'eau peu de temps après leur éclosion.

Caneton

Le jeune oiseau utilise une dent appelée « diamant » pour percer la coquille.

Il pousse contre les extrémités de la coquille et s'extirpe de l'œuf.

Diamant

Quel oiseau construit le plus grand nid ?

En famille

Chez les cygnes, la femelle pond jusqu'à huit œufs et se charge seule de les couver. Dès la naissance, les deux parents s'occupent de leur progéniture pendant cinq mois environ.

Les jeunes cygnes se promènent sur le dos de leur mère.

Troglodyte

De vrais sans gêne !

Les coucous ne s'occupent pas de leurs petits. La femelle pond ses œufs dans le nid d'un autre oiseau. Quand ils éclosent, les oisillons se débarrassent des œufs de leurs parents adoptifs.

Quels gloutons !

Les parents peuvent donner à leur progéniture jusqu'à 1 000 becquées par jour !

Le jeune coucou est nourri par ses parents adoptifs. Il est souvent plus grand qu'eux.

Les petits chanteurs

La plupart des oiseaux sont des passereaux. Ils sont aussi appelés oiseaux percheurs ou oiseaux chanteurs. Ils passent presque tout leur temps en vol.

Ses pattes encerclent totalement la branche : l'oiseau ne peut pas tomber.

Un bec court brise facilement des surfaces dures, par exemple des coquilles de noix.

Les passereaux peuvent même dormir sur des branches.

Des pattes spéciales

Branches, roseaux ou fils électriques, les passereaux peuvent s'agripper partout grâce à la position de leurs doigts : trois tournés vers l'avant et un pouce dirigé vers l'arrière.

Mésange bleue

Quelle diversité !

Les passereaux sont tous très différents dans leur apparence, leurs habitudes et leurs chants.

Rouge-gorge : il est reconnaissable à sa gorge et à sa poitrine rouges.

Merle : il chante souvent dans la soirée, perché sur les hautes branches.

Paruline : ce passereau nord-américain est connu pour ses différents chants, pas toujours mélodieux.

Petits mais voraces

La plupart des oiseaux chanteurs, comme cette grive musicienne, sont de petite taille mais dépensent beaucoup d'énergie à voler. Ils ont donc besoin de grosses quantités de nourriture – petits insectes, vers et escargots.

Dans quelle région les oiseaux sont-ils les seuls vertébrés à pouvoir survivre ?

Les jeunes apprennent à chanter en écoutant les adultes.

Le rossignol, la grive et l'alouette sont les meilleurs chanteurs.

Le chant des oiseaux
Chaque espèce a son propre chant, avec ses notes et ses rythmes particuliers. Les mâles chantent généralement plus que les femelles.

Volée et sécurité vont de pair
De nombreux oiseaux chanteurs se regroupent au sein de volées. Ils chassent ensemble et unissent leurs forces pour repousser des oiseaux plus gros qui cherchent à les dévorer.

Des concerts à l'aube
Dans les forêts d'Europe et d'Amérique du Nord c'est à l'aube que les mâles chantent le plus pour attirer les femelles. Les femelles reconnaissent le chant des mâles de leur espèce au milieu d'une véritable cacophonie !

Le sais-tu ?
Le ménure d'Australie, ou oiseau-lyre, sait imiter les chants d'autres oiseaux, mais aussi d'autres sons, par exemple les tronçonneuses et les appareils photographiques !

Accenteur

Les passereaux ont un corps petit et compact ainsi qu'un bec court.

Les acrobates du ciel

Certains oiseaux sont de formidables acrobates. Ce sont les champions des airs, certains pouvant même voler à reculons ! La plupart de ces oiseaux passent presque toute leur vie en vol.

Le colibri a un long bec pour aspirer le nectar des fleurs.

Colibri magenta

Le colibri
Cet oiseau minuscule décrit un huit en battant des ailes : c'est ainsi qu'il peut faire du surplace ou voler à reculons ! Les espèces les plus petites battent des ailes 80 fois par seconde.

Les hirondelles
Les martinets et les hirondelles ont une queue fourchue pour manœuvrer en vol. Ils peuvent attraper des insectes en plein vol et même, comme cette hirondelle, descendre en piqué à la surface de l'eau pour happer quelques gorgées d'eau.

Le colibri d'Hélène
Originaire de Cuba, c'est le plus petit oiseau du monde. Il se nourrit du nectar des fleurs. Ses œufs sont plus petits que des petits pois !

Colibri d'Hélène

Certains insectes volants sont plus gros que cet oiseau.

Hirondelle

Quelle est la particularité du colibri porte-épée ?

Un nid maçonné
Les hirondelles utilisent des boulettes de boue pour façonner leur nid en forme de coupe, souvent situé sous un toit ou dans une grange. Pour nourrir leurs petits, les parents ne se posent pas.

L'hirondelle de cheminée
Les hirondelles passent beaucoup de temps en vol, mais doivent se poser lorsqu'elles sont prêtes à nidifier.

L'hirondelle possède un petit bec mais qui s'ouvre largement pour attraper les insectes en plein vol.

Deviens incollable...
Sur d'autres techniques de nidification, pages **306-307**

Un nid souterrain
Les hirondelles de rivage ressemblent aux autres hirondelles, mais construisent leur nid en creusant des terriers dans la terre meuble le long des rivages ou des falaises.

Le martinet
Les martinets peuvent rester en vol deux années entières sans se poser. Ils attrapent des insectes et dorment dans les airs !

C'est le seul oiseau dont le bec est plus long que le corps.

Les oiseaux d'eau

Partout dans le monde les oiseaux sont nombreux à vivre près des lacs et des cours d'eau : ce sont des oiseaux aquatiques. Certains nagent, tandis que d'autres, appelés échassiers, arpentent les eaux peu profondes en quête de nourriture.

Ce canard produit un coin-coin plus grave que la femelle et sait siffler.

Les palmipèdes

Les canards, les oies et les cygnes sont des palmipèdes : leurs pattes ressemblent à des palmes. Ils ont un corps en forme de bateau, ce sont donc d'excellents nageurs.

Le martin-pêcheur

Le martin-pêcheur vit au bord des cours d'eau. Il se perche sur des branches au-dessus de l'eau en attendant le passage d'un poisson. Dès qu'il en voit un, il plonge aussitôt !

Le martin-pêcheur plonge pour saisir un poisson, refait surface d'un battement d'ailes puissant et s'envole avec son repas.

Le derrière en l'air !

Les palmipèdes ont un bec aplati bordé de lamelles dures pour saisir des proies glissantes et des plantes aquatiques. Les colverts se nourrissent en basculant la tête la première dans l'eau : ce sont des plongeurs.

Comment s'appellent les petits du canard ?

Les échassiers

Les échassiers ont de longues pattes pour marcher dans les eaux peu profondes sans mouiller leur plumage. Certains possèdent aussi un long cou pour fouiller le fond de l'eau à la recherche de nourriture.

Un bec pour tuer

Le héron vit au bord des lacs et des cours d'eau et se nourrit de poissons. Il attrape ses proies en avançant son cou en forme de S et en les poignardant brusquement avec son long bec pointu.

Le flamant rose

Les flamants forment parfois des communautés d'un million d'individus ! Beaucoup mangent des crevettes, ce qui colore leur plumage en rose.

Deviens incollable…

Sur les oiseaux migrateurs, pages 328-329

Sur les oiseaux marins, pages 316-317

Les oiseaux marins

De nombreux oiseaux vivent au bord de l'océan ou en haute mer. Certains ne font escale sur la terre ferme que pour se reproduire et élever leurs petits.

L'adaptation au milieu

Un grand nombre d'oiseaux de mer, comme cet albatros, sont dotés de pattes palmées pour nager et d'un bec spécial pour saisir des proies glissantes telles que les poissons.

L'albatros est l'oiseau qui possède la plus grande envergure.

Techniques de pêche

L'océan est une immense réserve de nourriture. Certains oiseaux pourchassent les poissons sous l'eau, alors que d'autres comme les fous de Bassan descendent en piqué, tels des torpilles, pour s'en emparer brusquement.

D'autres oiseaux marins

Les rivages du monde entier regorgent d'oiseaux de mer.

Goéland argenté : il est très répandu en Europe et en Amérique du Nord.

Sterne inca : cet oiseau aux couleurs vives vit sur la côte occidentale de l'Amérique du Sud.

Cormoran : cet oiseau se rencontre aussi à l'intérieur des terres en Europe, en Asie et en Afrique.

Pélican

Les pélicans utilisent aussi la poche de leur énorme bec pour recueillir les eaux de pluie et les boire ensuite.

Une poche extensible

Le pélican plonge et se sert de son bec à poche comme d'un filet. Il peut y emmagasiner trois fois plus de poissons que dans son estomac !

Combien de temps les oiseaux peuvent-ils survivre sans retourner sur la terre ferme ?

Le bec de l'albatros est crochu et bordé de lamelles cornées pour saisir fermement les poissons.

Des mouettes voraces
Les mouettes se rassemblent en grand nombre le long du rivage. Elles mangent tout ce qu'elles trouvent, n'hésitant pas à faire les poubelles et à voler les œufs d'autres oiseaux.

En équilibre
Ces mouettes tridactyles forment d'importantes colonies bruyantes sur les falaises rocheuses. Elles réussissent même à nicher et pondre leurs œufs sur les rebords étroits.

Mouettes tridactyles

Une falaise est un lieu sûr pour se reposer, car inaccessible aux prédateurs.

Le macareux moine
Ses pattes palmées et ses petites ailes lui servent principalement pour nager. Il élève ses petits dans un terrier creusé en haut des falaises. Au printemps, son gros bec se pare de plaques colorées qui lui donnent un air de clown.

Le macareux moine peut plonger à 60 m de profondeur.

Macareux moine

Deviens incollable...
Sur l'oiseau marin par excellence, le manchot, pages **318-319**

Un copieux repas !
Le bec et la langue du macareux ont des bords épineux, ce qui leur permet de saisir beaucoup de poissons à la fois.

Pour certains oiseaux, cette période peut durer cinq ans !

Les oiseaux du froid

Difficile de survivre aux températures glaciales de l'Antarctique ? Pas pour tous : albatros, sternes et pygargues le fréquentent, et les manchots en ont fait leur royaume.

Le manchot
La plupart des manchots, tels ces manchots empereurs, vivent en colonies comptant parfois des centaines de milliers d'individus.

Voler dans l'eau
Maladroits sur terre et incapables de voler, les manchots sont de formidables nageurs. Dans l'eau, ils sont vraiment dans leur élément, utilisant leurs ailes comme nageoires, leurs pattes et leur queue comme gouvernail.

Bien au chaud
Pour avoir chaud dans la neige et les eaux glacées, les manchots ont un plumage dense et imperméable, ainsi que plusieurs couches de graisse.

Combien de temps le manchot peut-il rester sous l'eau ?

Les pattes des manchots sont très en arrière de leur corps. Debout, ils doivent donc s'équilibrer avec leur queue pour ne pas tomber en avant.

Les manchots adultes ont un ventre blanc et un dos noir : un camouflage parfait dans l'eau.

D'autres oiseaux de l'Antarctique

L'un des rares oiseaux à vivre et à se reproduire sur le continent antarctique est le pétrel des neiges. Complètement blanc, il passe inaperçu dans la neige.

Skua de l'Antarctique

Le skua de l'Antarctique

Puissant et audacieux, il vit sur la banquise ou à proximité et niche sur les côtes. Il se nourrit d'œufs de manchots et n'hésite pas à s'attaquer aux jeunes manchots laissés sans surveillance.

Le manchot royal

Le manchot royal pose son œuf en équilibre sur sa patte et l'enveloppe dans les plis de son ventre. Les parents se relaient pour le couver. Les petits naissent couverts d'un duvet brun.

Quand il fait très froid, tous les manchots, jeunes et adultes, se blottissent les uns contre les autres pour se tenir chaud.

Deviens incollable...

Sur les oiseaux inaptes au vol, pages **330-331**

Sur les autres oiseaux marins, pages **316-317**

Drôle de luge !

Les manchots ont du mal à se déplacer debout, alors ils préfèrent glisser à plat ventre sur la neige et la glace en s'aidant de leurs nageoires et de leurs pattes.

Les parents nourrissent leurs petits jusqu'à ce qu'ils développent un plumage adulte imperméable.

Vingt minutes.

Les rapaces diurnes

Avec leurs ailes immenses, leurs serres puissantes et leur bec crochu, les rapaces diurnes sont les chasseurs les plus redoutables dans le monde des oiseaux.

Aigle fascié

On appelle diurnes les animaux qui sont actifs le jour.

L'aigle est le plus puissant des rapaces diurnes. Il est capable de tuer un animal aussi grand que lui.

Des chasseurs précis

La plupart des rapaces diurnes repèrent une proie au sol de très loin grâce à leur vue perçante. Ils descendent alors en piqué et saisissent leur victime dans leurs serres mortelles.

Grand serpentaire

Ces oiseaux sont réputés pour manger des serpents qu'ils tuent en les piétinant.

Le grand serpentaire

Doté de pattes interminables, ce grand oiseau de la savane africaine préfère se promener à pied. Il ne vole que rarement.

Quel est le rapace diurne le plus rapide ?

Buse à queue rousse

Les ailes immenses de la buse lui assurent un vol rapide et lui permettent de planer largement.

Le vautour

Les vautours sont les éboueurs de la nature : ils mangent principalement des cadavres et ne chassent que rarement des proies vivantes.

Vautours

Les vautours sont très propres. Après le repas, ils parcourent souvent de longues distances pour aller se baigner.

percnoptère d'Égypte

; vautours ne se nourrissent
s seulement de charognes :
aiment aussi les œufs.

Pour briser l'épaisse et dure coquille des œufs d'autruches, ce vautour les frappe avec une pierre.

Œuf d'autruche

Le balbuzard pêcheur

Le balbuzard pêcheur est doté d'une si bonne vue qu'il repère les poissons en train de nager en profondeur. Il rase la surface de l'eau, puis plonge pour saisir sa proie dans ses serres avant de s'envoler dans les airs.

Le faucon pèlerin, qui peut fondre sur sa proie à 270 km/h.

Les rapaces nocturnes

Lorsque le soleil disparaît, la plupart des oiseaux s'apprêtent, eux aussi, à aller se coucher. Mais les chouettes, les hiboux et les engoulevents se préparent à chasser toute la nuit : ils sont nocturnes.

Les engoulevents vivent essentiellement dans les airs, utilisant rarement leurs pattes.

L'engoulevent

Les engoulevents se reposent au sol durant la journée. La nuit ils chassent les insectes en volant le bec grand ouvert.

Chouette effraie

Un bec crochu aide à déchiqueter les proies.

Chouettes et hiboux ont des serres pour saisir et dépecer leurs proies.

Les plumes des ailes sont garnies de silencieux, des franges veloutées pour assourdir le vol.

Les hiboux et les chouettes

Les hiboux et les chouettes, comme cette chouette effraie, chassent dans l'obscurité en se fiant à leur vue et à leur ouïe, particulièrement développées.

Quelques rapaces nocturnes

Il existe des rapaces nocturnes de toutes tailles et de toutes couleurs aux quatre coins du monde.

Hibou grand duc : ce hibou majestueux porte des aigrettes de plumes.

Chevêche des terriers : cette chouette creuse son nid dans le sol.

Harfang des neiges : les plumes de cette chouette des régions froides couvrent même ses pattes et son bec.

Chouette à lunettes : cette chouette vit dans les forêts épaisses d'Amérique du Sud.

À l'abri des regards

Les rapaces nocturnes dorment le jour, en général dans les branches des arbres. Leur plumage les camoufle si efficacement qu'ils passent inaperçus.

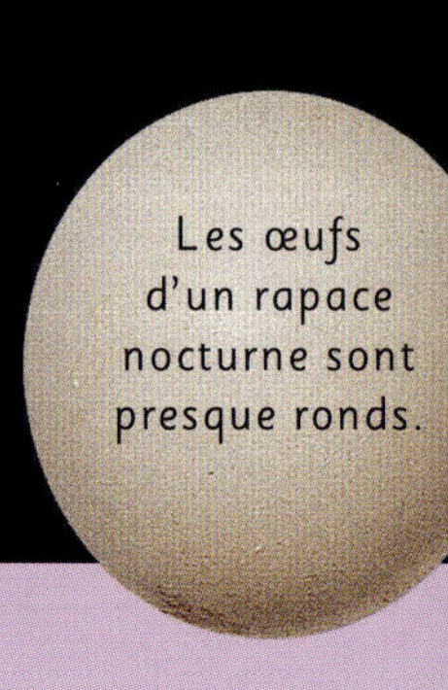

Les œufs d'un rapace nocturne sont presque ronds.

Quel est le plus petit rapace nocturne ?

Chasser la nuit

Les rapaces nocturnes se nourrissent de petits mammifères. Ils s'abattent silencieusement sur leurs victimes, dans l'obscurité, et les saisissent dans leurs serres.

Chouette hulotte

Dans l'obscurité les rapaces nocturnes localisent parfois leurs proies uniquement aux sons qu'elles émettent.

Les chouettes adorent manger des rongeurs et des oiseaux de petite taille.

Les petits apprennent à voler à l'âge de deux mois environ. Jusque-là ils étaient nourris par leurs parents.

Avaler tout cru

Les rapaces nocturnes avalent leur proie d'un coup. Après l'avoir digérée, ils régurgitent les os et les poils sous formes de pelotes appelées pelotes de réjection.

Le bec d'une chouette paraît petit, mais il peut s'ouvrir très largement.

Pelotes de réjection

En ouvrant une pelote, tu peux voir tous les os de la proie fraîchement avalée.

Les jeunes rapaces nocturnes

Au lieu de construire un nid, les rapaces nocturnes préfèrent pondre leurs œufs dans des cavités, troncs d'arbres ou bâtiments. Les deux parents nourrissent leurs petits.

Jeunes hiboux grand duc

Les oiseaux exotiques

Les forêts tropicales sont peuplées d'une multitude d'oiseaux, souvent très grands, au plumage et au bec vivement colorés.

Le toucan

Le toucan vit au sommet des plus grands arbres, dans les forêts tropicales d'Amérique du Sud. Il se nourrit de fruits mais aime aussi les œufs et les oisillons.

Le paradisier

Le mâle déploie ses ailes et les secoue pour exhiber son magnifique plumage devant la femelle. Cet oiseau habite la Nouvelle-Guinée, une grande île près de l'Australie.

Sur quelle île les perruches ondulées vivent-elles à l'état sauvage ?

Dans la famille des perroquets...

Ces oiseaux sont très colorés et souvent très bruyants. Ils ont un vol puissant et sont de bons grimpeurs. C'est la famille des psittacidés qui comprend, entre autres, les aras, les perruches (perruches ondulées, inséparables), les cacatoès et les perroquets.

Le cacatoès à huppe jaune

Ces cacatoès portent sur la tête une huppe jaune vif qu'ils redressent lorsqu'ils sont effrayés ou en colère.

Loriquet arc-en-ciel

Ces loriquets sont les plus colorés de toute la famille. On les rencontre le long de la côte est de l'Australie.

Ara rouge

L'alimentation

La quasi-totalité des psittacidés (nom scientifique de la famille des perroquets) se nourrit de fruits, de fruits secs et de graines. Ce sont les seuls oiseaux à porter leur nourriture à leur bec à l'aide de leurs pattes.

Les perruches ondulées sont des oiseaux domestiques réputés pour leur capacité à imiter les sons et le langage humain.

Deviens incollable...

Sur les créatures exotiques des océans, pages **396-403**

Les gallinacés

Les gallinacés vivent principalement au sol. La plupart ont un corps bien dodu, une petite tête, des ailes courtes et des pattes robustes.

Certains gallinacés, comme cette poule et ce jeune coq, sont élevés pour leur chair.

Des plumes pour séduire

Comme la plupart des gallinacés mâles, ce jeune coq possède un plumage plus coloré que la poule. Les mâles utilisent la beauté de leur plumage pour séduire les femelles.

Ce faisan commun mâle est doté d'un bec dur et pointu pour déterrer les racines et dénicher les insectes dans la terre.

La queue du paon traîne par terre quand l'oiseau ne fait pas la roue.

Les mâles sont parés d'un plumage

Du gibier à plumes

Faisans, cailles et perdrix sont chassés par les hommes. C'est pourquoi ils sont aussi appelés gibier à plumes.

Les gallinacés sont les meilleurs pondeurs : ils peuvent pondre plus de 20 œufs par couvée.

Nicher dans le sol

La plupart des gallinacés nichent dans des cavités peu profondes creusées dans le sol. Grâce à leur plumage terne, les femelles se confondent avec la couleur de la terre.

Certains gallinacés ne couvent pas leurs œufs, mais les enfouissent dans le sol pour les garder au chaud.

Où trouve-t-on le plus de dindons sauvages ?

La paonne choisit son partenaire uniquement sur son apparence.

Le paon relève sa queue et la déploie en éventail pour séduire la femelle.

Paon

Paonne

Une queue qui fait des envieuses. Le paon mâle possède l'une des plus belles queues du monde animal. Il la soulève pour attirer l'attention.

Un décollage vertical
Les gallinacés sont de bons coureurs et préfèrent fuir le danger en courant plutôt qu'en volant. Mais s'il le faut, ils peuvent s'envoler rapidement à la verticale avec des battements d'ailes frénétiques.

Faisan vénéré

Lors de l'envol rapide, les ailes font un vrombissement qui effraie les prédateurs.

très coloré pour attirer les femelles.

Ce lagopède est à mi-chemin entre son plumage d'automne et son plumage d'hiver.

Changer de plumes
Tous les mâles ne possèdent pas un plumage coloré. Chez les lagopèdes des saules, le mâle et la femelle changent de couleur au fil des saisons pour se confondre toujours avec leur milieu.

Les jeunes gallinacés peuvent fuir le danger rapidement parce qu'ils sont aptes à courir et à voler peu après leur éclosion.

Jeunes faisans

Deviens incollable...
Sur les parades d'autres oiseaux, pages **304-305**

Les oiseaux migrateurs

Les oiseaux ont l'énorme avantage de pouvoir voler. Et donc de migrer quand ils le veulent vers des régions plus chaudes pour y passer l'hiver.

Un voyage record
La sterne arctique est le plus grand voyageur de tous les oiseaux. Chaque année, elle accomplit un aller-retour entre le cercle arctique et l'Antarctique.

Sterne arctique

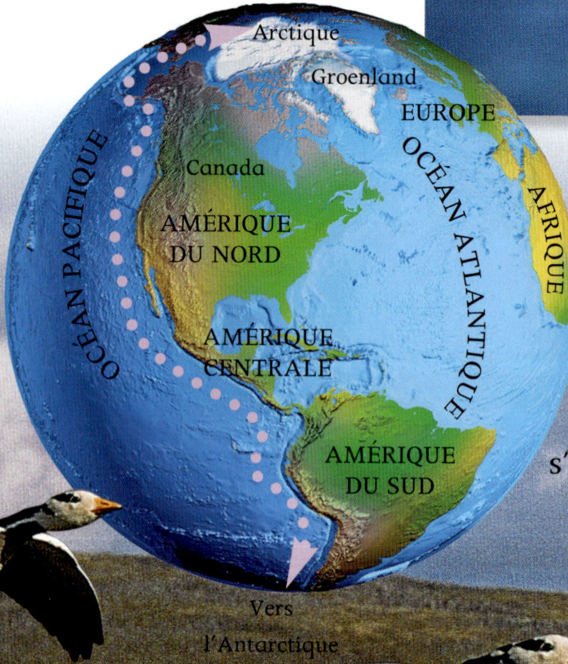

La migration
De nombreux oiseaux ne passent pas l'hiver et l'été au même endroit. Leurs voyages en automne et au printemps s'appellent des migrations.

Des oiseaux migrateurs
Certains font le voyage d'une traite, sans escale, d'autres s'arrêtent en route pour se reposer.

Grive musicienne : ces petits passereaux voyagent la nuit et s'orientent à l'aide des étoiles.

Buse : les rapaces diurnes attendent une journée chaude et parcourent de longues distances en vol plané.

Sanderling : les échassiers transportent beaucoup de nourriture pour voyager sans escale.

Bernache du Canada : les oies volent rapidement et s'arrêtent fréquemment pour se nourrir.

Cygne : ces oiseaux volent le jour ou la nuit et se reposent si la visibilité devient mauvaise.

Colibri à gorge rubis : ce minuscule oiseau traverse le golfe du Mexique pour atteindre l'Amérique du Sud.

Un ciel rempli d'oies !
Avant chaque hiver, des dizaines de milliers d'oies des neiges quittent le Canada et parcourent 2 000 km à destination de la Californie et du Mexique. Elles suivent la même route migratoire tous les ans.

Quel pourcentage d'oiseaux migrent chaque année ?

Deviens incollable...

Sur les oiseaux d'eau, pages 314-315
Sur les rapaces diurnes, pages 320-321

Les rapaces diurnes
À l'approche de l'hiver, faucons, buses et aigles quittent l'Amérique du Nord et migrent vers le sud où il fait plus chaud.

Pygargue à tête blanche

Les rapaces diurnes utilisent les courants chauds pour planer sur de longues distances.

La maubèche
Ce bécasseau délaisse l'Arctique à l'automne au profit des côtes européennes. Il parcourt plus de 3 000 km sans escale.

Des vols en V
De nombreux vols collectifs forment un V dans le ciel. Chaque oiseau profite ainsi des tourbillons créés par celui qui le précède.

Environ 33 %.

Des oiseaux qui ne volent pas

Les plus grands oiseaux sont incapables de voler. Ils se rattrapent en devenant d'excellents coureurs ou de formidables nageurs.

L'autruche a un long cou et une petite tête.

Les oiseaux de Nouvelle-Zélande

En Nouvelle-Zélande, les prédateurs sont si rares que certains oiseaux n'ont pas besoin de voler.

Kakapo ou perroquet-hibou : cet oiseau très ancien est le perroquet le plus rare du monde.

Kiwi : ses plumes sont si petites qu'elles ressemblent à des poils.

Takaké ou notornis : il n'en reste plus que 40 couples dans le monde.

Une championne de la course

L'autruche est l'oiseau coureur le plus rapide. Elle court même plus vite qu'un cheval de course : elle peut atteindre une vitesse de 75 km/h.

Autruche

L'autruche est le seul oiseau du monde à ne posséder que deux doigts.

L'autruche

L'autruche est le plus grand oiseau du monde. Une partie de son plumage, qui ressemble davantage à de la fourrure, lui tient chaud. Elle était autrefois chassée pour ses plumes dont on garnissait les chapeaux.

Tous ensembles

Comme les autres oiseaux, les autruches et les émeus aiment la vie en groupe.

Quel oiseau pond les œufs les plus gros ?

Nandou

Des ailes réduites

Si les oiseaux ont des ailes, c'est pour échapper rapidement aux animaux qui veulent les manger. Ceux qui n'ont pas de prédateurs n'ont pas besoin de voler et peu à peu ne savent plus le faire.

Ces géants mesurent plus de 2 m de haut et pèsent plus de 50 kg (100 pour l'autruche).

Le manchot

Le manchot a transformé ses ailes en nageoires pour « voler » dans l'eau. Ses plumes sont courtes et raides pour lui tenir chaud dans les régions les plus froides.

Un cormoran sans ailes

Sur les îles Galápagos, à l'ouest de l'Équateur, les mammifères n'existent pas. Les cormorans ont donc perdu leur aptitude à voler. Mais ils sont devenus de bons nageurs.

Le nandou

Chez les nandous, c'est le père qui couve les œufs et s'occupe des petits. Il doit parfois surveiller 60 œufs appartenant à des femelles différentes.

Deviens incollable...

Sur les manchots, pages **318-319**
Sur les œufs des oiseaux, pages **308-309**

Les grands oiseaux inaptes au vol ont des pattes épaisses pour courir vite.

Les nandous et les émeus sont munis de trois gros doigts tournés vers l'avant.

Le père s'occupe des jeunes nandous jusqu'à ce qu'ils atteignent l'âge de cinq mois.

L'autruche.

Reptiles et amphibiens

Les reptiles et les amphibiens sont des animaux à sang froid. La plupart des amphibiens (grenouilles, crapauds) vivent près de l'eau. Les reptiles (serpents, lézards) se rencontrent à la fois dans les milieux terrestre et aquatique.

Gecko volant

Caïman

Python vert des arbres

Anolis à gorge rouge

Chélodine à long cou

Caïman à lunettes

Chélydre serpentine

Gecko diurne de Madagascar

Crotale

Du sang froid ?

Les animaux à sang froid n'ont pas un sang froid à proprement parler. Mais leur température varie en fonction de celle de l'air ou de l'eau qui les entoure. S'ils ont froid, ils prennent des bains de soleil, s'ils ont chaud, ils se mettent à l'ombre.

Les crocodiles sont-ils des reptiles ou des amphibiens ?

Test d'observation

Regarde attentivement les pages 332 à 355 et essaie de retrouver ce que représentent ces photos.

Deviens incollable...

Sur d'autres créatures à la peau recouverte d'écailles, pages **394-403**

Le monde des reptiles

Les reptiles pondent des œufs, ils sont dits ovipares, et leur peau est couverte d'écailles. Ils vivent sur terre et dans l'eau.

Habitudes alimentaires

Les reptiles sont des prédateurs, à l'exception des tortues terrestres qui se déplacent trop lentement pour attraper des proies vivantes. Les lézards peuvent manger la moitié de leur poids en insectes en une seule nuit.

Les quatre groupes

Les reptiles (du latin *reptare* : ramper, se traîner) comptent quatre groupes bien distincts.

Les chéloniens (tortues) : ils portent une carapace.

Les squamates (serpents et lézards) : la majorité des reptiles appartient à ce groupe.

Les crocodiliens : ce sont les géants du monde reptilien.

Les rhynchocéphales : ces reptiles primitifs n'ont plus qu'un seul représentant.

Gecko volant

La plupart des reptiles se déplacent par ondulations.

Les reptiles peuvent manger très copieusement, puis jeûner plusieurs jours.

Tous les reptiles muent : ils changent de peau de temps en temps.

L'adaptation au climat

Les reptiles ont des écailles qui régulent l'évaporation de l'eau à travers leur peau. Ils peuvent donc vivre dans les régions sèches. Mais leur température est variable, donc ils dépendent du climat environnant.

À la naissance

La majorité des reptiles pond des œufs où se préparent à naître des « modèles réduits » des parents.

Lézard ocellé

Ce lézard vit dans le désert et se chauffe au soleil sur les rochers.

Quel est le plus long serpent du monde ?

L'hattéria vit dans un terrier et chasse la nuit. Il peut atteindre l'âge de 100 ans.

Un reptile primitif

L'hattéria est le seul représentant d'un groupe de reptiles qui vivait à l'époque des dinosaures il y a des millions d'années. Il survit aujourd'hui sur des îles au large de la Nouvelle-Zélande.

Peau à écailles

La peau des reptiles est couverte d'écailles formées de kératine, comme tes ongles.

Tortue : sa carapace est couverte de nombreuses grandes écailles très dures.

Lézard : ses écailles recouvrent une peau extensible.

Crocodile : ses écailles sont renforcées par des plaques osseuses.

Serpent : la peau des serpents est bien protégée par des écailles qui se chevauchent.

Les descendants des dinosaures

Les reptiles actuels sont les derniers descendants des dinosaures et ressemblent beaucoup à leurs ancêtres. Tu ne trouves pas un air de famille entre le *Tyrannosaurus rex* et ce lézard ?

Tyrannosaurus rex

Lézard à collerette

Deviens incollable...

Sur les animaux à coquille, pages **384-385**.

Le python réticulé, qui peut atteindre 10 m de long.

Les tortues

Les tortues sont facilement reconnaissables à la « maison » qu'elles portent sur le dos : leur carapace, solidement attachée au corps.

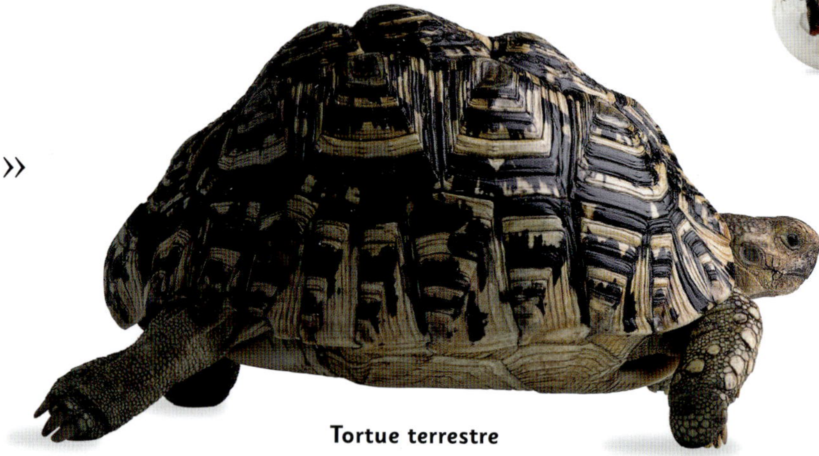

Tortue terrestre

Les différentes carapaces

La carapace protège le corps de la tortue. Il existe différentes formes de carapaces.

Tortue élégante : sa carapace, très bombée, est difficile à attaquer.

Tortue d'Afrique à carapace molle : sa carapace est très plate.

Tortue charbonnière à pattes rouges : cette espèce possède une très longue carapace.

Tortues aquatiques

Douce ou salée ?

Certaines tortues vivent dans l'eau douce, d'autres dans la mer.

La tortue géante des Galápagos peut vivre jusqu'à 150 ans.

Les tortues terrestres

Les tortues terrestres se déplacent très lentement en raison de leur carapace très lourde. Elles ont des pattes courtes et robustes pour soutenir le poids de leur carapace. Elles passent presque toute la journée à se nourrir, principalement de végétaux.

Les tortues aquatiques

Ces tortues sortent parfois la tête de l'eau pour respirer, mais elles peuvent aussi respirer sous l'eau par leur peau. Certaines restent sous l'eau pendant des semaines.

Les tortues ont-elles des dents ?

Les petites tortues naissent avec leur carapace.

Nées avec une carapace

La plupart des carapaces sont très bombées. Certaines sont dures, mais d'autres assez molles. Les jeunes tortues doivent faire des efforts pour sortir de leur coquille.

Kinixys de Bell

Vite à la maison !

Si une tortue terrestre se sent menacée, elle rentre vite ses pattes et sa tête sous sa carapace qui est trop coriace à manger pour les prédateurs, et reste immobile.

La ruée vers l'océan

Les tortues marines se rassemblent par milliers pour pondre sur une plage. Dès leur éclosion, les petites tortues se précipitent vers l'océan, le milieu dans lequel elles vont vivre.

La carapace des tortues est une matière osseuse.

Selon les spécialistes, les tortues terrestres vivaient parmi les dinosaures il y a 200 millions d'années et ont peu évolué depuis.

Les tortues terrestres mangent parfois des insectes, mais elles ne sont généralement pas assez rapides pour les attraper.

La tortue géante des Galápagos

Les plus grosses tortues terrestres vivent sur les îles Galápagos, au large des côtes sud-américaines. Elles peuvent mesurer 1,80 m de long, la taille d'un homme !

Non, mais des mâchoires cornées en forme de bec pour couper les petites branches et les feuilles.

Les lézards

Il existe plus de 3 000 espèces de lézards qui occupent tous les milieux du globe, des déserts aux forêts denses. Mais ces reptiles préfèrent les régions les plus chaudes.

Le lézard
Les lézards possèdent un corps couvert d'écailles et quatre pattes pourvues chacune de cinq doigts. Au cours de leur développement, ils muent environ une fois par mois.

L'orvet
C'est un lézard sans pattes. Il ressemble beaucoup aux serpents, mais possède des paupières et sa langue n'est pas fourchue.

Le gecko de Madagascar
À l'inverse de la plupart des autres geckos qui sont actifs la nuit, celui-ci est actif dans la journée. Il vit dans les forêts, se nourrissant de petits insectes et de fruits.

Quel est le lézard le plus rapide du monde ?

Le lézard volant

Ce lézard ne vole pas vraiment, mais il est doté d'une membrane autour du corps qui s'ouvre comme un parachute et qui lui permet de planer d'arbre en arbre.

Quelle agilité !

Les lézards sont extrêmement agiles. Ils peuvent courir très vite, certains savent grimper aux arbres et d'autres sont même capables de marcher sur l'eau !

Les caméléons vivent dans les arbres : ils possèdent de longues griffes pour s'accrocher aux branches.

Caméléon

La queue du caméléon l'aide à s'équilibrer sur les branches les plus fines.

Les œufs

La plupart des lézards pondent leurs œufs à même le sol.

Ponte : les œufs sont pondus au milieu des feuilles ou dans des cavités.

Œufs : les coquilles sont souples comme du cuir, ce qui les rend plus faciles à briser.

Éclosion : le lézard éclôt au bout de deux à trois semaines.

Jeunes lézards : les petits lézards ressemblent à leurs parents.

Des pattes collantes

Les doigts des geckos sont munis de lamelles adhésives qui leur permettent de se déplacer sur toutes les surfaces. Ils peuvent donc grimper sur les murs et marcher au plafond !

Marcher sur l'eau

Pour se déplacer plus vite, certains lézards, tel le dragon d'eau australien, courent sur leurs pattes postérieures. Le basilic, ci-dessus, peut même courir à la surface de l'eau sur de courtes distances, ses larges pattes le propulsant à grande vitesse.

Dragon d'eau australien

Le cnémidophore à six raies, qui peut courir à une vitesse de 29 km/h, plus vite que la plupart des humains.

Chasser et se défendre

Les lézards sont des coureurs extrêmement rapides, ce qui leur permet de fuir le danger au plus vite. Leur vélocité leur sert aussi à chasser des petits animaux pour se nourrir.

Impressionner l'ennemi
Si le lézard à collerette se sent menacé, il ne fuit pas, mais déploie sa collerette, se secoue et pousse des sifflements terribles. Il n'en faut souvent pas plus pour effrayer le prédateur !

Quand le lézard déploie sa collerette,

Deviens incollable...
Sur les défenses des insectes, pages **366-367**
Sur les défenses des poissons, pages **400-401**

Quelle est la particularité des yeux du caméléon ?

Une queue détachable

Certains lézards peuvent détacher une partie de leur queue si le prédateur l'a attrapée. Et la queue continue souvent de remuer, ce qui déroute l'ennemi.

Ce scinque a perdu une partie de sa queue, mais elle repoussera.

Un régime carné

Les lézards sont carnivores. Certains mangent de petits animaux, d'autres des proies plus grosses qu'eux. Ce caméléon déroule sa longue langue visqueuse pour engluer des insectes.

Le varan de Komodo peut mesurer 3 m de long.

Le varan de Komodo

Le plus grand de tous les lézards est si fort qu'il peut capturer des animaux plus gros que lui. Sa longue langue fourchue lui sert à « goûter » l'air ambiant et à localiser les charognes. Il vit en Indonésie.

Le lézard venimeux

Le monstre de Gila est l'un des deux lézards venimeux du globe. Après avoir capturé sa victime, il la mord pour lui injecter un venin mortel.

il apparaît quatre fois plus gros !

Lézard épineux

Le moloch possède un moyen de défense extrêmement efficace : son corps est recouvert d'épines redoutables qui risquent de faire très mal aux prédateurs imprudents !

Ils sont indépendants et peuvent donc bouger chacun dans des directions différentes.

Les serpents

Les serpents savent survivre dans tous les milieux, des régions les plus froides aux déserts les plus chauds en passant par les forêts denses. On les rencontre même dans l'eau !

Un odorat performant

Les serpents possèdent une ouïe et une vue assez médiocres, mais un odorat très fin. Leur langue fendue en deux leur sert à humer l'air ambiant.

Les modes de locomotion

Les serpents sont apodes, c'est-à-dire qu'ils n'ont pas de pattes. Mais ils ont un corps ultra-flexible. Certains progressent en ligne droite, d'autres, telle cette vipère du désert, se déplacent le long de lignes d'appui parallèles.

Les groupes de serpents

Il en existe quatre.

Couleuvres (colubridés) : généralement inoffensives, les couleuvres sont les serpents les plus répandus.

Vipères et crotales (vipéridés) : ils ont des crochets venimeux et vivent dans les régions chaudes.

Boas et pythons : ils tuent leurs proies en s'enroulant autour d'elles pour les asphyxier.

Cobras et serpents marins : très venimeux, ils comptent parmi les animaux les plus dangereux.

Serpent ratier à queue rouge

Deviens incollable...

Sur les défenses des serpents, pages **344-345**

Quel est le serpent le plus petit ?

Les serpents arboricoles

On appelle ainsi les serpents qui vivent dans les arbres. Ils s'enroulent autour des branches et sont pourvus d'une longue queue pour grimper et s'équilibrer.

Certains serpents arboricoles ont le ventre strié pour mieux adhérer aux branches.

Le corps du serpent est d'une souplesse incroyable.

Les serpents arboricoles détectent les nids des oiseaux grâce à leur odorat, puis dévorent les oisillons.

Une forme adaptée

Les serpents terrestres ont un corps puissant pour ramper au sol, alors que les serpents marins ont une queue en forme de rame pour nager.

La plupart des serpents marins, tel ce cobra de mer, sont très venimeux.

L'hibernation

Les serpents ont du mal à réguler la température de leur corps. C'est pourquoi les espèces qui vivent dans les régions froides hibernent souvent et sont capables de survivre plusieurs mois sans se nourrir.

Couleuvres rayées ou serpents-jarretières

Pauvres petits !

Si le python s'enroule autour de ses œufs pour les garder bien au chaud, la plupart des autres serpents les abandonnent. Les jeunes doivent donc se débrouiller seuls.

Le serpent minute, de la taille d'un ver de terre.

Tuer ou être tué

Tous les serpents mangent des animaux, dont d'autres serpents de plus petite taille. Mais d'autres animaux voudraient bien les manger. Les serpents doivent donc se défendre et chasser pour survivre.

Ruser pour survivre

Les serpents possèdent de nombreux moyens de défense.

Faire le mort : la couleuvre reste étendue au sol la gueule ouverte, feignant d'être morte.

Se camoufler : les couleurs de cette vipère lui permettent de passer inaperçue au milieu des feuilles.

Produire des sons effrayan le serpent à sonnette secoue sa queue pour émettre des sons inquiétants.

L'autoprotection

La vipère verte possède de longs crochets pour mordre et injecter un venin mortel à son agresseur. S'il se sent inquiété, le cobra se redresse et siffle. Si cela ne suffit pas à effrayer l'ennemi, il passe à l'attaque.

Cobra cracheur

À l'attaque !

Les cobras sont parmi les serpents les plus dangereux : leur venin peut tuer un homme. Le cobra cracheur projette son venin dans les yeux de sa victime, ce qui peut la rendre définitivement aveugle.

Quel est le serpent le plus venimeux du monde ?

Malin comme un serpent

Les serpents rampent vers leurs victimes, puis leur sautent dessus avec une rapidité incroyable. Ils les tuent en les empoisonnant ou en les étouffant avant de les dévorer.

Vipère

De nombreux serpents se confondent avec leur milieu ce qui facilite leur approche des proies.

Le régime alimentaire

Les serpents mangent tout ce qui bouge, des fourmis aux chèvres en passant par les crocodiles ! Le serpent mangeur d'œufs peut avaler des œufs plus gros que sa tête. Il absorbe le contenu et recrache la coquille.

Les mâchoires du serpent sont élastiques et s'ouvrent largement pour lui permettre d'avaler de grosses proies.

Serpent mangeur d'œufs

L'œuf est écrasé par les muscles à l'intérieur du corps.

Étouffer leurs proies

Les serpents constricteurs, comme cet anaconda, s'enroulent autour de leurs victimes et les serrent jusqu'à les asphyxier. Manger un alligator tout entier ne leur fait pas peur !

Les serpents peuvent avaler une si grande quantité de nourriture en un seul repas qu'ils peuvent jeûner ensuite pendant des semaines.

Deviens incollable...

Sur les défenses des lézards, pages **340-341**

Le taïpan, un serpent d'Australie.

Les crocodiliens

Les monstres du monde reptilien guettent leurs victimes dans l'eau. Dépêche-toi de faire la connaissance des crocodiliens, ces reptiles redoutables !

Le caïman appartient à la même famille que l'alligator et vit en Amérique centrale et du Sud.

Les crocodiliens
Ces grands reptiles vivent dans l'eau, mais chassent aussi parfois sur la terre ferme. Ils possèdent tous des mâchoires très puissantes.

Un air de famille
On distingue trois types de crocodiliens : le gavial, l'alligator et le crocodile.

Gavial : il est doté d'un museau long et étroit.

Alligator : pourvu d'un museau large et court, il vit en Amérique.

Crocodile : ses dents restent visibles quand sa gueule est fermée, contrairement à l'alligator.

Les crocodiliens ont trois paupières sur chaque œil, l'une servant de lunette de protection sous l'eau.

Caïman à lunettes

Bien que les crocodiliens possèdent de nombreuses

Bien dans l'eau
Les crocodiliens sont d'excellents nageurs. Leurs yeux et leurs narines sont sur leur tête, ce qui leur permet de voir, de respirer et de chasser en gardant leur corps dans l'eau.

La plupart des crocodiliens vivent dans les lacs et les cours d'eau, bien que certaines espèces s'aventurent dans l'océan.

Une journée bien tranquille
Le matin, les crocodiles prennent des bains de soleil sur la rive, la gueule ouverte, pour réchauffer leur corps. Le soir, ils cherchent plutôt à se rafraîchir. Ils passent toujours la nuit dans l'eau.

Quelle est la taille maximale d'un crocodile ?

Des parents attentifs
Les crocodiliens sont de très bons parents. Les mâles attirent les femelles en vagissant et en faisant des bulles dans l'eau. La femelle pond ses œufs près de l'eau et les surveille.

La température à laquelle la femelle couve ses œufs détermine le sexe des futurs crocodiles.

Crocodile du Nil

Les jeunes crocodiles
La femelle couve ses œufs jusqu'à leur éclosion. Elle met ensuite ses petits dans sa gueule pour les transporter dans l'eau où ils seront en sécurité.

dents, ils sont incapables de mastiquer. Ils secouent leurs proies pour les déchirer.

Les crocodiliens ne prennent qu'un repas par semaine.

Deviens incollable...
Sur d'autres reptiles aquatiques, comme les tortues d'eau, pages **336-337**

Un appétit d'ogre
Les crocodiliens sont parmi les carnivores les plus voraces. Ils attendent souvent au bord de l'eau qu'un animal vienne se désaltérer, puis l'attaquent en le saisissant dans leurs énormes mâchoires. Ils peuvent tuer des proies bien plus grosses qu'eux.

7 m pour le mâle qui peut peser 1 000 kg, et 4 m pour la femelle.

Le monde des amphibiens

Salamandre

Les amphibiens ont une peau lisse et sans écailles, contrairement aux reptiles. Ils naissent toujours dans l'eau, mais vivent ensuite en milieu terrestre ou aquatique.

Les trois ordres d'amphibiens
Amphibien signifie « qui peut vivre sur terre et dans l'eau ».

Grenouilles et crapauds : ils n'ont pas de queue et les pattes postérieures sont adaptées au saut.

Salamandres et tritons : ils ressemblent à des lézards.

Cécilies : ils ressemblent à des vers de terre.

Quelle peau étonnante !
La plupart des amphibiens adultes, telle cette salamandre, peuvent respirer à la fois par leur peau et leurs poumons. Mais leur peau doit rester humide, ce qui explique pourquoi les amphibiens vivent à proximité de l'eau.

Grenouille

Certaines grenouilles vivent dans l'eau…

Deviens incollable…
Sur les mammifères aquatiques, pages **296-297**

Des créatures colorées
De nombreux amphibiens sont extrêmement colorés. Leur peau est tachetée, rayée ou simplement unie mais de couleur vive.

Quelle est la grenouille la plus venimeuse ?

So

Toutes les
pour s
coureuse
les zones herbe
passer ina
choisi la co

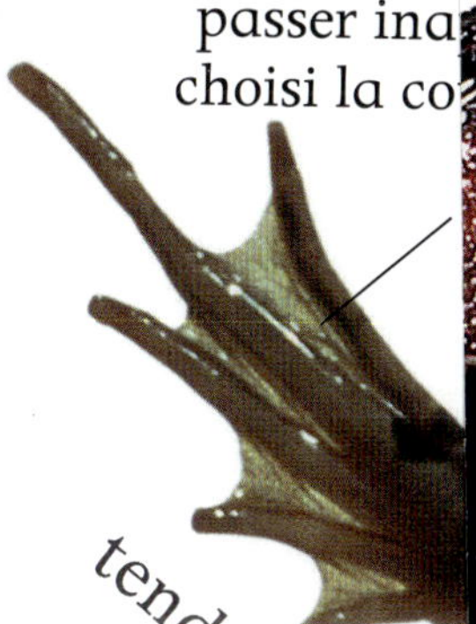

tend ses pattes p

Si elles sont en danger, les grenouilles plongent.

La métamorpho

Des œufs des ano
larves appelées tê
pas du tout à des
sont dépourvus
queue. Ils dé
leurs memb
et se tra
ac

L'habitat

Les grenouilles et les crapauds peuvent vivre à la fois sur terre et dans l'eau. Certaines espèces sont même arboricoles.

Les grenouilles terrestres ont souvent un corps plus arrondi que les grenouilles aquatiques.

…d'autres préfèrent la cime des grands arbres !

La vie aquatique

Ce protée anguillard vit dans les eaux souterraines. Dépourvu de poumons, il ne respire que par sa peau, et il est aveugle.

Les cécilies

Les cécilies sont rarement visibles. Pourquoi ? Parce qu'elles vivent sous terre ou dans l'eau. Elles utilisent leur tête pointue pour creuser la terre.

Un animal venimeux a souvent une peau très colorée pour avertir les prédateurs.

Des parents voyageurs

Chaque printemps salamandres, tritons, grenouilles et crapauds pondent leurs œufs dans des mares ou des cours d'eau. Certains parcourent 5 km pour atteindre leur lieu de reproduction.

Triton commun

Le dendrobate jaune vif.

Chasser et se cacher

Les grenouilles et les crapauds mangent de petits animaux. Mais ils constituent aussi des proies idéales pour d'autres animaux car ils n'ont ni fourrure, ni plumes, ni griffes. Ils ont donc développé des systèmes de protection intelligents pour ne pas être mangés.

Cette grenouille possède des faux yeux dans le bas du dos pour avoir l'air d'un gros animal.

Un arsenal défensif
Les anoures (grenouilles et crapauds) disposent de nombreux moyens de défense : venin, camouflage et capacité à voler, ou plutôt à planer d'arbre en arbre.

Grande bouche, grosses proies
Les anoures (voir p. 224) adultes sont carnivores. Leur bouche très large leur permet d'avaler de grosses proies.

Crapaud cornu

Ce crapaud reste assis et attend le passage d'une proie. Il ouvre alors sa bouche et l'avale toute crue.

De vrais poisons
Les grenouilles très venimeuses comme ce dendrobate jaune vif sont très colorées pour signaler leur toxicité à leurs ennemis.

Une langue visqueuse
Les anoures ont une langue collante qu'ils projettent pour capturer insectes ou petits mammifères avant de les avaler entiers. Ils clignent des yeux en déglutissant, car leurs globes oculaires poussent la nourriture dans le tube digestif.

Grenouille commune

Les rainettes sont munies de coussinets adhésifs sous leurs doigts pour mieux s'accrocher aux arbres.

Elles peuvent changer de direction en vol plané.

Des acrobates aériens

Cette rainette de Wallace possède d'énormes pattes palmées. Si elle se sent menacée, elle s'élance dans les airs, écarte ses doigts et se sert de ses pattes comme de miniparachutes pour planer d'une branche à l'autre.

Rainette de Wallace

Un camouflage réussi

La grenouille-feuille d'Asie possède l'un des meilleurs moyens de défense : le camouflage. Son corps est aplati comme une feuille et de la même couleur. Même les « cornes » au-dessus de ses yeux en ont la forme.

Grenouille-feuille d'Asie

Deviens incollable...

Sur les mammifères volants, pages **282-283**

Il se dresse sur la pointe des pieds et se gonfle d'air comme un ballon.

Salamandres et tritons

Ces animaux sont proches des grenouilles et des crapauds mais ils ont une queue. Pour cela, on les appelle des urodèles : c'est le nom de leur ordre. Ils appartiennent aussi à la grande famille des amphibiens.

Les urodèles ont un corps allongé et une longue queue.

Tritons et salamandres doivent avoir la peau constamment humide pour respirer.

La majorité des tritons et des salamandres vit dans les forêts froides et humides.

Triton ou salamandre ?

Ces deux amphibiens se ressemblent beaucoup, mais les tritons vivent sur terre et se reproduisent dans l'eau, alors que les salamandres passent toute leur vie dans l'eau.

Ce triton vit sous les rochers ou dans des grottes pour garder sa peau humide.

Combien mesure la plus grande salamandre ?

Le mode de locomotion

Les tritons et les salamandres se déplacent lentement en général, mais peuvent courir très vite pour fuir le danger. Ils rampent au sol et au fond des étangs. Les tritons nagent parfois à la surface de l'eau.

Cette salamandre mandarin est en train de manger un ver de terre.

Le régime alimentaire

Les tritons et les salamandres sont des insectivores friands de proies fraîches. Ils chassent grâce à leur vue et à leur odorat. Les salamandres ont une longue langue qu'elles projettent hors de leur bouche pour capturer les proies.

L'amblystome tigré peut mesurer 40 cm.

La reproduction

Les femelles pondent dans l'eau. À leur éclosion, les petits ressemblent aux larves des grenouilles, mais ils garderont leur queue. Les larves vivent en milieu aquatique jusqu'à leur complet développement.

Triton crêté

Des couleurs séduisantes

De nombreux tritons et salamandres sont vivement colorés. Le mâle réserve ses plus belles couleurs pour la parade nuptiale.

La danse nuptiale des tritons alpestres

Un développement incomplet

Les axolotls du Mexique parviennent rarement à l'état adulte : ils gardent toute leur vie leur aspect de larve, mais ils peuvent se reproduire.

La salamandre géante du Japon peut atteindre 2 m de long.

Les invertébrés

Nous consacrons un chapitre entier à tous les animaux qui ne sont pas des vertébrés. Comment s'appellent ces animaux ? Des invertébrés, bien sûr !

À quelle classe d'animaux les escargots appartiennent-ils ?

Morpho bleu

Empereur doré

Bombyx du mûrier

Ornithoptère de la Reine Alexandra

Dépourvus de colonne vertébrale

Les invertébrés regroupent les insectes, des petits animaux terrestres comme les araignées et les escargots, ainsi que des créatures marines extraordinaires.

Seiche

Les invertébrés marins incluent les pieuvres, les étoiles de mer et même les coraux.

Calmar

Krill

Étoile de mer

Pieuvre commune

Test d'observation

Regarde attentivement les pages 356 à 373 et essaie de retrouver ce que représentent ces photos.

Deviens incollable...

Sur les mammifères aquatiques, pages **296-297**

Sur les oiseaux marins, pages **316-317**

À la classe des mollusques.

Le monde des insectes

La plupart des invertébrés sont des insectes, qui représentent huit espèces vivantes sur dix. Ils occupent absolument tous les milieux. Certains sont presque invisibles à l'œil nu, d'autres étonnamment gros.

Retiens 3 + 3 en pensant aux insectes : trois paires de pattes et trois parties du corps.

La plupart des insectes ont deux paires d'ailes.

Coléoptère

En Afrique, là où apparaissent des excréments de bovins, les bousiers sont aussitôt sur place.

Qu'est-ce qu'un insecte ?
Si la petite bestiole que tu observes possède six pattes, c'est un insecte ! Et tu remarques que son corps est divisé en trois parties, une tête, un thorax et un abdomen.

Ces coléoptères façonnent des boulettes de bouse dans lesquelles ils pondent un seul œuf. À l'éclosion, la larve se nourrit de bouse.

Le recyclage naturel des déchets
La plupart des gens détestent les insectes mais ils sont pourtant indispensables à notre planète. Nous ne pourrions pas vivre sans eux. Par exemple, ces bousiers nous débarrassent des excréments laissés dans la nature.

Bousiers

Excepté le miel, quel autre produit utile l'abeille fabrique-t-elle ?

Les insectes utiles

Les insectes peuvent nous apporter des produits très utiles et aussi constituer eux-mêmes des aliments.

Colorant alimentaire : ce colorant rouge est extrait du corps d'un insecte appelé cochenille.

Soie : la soie des vêtements que tu portes est issue de la chenille du bombyx du mûrier ou ver à soie.

Miel : si les abeilles n'existaient pas, tu ne mangerais pas de miel.

Larves : certains peuples, dont les Aborigènes d'Australie, se nourrissent de larves d'insectes.

Dévorer les nuisibles

Certains insectes, par exemple les pucerons, mangent nos cultures. Le meilleur moyen de s'en débarrasser est d'introduire d'autres insectes qui s'en nourrissent. Les coccinelles sont souvent utilisées pour limiter la prolifération des pucerons.

La protection biologique des cultures consiste à introduire des insectes qui mangent d'autres insectes.

Les pucerons se reproduisent si rapidement qu'il est difficile de limiter leur prolifération.

Les insectes fossiles

Nous savons qu'il existait des insectes il y a 40 millions d'années : certains ont été emprisonnés dans une résine de conifère appelée ambre. Cette résine s'est durcie, et les a préservés.

Deviens incollable...

Sur les coléoptères, pages **372-373**

Sur les abeilles, pages **374-375**

La cire,

et son venin est utilisé comme médicament.

La métamorphose des insectes

Les insectes sont les animaux les plus prolifiques de notre planète. Entre l'œuf et l'adulte, l'insecte subit une série de transformations incroyables.

Les libellules doivent changer de peau pour grandir : elles muent.

La métamorphose

La transformation de l'insecte au cours de son développement s'appelle la métamorphose. Chez les insectes évolués, la métamorphose est dite complète : l'insecte passe par les stades de l'œuf, de la larve et de la nymphe avant de devenir adulte.

Tous les insectes pondent des œufs.

Stade 1 à 2 : de l'œuf à la larve

La femelle du papillon pond des œufs qui éclosent pour devenir des larves. La larve du papillon s'appelle une chenille. Elle grossit car elle n'arrête pas de manger des feuilles.

Une métamorphose incomplète

Chez certains insectes, la larve et l'adulte sont différents bien qu'ils aient de nombreux points communs. Les larves des libellules, par exemple, vivent uniquement dans l'eau ; en grandissant elles développent des poumons pour respirer et des ailes pour voler.

Deviens incollable...

Sur les papillons, pages **370-371**

Sur les coléoptères, pages **372-373**

D'où vient le mot « métamorphose » ?

La chenille doit trouver un endroit sûr pour se transformer en chrysalide.

Stade 2 à 3: de la larve à la nymphe
Après avoir suffisamment grossi, la chenille mue, se fixe à la tige d'une plante et s'enroule dans une enveloppe dure, le cocon, pour se transformer peu à peu en chrysalide, le nom de la nymphe chez les papillons.

Stade 3 à 4: de la nymphe à l'adulte
De nombreux changements physiologiques s'effectuent à l'intérieur du cocon. L'enveloppe finit par se déchirer et s'ouvrir pour donner naissance à un papillon adulte.

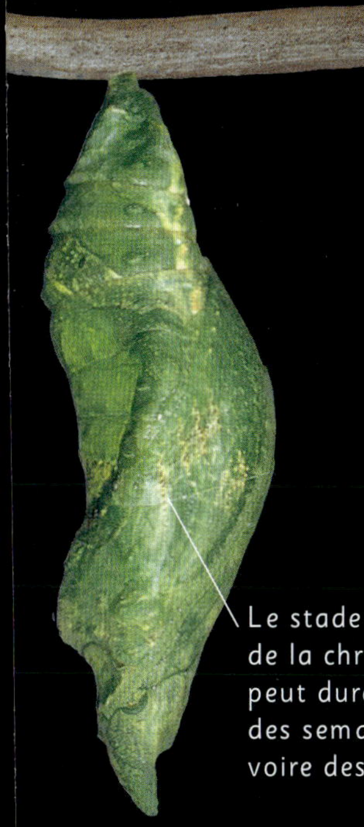

La métamorphose de la coccinelle
Comme les papillons, les coccinelles subissent une métamorphose.

Œufs : la femelle pond ses œufs sur une feuille.

Larve : les œufs deviennent des larves après leur éclosion.

Nymphe : les larves se transforment en nymphes un mois après leur éclosion.

Jeune coccinelle : de jeunes coccinelles jaunes émergent une semaine plus tard.

Coccinelle adulte : les ailes jaunes ne tardent pas à devenir rouges ornées de points noirs.

Le pentatome
La plupart des insectes abandonnent leurs œufs après les avoir pondus. Mais ce pentatome, une espèce de punaise, s'occupe attentivement de ses petits.

Il vient du grec ***metamorphosis*** qui signifie « changement de forme et de structure ».

Comment les insectes se déplacent-ils ?

S'ils veulent aller d'un endroit à un autre, les insectes courent, volent, sautent ou nagent !

Voler

Tous les insectes volants sont munis de deux paires d'ailes destinées à des usages différents. Les coléoptères volent avec une seule paire d'ailes, et gardent la seconde, plus dure, pour protéger la première au repos.

Le mouvement des ailes

Les insectes utilisent leurs ailes de plusieurs façons. La plupart sont de vrais acrobates du ciel.

Mouche domestique : elle n'a qu'une seule paire d'ailes membraneuses, la seconde lui sert de balancier.

Libellule : elle utilise ses deux paires d'ailes pour voler, mais peut manœuvrer chaque paire séparément.

Chrysope aux yeux d'or : elle peut utiliser ses quatre ailes séparément et voler à reculons.

Syrphe : il bat des ailes si rapidement que tu n'as pas le temps de les voir.

Nager

Certains insectes vivent principalement dans l'eau grâce à leurs pattes postérieures nageuses. Les dytiques ont des poils spéciaux sur leurs pattes qui s'écartent dans l'eau pour les aider à pagayer.

Les chenilles peuvent se déplacer sur des branches presque verticales.

Quel est l'insecte qui court le plus vite ?

Criquet migrateur

Ténébrion rugueux

Une puce peut sauter jusqu'à une hauteur de 100 fois sa taille. Elle peut aussi sauter 600 fois par heure pendant trois jours sans s'arrêter pour chercher un hôte.

Sauter

Certains insectes exécutent de formidables sauts grâce à leurs puissantes pattes postérieures qui leur servent de ressorts. Si tu déranges une sauterelle, elle s'enfuit aussitôt en dépliant ses pattes postérieures pour bondir.

Courir

Les pattes des insectes sont adaptées à leur usage. Les coléoptères qui vivent sous l'écorce des arbres ont des pattes courtes et peu encombrantes. Les ténébrions rugueux ont de longues pattes pour courir dans le sable chaud du désert.

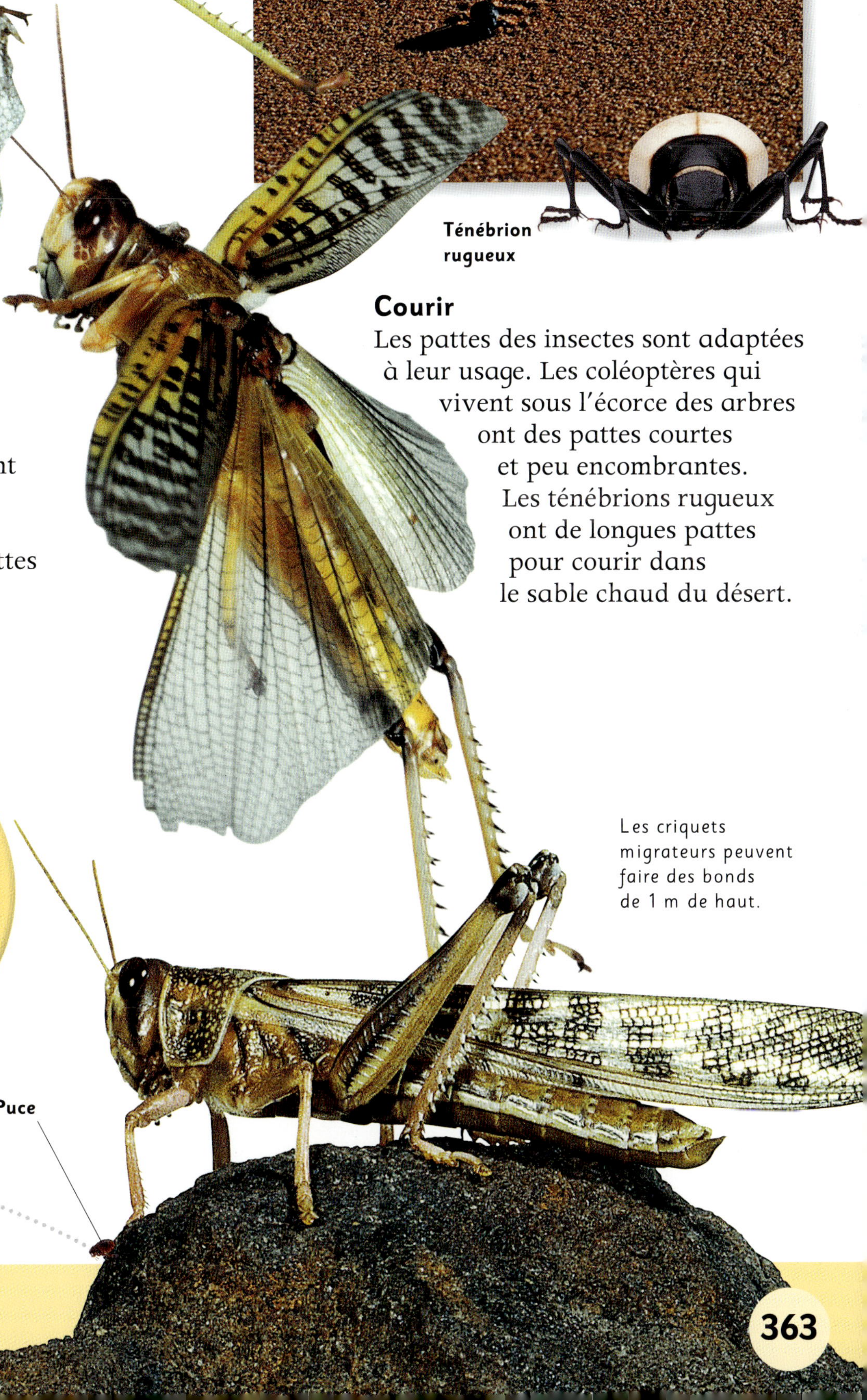

Les criquets migrateurs peuvent faire des bonds de 1 m de haut.

Deviens incollable...

Sur les chenilles, pages **360-361**
Sur les mouches, pages **378-379**

Ces chenilles ont des ventouses à chaque extrémité de leur corps pour adhérer aux branches.

Puce

La cicindèle champêtre.

Que mangent les insectes ?

Le régime alimentaire des insectes est très varié. Certaines espèces sont carnivores, d'autres mangent des végétaux, mais toutes passent leurs journées à grignoter. Ils sont dotés de mâchoires spécialisées : les insectes sont broyeurs, ou piqueurs-suceurs, ou perceurs, ou encore lécheurs.

Ce sphinx possède une longue trompe pour aspirer le nectar des fleurs. Il se nourrit en vol.

Les carnivores

De nombreux insectes se nourrissent d'autres insectes et doivent faire preuve d'ingéniosité pour capturer leurs proies. Verte, la mante religieuse se dissimule au milieu des feuilles.

Cette mante religieuse peut rester longtemps immobile en attendant le passage d'une proie.

Les phytophages

La plupart des insectes sont phytophages, c'est-à-dire qu'ils se nourrissent de matières végétales. Certains broient les feuilles avec leurs mandibules, d'autres aspirent les liquides, par exemple le nectar des fleurs, à l'aide de leur trompe.

La larve du fourmilion dévore les fourmis.

Piège à fourmis

La larve du fourmilion se cache sous terre dans un trou en entonnoir creusé dans le sable et attend. Les fourmis qui passent tombent dans le piège et atterrissent directement dans les mandibules de la larve.

Comment les libellules capturent-elles leurs proies ?

Les chenilles mettent beaucoup de temps à digérer leur nourriture. Elles doivent manger toute la journée pour se transformer en chrysalides.

La larve phytophage
La chenille est la larve du papillon. Ses puissantes mandibules viennent à bout des feuilles les plus coriaces. On estime que les insectes mangent environ 5 % de l'ensemble des feuilles de la planète.

Chez les papillons, la femelle pond ses œufs sur une feuille qui servira de premier repas à la chenille. Ainsi, elle n'aura pas à chercher très loin sa nourriture.

Deviens incollable…

Sur les papillons, pages **370-371**
Sur les coléoptères, pages **372-373**

Les larmes d'alligator
Les papillons aspirent les liquides avec leur longue trompe. Le petit flambeau a des goûts très particuliers : il adore boire les larmes des alligators.

Ce balanin a percé un gland à l'aide de son éperon, appelé rostre.

Le mangeur de glands
Le balanin éléphant est très exigeant sur le choix de sa nourriture : il n'aime que les glands. Il les perce, en broie la partie charnue à l'aide de ses mandibules, puis avale cette bouillie.

Elles les attrapent en plein vol.

L'art du camouflage

Mantes-orchidées

La plupart des insectes sont des proies très convoitées par d'autres animaux. Pour se protéger, ils emploient principalement la ruse du camouflage.

Passer inaperçu

Le meilleur moyen de ne pas se faire repérer est de se confondre avec la végétation environnante. Deux mantes-orchidées se cachent au milieu des fleurs. Peux-tu les voir ?

La mante-orchidée peut passer du rose au blanc selon la couleur des fleurs qui l'entourent.

Insecte ou feuille ?

La sauterelle-feuille d'Afrique ressemble aux feuilles au point de posséder des nervures sur son dos. Bien sûr, elle doit rester parfaitement immobile pour passer inaperçue.

Ocelle « œil de chouette »

Deviens incollable...

Sur les défenses des poissons, pages **400-401**

Quel insecte possède un corps allongé qui ressemble aux brindilles sur lesquelles il vit ?

Le sang de cette coccinelle s'écoule par les pattes.

Ne me mangez pas !

Les insectes aux couleurs vives sont souvent venimeux ou ont très mauvais goût. La coccinelle libère un sang au goût amer si elle se sent menacée.

Le prédateur qui tentera de manger cette coccinelle ne tardera pas à la recracher, et évitera les proies rouge vif à l'avenir !

On dirait une fiente !

La chenille du papillon appelé voilier des vergers dispose du meilleur camouflage possible : elle ressemble à une fiente d'oiseau ! Aucun animal ne voudra y goûter…

Guêpe

Papillon ou chouette ?

Quand le papillon-chouette referme ses ailes, ses ocelles ressemblent à des yeux de chouette. Il n'en faut pas plus pour effrayer ses prédateurs !

Le mimétisme

De nombreux insectes font croire qu'ils sont d'autres animaux pour ne pas être mangés. Peux-tu distinguer ici la guêpe du syrphe ?

Syrphe

Le syrphe est une mouche inoffensive à l'allure de guêpe. Ainsi, il fait croire qu'il possède un dard.

Le phasme.

Les nuisibles

Les insectes sont de petites créatures, mais peuvent causer bien des dégâts. Tu as peut-être du mal à le croire, mais certains insectes figurent parmi les animaux les plus dangereux.

Quelques nuisibles

L'homme considère certains animaux comme nuisibles, c'est-à dire-inutiles et même dérangeants, voire destructeurs. Cela fait des milliers d'années qu'il essaie de s'en débarrasser par tous les moyens.

Doryphore : ce petit coléoptère peut détruire des champs entiers de pommes de terre.

Mite : elle adore les vêtements de laine.

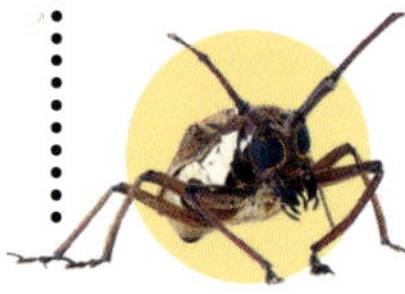

Capricorne : ce coléoptère peut détruire des forêts entières.

Les blattes ont un corps solide et sont très difficiles à tuer.

Des hôtes indésirables

Une fois que les blattes se sont installées chez toi, elles sont très difficiles à éliminer. Certaines espèces – très fréquentes dans les villes et appelées aussi « cafards » – se nourrissent de déchets alimentaires et propagent non seulement des mauvaises odeurs, mais aussi des maladies.

Blatte cendrée d'Afrique

Le pou de tête

Le pou est un insecte microscopique qui s'agrippe si fort à tes cheveux qu'il est difficile à éliminer. Il suce le sang de ton cuir chevelu et provoque des démangeaisons. Ses œufs sont appelés lentes.

Crochets du pou de tête grossis au microscope.

Deviens incollable...

Sur les bêtes minuscules qui vivent sur ton corps, pages **392-393**

Des criquets dévastateurs

En Afrique, à la saison des pluies, des millions de criquets migrateurs se rassemblent parfois en formant d'immenses nuées. Ils mangent tout ce qu'ils voient et ils sont si nombreux qu'ils voilent la lumière du soleil.

Mouche tsé-tsé

Une suceuse de sang

La mouche tsé-tsé suce le sang des humains et d'autres mammifères après les avoir piqués. Tu vois ici la mouche l'abdomen vide et la même l'abdomen rempli de sang. Elle propage une maladie appelée maladie du sommeil.

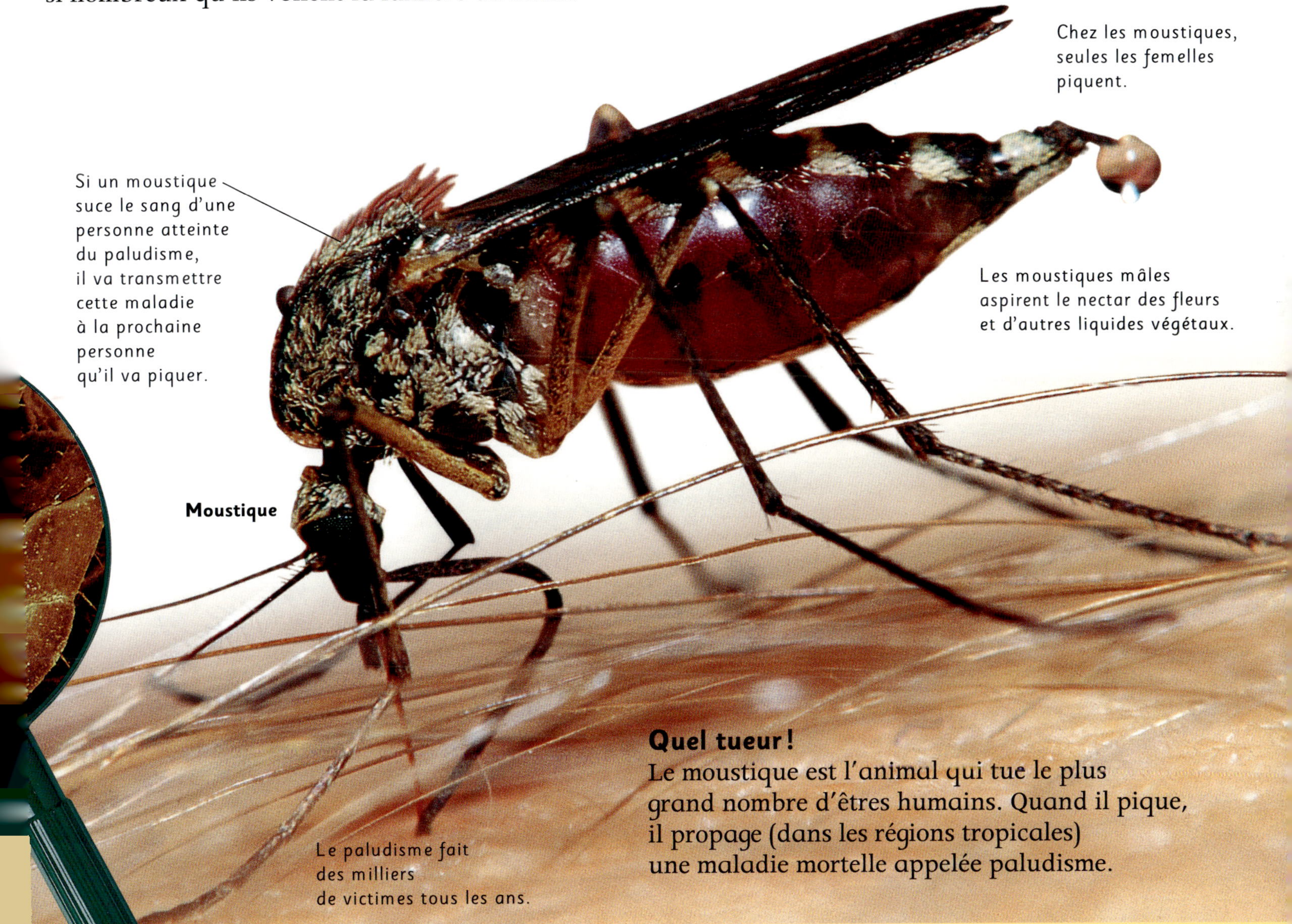

Moustique

Quel tueur !

Le moustique est l'animal qui tue le plus grand nombre d'êtres humains. Quand il pique, il propage (dans les régions tropicales) une maladie mortelle appelée paludisme.

Un insecte microscopique
qui suce ton sang pendant ton sommeil.

Les papillons

Les papillons sont uniques parmi les insectes parce que leurs ailes sont couvertes de très fines écailles. On distingue les papillons de jour (diurnes) et les papillons de nuit (nocturnes).

Phalène hérissée

Brahmaéide d'Hartig

Arctiide décoré

Il n'existe plus de bombyx à l'état sauvage : tous sont élevés pour produire de la soie.

Quelles différences ?

Les papillons de jour ont des antennes en forme de massue et arborent des ailes de couleurs vives, alors que les papillons de nuit ont des antennes souvent plumeuses et sont plutôt ternes.

Papillon comète de Madagascar

Le papillon comète de Madagascar est dépourvu de pièces buccales car il vit le temps de pondre des œufs et meurt avant de pouvoir se nourrir.

Grand mars changeant

Noir velouté

Grand monarque

Des ailes au repos

Les papillons diurnes sortent le jour et les papillons nocturnes sont visibles la nuit. Au repos, les papillons de nuit déplient leurs ailes et les papillons de jour les replient.

Ornitpotera sarpedon

88 d'Hewitson

Une peau à écailles

Les papillons ont le corps et les ailes recouvertes de minuscules écailles disposées comme les tuiles d'un toit.

Ce tigre de Millar a déplié ses ailes.

Ce paon du jour a replié ses ailes.

Quel est le plus grand papillon ?

Des migrateurs

Les grands monarques sont des papillons uniques en leur genre. À l'approche de l'hiver, ils migrent du Canada vers la Californie et le Mexique. Ils peuvent parcourir 130 km par jour.

Ces arbres sont couverts de grands monarques au repos.

Les antennes servent à goûter et à toucher.

Les chenilles mangent continuellement.

Des chenilles voraces

Les chenilles ont des mandibules broyeuses qu'elles utilisent pour mastiquer les feuilles. En devenant papillons, elles changent leurs mandibules broyeuses pour une trompe suceuse qui aspire les liquides.

Des chenilles astucieuses

Les chenilles sont des proies très convoitées par beaucoup d'autres animaux. Elles utilisent donc des moyens très astucieux pour ne pas être dévorées.

Chenille « queue fourchue » : elle redresse sa queue vers sa tête dès qu'elle se sent en danger.

Chenille des vergers : elle imite une fiente d'oiseau.

Chenille de *Heliconius erato* : elle est couverte de longues épines.

Au repos, les papillons gardent leur trompe enroulée en spirale. Ils la déroulent et s'en servent comme d'une paille.

Trompe suceuse

L'ornithoptère de la Reine Alexandra.

Deviens incollable...

Sur la métamorphose des chenilles en papillons, pages **360-361**

Coléoptères et hémiptères

Ces petites bestioles occupent les quatre coins de notre planète, des hautes montagnes aux déserts les plus torrides. Les coléoptères et les hémiptères sont vraiment incontournables !

Les coléoptères
Les coléoptères sont les insectes les mieux armés contre les prédateurs. Leurs pièces buccales sont de type broyeur.

Goliath gigantesque ou scarabée goliath

Le goliath gigantesque, un scarabée africain, est le plus grand coléoptère.

Le dytique rame à l'aide de ses pattes postérieures.

Les coléoptères plongeurs
La plupart des coléoptères vivent en milieu terrestre, mais le dytique capture ses proies, têtards et petits poissons, dans l'eau. Pour respirer dans l'eau il fait le plein d'air avant chaque plongeon.

La diversité des coléoptères
Les coléoptères arborent souvent de belles couleurs vives.

Scarabée : ce magnifique scarabée doré est originaire d'Amérique du Sud.

Cétoine : ce charmant coléoptère existe dans les dimensions et les couleurs les plus variées.

Chrysomèle : cette chrysomèle bleu vif vit en Papouasie-Nouvelle-Guinée.

Coléoptère grenouille : ce coléoptère peut aussi être rouge vif et très luisant.

Comment la plupart des coléoptères goûtent-ils leur nourriture ?

Briller dans la nuit

Les lampyres, ou vers luisants, ne sont pas des vers, mais des coléoptères. Les femelles sont dotées d'organes abdominaux qui émettent de la lumière. Elles allument leur abdomen la nuit pour attirer les mâles.

La nuit, tu peux voir des vers luisants briller.

Les vers luisants vivent partout dans le monde.

L'hémiptère

Les hémiptères ressemblent un peu aux coléoptères, mais ce sont des piqueurs-suceurs et non des broyeurs.

Le chant des cigales

Les cigales émettent des sons qui peuvent être entendus à 1,5 km de distance. Elles produisent leur bruit strident en faisant vibrer les cymbales de leur abdomen.

Certaines espèces de cigales peuvent vivre 17 ans !

D'autres caractéristiques

Les hémiptères sont petits, mais certains se montrent particulièrement agressifs !

Pentatome rayé : cet insecte émet de mauvaises odeurs.

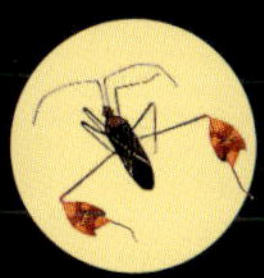

Coréide : il agite les petits drapeaux au bout de ses pattes pour effrayer les prédateurs.

Puceron : il est nuisible aux cultures.

***Triatoma sanguisuga* :** ce réduve tue d'autres insectes et suce leurs entrailles.

Le sais-tu ?

La vrillette se nourrit de bois. Quand elle veut attirer l'attention d'un autre coléoptère, elle frappe sa tête contre le bois. On peut parfois entendre ce bruit dans les maisons.

Avec leurs pattes.

Abeilles et guêpes

Tu penses peut-être que les abeilles et les guêpes se contentent de bourdonner et de piquer les humains, mais elles sont parmi les insectes les plus intelligents qui existent.

Les bourdons ne produisent pas beaucoup de miel.

L'abeille possède des corbeilles à pollen sur ses pattes pour récolter le pollen.

Les ouvrières sont stériles, seule la reine pond des œufs.

Les abeilles se nourrissent de miel.

Les abeilles
Les bourdons et les abeilles, insectes sociaux, vivent dans des ruches et travaillent ensemble. Les ouvrières sont chargées de recueillir le nectar des fleurs pour le transformer en miel.

À chacun son rôle
Une ruche comporte trois types d'individus.

Reine : seule femelle féconde, la reine pond jusqu'à 2 500 œufs par jour.

Faux bourdons : mâles reproducteurs, ils accompagnent la reine.

Ouvrières : femelles stériles, elles se chargent de récolter le nectar.

Le sais-tu ?

Quand une abeille sait qu'une fleur est remplie de nectar, elle avertit les autres ouvrières en exécutant une danse en forme de huit.

Les rayons
Les rayons sont des alvéoles en cire, une substance fabriquée par les abeilles. Certaines alvéoles renferment les larves, d'autres le miel.

L'abeille meurt aussitôt après t'avoir piqué. Vrai ou faux ?

Les guêpes

Les guêpes mènent une vie solitaire (guêpes solitaires) ou communautaire (guêpes sociales). Celles qui vivent en collectivité construisent des nids à partir de fibres de bois mâchées et transformées en pâte à papier.

Les espèces de guêpes

Il existe de nombreuses espèces de guêpes. La plupart des adultes ont un étranglement entre le thorax et l'abdomen, et de gros yeux.

Attention au dard !

Abeilles et guêpes ont des rayures jaunes et noires destinées à avertir les prédateurs qu'elles sont venimeuses. Elles ne piquent que si elles se sentent menacées ou pour défendre leur nid.

Les guêpes solitaires

Ces guêpes, les ichneumons, sont essentiellement parasites : elles pondent leurs œufs sur d'autres insectes.

L'essaim

Quand une nouvelle femelle féconde naît, elle quitte le nid avec un groupe de guêpes pour construire et diriger sa propre colonie. Les guêpes s'envolent ensemble et forment un essaim. Sur cette photo, elles se reposent.

Vrai. Elle ne peut piquer qu'une seule fois.

Fourmis et termites

Il existe des millions d'espèces de fourmis et de termites sur terre. Ces petites créatures vivent au sein de groupes appelés colonies.

Fourmi

Les termites

Les termites vivent surtout dans les régions chaudes. Chaque colonie est dirigée par une reine et un mâle appelé roi. Les ouvriers ont pour mission de nettoyer et de nourrir la colonie et les soldats de la défendre.

Les fourmis

Il existe de nombreuses espèces de fourmis vivant aux quatre coins du monde. Les fourmis champignonnistes d'Amérique du Sud découpent les feuilles des arbres et les transforment en nourriture.

Reine

Chez certaines espèces, la reine grossit pour devenir une énorme machine à pondre des œufs, jusqu'à 30 000 par jour !

Soldats

Ces soldats ont des mandibules puissantes pour défendre la reine et la termitière.

La termitière

Certains termites vivent dans une énorme construction qu'ils fabriquent avec de la terre, de la salive et des excréments. Certaines termitières peuvent atteindre 7 m de hauteur.

Les murs de la termitière sont si durs qu'il te faudrait une pioche pour pénétrer à l'intérieur !

À l'intérieur

La termitière est composée d'un réseau de chambres et de galeries. Au centre se trouve la cellule royale où vivent la reine et les larves.

Quelle espèce de fourmi forme des colonies pouvant comprendre jusqu'à 300 000 individus ?

L'assistance mutuelle

Certaines fourmis collaborent avec les pucerons et profitent mutuellement de cette entraide. Les pucerons libèrent un liquide sucré que les fourmis adorent, alors en retour elles les défendent et surveillent leurs œufs.

Il existe 8000 espèces de fourmis dans le monde.

Les pucerons se nourrissent de la sève des arbres, c'est pourquoi fourmis et pucerons vivent souvent ensemble sur les arbres.

Deviens incollable...

Sur les pucerons et d'autres hémiptères, pages **372-373**

Fourmi-bonbonne ou fourmi miel

Ces fourmis vivent dans le désert. Certaines ouvrières accumulent dans leur abdomen le nectar reçu d'autres fourmis. Si la nourriture manque, elles régurgitent leur nectar pour alimenter la colonie. Les ouvrières nourrices sont trop gonflées pour se déplacer et restent suspendues au plafond du nid.

La fourmi rousse.

Les mouches

Les mouches sont présentes dans tous les milieux, sans exception. La plupart des gens les détestent parce que certaines espèces transmettent des maladies. Mais les mouches ont leur utilité.

De dangereuses messagères

Les mouches aiment les déchets alimentaires et comme elles possèdent des pattes adhésives, elles peuvent transporter des bactéries porteuses de maladies d'un aliment à l'autre.

Mouche domestique

La mouche se sert de sa trompe suceuse pour se nourrir.

La mouche régurgite sa nourriture pour la transformer en liquide qu'elle aspire avec sa trompe.

Asticots

Les asticots

Les mouches pondent souvent leurs œufs dans le fumier ou les ordures. Contrairement aux adultes, les larves, appelées asticots, sont dépourvues d'ailes et broient leur nourriture au lieu de l'aspirer. Elles se métamorphosent en nymphes, puis en mouches.

La rapidité du vol

Les mouches volent et s'envolent très vite, c'est pourquoi elles sont si difficiles à capturer. Ce syrphe peut battre des ailes 1 000 fois par seconde ! Il change parfois si brusquement de direction qu'il semble disparaître.

Deviens incollable...

Sur d'autres insectes nuisibles, pages **368-369**
Sur la métamorphose des insectes, pages **360-361**

Où les moustiques pondent-ils leurs œufs ?

Mouche domestique

Des pattes adhésives

La mouche domestique possède des pattes adhésives qui lui permettent de marcher sur les murs et les plafonds. Elle frotte ses pattes l'une contre l'autre pour les nettoyer et les garder en bon état.

Toutes sortes de mouches

Il existe de nombreuses espèces de mouches, de toutes formes et de toutes couleurs.

Tachinaire : elle est petite, velue et souvent de couleur vive.

Tipule : grande et maigre, elle est équipée de longues pattes grêles.

Asilide : ses pattes postérieures ressemblent à des plumes.

Bombyle : cette petite mouche ressemble à une abeille car son corps est massif et très velu.

Utiles, les mouches ?

Si les mouches n'existaient pas, la planète serait jonchée de déchets alimentaires et d'animaux morts. Elles sont donc les éboueurs de la nature.

Mouche à viande

Dans les eaux dormantes, d'où leur prédilection pour les étangs.

Les autres invertébrés

Tous les invertébrés ne sont pas des insectes. Parmi ces autres invertébrés, certains vivent en milieu terrestre, d'autres en eau douce ou dans la mer. Ils présentent des formes très variées qui vont t'étonner !

Les vers
Les vers tels les lombrics possèdent une tête à une extrémité, une queue à l'autre et de nombreux anneaux entre les deux, mais aucune patte. Ils vivent sur terre ou dans l'eau.

Les arachnides
Les araignées, les scorpions, les tiques et les mites appartiennent à la classe des arachnides, des animaux terrestres. Ils sont pourvus de huit pattes et d'un corps divisé en deux parties.

Tarentule

Malgré leur mauvaise réputation, la plupart des araignées sont inoffensives pour l'homme.

La tarentule a des pattes poilues qui peuvent être irritantes. Si elle se sent menacée, elle les projette face à l'ennemi.

Deviens incollable...
Sur les araignées et les scorpions, pages **382-383**

Quelle taille les araignées peuvent-elles atteindre ?

Créatures marines

L'océan est rempli de très étranges créatures. En voici quelques-unes.

Éponge : on pensait autrefois que ces animaux étaient des végétaux.

Étoile de mer : la plupart des étoiles de mer ont cinq bras. Elles rampent sur les fonds marins.

Anémone de mer : semblables à des fleurs, elles n'ont pas de cerveau.

Les escargots se rencontrent sur terre et dans les océans.

Les mollusques

Les limaces, les escargots, les calmars et les huîtres sont des mollusques. Certains vivent sur terre, d'autres dans la mer.

La pieuvre, qui est aussi un mollusque, est une créature très intelligente.

Les chilopodes ont une paire de pattes sur chaque anneau, les diplopodes deux paires.

Les mille-pattes

Si tu essaies de compter le nombre de pattes d'un insecte et si tu n'y arrives pas parce qu'elles sont trop nombreuses, c'est que tu es tombé sur un mille-pattes ! Ces animaux ont en fait entre 10 et 175 paires de pattes.

Les crustacés

La plupart des crustacés tels que les homards, les crabes et les crevettes vivent dans l'eau. Seul le cloporte vit sur terre. Les crustacés portent souvent une carapace et leurs yeux sont situés au bout de courtes antennes.

Certaines peuvent avoir la taille d'une grande assiette.

Araignées et scorpions

Les araignées et les scorpions sont les plus connus des arachnides. Ce sont des animaux redoutés, même si la plupart sont inoffensifs pour l'homme.

Les araignées
Il existe environ 40 000 espèces d'araignées dans le monde. Elles savent toutes mordre mais la majorité ne sont pas dangereuses pour l'homme.

De toutes les araignées, les araignées sauteuses ou saltiques sont celles qui ont la meilleure vue.

C'est le fil de soie que la saltique attache à un support avant de sauter.

Suspendue à un fil de soie, la saltique repère une mouche

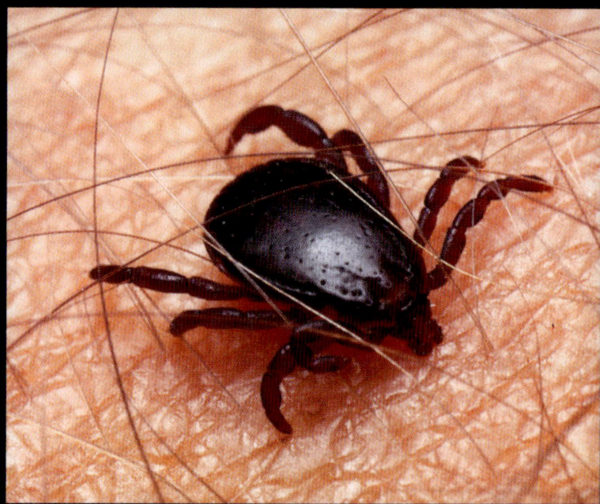

Les tiques sont si petites que tu peux à peine les voir.

La suceuse de sang
La tique est aussi un arachnide. Quand elle se nourrit, elle s'accroche à un animal et le mord pour sucer son sang. Une fois rassasiée, elle s'en détache.

Les scorpions
Les scorpions vivent dans les régions chaudes et se nourrissent d'insectes. Ils saisissent leur proie avec leurs grosses pinces et la paralysent en recourbant l'aiguillon venimeux situé au bout de leur queue.

Le scorpion d'Afrique tropicale transporte ses petits sur son dos jusqu'à ce qu'ils soient indépendants.

Certains scorpions peuvent atteindre 15 cm de long.

Combien d'yeux l'araignée possède-t-elle ?

Des toiles d'araignées

Toutes les araignées produisent de la soie grâce à des glandes situées sous leur abdomen. La plupart tissent des toiles pour vivre dedans alors que d'autres, telles les saltiques, utilisent les fils de soie comme des filins pour se déplacer d'un point à un autre.

Les araignées tissent leur toile et attendent patiemment que des insectes passent et soient piégés. Elles ligotent alors leur proie dans les fils de soie et la dévorent.

et lui saute dessus si rapidement que sa proie n'a aucune chance de s'échapper.

L'argyronète

La plupart des araignées vivent sur terre mais quelques espèces, telle l'argyronète, sont aquatiques. Cette araignée emprisonne l'air dans une « cloche à plongeur » constituée par un dôme de soie qu'elle fixe à des végétaux.

La plupart des araignées restent auprès de leurs œufs et les surveillent jusqu'à leur éclosion.

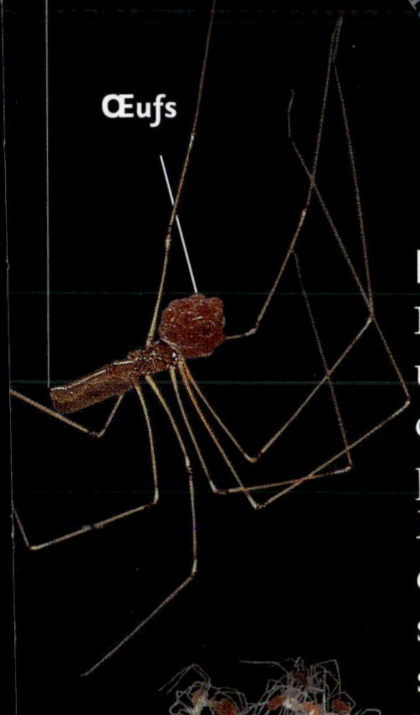

Le transport des œufs

La soie sert à construire un habitat, mais aussi à fixer les œufs sur l'araignée pour les transporter. Mais cette araignée a préféré garder ses œufs dans ses pattes-mâchoires.

Deviens incollable…

Sur les insectes piqueurs, pages **368-369**
Sur les chauves-souris vampires, pages **282-283**

Quatre paires.

Des invertébrés insolites

Il n'y a pas que les insectes qui occupent les milieux terrestres. Il existe d'autres invertébrés, grands ou petits, pourvus de centaines de pattes ou sans aucune patte.

Les escargots

L'un des animaux les plus lents à se déplacer au sol est l'escargot. S'il se sent en danger, il se contente de rentrer dans sa coquille.

La coquille de l'escargot enveloppe ses viscères.

Escargot

La coquille d'un escargot de jardin s'enroule toujours dans le sens des aiguilles d'une montre.

Scolopendre

Les chilopodes

Les chilopodes sont des mille-pattes. La scolopendre vit dans la jungle. Elle se nourrit d'araignées et d'insectes qu'elle tue d'une morsure venimeuse.

Quelle taille peut atteindre le plus gros escargot du monde ?

Si les cloportes ont peur, ils se mettent en boule.

Le cloporte

Les cloportes ressemblent à des insectes mais sont en réalité des crustacés comme les crabes et les homards. Ils vivent dans des lieux sombres et humides pour éviter de se dessécher et se nourrissent de végétaux en décomposition.

Le lombric

Les lombrics ou vers de terre ressemblent à de minuscules serpents. Ils vivent sous terre et se nourrissent de végétaux et d'animaux en décomposition.

Les limaces et les escargots ont un pied musculeux qu'ils utilisent pour se déplacer.

Limace

Certains mille-pattes se mettent en boule s'ils se sentent menacés.

Le diplopodes

Les diplopodes peuvent posséder 350 pattes ! Mais ils ne se déplacent pas plus vite pour autant. Ils sont obligés d'avancer par groupes de pattes successifs pour les empêcher de se cogner.

La limace

Les limaces sont des escargots sans coquille. Elles se déplacent en glissant sur la bave qu'elles expulsent de leur pied et qui laisse une trace brillante.

La limace se cache le jour et se nourrit la nuit.

Deviens incollable...

Sur les mollusques marins, pages **388-389**

La sangsue est un type de ver qui suce le sang.

L'escargot géant d'Afrique peut être aussi long que ton avant-bras !

Les crustacés marins

Si les crustacés portent ce nom, c'est parce qu'ils sont recouverts d'une carapace qui forme comme une « croûte » servant de squelette. La quasi-totalité des crustacés est aquatique.

Une carapace rigide
Comme d'autres crustacés, le homard possède un squelette externe très dur appelé carapace et deux yeux fixés au bout de ses antennes. Il passe son temps à marcher sur les fonds marins.

Le crabe
Les crabes sont pourvus d'une paire de grosses pinces qu'ils peuvent serrer très fort en cas de danger. Ils vivent sur le rivage et dans les fonds marins.

Certains crabes sont aussi gros que des pneus de voiture !

Quel crustacé vit sur terre en permanence ?

Un nettoyage gratuit

Certaines crevettes obtiennent leur nourriture d'une façon très inhabituelle : elles nettoient la bouche et les écailles des poissons qui le veulent bien ! Elles utilisent leurs pinces délicates pour retirer des peaux mortes et des créatures microscopiques.

Des pouces-pieds

Des millions de pouces-pieds vivent fixés sur les rochers du littoral. Au début de sa vie, le pouce-pied est une larve microscopique. Après s'être fixé aux rochers, il s'entoure de plaques calcaires et reste immobile toute sa vie.

Pouces-pieds

Le pouce-pied entrouvre ses plaques pour laisser sortir des appendices qui attrapent la nourriture.

Les tourteaux se mettent en route au début de la saison des pluies.

Les tourteaux rouges du Pacifique

L'île de Pâques, dans l'océan Pacifique, abrite une colonie d'environ 100 millions de tourteaux rouges. Chaque année à la même époque, ils traversent l'île pour pondre sur la plage. Quel embouteillage !

Le bernard-l'ermite

Comme il n'a pas de coquille, il s'installe dans celle, vide, d'un gastéropode. Le bernard-l'ermite est aussi appelé pagure.

Bernard-l'ermite

Deviens incollable...

Sur le seul crustacé terrestre, le cloporte, page **385**

Le cloporte.

Les mollusques marins

Ces animaux au corps mou appelés mollusques se présentent sous les formes les plus étranges et les plus extraordinaires. Qui aurait pensé que les pieuvres et les coquilles Saint-Jacques étaient apparentées ? Certains vivent sur terre, d'autres dans l'eau.

La pieuvre a un corps mou mais un manteau musculeux.

Pieuvre

Pieuvre et calmar
Leurs pattes (des tentacules) sont attachées directement à la tête, d'où leur nom : céphalopodes (en grec, *cephalos* signifie tête et *podos*, pied).

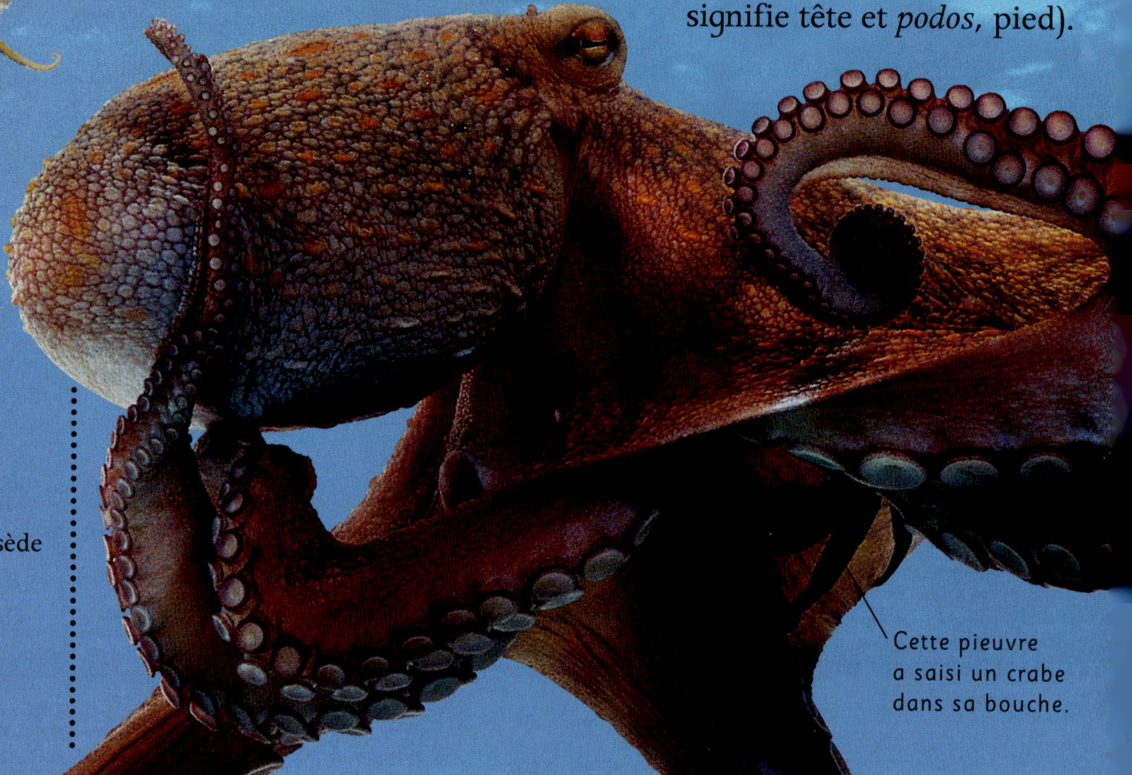

Cette pieuvre a saisi un crabe dans sa bouche.

Les céphalopodes
Ces trois céphalopodes sont caractérisés par leurs nombreux bras.

Pieuvre aux anneaux bleus : elle peut changer de couleur et sa morsure est douloureuse.

Seiche : ce mollusque possède deux tentacules longs et huit tentacules courts.

Calmar : le calmar a la forme d'une torpille, ce qui lui permet de nager très vite.

Cracher de l'encre
Lorsqu'ils sont en danger, les pieuvres et les calmars projettent de l'encre qui crée un écran opaque derrière lequel ils se cachent.

Deviens incollable...
Sur les tortues, pages **336-337**
Sur les invertébrés terrestres, pages **384-385**

Les pieuvres ont-elles des dents ?

Les coquillages

Les conques, les buccins et les bigorneaux sont des coquillages. Ils possèdent une coquille et restent accrochés aux rochers. La plupart se nourrissent de végétaux, mais certains mangent d'autres petites créatures marines.

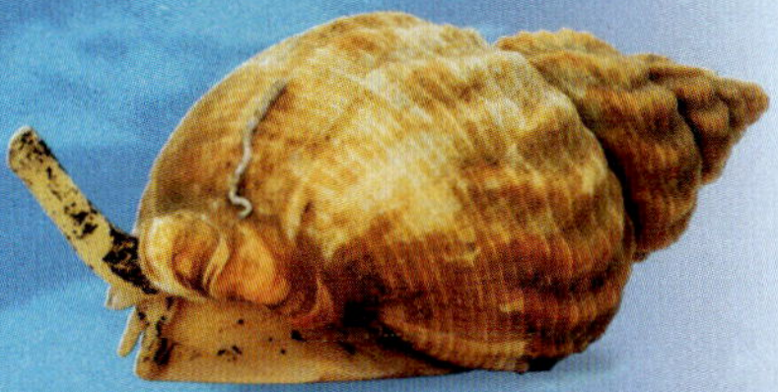

Buccin

Les limaces de mer

Contrairement aux limaces terrestres, les limaces de mer arborent souvent de très belles couleurs. Dépourvues de coquille, elles se protègent en produisant des substances toxiques et en se camouflant au milieu de la flore sous-marine.

Les tentacules sont revêtus de ventouses pour mieux s'agripper aux rochers et saisir ses proies.

Des patelles ont colonisé ces rochers. Tu peux voir ici les traces qu'elles ont laissées.

Les patelles

Les patelles ont une coquille conique. Elles s'accrochent aux rochers, se nourrissent d'algues et se déplacent à l'aide de leur pied musculeux.

Patelle

Les patelles sont très abondantes sur les rochers.

Les bivalves

Les huîtres, les moules, les coquilles Saint-Jacques et les palourdes ont une coquille en deux parties, les valves, articulées par un muscle charnière, d'où leur nom de mollusques bivalves. Elles s'ouvrent pour s'alimenter et respirer et se ferment solidement pour se protéger.

Bénitier géant

La coquille Saint-Jacques

Les coquilles Saint-Jacques peuvent se déplacer étonnamment vite. Elles ouvrent et ferment brusquement les deux valves de leur coquille, ce qui les propulse en avant.

Les points noirs autour de la coquille sont des yeux.

Coquille Saint-Jacques

Non, mais une bouche cornée.

Des créatures étranges

Certaines de ces créatures vivent plantées, d'autres se laissent bercer par les flots, beaucoup évoquent plutôt des fleurs. Mais leur beauté peut cacher un perfide venin.

Éponge

Les récifs coralliens

Le corail est un animal, ou plutôt un ensemble de petits animaux soudés les uns aux autres et appelés polypes. Le squelette calcaire des coraux forme avec d'autres des polypiers à l'origine de la constitution des récifs.

Les éponges

Elles ressemblent à des plantes mais sont en réalité des animaux, même si elles demeurent fixées sur un support. Leurs belles couleurs vives transforment les fonds marins en jardins.

Certaines éponges deviennent si grosses que des plongeurs sont capables de nager à l'intérieur.

L'oursin

Ces créatures épineuses souvent inoffensives ressemblent à des petites boules recouvertes de piquants qui protègent leur corps mou.

Oursins

Les oursins ont des pieds tubulaires terminés par des ventouses pour se déplacer sur les fonds marins.

Deviens incollable...
Sur les poissons venimeux, page **401**

Quelle est la créature marine la plus venimeuse ?

Les étoiles de mer

Les parents de l'étoile de mer sont bien étranges.

Étoile de mer ou astérie : les étoiles de mer sont dotées de cinq bras.

Soleil de mer épineux : une rareté, elle est pourvue de douze bras.

Étoile de mer grise : cette astérie est hérissée de papules rouges.

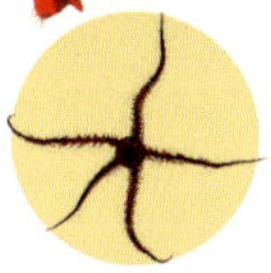

Ophiure : cette créature possède de longs bras.

Concombre de mer ou holothurie : un corps mou et cylindrique ; 8 à 30 tentacules autour de la bouche.

La méduse

Les méduses sont dépourvues de cerveau, d'os, de cœur et d'yeux ! Elles se déplacent dans l'eau en un ballet féerique de grandes ombrelles qui s'ouvrent et se ferment gracieusement.

Méduse

Les tentacules de la cuboméduse servent de lignes de pêche pour capturer les proies.

Le corps gélatineux s'appelle l'ombrelle et il recouvre l'estomac.

Étoile de mer dévorant une moule

Comment l'étoile de mer se nourrit-elle ?

La bouche de l'étoile de mer est située sur sa face ventrale. Elle utilise ses bras pour forcer la coquille de la moule, puis aspire le mollusque.

L'anémone de mer

Aussi appelées actinies, elles ressemblent à de jolies fleurs sous-marines, mais leurs tentacules venimeux peuvent tuer de petits animaux. Elles assomment les poissons à l'aide de leurs tentacules avant de les dévorer.

L'anémone de mer se déplace sur les fonds marins en envoyant des jets d'eau pour se propulser.

Dahlia de mer

La cuboméduse.

Des bêtes microscopiques

Certains invertébrés, insectes ou autres, sont si petits que tu ne peux les voir qu'au microscope. Mais ils sont partout, même dans tes cils !

Le plancton est constitué de créatures marines : certaines ont la taille de ton ongle, d'autres sont invisibles à l'œil nu.

Des hôtes indésirables

Certains animaux microscopiques se plaisent sur ton corps. Mais ils ne sont pas tous utiles. Ce pou, par exemple, est un hôte indésirable.

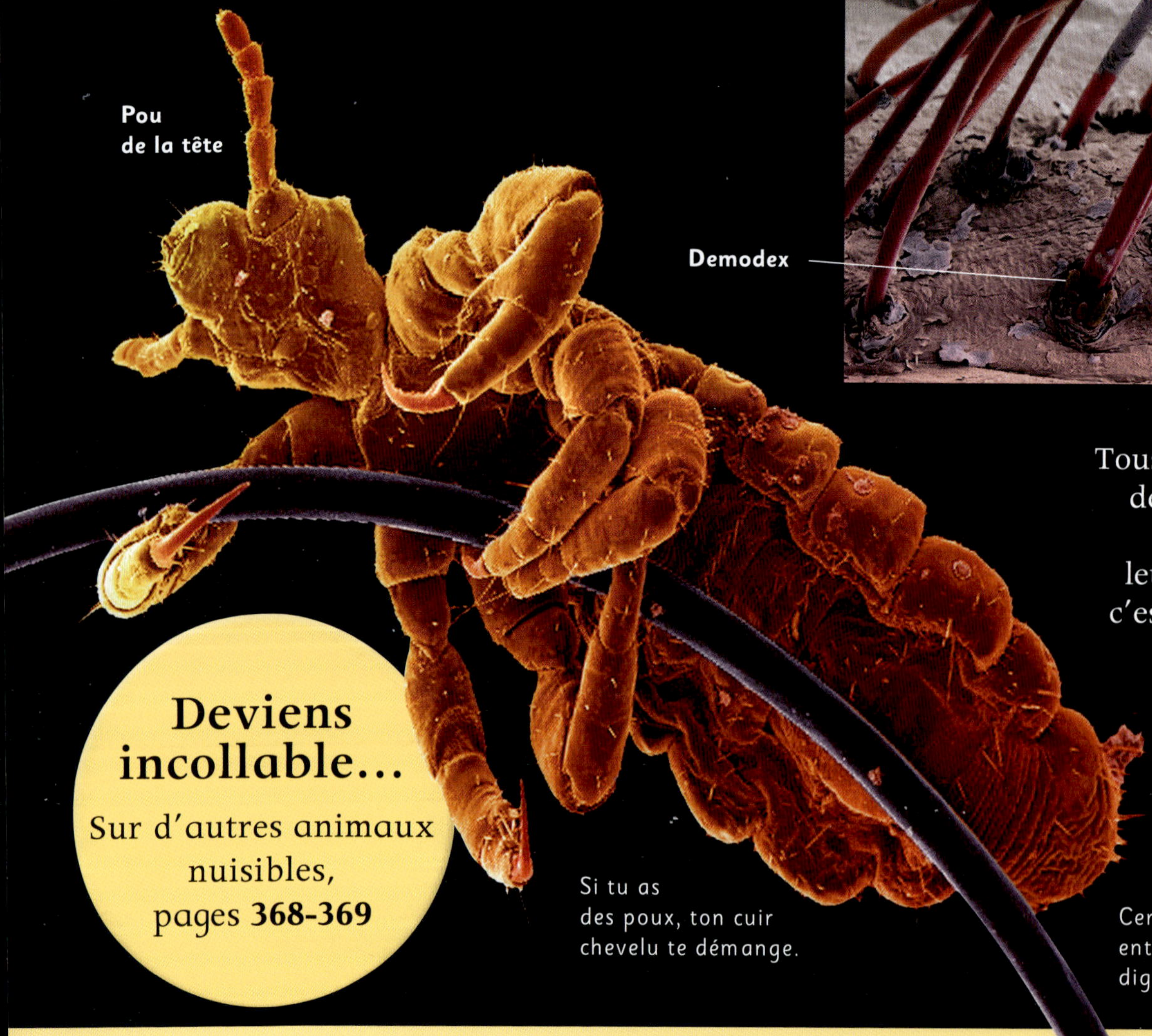

Pou de la tête

Si tu as des poux, ton cuir chevelu te démange.

Demodex

Les parasites des cils

Tous les êtres humains abritent des parasites microscopiques dans leurs cils, et ce depuis leur naissance. Les demodex, c'est leur nom, sont inoffensifs mais peuvent t'irriter un peu les yeux.

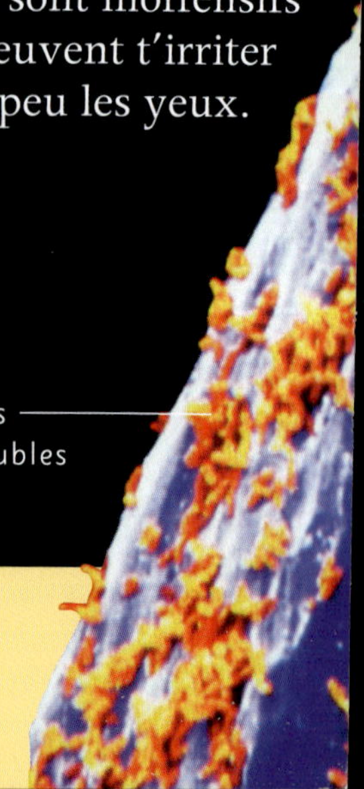

Certaines bactéries entraînent des troubles digestifs graves.

Deviens incollable...
Sur d'autres animaux nuisibles, pages **368-369**

Combien d'acariens ton lit contient-il ?

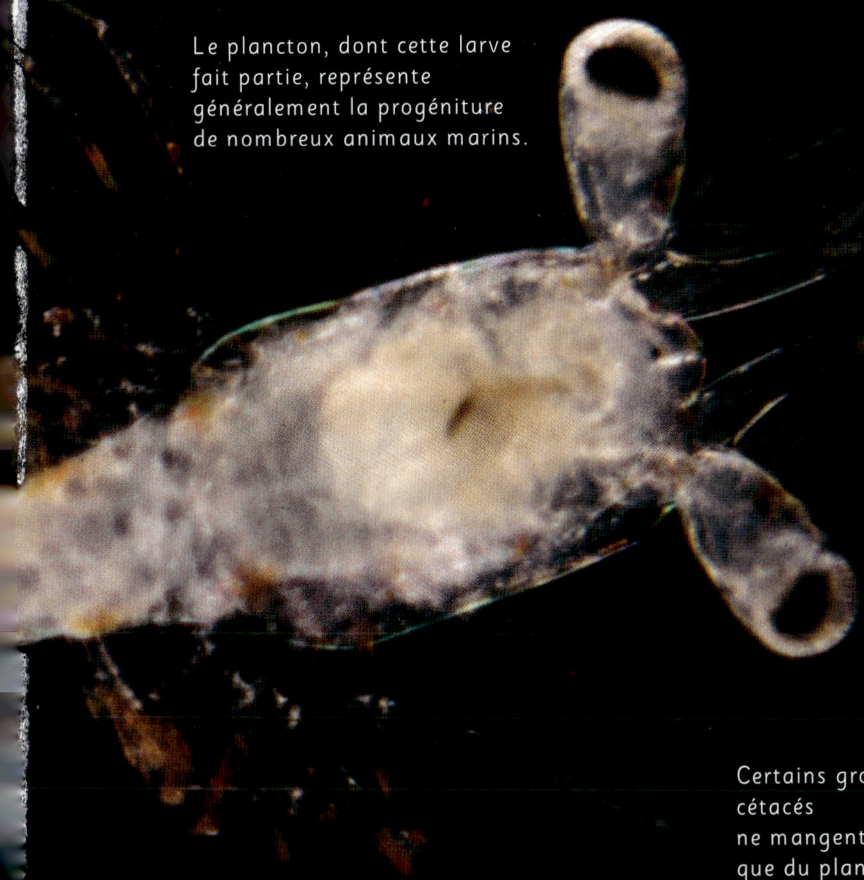

Le plancton, dont cette larve fait partie, représente généralement la progéniture de nombreux animaux marins.

Les micro-organismes marins
L'océan est rempli de créatures microscopiques qui constituent le plancton. C'est le repas préféré de nombreux poissons et de centaines de baleines.

Plancton

Certains gros cétacés ne mangent que du plancton.

Les bactéries
Environ 300 espèces de bactéries vivent sur tes dents ! Même si les bactéries ne sont pas des animaux à proprement parler, elles sont les plus petits organismes vivants. Voici la pointe d'une aiguille (grossie plusieurs fois). Les petites taches orange sont des bactéries. Certaines peuvent te rendre malade, mais la plupart sont tes amies et protègent ton corps.

Les acariens
Cette créature à l'allure féroce est en réalité si petite que tu ne peux pas la voir à l'œil nu. C'est un acarien. Les acariens sont partout, dans toutes les maisons, et se nourrissent de tes peaux mortes. Certaines personnes y sont allergiques.

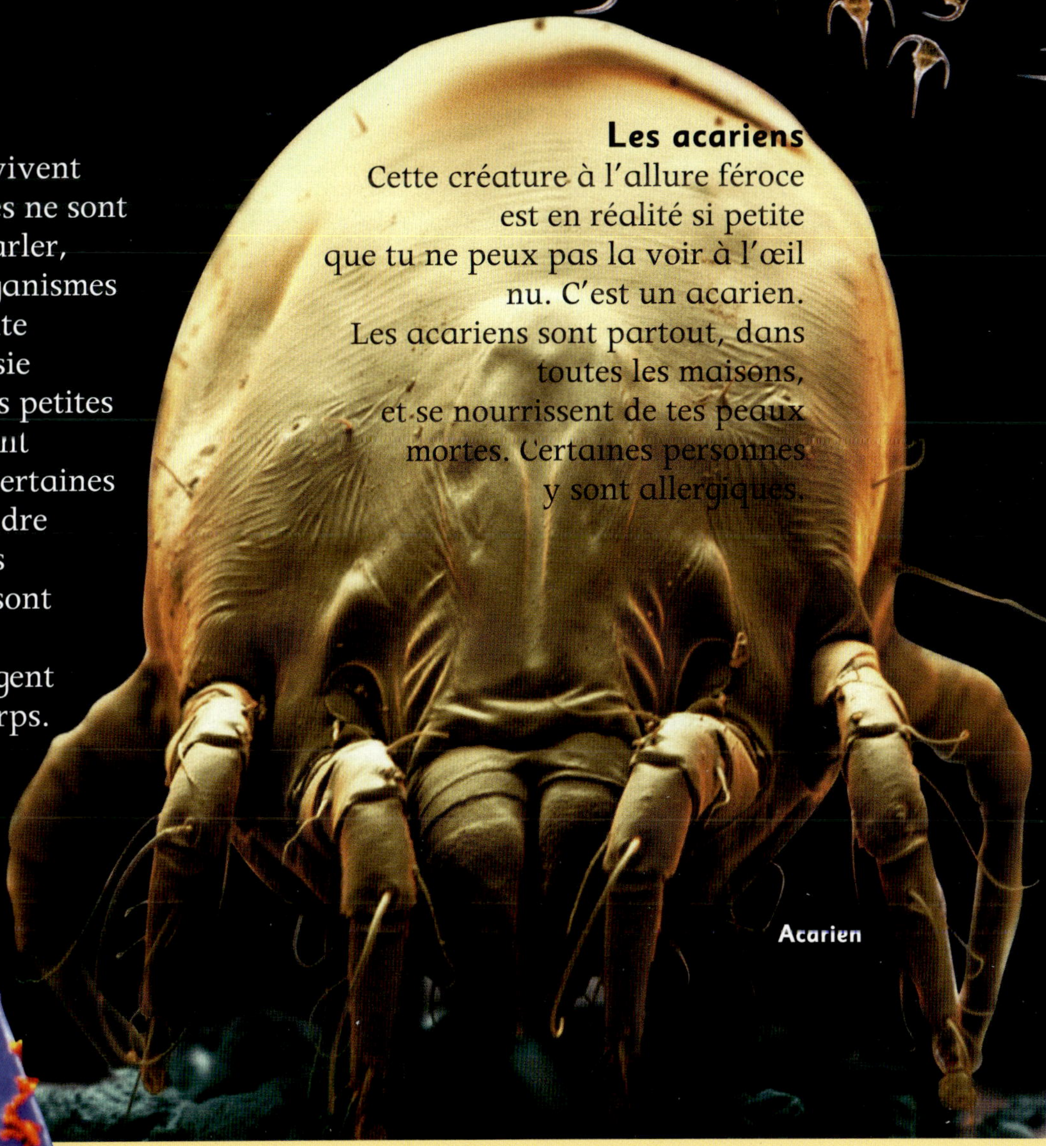

Acarien

Les poissons

Les poissons sont les maîtres incontestés des eaux de notre planète. On en trouve de toutes les formes et de toutes les dimensions, de l'énorme requin-baleine à l'étrange petit hippocampe en passant par des petites espèces à peine visibles.

Combien existe-t-il d'espèces de poissons ?

Les poissons osseux
La plupart des poissons sont osseux, c'est-à-dire qu'ils possèdent un squelette interne dur. Les requins ne sont pas des poissons osseux : leur squelette est en cartilage, une matière plus souple que l'os.

Test d'observation

Regarde attentivement les pages 394 à 405 et essaie de retrouver ce que représentent ces photos.

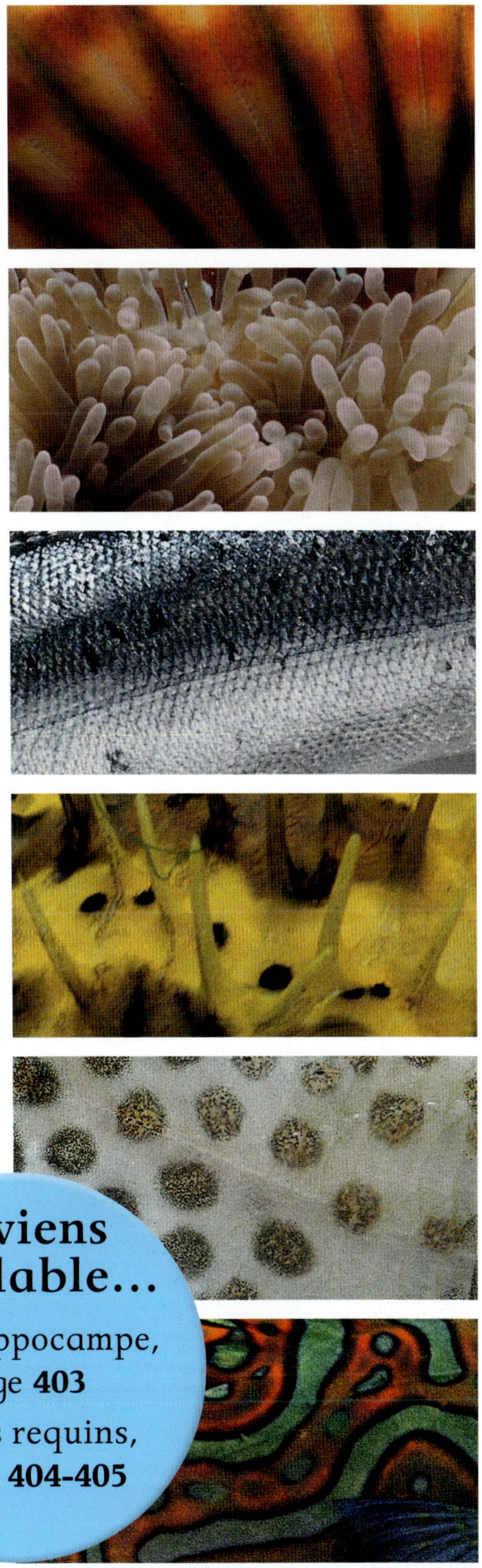

Deviens incollable...
Sur l'hippocampe, page **403**
Sur les requins, pages **404-405**

Environ 24 000, réparties entre eaux douces et océans.

Le monde des poissons

Les poissons sont apparus il y a plus de 400 millions d'années. Ils vivent dans les océans, les cours d'eau et les lacs. Là où il y a de l'eau, tu peux parier sur la présence de nombreux poissons !

Quelques groupes de poissons

Il existe plus de 24 000 espèces de poissons réparties en trois groupes.

Poissons osseux : les poissons à squelette osseux représentent 95 % des poissons du globe.

Poissons cartilagineux : les raies et les requins sont les principaux poissons de ce groupe.

Agnathes : ces poissons n'ont pas de mâchoires.

Apogon-pyjama

Les branchies

Les poissons ont besoin d'oxygène pour vivre. Mais, contrairement à l'homme, ils peuvent respirer sous l'eau grâce à leurs branchies. Ils avalent de l'eau et leurs branchies filtrent l'oxygène qu'elle contient.

Périophtalme

Survivre hors de l'eau

Le périophtalme est l'un des seuls poissons à pouvoir survivre hors de l'eau. Il possède des branchies spéciales, capables d'absorber l'oxygène de l'air et de l'eau. Il sautille sur les étendues vaseuses à l'aide de ses nageoires.

Quel poisson nage le plus lentement ?

Des champions de la nage

La plupart des poissons nagent comme les serpents ondulent : ils décrivent un S en se déplaçant. Leur nageoire caudale les propulse, les autres nageoires leur permettent de se diriger.

Les couleurs vives servent au camouflage ou à la parade.

Poisson-mandarin

Carpe

Couleurs et motifs

Les espèces d'eau douce et celles qui vivent dans les eaux froides sont généralement ternes. Les poissons tropicaux, eux, offrent de magnifiques couleurs vives et des dessins variés.

Les anguilles occupent à la fois les eaux douces et les océans.

La forme

La plupart des poissons ressemblent à l'apogon-pyjama. Mais certains comme l'anguille évoquent davantage un serpent à nageoires.

Les écailles

La plupart des poissons sont recouverts de centaines d'écailles qui se chevauchent comme les tuiles d'un toit. Des animaux microscopiques peuvent se faufiler sous les écailles et les abîmer, c'est pourquoi les poissons se laissent nettoyer régulièrement par d'autres.

Certains poissons peuvent nager sur les flancs, d'autres se mettent à l'envers !

Les bancs de poissons

Les poissons se réunissent parfois en immenses communautés appelées bancs. Quand ils nagent tous ensemble, ils ressemblent à un seul gros poisson et risquent donc moins d'être attaqués par des prédateurs.

L'hippocampe.

Savoir chasser

La majorité des poissons sont carnivores. Aussi, ils sont tour à tour des chasseurs et des proies. Ils doivent donc savoir à la fois attaquer et se défendre !

L'anguille électrique
Cette anguille énorme possède trois « organes électriques » dans son corps. Elle capture sa proie en produisant des décharges électriques pour l'étourdir ou l'électrocuter. Un homme qui reçoit ces décharges est bon pour l'hôpital !

La chaîne alimentaire
L'océan est une chaîne alimentaire. Le plancton est mangé par les petits poissons qui sont mangés par les gros.

Plancton : le plancton est constitué de minuscules créatures (animaux et plantes) qui flottent près de la surface.

Hareng : les petits poissons mangent le plancton.

Saumon : les gros poissons se nourrissent des petits poissons et sont eux-mêmes dévorés par les requins !

Techniques de chasse
Certains poissons tel le brochet attendent le passage de leurs proies. D'autres pourchassent leurs victimes à grande vitesse.

Brochet

Le poisson-perroquet
Ses dents forment un « bec », comme celui du perroquet. Il s'en sert pour ronger les coraux dont il se nourrit.

Quel poisson possède des dents supplémentaires ?

La baudroie
La baudroie imite les pêcheurs. Sa tête est surmontée de filaments brillants qui servent à appâter les petits poissons. Quand une proie s'aventure trop près, elle est aussitôt avalée !

Le toxote avale les insectes après leur avoir envoyé des gouttes d'eau qui les font tomber.

Toxote ou poisson-archer

Deviens incollable...
Sur la nourriture des lézards, pages **340-341**

Un poisson sauteur
La plupart des poissons se nourrissent dans l'eau, mais certains sont capables de capturer leur proie hors de l'eau. Le toxote bondit en l'air et fait tomber les insectes du rivage avant de les avaler.

Un adulte entraîné peut envoyer un jet d'eau de quatre fois sa longueur.

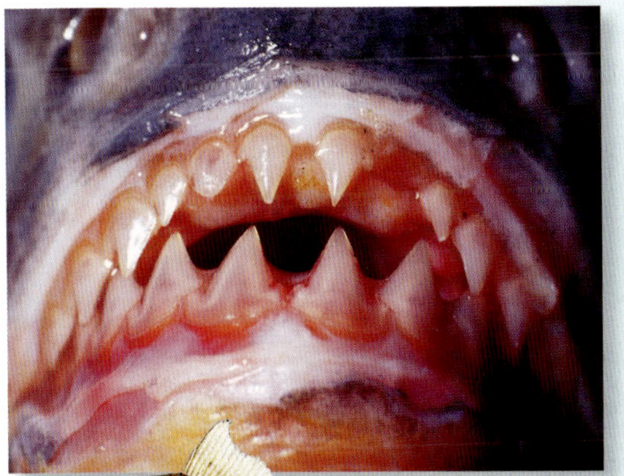

Un tueur
Avec ses dents pointues, le piranha déchire la chair de ses proies en quelques minutes. Très voraces, les piranhas sont des carnassiers qui ne refusent pas non plus les fruits et les graines.

Les piranhas se précipitent pour déchiqueter leurs proies.

Piranhas

Il est très dangereux pour des animaux, et parfois pour des hommes, de nager au milieu des piranhas.

Le grandgousier pélican : ses dents supplémentaires l'aident à faire descendre les proies avalées dans son appareil digestif.

Se défendre

Nombreux sont les animaux marins qui se nourrissent de poissons. Ces derniers doivent donc se montrer très vigilants, ou très habiles, s'ils ne veulent pas être dévorés.

Diodon ou poisson porc-épic

Un poisson gonflable

En cas de danger, le diodon, ou poisson porc-épic, se gonfle d'eau et dresse ses grosses épines pour dissuader les prédateurs.

La sécurité collective

Les poissons qui vivent en groupes, appelés bancs, sont beaucoup plus en sécurité. Ils sont nombreux à monter la garde et peuvent se séparer en deux groupes pour dérouter les prédateurs.

Le camouflage

De nombreux poissons utilisent le camouflage pour passer inaperçus. Les poissons plats comme ce carrelet se cachent dans les fonds marins, puis changent de couleur pour se fondre dans le sable et les cailloux.

Quel est le poisson le plus toxique à manger pour l'homme ?

Les bandes colorées du poisson-dragon sont un signe d'avertissement : les épines de ses nageoires renferment un poison capable de tuer un homme.

Girelle à taches orange

Une arnaqueuse

La girelle à taches orange essaie de tromper ses prédateurs. Son corps est recouvert de deux grosses taches qui imitent des yeux. Elle se cache dans le sable pour ne laisser dépasser que ses deux taches et faire croire à ses ennemis qu'elle est un gros poisson effrayant !

Les poissons venimeux

Les couleurs vives de certains poissons venimeux avertissent les prédateurs du mauvais goût de leur chair.

Poisson-dragon

Ami ou ennemi ?

Dès qu'il se sent en danger, le poisson-clown se cache dans les anémones de mer toxiques pour se protéger : il est insensible au poison qu'elles renferment.

Poisson-clown

Des cachettes efficaces

Les anguilles jardinières creusent des trous dans le sable. Le jour elles se dressent, telles des petits périscopes, et attrapent les petits poissons de passage. Si elles sont menacées, elles retournent se cacher dans leurs trous.

Deviens incollable...

Sur les défenses des insectes, pages **366-367**

Le poisson-globe, ou tétrodon, dont les intestins renferment un poison mortel.

La reproduction des poissons

Jeunes épinoches

La plupart des poissons pondent leurs œufs dans l'eau et les abandonnent, laissant leurs petits se débrouiller seuls. Mais quelques espèces sont des parents très attentifs.

Des millions d'œufs !
La majorité des poissons pond des œufs. La perche, comme bien d'autres espèces, pond un très grand nombre d'œufs dans l'espoir que certains écloront. Elle sait que la plupart seront dévorés par d'autres poissons.

La parade nuptiale
Certains poissons mâles font davantage d'efforts que d'autres pour attirer la femelle. L'épinoche mâle construit un nid sur le fond et son abdomen devient rouge pour séduire sa partenaire.

L'épinoche mâle garde les œufs jusqu'à leur éclosion.

Papa poule
Le chabot mâle est un bon père. La femelle ne pond que quelques centaines d'œufs et son partenaire les surveille attentivement jusqu'à leur éclosion.

Les nouveau-nés
Les œufs éclosent pour devenir des larves minuscules. Ces larves développent progressivement un squelette, des nageoires et des organes. À ce stade, elles sont très vulnérables et risquent d'être mangées.

Quel poisson pond le plus d'œufs ?

Quand le mâle veut se nourrir, il recrache les œufs.

Une protection idéale

La marionnette à tête d'or mâle dispose d'un moyen surprenant pour protéger ses œufs. Une fois pondus, il les garde à l'intérieur de sa bouche jusqu'à leur éclosion.

Hippocampes

L'hippocampe mâle garde les petits à l'intérieur de sa poche jusqu'à ce qu'ils soient capables de se défendre.

Père et mère

L'hippocampe est bizarre. La femelle pond ses œufs à l'intérieur d'une poche du ventre du mâle : c'est donc le père qui donne naissance aux petits hippocampes !

L'hippocampe peut rester immobile en enroulant sa queue autour d'une plante.

Deviens incollable...

Sur d'autres animaux qui pondent leurs œufs dans l'eau, pages **350-351**

Un voyage extraordinaire

Le saumon adulte vit dans les océans mais il parcourt 1 500 km pour aller se reproduire dans le cours d'eau où il est né. L'anguille fait l'inverse : adulte, elle vit dans un lac et vient se reproduire dans l'océan. Il faudra trois ans à la larve pour arriver dans son lac.

Le poisson-lune, qui vit dans les océans, peut pondre 30 millions d'œufs d'un seul coup.

Requins et raies

Il te suffirait d'apercevoir l'aileron d'un requin émerger de l'eau pour te donner la chair de poule ! Mais rassure-toi : les requins font tout aussi peur à la plupart des poissons car ce sont les prédateurs des mers les plus redoutables.

Que de requins !
Il existe de nombreuses espèces de requins. Certaines n'ont pas le corps fuselé typique du requin.

Requin-léopard : sa peau dorée à taches noires le camoufle efficacement.

Poisson-scie : son long nez bordé de dents est une arme redoutable.

Requin-marteau : ses yeux sont placés sur le « marteau ».

Requin-tapis : ce requin possède des « tapis » recouverts de végétation autour de son nez pour se camoufler.

Des poissons cartilagineux

Les requins et les raies ne sont pas des poissons osseux, mais cartilagineux. Le cartilage est une matière plus souple que l'os. Ton nez et tes oreilles sont constitués de cartilages.

Le grand requin blanc est effrayant, mais il attaque rarement l'homme.

Grand requin blanc

Requin bordé d'Australie

Coque pleine

Les coques vides ressemblent à des bourses.

Nés dans une coque

Certains requins ressemblent au départ à des modèles réduits d'adultes enfermés dans une coque en forme de bourse. Cette coque est attachée à des algues et le petit requin s'y développe pendant six à neuf mois.

Un sourire mortel

Les énormes mâchoires du grand requin blanc renferment des rangées de dents effrayantes qui tombent souvent quand l'animal déchiquette ses proies. Un requin peut perdre 30 000 dents au cours de sa vie. Mais elles sont toujours remplacées par de nouvelles, tout aussi redoutables.

Quel est le plus grand poisson ?

Un gentil monstre

Malgré sa bouche impressionnante, le requin grande-gueule est un inoffensif mangeur de plancton. Il avale d'énormes quantités d'eau et la filtre pour ne retenir que ce qui le nourrit.

La bouche de la raie est placée sous son ventre. Ses dents en pavés, très solides, lui permettent de broyer mollusques et crustacés.

La raie nage en faisant onduler ses nageoires pectorales. On dirait qu'elle bat des ailes.

La raie

Les raies sont des poissons cartilagineux, comme les requins, mais leur corps est aplati. Elles vivent principalement au fond des mers chaudes et peu profondes. Certaines portent un aiguillon venimeux au bout de la queue.

Raie-léopard

Deviens incollable...

Sur d'autres grands animaux marins qui se nourrissent de plancton, pages **298-299**

Où sont les yeux ?

La plupart des raies se camouflent en prenant la couleur des fonds marins ou, comme la raie pastenague tachetée, en s'enfouissant dans le sable, ne laissant dépasser que les yeux.

La raie manta

La raie manta est la raie la plus grande : elle peut atteindre 6 m d'envergure. Mais elle est inoffensive car elle filtre le plancton. Certaines raies mantas nagent en petits groupes, mais la plupart mènent une vie solitaire.

Le requin-baleine.

Des faits étonnants

Le paludisme tue jusqu'à deux millions de personnes par an.

Le moustique est l'animal le plus dangereux pour l'homme : il transmet le paludisme, une maladie qui peut être mortelle.

Les mammifères

Parmi eux se trouvent les animaux les plus gros, les plus grands et les plus bruyants du monde !

Mammifère terrestre le plus gros : l'éléphant d'Afrique mâle.

Mammifère au repas le moins varié : le koala ne mange que des feuilles d'eucalyptus.

Mammifère terrestre le plus bruyant : le singe hurleur.

Mammifère le plus grand : la girafe.

Les oiseaux

Voici, parmi les oiseaux, quatre variétés des plus remarquables :

Oiseau à la plus grande envergure : l'albatros hurleur.

Oiseau le plus petit : le colibri d'Hélène.

Oiseau le plus rapide en piqué : le faucon pèlerin.

Oiseau le plus grand : l'autruche.

Reptiles et amphibiens

Parmi eux se trouvent les plus anciens animaux et certains des plus venimeux.

Reptile le plus grand : le crocodile marin peut atteindre 7 m de long.

Reptile le plus vieux : il a existé une tortue qui a vécu jusqu'à 150 ans !

Serpent le plus mortel : la vipère d'Égypte ou vipère à écailles carénées.

Crapaud le plus gros : le crapaud-buffle occuperait tout l'espace d'une grande assiette.

Amphibien le plus grand : la salamandre géante du Japon, aussi grande qu'un homme.

Quel est le grand mammifère terrestre qui est devenu le plus rare ?

Le paresseux à trois doigts d'Amérique du Sud est le mammifère le plus lent.

Au sol, le paresseux avance de 2 m en 1 minute. Mais dans les arbres, il peut doubler sa vitesse !

Les invertébrés

On compte parmi eux des animaux étonnants.

Papillon de nuit le plus grand : l'atlas, d'une envergure de 30 cm, est souvent pris pour un oiseau.

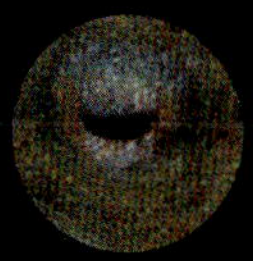

Invertébré à l'œil le plus gros : le calmar géant possède l'œil le plus gros par rapport à sa taille.

Araignée la plus grosse : une mygale de Guyane, qui peut atteindre 20 cm.

Invertébré aux pattes les plus nombreuses : le mille-pattes diplopode peut posséder jusqu'à 350 pattes !

Les poissons

Les poissons dominent le milieu aquatique, qui recouvre la majeure partie du globe.

Poisson qui pond le plus grand nombre d'œufs : le poisson-lune peut en pondre 30 millions.

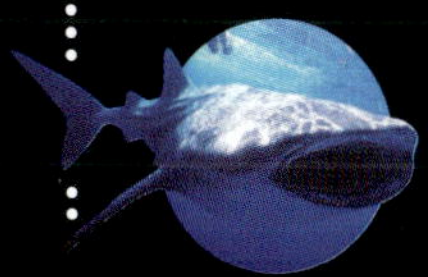

Poisson marin le plus grand : le requin-baleine.

Poisson d'eau douce le plus grand : le poisson-chat.

Poisson le plus venimeux : le diodon ou poisson porc-épic est l'un des deux poissons les plus venimeux.

Poisson le plus rapide : le requin-pèlerin peut nager plus vite que le guépard court (voir ci-dessous).

Le guépard est le mammifère le plus rapide sur terre.

Le guépard est rapide comme l'éclair. S'il pourchasse sa proie en terrain plat, il peut courir à plus de 100 km/h.

Le rhinocéros unicorne de Java : il n'en reste que 70.

P

QR

UV

YZ

Crédits photographiques

L'éditeur souhaite remercier :
Tim Lott, du Dinosaur Museum de Dorchester (Angleterre), pour son aide précieuse, Penny Smith, Fleur star, Lorrie Mack et Carrie Love pour leur soutien éditorial, et Gemma Fletcher et Hedi Gutt pour leur participation à la conception de cet ouvrage.

Abréviations : a = au-dessus, b = en bas, c = au centre, d = à droite, g = à gauche, h = en haut, z = zoom.

Alamy Images : Ablestock 140 bg; Aflo Foto Agency 135 hc; BananaStock 170 bd; Big Cheese Photo 228-229 b; BM2 227 hg; Byron Schumaker 373 d; Comstock Images 140 (pastille 5); D. Robert Franz/Imagestate 270 bd; Esa Hiltula 271 cg; Focus Group/Lynne Siler 294 cd; Goodshoot 137 hd, Janine Wiedel Photolibrary 137 hc; Janine Wiedel Photolibrary 135 cda; Marin Harvey 264 b; Mark Hamblin 271 hg; Mark J. Barrett 292 g; Maximilian Weinzierl 373 ca; Medical-on-line 149 cga; Paul Horsted/Stock Connection, Inc 343 cbd; Phoebe Dunn 198 cda; Photo 150/Brand X Pictures 264 hg; Pictor 135 cd, 140 h; Pixland 198 hg; Robert Harding 223 hd; Robert Llewellyn 229 hd; RubberBall Productions 140 c, 140 (pastille 2), 140 d; Shout 187 (pastille 1); Steve Bloom Images 265 d; Superstock 150 b; Tom Brakefield/Stock Connection Inc 284-285 b; W. Perry Convoy 2 hg; Jeff Morgan 79 b American Museum of Natural History : 53 c, 93 hg.
Ardea London Ltd : 305 hc; Becca Saunders 404 cg; Chris Knights 321 cdb, 326 cgb; D. Parer & E. Parer-Cook 298 hd; Donald D. Burgess 307 hd; G. Robertson 318 hd, 319 hd; Jean Paul Ferrero 293 hd, 385 hd, 386-387 cb; Joanna Van Gruisen 406 cd; John Cancalosi 306 bd; Kenneth W. Fink 265 b, 273 cgb, 324 bg; M. Watson 306 hd, 347 cga; Pat Morris 277 hd, 349 cd, 376 hd, 398 ca; Peter Steyn 339 cd; Stefan Meyers 304-305 b; Steve Hopkin 367 hg; Valerie Taylor 391 c, 398 cd, 407 cb.
Ardea : Francois Gohier 28 bd, 64 cd, 65 cd.
Bubbles : Ian West 195 cg.
Colour Vision Store : 171 hd.
Corbis : 156 g; 324-325 bc; Anthony Bannister; Ariel Skelley 243 cg; Bohemian Nomad Picturemakers 407 bd; Brooks Kraft 229 bd; Bryan F. Peterson 161 cdb, Bryan Knox; Buddy Mays 281 hd; Carol Hughes; Chase Swift 289 c; Chinch Gryniewicz; Christine Osborne 163 hd; Colour Vision Store : 161 cdb; D. Robert & Lorri Franz 261 hd; Dan Guravich 371 hc; Dave G. Houser 177 hd; David A. Northcott 406-407 b; Don Mason 195 hg; Douglas Faulkner 296-297 c; Douglas P. Wilson; Ecoscene 383 h; Ed Bock 158 hd; Firefly Productions 177 cb; Frank Lane Picture Agency 365 cgb, 392 hd, 393 hg, 393 cd; Fritz Polking; Galen Rowell 261 d; Gallo Images 358 b, 358 cg, 359 c, 382 cd, 402 bd; George D. Lepp 370 bd; Herb Watson 256 cga; Jim Craigmyle 162 hg; Joe McDonald 261 bc, 282 hg, 351 hd; Jose Luis Pelaez 137 bg; Karl Ammann 293 cg; Kennan Ward 298 cdb; Kevin R. Morris 155 d; Kevin Schafer 262 hd; Larry Williams 134 c, 233 d, 251 (pastille 4); Laura Doss 262; Lee White 170 (fond), 171 ca, 171 c; Lynda Richardson 375 cb; Mark Tuschman 247 c; Martin Harvey 285 bd, 337 cd; Mary Ann McDonald 274 hg; Michael & Patricia Fogden 304 cg, 346 hd; Michael Keller 214 cad; Michael Pole 251 d; Norbert Schaefer 164-165 c; O'Brien Productions 232 cg; Papilio 375 bg; Paul A. Souders 191 cd, 195 bd, 210 cg, 303 cd, 376-377 b; Paul Funston; Pete Saloutos 234 cg; Peter Johnson 376 cg; Reuters 135 cga; Roy Morsch 235 hd; Stephen Frink 193 cd; Strauss/Curtis 231 hg; Thierry Orban/Sygma 158 cg; Thom Lang 140 cg (cerveau); Tim Davis 273 hd; Tom & Dee Ann McCarthy 157 cgb; Tom Nebbia 330-331 b; Tom Stewart 176 d, 186 bg; W. Perry Conway 280 bd, 281 hd, 285 h; Warren Morgan 161 bg; Wolfgang Kaehler 305 cd, 305 bg, 331 cd; Gary Bell 96-97 c; Bettmann 52 hg; Jonathan Blair 39 hd, 42-43 bc; Gary Braasch 86-87 cb; James D'Addio/Beateworks 16 hd; Terry W. Eggers 43 cdb; Darrell Gulin 20 hc; Wolfgang Kaehler 86 cg; Layne Kennedy 82 cg, 113 cgb; Macduff Everton 53 hg; Charles Mauzy 52 ca; Buddy Mays 75 cda; Richard T. Nowitz 10-11 c, 112 cb; Greg Probst 72-73 b; Louie Psihoyos 21 cdb, 28 cg, 28 cd, 32 hd, 45 bd, 47 hg, 73 cda, 74 hd, 83 hd; Reuters 83 bd; Reuters/Peter Morgan 60 cd; ML Sinibaldi 68-69 c (fond); Jon Sparks 44 hd; Jim Zuckerman 57 hd.
DK Images : American Museum of Natural History 22 zcda, 27 ca; Angus Beare 131 cg; Simone Boni/L.R. Galante 76 zcg; Centaur Studios 13 zbd, 18 zcga, 26 hc; Peter Chadwick 41 zbd, 90 zbg, 91 bd; Jim Channell 126 zhd; Brian Cosgrove 43 hc; Bedrock Studios 10 bg, 11 bg, 25 zcd, 45 zcg, 63 hc, 63 bg, 84 zbg, 126 zcdb, 128 zbg; Avec la permission du Dinosaur State Park, Connecticut 107 zbg; Avec la permission du Natural History Museum de Londres 74 zcg; Avec la permission du American Museum of Natural History 74 zcg, 79 zcdb, 114 zhd, 114 zbg, 114 zbd, 115 zbg, 115 zbd, 116 zhd, 116 zcgb, 117 zcda, 117 zcg; Avec la permission du Carnegie Museum of Natural History, Pittsburgh 129 zcg; Avec la permission du Field Museum, Chicago 71 bc; Avec la permission de l'Institut de géologie et de paléontologie de Tubingen, Allemagne 45 zcd; Avec la permission du Museo Arentino De Cirendas Naterales, Buenos Aires 81 ca; Avec la permission du National Birds of Prey Centre, Gloucestershire 119 zcdb, 123 zcd; Avec la permission du National Museum of Natural History, Smithsonian Institution 63 zhg; Avec la permission du Natural History Museum de Londres 17 bg, 19 zcdb, 21 zcd, 131 cga, 126 zcd; Avec la permission du Natural History Museum de Londres/Colin Keates 21 c, 24 zcg, 27 cga; Avec la permission du Royal Tyrell Museum 19 zbd; Avec la permission du Royal Tyrrell Museum of Palaeontology, Alberta 71 zcd; Avec la permission du Royal Tyrrell Museum of Palaeontology, Alberta, Canada 81 zcd, 126 zcgb; Avec la permission du Sedgewick Museum of Geology Cambridge 107 zcg; Avec la permission du Senckenberg Nature Museum, Francfort 71 bd; Avec la permission du State Museum of Nature, Stuttgart 39 zcd b, 71 zcdb, 111 zcda; James Stevenson 25 bd; Roby Braun 11 zbd, 18 cb, 23 zcd, 23 zhd, 79 cg, 131 cd; Avec la permission du Royal Tyrell Museum 75 zcgb; Andy Crawford 22, 45 cga; Andy Crawford/Royal Tyrell Museum 34 zcg; Dave King 26 hg, 126 fcda; David Donkin 15 bg, 15 bd; Donks Models 17 zhd; Christine M. Douglas 51 zhd, 63 zbd; Philip Dowell 16 zbg, 16 bg, 28 bg; Mike Dunning 17 zcdb; Neil Fletcher/Matthew Ward 63 zcda; Christopher & Sally Gable 31 bc; Steve Gorton 63 zcdb; Steve Gorton/John Holmes 2-3 h, 80 cb, 81 cgb; Jonathan Hateley 33 zcg, 119 zcda; Nigel Hicks 17 zbd; Graham High, Centaur Studios 10 bd, 11 zbg, 18 c, 35 bc, 74 bc, 75 bc; John Holmes 31 zhg, 35 zcd; Jon Hughes 40-41 b, 41 hg, 49 hd, 50-51 c, 59 cd, 62 c, 63 b, 66 c, 67 d, 69 c, 85 cd, 94-95 c; Jeremy Hunt 101 zcd; Colin Keates 107 cga, 107 cb; Colin Keates/Avec la permission du Natural History Museum de Londres 37 zcd, 37 zcdb, 60 cda, 62 zhd; Colin Keates/The Natural History Museum, Londres 23 zcdb; Gary Kevin 30 zcdb, 31 zcdb; Gunter Marx 131 cgb; Ray Moller 16 zcg; Frank Greenaway 17 bd, 20, 101 zhd, 101 zcd b, 130 ca, 130 c, 130 cb; The Natural History Museum, Londres 30 zbg, 35 zbd, 37 zcda; Stephen Oliver 105 bd; Gary Ombler 10 bc, 26 hd, 33 zbg, 69 cda, 77 cdb, 85 zcg, 101 zcda; Lloyd Park 65 hc, 123 zbg; Peabody Museum of Natural History, University of Yale 91 zcgb, 91 hc; Peabody Museum of Natural History, University of Yale/Lynton Gardiner 90 bg; David

Peart 122 zcg; Miguel Periera 51 bc; Roger Phillips 44 zbg, 49 zcda; Luis Rey 90 hg, 90 zhg; Rough guides 21 zhd; Karl Shone 119 zcd, 122 zbg; Steve Shott 101 zcda; Staab Studios 126 zbd; John Temperton 61 zcda, 62 zcda, 131 cdb; Cecile Treal & Jean-Michel Ruiz 17 zcd; Matthew Ward 38 zcga, 47 zhd, 59 zcdb; Laura Wickenden 123 zhg; James Young 77 zhd; Jerry Young 17 cd (pastille 10), 20 cg, 26 cda, 119 zbd, 123 zcgb; AMNH 204 hd (bleu), 204 hd (vert), 205 (pastille 1), 208 hd; Andy Crawford and Kit Houghton 288 hd; Barnabas Kindersley 316 bg; Barrie Watts 281 bg, 308 bg; British Museum 250 (pastille 1); Franklin Park Zoo 260 ca; Gables 320 cd; Jane Burton 313 bc; Jerry Young 305 hg, 315 hc, 315 cdb, 316 bc, 326-327 bc, 328 cdb, 331 cg, 332 cbg, 336 cgb, 337 cga, 337 cg, 353 cgb, 353 cb, 362 cd, 382 hg, 382 bg, 395 hc; Judith Miller/Elms Letsers 249 (pastille 1); Judith Miller/TW conroy 250 (pastille 9); Kim Taylor 310 cd; Mike Linley 352 cd; NASA 322 hc; Natural History Museum 172 (pastille 5), 256 d, 299 cd, 302 bcg, cbg, 303 cgb, 307 bc, bcd, bcd, 307 cga, cgaa, 323 cb, 326 bc, 336 cg, 370 hd, 370 cda, 370 cg, 370 cad, 370 cbg, 372 cdb, 373 cgb, 373 bg, 387 hd; Oxford University Museum 141 ca; Paignton Zoo 291 hc; Paradise Park Cornwall 330 hd; Philip Dowell 331 hd; Philip Enticknap 328 cdb; University College 260 hg; Weymouth Sea Life Centre 391 cg.

Droits réservés : 135 cd; 165 bd; 166 cd; 245 cd.

FLPA — Images of Nature : David Hosking 315 hd; G Moon 329 cg; Mike Jones 309 cgb; Minden Pictures 316 cg, 316 bd, 329 h; S Maslowski 314 bg; S. Charlie Brown 313 cgb; Steve Young 317 cg.

Frank DeNota : 73 cdb, 89 c.

Getty Images : 83 c; 405 b; Barbara Peacock 134 cg; BodyOnline 160 c; Chris Harvey 209 cg; Cousteau Society 5 hd, 397 cbd; Daniel J. Cox 201 d; David Nardini 400 g; David Roth 153 cdb; Digital Vision 211 bd; Douglas D. Seifert 405 b; Erin Patrice O'Brien 188 b, 243 d; Georgette Douwma 397 d; Ian Sanderson 144 hd; JH Pete Carmichael 343 h; John Chard 4 c; John Downer 287 bd, Mike Timo 158-159; Natalie Fobes 403 bg; Norbert Schaefer 235 cg; Peter David 399 hg; Ross Whitaker 167 hg, 174 bd, 227 bc, 228 c; Stephanie Rausser 195 ca; Steven Peters 209 hg; Suzanne ann Nick Geary 204 bg; Tim Davis 318 g; Tim Flach 247 hg; Yann Layma 235 hg; AFP/William West 67 hg; Andreas Stirnberg 54-55 c; Brian Kenney 27 cgb; Brian J. Skerry 4 hd; David Hiser 70 bg; Hans Strand 84l, 89 bd; Jack Dvkinga 40 bc; James Randklev 46-47 h; Klaus Nigge 84-85 c (fond); Louie Psihoyos 111 hg, 111 cdb, 112 cda, 113 hg, 126 cd, 131 c; Miguel Salmeron 32-33 bc; Pankai & Insy Shah 32-33 (oued); Panoramic Images 48 g, 49 cd, 61 c, 74-75 bc; Raimund Koch 44 hg (fond); Rich Frishman 113 bd; Science Faction/Louie Psihoyos 70, 106 b, 109 h; Scott Sady 34-35 hc; Steffen Thalemann 50-51 b; Timothy Laman/National Geographic 33 ca; Theo Allofs 66-67 cb (fond).

Image Quest Marine : Carlos Villoch 403 hg; James D. Watt 390 g, 404 cga; Nat Sumanatemeya 387 hg; Scott Tuason 390 cd.

ImageState/Pictor : 201 bg; StockImage 166 cg; 240 hg, 240 cd.

J.-F. Tournepiche, musée d'Angoulême : 12 cd.

Karen Carr : 41 bd.

Kevin Wasden (kevinwasden. com) : 59 cb.

Kokoro Dinosaurs : 126 bc.

Masterfile UK : Albert Normandin 292-293 b.

Mineo Shiraishi : 59 c, 87 b.

Mother & BabyPicture Library : Ian Hooton 226 hd.

N.H.P.A. : A.N.T. Photo Library 3 hd; Andy Rouse 261 cgbb, 268 cd, 269 hg, 269 cg, 288 cdb, 298-299 b; Ann & Steve Toon 394 bg, 401 bd; Ant Photo Library 285 cb, 377 bd; Anthony Bannister 276-277, 344-345 cb, 363 hd; B Jones & M. Shimlock 299 bc, 401 bg; Christophe Ratier 330 cd; Dan Griggs 366 cb; Daniel Heuclin 278 hd, 279 c, 284 hd, 348 cda, 349 cdb, 406 bd; David & Irene Myers 298 cg; E A Janes 291 bg; Eric Soder 266 g, G. I Bernard 368 cdb; Gerard Lacz 275 cgb, 297 bg; Hellio & Van Ingen 289 hg, 369 hg; Henry Ausloos 270 bg; J & A Scott 261 hg, 268-269 b, 290 ca; James Warwick 322 cd; Jany Sauvanet 278 bg, 399 cgb; John Buckingham 350 bc; John Shaw 266 bc, 275 bg, 327 bd; Karl Switak 342 cg; Kevin Schafer 263 hd, 306, 319 b; Laurie Campbell 317 d, 334 bg; LUTRA 398 bg, 402 cga; Manfred Danegger 276 bc; Marin Wendler 267 bd; Mark Bowler 294 hd; Martin Harvey 267 bg, 286 cg; Martin Wendler 345 cgb; Melvin Grey 309 d; Mirko Stelzner 325 d; Nick Garbutt 262 bg, 288 bg; Norbert Wu 297 hd; Rich Kirchner 319 c; Rod Planck 369 b; Roger Tidman 283 h; Stephen Dalton 263 bd, 275 cgbb, 282 bd, 282-283 c, 283 bd, 312 bd, 313 cd, 323 h, 339 hg, 339 cgb, 353 hg, 355 bg, 372 bg, 374 g, 378-379 b, 382 cda, 383 bd; Stephen Krasemann 295 cg; T Kitchin & V Hurst 274 hd.

National Geographic Image Collection : Bill Curtsinger 336 c; J. Eastcott/Y. Eastcott Film 272 cd; Raymond Gehman 346 bg; Robert Madden 311 cg; Roy Toft 272-273 b; Tim Laman 353 d.

Nature Picture Library Ltd : Nature Picture Library Ltd : 404 dg; Alan James 405 hg; Anup Shah 347 bd; Brandon Cole 404 bg; Bruce Davidson 372 c; Conrad Mauf 341 c; Dan Burton 259 hg; Fabio Liverani 355 cd; Georgette Douwma 397 hg; Jurgen Freund 343 cgb; Pat de la Harpe 347 hd.

NHPA/Photoshot : Andrea & Antonella Ferrari 76-77 cb; Jonathan & Angela Scott 40 cgb

Oxford Scientific Films : 287 hc, 365 bd, 383 c; Adam Jones 314-315 b; Alan Root/SAL 278 cdb; Bert & Babs Wells 284 cda; Bob Bennett 291 cga; Brian Kenney 265 hg, 364 hd; Carol Farneti Foster 266 cda; Clive Bromhall 265 c; Daniel Cox 270 hg, 317 hg; F. Polking/OKAPIA 314 bc; Frank Schneidermeyer 4 bg, 267 hd; James H Robinson 364 bd; Javed Jaffeji 275 ca; John Downer 328-329 b; John Forsdyke 368 bd; Jorge Sierra Antinolo 262 c; Judd Cooney 329 cb; Kim Kesterskov 316 h, 406 c; Leonard Lee Rue 263 hg; Lon E Lauber 328 cda; London Scientific Films 360 g; Mark Hamblin 289 bg, 317 bd; Michael Dick/AA 262 cd; Michael Fogden 312 c, 341 bg; Michael H. Francis/OKAPIA 292 cdb; Mike Powles 295 cd; Paolo Fioratti 291 cgbb; Partridge Films Ltd 283 cd; Patti Murray/AA 367 cg; Paulo de Oliveira 288 cga; Peter Hawkey/SAL 328 ca; Richard Packwood 290 hd; Rob Nunnington 291 hd, Robert Tyrell 312 bg, 406 cb; Roger Brown 284 cd; Satoschi Kuribayashi 373 hg; Stan Osolinski 263 bg, 289 cd, 290-291 b, 294 c; Thomas Haider 296 g; Tom Ulrich 291 cgb, 291 cgaa; Wendy Shattil and Bob Rozinski 275 hg; Zig Leszczynski/AA 299 hg; 94 cg, Highlights for Children 42bg, 51 hc, 51 hd.

Penny Arlon : 226 ca.

Photolibrary. com : Leanne Temme 187 cg; OSF 205 hd, 226 bd, 227 hd.

Photos supplémentaires d'Andy Crawford : 77 ch, 88-89 (reproductions de Troodon), 94 hc, 95 hd, 111 hg.

Powerstock : age fotostock 214 hg.

Reuters : Peter Morgan 103 hc; Ho New 103 cda.

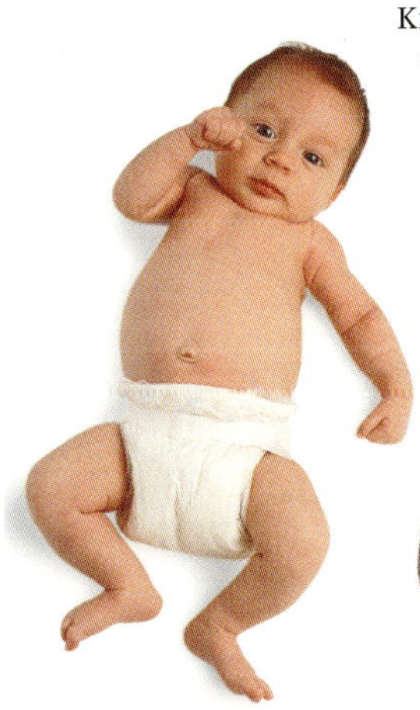
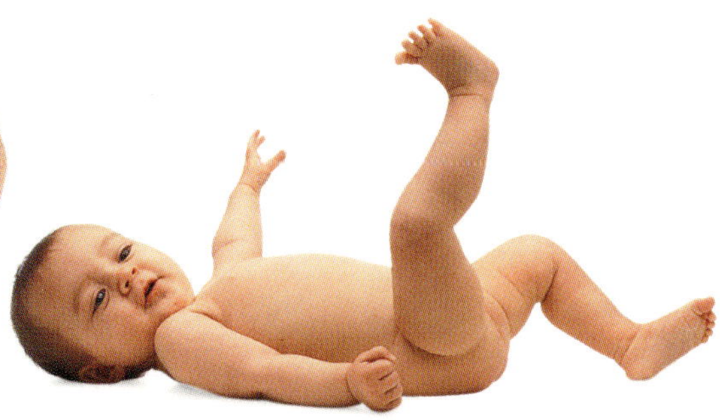

Crédits photographiques

Rex Features : Phanie Agency/PHN 233 hg. **Robert Harding Picture Library :** 224 c, 344 ca. **Science Faction Images :** Louie Psihoyos 19 cda, 24 bg, 28 cg (fond), 29 cd, 29 hg, 30 cda, 37 hg, 48 cgb, 56-57 bc, 59 hg, 73 cd, 85 bg, 90-91 c, 104 cg. **Science Photo Library :** 134 bc, 135 hd, 139 (bocal 1), 139 (bocal 3), 139 (bocal 4), 149 cd, 150-151 h; 251 (pastille 4), 392 cd, 392 bg; Adam Hart-Davis 241 hc; Alex Bartel 187 (pastille 4), 203 hd; Alfred Pasieka 234-235 bg; Andrew Syred 139 hd, 148 bd, 198 cdb, 198 bd, 201 ca, 210 (pastille 4); Astrid & Hanns-Frieder Michler 153 cga, 187 (pastille 3), 248 (pastille 1); Biology Media 208 bd; Biophoto Associates 206 cg; Blustone 234-235 b; BSIP Estiot 209 hd; BSIP, Cavallini James 213 cdb, 222 hd; BSPI, Gilles bg; Christian Darkin 224 hd; CNRI 148 cd, 167 bd, 181 cdb, 186 cd, 207 bc; Custom Medical Stock Photo 206 hc; D. Roberts 145 bg; Damien Lovegrove 196 g; David Becker 171 cg; David M. Martin M.D. 193 cga, 213 bd, 218 c, 219 cd, 96c, 222 cd; David. M. Martin M.D. 217 c; Department of Clinical Radiology, Salisbury District Hospital 149 hc; Dr Tony Brain 393 bg; Dr G. Moscoso 226 bg; Dr Gopal Murti 135 cdb, 138 bd; Dr Goran Bredberg 161 cdb, 177 bc; Dr Jeremy Burgess 204 bd, 210 (pastille 1), 211 hd; Dr Kari Lounatamaa 205 cga; Dr P. Marazzi 181 bd, 211 cd, 216 bg; Dr Tony Brain 249 (pastille 2); Dr Yogas Nikas 2 c, 184-59b, 185 hg, 225 hg, 225 hc, 225 hd; Edelmann 226 bc, 251 (pastille 7); Eye of Science 205 bd, 218 cg, 379 c, 393 bd; Gusto Productions 168 bg, 213 cda, 214 hd; Hank Morgan 194 cda; Hattie Young 215 hg; J.-L. Martra 140; Joe Bator 164-39cb; John Hadfield 205 cb; K.H. Kjeldsen 210 b; Keith, Custom Medical Stock Photo 159 hg; Lauren Shear 201 bc; Lester V. Bergman 211 cga; Mark Clarke 211 bc; Mark Thomas 193 hg; Martin Dohrn 138 cda, 187 hg, 203 c; Matt Meadows, Peter Arnold Inc. 193 bd, 196 hd; Mehau Kulyk 153 cg, 161 cda, 172 g; Michael Donne, université de Manchester 145 bd, 163 hg, 241 bd; Nancy Kedersha 161 hd, 36bd; NIBSC 181 cda, 181 cd, 183 cg, 185 hd; Omikron 161 cd, 40bd; Oscar Burnell 239 bd; Pascal Goetgheluck 141 bg, 241 cgb; Prof. Aaron Polliack 139 (bocal 2); Prof. Motta/Dept of Anatomy/ université « La Sapienza », Rome 153 bg, 206 bd, 207 ca; Prof. Motta, Correr & Nottola/université « La Sapienza », Rome 184 hg, 193 cdb, 196 cd; Publiphoto Diffusion 140 bg; Rod Planck 277 bg; Roger Harris 184 cb, 185 c; Sovereign ISM 144 bg; Susumu Nishinaga 179 hc, 182 bd; Tek Image 216 hg; Victor de Schwanberg 140 cg (cœur), 140 cg (rein), 153 cgb, 251 (pastille 8); David Parker 2-3 c; Carlos Goldin 84 hd; Christian Darkin 14 c, 19 cga, 36 hd, 36-37c, 79 h, 103 cga, Gary Hincks 42-43 ca; Hervé Conge, ISM 75 hg; Laurie O'Keefe 56 cgb; David Parker 82-83 c; Joe Tucciarone 92 cd; Michael de Young 4 bd. **Special Collections Department, J. Willard Marriott Library, University of Utah :** 71 hg. **Still Pictures :** James Gerholdt 351 cd; Klein 284 c; Martin Harvey 294-295 b. VVG 135 bd, 139 cg, 148 bg, 149 cdb, 150 cd, 153 cg, 182 cd, 198 c, 200 bc, 202 ca, 203 bd, 203 (fond), 213 cd, 216 c; Kelvin Aitken 92 g; John Cancalosi/Peter Arnold. Inc. 29 hc.
SuperStock : J. Silver 27 bd.
The Children's Museum of Indianapolis : CM Studio : 40 cg, 42 hg, 48-49 c, 61 cd, 63 cda, 65 hd, 87 hd, 8 cd.
The Natural History Museum, Londres : 2 hg, 11 bd, 12 hg, 12 cg, 12-13 bc, 19 cdb, 24 bd, 25 cb, 20cd, 27 cg, 29 bc, 30 cg, 31 cda, 33 hg, 38 bg, 73 bd, 89 hg, 94 hd, 95 c, 126 cgb, 126 cg, 126 cga, 126 zbg; Anness Publishing 126 zcga, 126 zcg; De Agostini 60 hd.
Tom Dempsey/www.photoseek.com : 54-55 h.
University of Yale, Peabody Museum Of Natural History : 105 hg.
US Geological Survey Western Region : 17 cg.
Warren Photographic : 38-39, 79 h, 130-131 c, 130 hd; Jane Burton 100 bc.
Zefa Visual Media : Chad Johnston/Masterfile 217 g; Robert Karpa/Masterfile 239 hc.

Illustrations : Page 126 : Asiatosuchus © Frank Bouttevin/HACHETTE; Dinofélis © Jon Hughes/Bedrock Studios/DORLING KINDERSLEY; Gomphothérium © Dave King/DORLING KINDERSLEY; Hesperocyon © Frank Bouttevin/HACHETTE.
Page 127 : Gastornis et dryopithèque © Frank Bouttevin/HACHETTE; Australopithèque © Tom Mchugh/Photo researchers/BSIP.
Page 128 : Mammouths face à un smilodon © Photo researchers/BSIP.
Page 129 : Homme de Neandertal © Frank Bouttevin/HACHETTE; Bison des fresques de Lascaux © Tom Mchugh/Photo researchers/BSIP.

Achevé d'imprimer en Espagne par Estella
Dépôt légal : Septembre 2016 - Edition : 01 - 32/7633/0